LERNFELDER 9–12

BÜSCH KOST PIEK

AUTOMOBIL KAUFLEUTE 3

IN ZUSAMMENARBEIT
MIT DER VERLAGSREDAKTION

Cornelsen

Dieses Buch wurde erstellt unter Verwendung von Materialien von:
Hans-Peter von den Bergen, Volker Brettschneider, Dorothe Redeker, Peter Engelhardt, Markus Fleitmann, Christian Fritz, Hans-Peter Hrdina, Franz-Josef Kaiser, Ludger Katt, Ute Morgenstern, Klaus Otte, Josef Schnettler.

Wir weisen darauf hin, dass die im Lehrwerk genannten Unternehmen und Geschäftsvorgänge frei erfunden sind. Ähnlichkeiten mit real existierenden Unternehmen lassen keine Rückschlüsse auf diese zu. Dies gilt auch für die im Lehrwerk genannten Kreditinstitute, Bankleitzahlen und Buchungsvorgänge. Ausschließlich zum Zwecke der Authentizität wurden insoweit existierende Kreditinstitute und Bankleitzahlen verwendet.

Verlagsredaktion: Sascha Heinrich
Bildredaktion: Christina Fanselow
Gesamtgestaltung und technische Umsetzung: SOFAROBOTNIK GbR, Augsburg und München

www.cornelsen.de/cbb

Die Internetadressen und -dateien, die in diesem Lehrwerk angegeben sind, wurden vor Drucklegung geprüft (Stand: August 2011). Der Verlag übernimmt keine Gewähr für die Aktualität und den Inhalt dieser Adressen und Dateien oder solcher, die mit ihnen verlinkt sind.
Dieses Werk berücksichtigt die Regeln der reformierten Rechtschreibung und Zeichensetzung.

1. Auflage, 1. Druck 2011

Alle Drucke dieser Auflage sind inhaltlich unverändert und können
im Unterricht nebeneinander verwendet werden.

Druck: CS-Druck CornelsenStürtz, Berlin

ISBN 978-3-06-450134-8

Inhalt gedruckt auf säurefreiem Papier aus nachhaltiger Forstwirtschaft.

Vorwort

Lernen und Lehren, das bedeutet schon längst nicht mehr nur Erweiterung des Wissens. Gerade in der beruflichen Bildung muss auch Urteils- und Handlungskompetenz erworben werden. Das ist mit Lehrbüchern herkömmlicher Art nur eingeschränkt möglich.

Deshalb haben die Autoren auf der Basis ihrer langen Unterrichtsarbeit im Bereich Automobilkaufleute ein Lehrwerk erarbeitet, das den umfassenden Kompetenzerwerb ermöglicht und genau zum Berufsbild Automobilkauffrau/-mann passt.

Leitmedium dieses Lehrwerks ist das Arbeitsbuch, in dem Sie durch die Bearbeitung von Lernsituationen aus dem beruflichen Alltag in zunehmendem Maße Selbstständigkeit im Planen, Entscheiden, Durchführen und Überprüfen erwerben können. Zusätzliche Arbeitsaufträge und Aufgaben, die auf die beruflichen Anforderungen in einem Autohaus abgestimmt sind, können Ihre berufliche Handlungskompetenz als Automobilkauffrau/-mann erweitern.

Alle Lernsituationen beziehen sich auf ein (fiktives) Autohaus in Bonn, die Autoland Murschall GmbH. Die notwendigen Hintergrundinformationen zu diesem Unternehmen sind in den betreffenden Lernsituationen enthalten.

Neben diesem Arbeitsbuch sind im vorliegenden Schülerbuch die notwendigen Fachinformationen enthalten. Es folgt im Aufbau sowohl den Lernfeldern des Rahmenlehrplans als auch den Lernsituationen im Arbeitsbuch. Das Schülerbuch soll für die Lösung der Lernsituationen genutzt werden. Zur Orientierung finden Sie dazu im Fachbuch an den jeweiligen Stellen Verweise.

Das Lehrwerk sichert damit alle notwendigen Kompetenzen und Fakten, die für Sie, die Auszubildenden, zum Bestehen der IHK-Prüfung notwendig sind. So ist es auch im besonderen Maße zur Prüfungsvorbereitung geeignet.

Um Arbeitsbuch und Fachkunde nicht zu umfangreich werden zu lassen, ist für jedes Ausbildungsjahr jeweils ein eigener Band in Arbeit.

Bonn, August 2011

Norbert Büsch
Antje Kost
Michael Piek

Inhaltsverzeichnis

LERNFELD 9

Rahmenbedingungen und Einflussgrößen bei wirtschaftlichen Entscheidungen in der Kfz-Branche berücksichtigen

Folgende Lernsituationen finden Sie im Arbeitsbuch:

LERNFELD 12

Finanzdienstleistungen und betriebsspezifische Leistungen vermitteln

ANHANG

LF9

Rahmenbedingungen und Einflussgrößen bei wirtschaftlichen Entscheidungen in der Kfz-Branche berücksichtigen

LS 96

1 Grundlagen des Wirtschaftens

***SITUATION** Autoland Murschall GmbH*

In der Mittagspause blättert David Rose in einer Zeitschrift, die in der Kantine lag. An der Überschrift „Automobilwirtschaft – der bedeutendste Industriezweig in Deutschland" bleibt er beim Blättern hängen. Er beginnt den Artikel zu lesen und erfährt, dass in Deutschland über 6 Mio. Pkws pro Jahr produziert werden, fast 800.000 Menschen in der deutschen Automobilindustrie arbeiten, der Staat ca. 9 Mrd. € an Kfz-Steuer im Jahr einnimmt und täglich rund 12.000 Neufahrzeuge zugelassen werden.
Nun beginnt auch er langsam zu verstehen, warum sein Chef ihm und seinen Kolleginnen und Kollegen immer wieder sagt, dass die gesamtwirtschaftliche Entwicklung in Deutschland und ein funktionierender Markt auch für die Autoland Murschall GmbH so wichtig sind.

In den bisherigen Lernfeldern wurden die wirtschaftlichen Aktivitäten und Sachverhalte vorwiegend aus der Sicht eines einzelnen Autohauses und der dort beschäftigten Personen betrachtet. In diesem Lernfeld wird die Betrachtungsweise gewechselt. Das Wirtschaftsgeschehen mit seinen wichtigen Akteuren wird jetzt aus einer Gesamtschau oder aus der „Vogelperspektive" analysiert. Nicht mehr das einzelne Autohaus oder der Kfz-Hersteller bzw. der einzelne Arbeitnehmer stehen im Mittelpunkt der Betrachtung. Dieses Lernfeld befasst sich vielmehr mit den Unternehmen eines oder mehrerer Länder in ihrer Gesamtheit sowie den Beziehungen zwischen den Unternehmen, dem Staat und den privaten Haushalten. Wenn die einzelnen Akteure (z. B. alle Unternehmen) zusammengefasst werden, bilden sie die Wirtschaftsbereiche. Alle **Wirtschaftsbereiche** bilden zusammen mit dem Ausland die Volkswirtschaft.

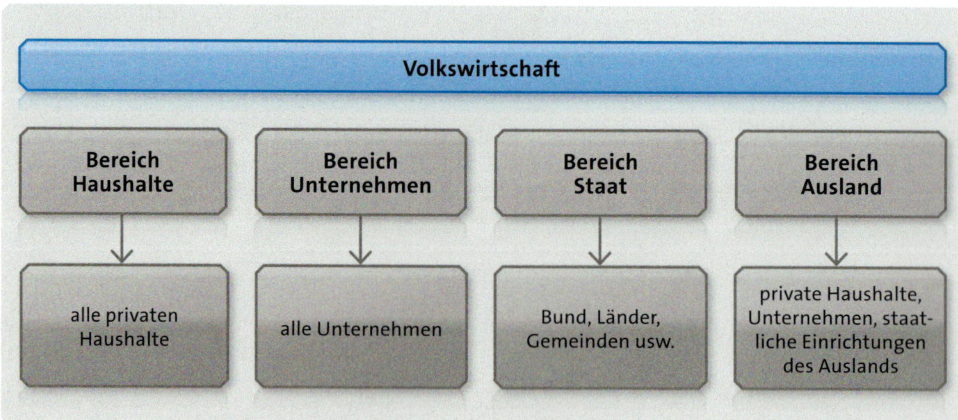

Bedürfnisse
sind Gefühle eines Mangels mit dem Bestreben, diesen zu beseitigen.

Im Rahmen der Volkswirtschaftslehre werden die menschlichen ***Bedürfnisse*** als zentrale Antriebskraft des wirtschaftlichen Entscheidens und Handels angesehen. Menschen haben unterschiedliche Bedürfnisse. Die Erfüllung einiger Bedürfnisse ist lebensnotwendig, wie z. B.

Essen, Trinken und Schlafen. Die Erfüllung anderer Bedürfnisse macht das Leben schöner und leichter, z. B. das Bedürfnis zu reisen und Konzerte zu besuchen.

Wenn sich die Wünsche des Menschen auf ganz bestimmte Waren oder Dienstleistungen beziehen, wird von einem ***Bedarf*** gesprochen. Erst wenn Waren oder Dienstleistungen tatsächlich gekauft werden, d.h. der Bedarf am Markt wirksam wird, handelt es sich um eine **Nachfrage**.

Bedarf
Bedürfnisse, die mit den vorhandenen Geldmitteln befriedigt werden können.

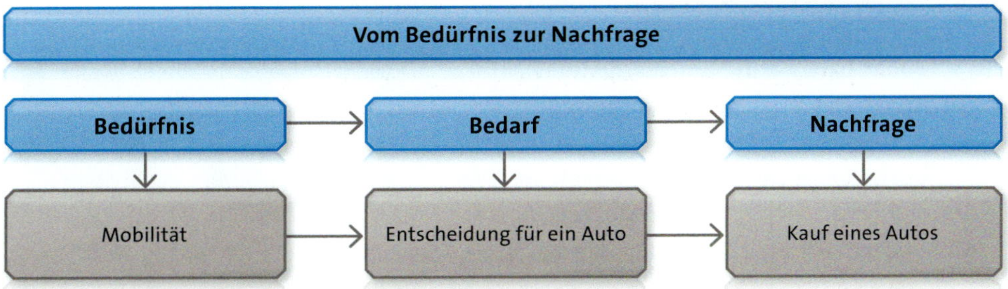

Ohne Bedürfnis gäbe es für die Menschen keinen Grund, Waren und Dienstleistungen in großen Mengen zu produzieren und gegen Geld zu tauschen. Die in einer Volkswirtschaft produzierten Waren und Dienstleistungen werden unter dem Begriff Wirtschaftsgüter zusammengefasst.

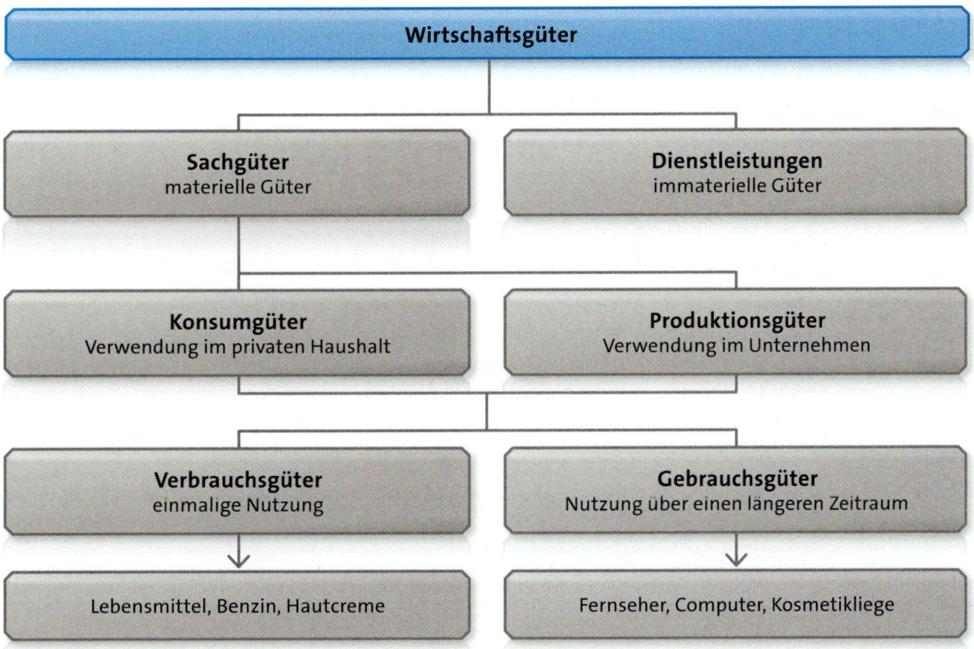

1.1 Produktionsfaktoren und Arbeitsteilung

Für die Bereitstellung der Wirtschaftsgüter werden bestimmte Mittel, sogenannte Produktionsfaktoren, benötigt. Zu den klassischen Produktionsfaktoren gehören:

- **Arbeit:** Der Faktor Arbeit umfasst alle Personen, die in einer Volkswirtschaft als Erwerbstätige zur Verfügung stehen.
- **Kapital:** Der Faktor Kapital bezeichnet die finanziellen oder sachlichen Mittel, die nicht für den Konsum, sondern zur Anschaffung oder Nutzung von Produktionsmitteln (z. B. Gebäude) verwendet werden.
- **Boden bzw. Natur:** Zum Produktionsfaktor Boden bzw. Natur gehört die gesamte Bodenfläche, die für landwirtschaftliche, industrielle, gewerbliche und verkehrsmäßige Nutzung benötigt wird, sowie Luft, Wasser und die vorhandenen Bodenschätze.

Produktionsfaktor Arbeit

Produktionsfaktor Kapital

Produktionsfaktor Boden

Die privaten Haushalte und Unternehmen befinden sich in einem wechselseitigen Abhängigkeitsverhältnis. Die privaten Haushalte stellen den Unternehmen Arbeitskräfte, Kapital und Boden zur Verfügung. Im Gegenzug stellen die Unternehmen Güter und Dienstleistungen zur Verfügung und ermöglichen es den privaten Haushalten, durch die Zahlung von Löhnen und Gehältern, diese zu kaufen.

***BEISPIEL** Autoland Murschall GmbH*

- ***Arbeitskraft:** Andrea beginnt eine Ausbildung bei der Autoland Murschall GmbH.*
- ***Kapital:** Willi Kleber beteiligt sich als Gesellschafter an der Autoland Murschall GmbH.*
- ***Boden:** Graf Klotz verkauft ein Grundstück an die Autoland Murschall GmbH.*

Für die Produktion von Waren und Dienstleistungen werden in den Unternehmen die Produktionsfaktoren kombiniert.

BEISPIEL

Landarbeiter sammeln (Produktionsfaktor Arbeit) den flüssigen Kautschuk auf riesigen Kautschukplantagen (Produktionsfaktor Boden). Damit die privaten Haushalte dann Reifen im Autohaus kaufen können, muss dieser Kautschuk zuvor mithilfe von Maschinen (Produktionsfaktor Kapital) in Gummi und anschließend in Reifen umgewandelt werden.

Der Unternehmer kann durch seine Entscheidungen, welche Produktionsfaktoren er in welcher Menge einsetzen will, den Erfolg des Unternehmens beeinflussen. Allerdings können manche Faktoren nicht frei miteinander kombiniert werden.

BEISPIEL

Zu jedem Lieferwagen (Produktionsfaktor Kapital) gehört mindestens ein Fahrer (Produktionsfaktor Arbeit).

Produktionsfaktoren gehen nicht direkt in die produzierten Güter ein. Sie werden für die Erstellung von Gütern bereitgestellt.

In entwickelten Volkswirtschaften werden Güter mithilfe von Produktionsfaktoren in einem arbeitsteiligen Prozess hergestellt und gehandelt. Auf diese Weise wird die Leistungsfähigkeit der Erwerbstätigen deutlich gesteigert. Die **innerbetriebliche Arbeitsteilung** bedeutet die Aufteilung eines Arbeitsprozesses in mehrere einzelne Handlungen, z. B. in einem Autohaus einen Reparaturauftrag annehmen, die Reparatur durchführen, die Rechnung schreiben und die Rechnung vom Kunden kassieren. Von **zwischenbetrieblicher Arbeitsteilung** wird gesprochen, wenn die einzelnen Schritte für die Herstellung bzw. das Handeln eines Produktes auf verschiedene Unternehmen aufgeteilt wird. So werden eine Vielzahl von Teilen in der Automobilproduktion von spezialisierten Zulieferern gefertigt, die teilweise ganze Baugruppen an den Kfz-Hersteller liefern. Die **internationale Arbeitsteilung** bedeutet, dass sich die Volkswirtschaften in der Regel auf die Herstellung der Güter spezialisieren, die sie im Vergleich zu anderen Ländern kostengünstig herstellen können.

1.2 Ökonomisches Prinzip

Menschen handeln wirtschaftlich, wenn sie zielgerichtet und genau überlegen, wie viel Geld sie zum Erwerb von knappen Gütern zur Verfügung haben. Das Handeln nach dem sogenannten ***ökonomischen Prinzip*** soll den Konflikt zwischen den unbegrenzten Bedürfnissen und den knappen Wirtschaftsgütern bzw. begrenzten Geldmitteln weitgehend ausgleichen.

Das ***ökonomische Prinzip*** wird auch als Wirtschaftlichkeitsprinzip bezeichnet.

Das ökonomische Prinzip kann zwei Ausprägungen annehmen:

- Nach dem **Minimalprinzip** soll der Mitteleinsatz möglichst gering gehalten werden, um einen bestimmten Ertrag (= Nutzen) zu erreichen.
- Nach dem **Maximalprinzip** soll mit einem bestimmten Mitteleinsatz ein maximaler Nutzen erzielt werden.

BEISPIEL

- *Minimalprinzip: Jemand möchte eine Wand streichen und will dafür möglichst wenig Farbe verbrauchen, also wenig Geld ausgeben.*
- *Maximalprinzip: Jemand kauft einen Eimer Farbe zu einem bestimmten Preis und versucht, damit möglichst viel Wandfläche zu streichen.*

Eine Kombination beider Prinzipien ist nicht möglich, denn mit möglichst wenig Farbe kann nicht möglichst viel Wand gestrichen werden.
Ein Faktor muss festgelegt werden, entweder die Farbmenge oder die Wandfläche.

Unternehmensziele
☞ Band 1, LF 1,
S. 22 ff.

Jedes Autohaus hat einen oder mehrere Eigentümer. Diese Eigentümer haben dem Unternehmen Kapital zur Verfügung gestellt und möchten dafür eine gute Verzinsung für das eingesetzte Kapital erzielen. Außerdem bezahlt das Autohaus seine Angestellten für ihre geleistete Arbeit. Auch um Waren einzukaufen, benötigt das Autohaus Geld. Im Autohaus werden die Produktionsfaktoren Arbeit, Kapital und Boden kombiniert, um Güter und Leistungen zum Verkauf anzubieten und den Gewinn zu maximieren. Dabei wendet auch ein Autohaus das ökonomische Prinzip an.

Umsatz ist die Menge der verkauften Güter multipliziert mit dem Verkaufspreis dieser Güter.

BEISPIEL

- *Minimalprinzip: Ein Autohaus möchte einen bestimmten **Umsatz** mit möglichst geringen Personalkosten erzielen.*
- *Maximalprinzip: Ein Autohaus möchte mit seinem vorhandenen Personal einen größtmöglichen Umsatz erzielen.*

1.3 Wirtschaftskreislauf

Zwischen den Wirtschaftsbereichen vollziehen sich vielfältige Tauschvorgänge. Um die komplizierten Zusammenhänge in der Volkswirtschaft verstehen zu können, wird die Wirklichkeit in vereinfachter Form – einem ***Modell*** – dargestellt.

Mithilfe von ***Modellen*** wird die Wirklichkeit stark vereinfacht, um Vorgänge zu erklären. Modelle bilden also niemals die ganze Wirklichkeit ab.

1.3.1 Einfacher Wirtschaftskreislauf

Die durch Kombination der Produktionsfaktoren hergestellten Waren und Dienstleistungen verkaufen Unternehmen an private Haushalte. Diese Beziehung zwischen Unternehmen und privaten Haushalten verdeutlicht ein **Güterstrom**.

Produktionsfaktoren
☞ S. 14

Güterströme

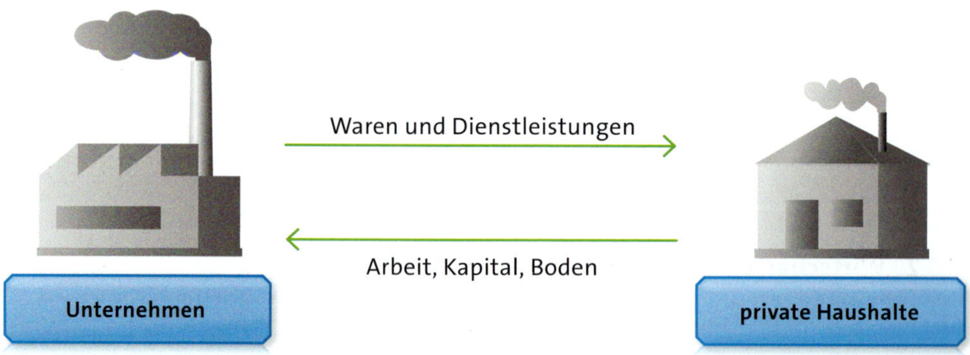

Den Güterströmen stehen **Geldströme** gegenüber. Der Bereich private Haushalte erhält vom Bereich Unternehmen Einkommen. Von diesem ***Einkommen*** kaufen die privaten Haushalte Waren und Dienstleistungen.

Einkommen
Entgelt für die Bereitstellung des Produktionsfaktors Arbeit (z. B. Löhne und Gehälter), des Produktionsfaktors Kapital (z. B. Gewinnbeteiligungen) und des Produktionsfaktors Boden (z. B. Mieten, Pachten)

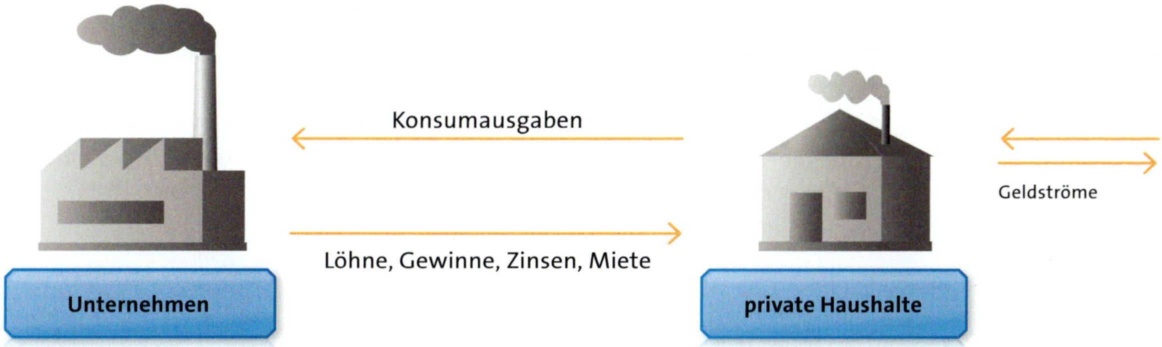

Das Modell des **einfachen Wirtschaftskreislaufs** beschränkt sich auf die Betrachtung der Tauschprozesse zwischen den Bereichen private Haushalte und Unternehmen. Der Einfluss der Bereiche Staat und Ausland bleibt hier unberücksichtigt. In diesem einfachen Modell des Wirtschaftskreislaufs wird davon ausgegangen,

einfacher Wirtschaftskreislauf = geschlossener Wirtschaftskreislauf

- dass die privaten Haushalte ihr gesamtes Einkommen für den Kauf von Waren und Dienstleistungen verwenden
- und dass alle von den Unternehmen bereitgestellten Waren und Dienstleistungen an die privaten Haushalte verkauft werden.

Bei dieser Annahme bilden die Beziehungen zwischen Unternehmen und privaten Haushalten einen geschlossenen Wirtschaftskreislauf.

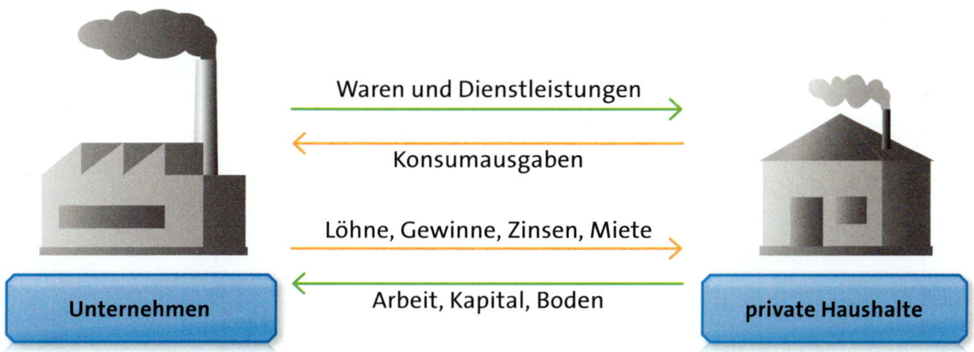

1.3.2 Wirtschaftskreislauf mit drei Bereichen

Das Modell des erweiterten Wirtschaftskreislaufs berücksichtigt auch den Bereich Staat. Neben den bereits bekannten Tauschprozessen zwischen den Bereichen private Haushalte und Unternehmen werden in diesem Modell die Güter- und Geldströme mit dem Bereich Staat ebenfalls betrachtet.

Der Staat erhält von den privaten Haushalten und den Unternehmen Steuern, Gebühren und Beiträge. **Steuern** sind Geldleistungen, für die der Steuerzahler keinen Anspruch auf eine persönliche Gegenleistung hat. Private Haushalte zahlen z. B. Einkommensteuer und Umsatzsteuer. **Gebühren** sind Zahlungen für besondere Leistungen des Bereichs Staat, z. B. Verwaltungsgebühren für die Ausstellung eines Personalausweises, die Erteilung einer Baugenehmigung oder die Eintragung eines Kaufmanns in das Handelsregister, sowie Benut-

Umsatzsteuer ☞ Band 1, LF 2, S. 161 ff.

Sozialversicherung
☞ Band 2, LF 5, S. 46 ff.

Transferzahlungen und ***Subventionen*** sind Zahlungen, die ein Empfänger ohne die Verpflichtung einer Gegenleistung erhält.

zungsgebühren für die Müllabfuhr oder die Abwasserentsorgung. **Beiträge** werden für die Bereitstellung von Leistungen unabhängig von der tatsächlichen Inanspruchnahme erhoben, z. B. Sozialversicherungsbeiträge.

Auf der anderen Seite erhalten die privaten Haushalte vom Staat Gehälter und Transferleistungen. Die Gehälter erhalten die Angestellten und Beamten des Staates, die ***Transferzahlungen***, wie z. B. Kindergeld, Wohngeld oder Leistungen der Sozialversicherung, erhalten alle privaten Haushalte, die bestimmte Kriterien erfüllen.

Der Staat stellt den Unternehmen für eine Vielzahl von Tätigkeiten Subventionen zur Verfügung. ***Subventionen*** sind staatliche Unterstützungszahlungen, z. B. für die Neugründung eines Unternehmens oder die Schaffung von neuen Arbeitsplätzen. Damit Unternehmen diese Unterstützungszahlungen erhalten, müssen sie bestimmte Voraussetzungen erfüllen, z. B. muss ein Unternehmen eine bestimmte Anzahl von Arbeitsplätzen schaffen, um die Zahlung zu erhalten. Neben der Zahlung von Subventionen an die Unternehmen zahlt der Staat auch für seine Konsumausgaben, z. B. wenn er Kopierpapier oder Schreibtische kauft.

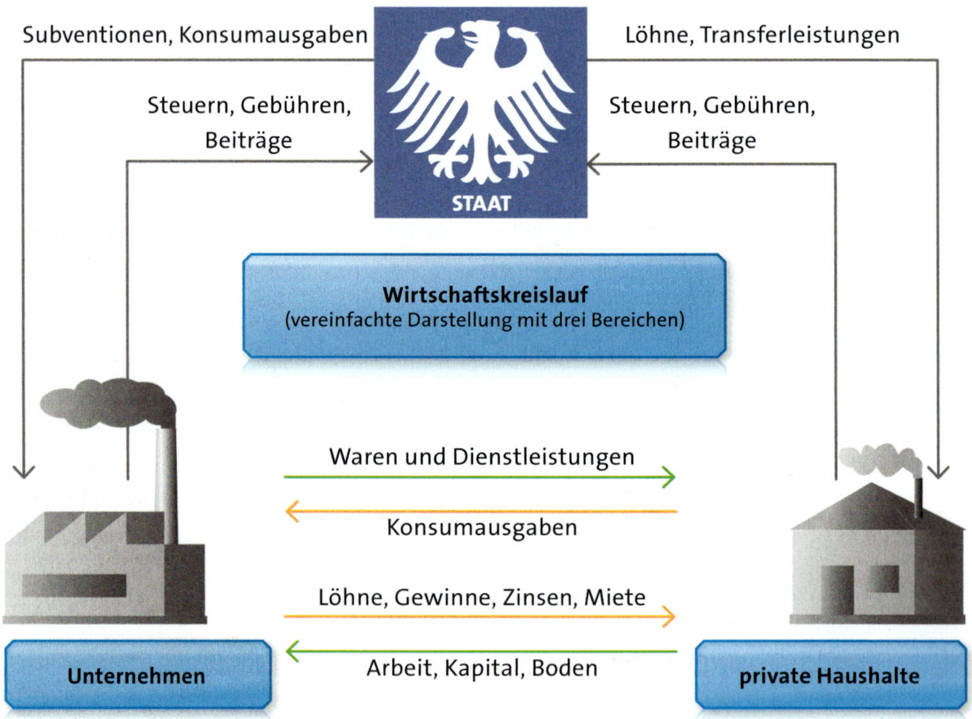

Das Modell könnte auch noch um den Bereich „Ausland“ ergänzt werden. Auf diese Darstellung des erweiterten Wirtschaftskreislaufes wird an dieser Stelle allerdings verzichtet.

1.4 Wirtschaftsstufen

Abgesehen von wenigen Ausnahmen, bei denen die Unternehmen ihre Produkte direkt an den Endverbraucher absetzen, sind an der Herstellung und dem Vertrieb von Produkten verschiedene Unternehmen beteiligt. Daher kann der Unternehmensbereich weiter untergliedert werden. So wird zum Beispiel Erdöl gefördert, das für die Herstellung von Kunststoffen erforderlich ist, die auch im Fahrzeugbau Verwendung finden. Diese Wirtschaftsstufe wird als ***primärer Wirtschaftssektor*** bezeichnet. Sie dient der Gewinnung von Rohstoffen.

primärer Wirtschaftssektor = Urproduktion

BEISPIEL

Unternehmen in der Landwirtschaft, Fischerei, Bergbau und Unternehmen der Öl- und Gasversorgung

sekundärer Wirtschaftssektor = Unternehmen der Weiterverarbeitung oder produzierendes Gewerbe

Die zweite Wirtschaftsstufe, der ***sekundäre Wirtschaftssektor***, dient der Weiterverarbeitung der Rohstoffe zu fertigen Erzeugnissen. Hier wird das Erdöl in Raffinerien destilliert (verdampft) und fraktioniert (aufgeteilt). Dabei entsteht u. a. das zur Kunststofferzeugung so wichtige Rohbenzin, aus dem anschließend z. B. Stoßfänger und Armaturenbretter industriell hergestellt werden.

tertiärer Wirtschaftssektor = Verteilung (Handel) und Dienstleistungsunternehmen

BEISPIEL

Automobilhersteller, chemische Industrie, Metall verarbeitende Industrie, Handwerksunternehmen, Bauunternehmung

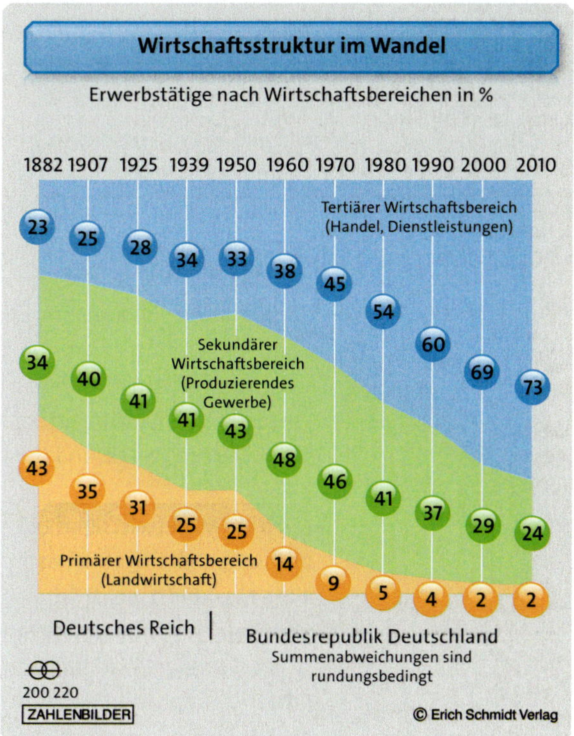

Über die Autohäuser werden die Neuwagen an den Endverbraucher verkauft. Neben dem Handel sind noch viele andere Unternehmen wie Banken, Versicherungen oder Transportunternehmen am Verkauf der Neuwagen beteiligt. Diese Unternehmen zählen zur dritten Wirtschaftsstufe, dem ***tertiären Wirtschaftssektor***. Zu diesem Sektor zählen Unternehmen, die Produkte durch ihre Tätigkeit verteilen, und Dienstleistungsunternehmen.

BEISPIEL

- *Unternehmen der Verteilung: Großhandel, Einzelhandel*
- *Dienstleistungsbetriebe: Banken, Versicherungen, Unternehmen des Fracht- und Briefverkehrs, Beratungsunternehmen*

2 Wirtschaftsordnungen

***SITUATION** Autoland Murschall GmbH*

David Rose arbeitet zurzeit im Lager der Autoland Murschall GmbH. Heute ist eine Lieferung Reifen eingetroffen. Bei der Kontrolle der Rechnung stellt David fest, dass sich die Preise der Reifen im Vergleich zur letzten Lieferung deutlich erhöht haben. Verwundert darüber fragt er den Lagerleiter, Herrn Özkaya, wie diese drastische Preiserhöhung zustande kommt. „Tja David, das nennt man Marktwirtschaft. Hier werden alle Entscheidungen, auch die Preisfestlegung, auf dem Markt getroffen. Momentan kauft die ganze Welt offenbar Kautschuk, und das treibt den Preis für unsere Reifen in die Höhe."

Die Komplexität der wirtschaftlichen Verflechtungen ist für den Einzelnen nicht mehr überschaubar. Er kann nicht mehr überblicken, welche Güter in welchen Mengen für welche Abnehmer produziert werden sollen. Die wirtschaftliche Entwicklung führt auch zu einer Anhäufung der Produktionsmittel. Die damit verbundene wirtschaftliche Macht muss kontrolliert und reguliert werden.

Die *Wirtschaftsordnung* legt die „Spielregeln" fest, nach denen sich die Wirtschaftssubjekte zu richten haben.

Die grundlegende Voraussetzung für das Funktionieren einer Volkswirtschaft ist die ***Wirtschaftsordnung***. Sie ist das Regelwerk, mit dem die durch die Arbeitsteilung entstehenden Beziehungen der Wirtschaftsakteure geordnet werden. Die Wirtschaftsordnung regelt folgende Punkte:

Eigentum ☞ Band 1, LF 4, S. 249 f.

- Verteilung der Entscheidungsbefugnisse: Es muss festgelegt werden, wer die Entscheidungen über Produktion und Konsum treffen darf.
- Verteilung des Eigentums an den Produktionsmitteln: Es muss festgelegt werden, ob das Eigentum an Fabriken, Grundstücken und Rohstoffen in privater oder staatlicher Hand liegen soll.
- Koordination von Konsum und Produktion: Die Wirtschaftssubjekte haben Einzelpläne darüber, welche Güter sie produzieren bzw. konsumieren wollen. Ein Koordinationssystem muss die Vielzahl von Einzelplänen aufeinander abstimmen.
- Verteilung der produzierten Waren und Leistungen: Es muss festgelegt werden, wer die produzierten Waren und Leistungen erhält.

Die **freie Marktwirtschaft** ist ein theoretisches Modell und gilt als idealtypische Wirtschaftsordnung. Der Einzelne bestimmt Art und Umfang seiner ökonomischen Aktivitäten. Die **soziale Marktwirtschaft** ist eine realtypische Wirtschaftsordnung. Hier werden die Grundelemente der freien Marktwirtschaft durch staatlich regulierende und soziale Elemente ergänzt.

Die Grundidee, an der sich die Wirtschaftsordnung der Bundesrepublik Deutschland orientiert, ist das Modell der freien Marktwirtschaft. Nach den Zielvorstellungen dieser Wirtschaftsordnung treffen die Wirtschaftssubjekte unabhängig voneinander und frei ihre Entscheidungen am Markt. Der Wirtschaftsprozess wird gelenkt über Märkte und Preise, die sich nach Angebot und Nachfrage regeln. Das Privateigentum ist in besonderer Weise geschützt.

In der Bundesrepublik wird von **sozialer Marktwirtschaft** gesprochen. Die Idee der sozialen Marktwirtschaft verbindet die Grundzüge des Modells der freien Marktwirtschaft mit sozial erstrebenswerten Zielen. Wenn Nachteile für einzelne Bürger auftreten, hat der Staat den Auftrag, diese Nachteile zu mindern bzw. zu beseitigen.

Die Konzeption der sozialen Marktwirtschaft kann durch **vier Grundprinzipien** gekennzeichnet werden:

- **Prinzip der Marktkonformität:** Staatliche Eingriffe sollen das Zusammenwirken von Angebot und Nachfrage am Markt möglichst wenig stören.
- **Konjunkturpolitisches Prinzip:** Die Stabilität der Währung ist die Grundlage, damit die Wirtschaft funktioniert und soziale Gerechtigkeit gesichert wird. Staatliche Eingriffe sollen zu große Schwankungen der Wirtschaftsentwicklung möglichst vermeiden.
- **Wettbewerbsprinzip:** Unter Wettbewerbsfreiheit fallen z. B. die freie Wahl des Arbeitsplatzes, Vertragsfreiheit, Produkt- und Konsumfreiheit. Wettbewerb wird als dynamischer Prozess verstanden, der wirtschaftliche Entwicklungen und technischen Fortschritt fördert. Staatliche Eingriffe sollen Wettbewerbsbeschränkungen möglichst verhindern.
- **Sozialprinzip:** Die soziale Sicherung soll Armut vermeiden und eine soziale Grundsicherung ermöglichen. Zur sozialen Sicherung gehören vor allem die gesetzliche Kranken-, Pflege-, Renten-, Arbeitslosen- und Unfallversicherung. Ferner zählen dazu z. B. Kündigungsschutzbestimmungen, Mitbestimmungsregeln und ***Einkommenstransfers***. Der Markt ist nicht in der Lage, auftretende soziale Probleme zu lösen und folglich sollen staatliche Eingriffe die Marktwirtschaft sozial ausgestalten.

Ludwig Erhard (1897–1977) gilt als der Begründer der sozialen Marktwirtschaft.

Angebot und Nachfrage
☞ S. 23 ff.

Konjunkturpolitik
☞ S. 59 ff.

Wettbewerbspolitik
☞ S. 41 f.

Sozialversicherungen
☞ Band 2, LF 5, S. 46 ff.

Kündigungsschutz
☞ Band 2, LF 5, S. 61

Einkommenstransfer
z. B. Kindergeld

In der sozialen Marktwirtschaft wird der Staat wirtschaftspolitisch aktiv und greift steuernd in die Wirtschaftsabläufe ein, um einen größtmöglichen Wohlstand bei bestmöglicher sozialer Absicherung sicherzustellen.

Jede Wirtschaftsordnung, auch die soziale Marktwirtschaft, hat mit besonderen Problemen zu kämpfen. Im Folgenden werden einige Probleme beschrieben:

- Der Wettbewerb gilt als ein Motor der Marktwirtschaft. Durch den Wettbewerb scheiden nicht konkurrenzfähige Unternehmen aus dem Markt aus, d. h. sie müssen „schließen“. Dies versuchen die Unternehmen nach Möglichkeit zu verhindern, z. B. indem sie sich zusammenschließen und so eine größere Marktmacht aufbauen. Damit kann der Wettbewerb ausgeschaltet werden. Dies kann wiederum zulasten der Verbraucher gehen, z. B. durch überhöhte Preise für Güter und Dienstleistungen.
- Eine Marktwirtschaft ist nicht geschützt vor wirtschaftlichen Krisen. Es gibt z. B. Konjunkturschwankungen, Inflation und Arbeitslosigkeit. Daher versucht der Staat, mit seinen wirtschaftspolitischen Maßnahmen diese Krisen zu bewältigen und die Folgen dieser Probleme aufzufangen.

Inflation
☞ S. 63

Arbeitslosigkeit
☞ Band 2, LF 5, S. 53 f.

- Die Regulierung des Wirtschaftsgeschehens allein über den Markt verursacht ökologische Probleme. Das Interesse der Unternehmen, möglichst kostengünstig zu produzieren, widerspricht dem Interesse der Bürger, die Produktion möglichst umweltgerecht (und damit meist teurer) zu gestalten.
- Die staatliche Absicherung sozial Schwacher (das „soziale Netz") kostet viel Geld. Dadurch steigt die Belastung der Bürger und der Unternehmen durch Steuern und Abgaben. Dies wiederum ist schädlich für die Wirtschaft, Nachfrage und Investitionen sinken, die Arbeitslosigkeit steigt.

Diese Probleme lösen sich nicht von allein. Zwar wird das Wirtschaftsgeschehen in einer marktwirtschaftlichen Ordnung weitgehend durch die Märkte gelenkt. Dennoch muss der Staat in vielen Fällen eingreifen, um die oben angesprochenen Funktionsstörungen zu bekämpfen, und muss versuchen, durch eine aktive Wirtschaftspolitik das Wirtschaftsgeschehen positiv zu beeinflussen.

Die nachfolgende Übersicht stellt wesentliche Merkmale der freien Marktwirtschaft denen der sozialen Marktwirtschaft gegenüber:

Merkmale	Freie Marktwirtschaft (Idealtyp)	Soziale Marktwirtschaft (Realtyp)
Verteilung der Entscheidungsbefugnisse	Der Staat hat eine passive Rolle, er greift nicht in das Wirtschaftsgeschehen ein. Er hat lediglich Überwachungsfunktionen (Nachtwächterstaat).	Der Staat greift in das Wirtschaftsgeschehen ein. Wohlstand und soziale Sicherheit sollen gewährleistet werden.
Verteilung des Eigentums an Produktionsmitteln	Das Eigentum an Maschinen, Unternehmen, Grundstücken und Rohstoffen liegt in den Händen der Bürger. Der Staat garantiert das Privateigentum an den Produktionsmitteln.	Das Privateigentum steht grundsätzlich unter Schutz des Staates.
Koordination von Konsum und Produktion	Die Entscheidung über Produktion und Konsum wird von den Produzenten und Konsumenten getroffen. Der Staat produziert nicht selbst. Es herrscht Vertrags-, Gewerbe-, Niederlassungs-, Produktions- und Konsumfreiheit sowie freie Arbeitsplatzwahl.	Grundsätzlich treffen Produzenten und Konsumenten die Entscheidung über Produktion und Konsum. Der Staat greift aber bei wirtschaftlichen Fehlentwicklungen korrigierend ein. Außerdem setzt er der individuellen Freiheit Grenzen, um zu verhindern, dass durch individuelles Handeln die Rechte Dritter verletzt werden.
Verteilung der produzierten Güter und Leistungen	Die Preise für Waren und Dienstleistungen ergeben sich durch freie Preisbildung auf dem Markt. Was sich der Einzelne leisten kann, ist abhängig vom Einkommen.	Die Preise für Waren und Dienstleistungen ergeben sich durch freie Preisbildung auf dem Markt. Was sich der Einzelne leisten kann, ist abhängig vom Einkommen. Allerdings nimmt der Staat eine Umverteilung des Einkommens vor, um sozial Schwache zu unterstützen.

3 Preisbildung auf dem Markt

LS 97

SITUATION* *Autoland Murschall GmbH

Mit dem Wissen um die Rolle der Marktwirtschaft versucht sich David Rose nun auch den rasanten Preisanstieg für Winterreifen im letzten Winter zu erklären. Dieser sehr strenge Winter führte dazu, dass sehr viele Autofahrer neue oder erstmalig überhaupt Winterreifen benötigten. Diese starke Nachfrage wurde noch zusätzlich verstärkt, da der Gesetzgeber ein Gesetz erlassen hatte, das die Ausstattung der Pkws mit Winterreifen bei entsprechenden Witterungsverhältnissen verlangte.

3.1 Treffpunkt von Angebot und Nachfrage

Auf dem Markt treffen Angebot und Nachfrage zusammen.

Die Koordination von Produktion und Verbrauch (Konsum) übernimmt in einem marktwirtschaftlichen System der **Markt**. Er ist der wichtigste Lenkungsmechanismus für die wirtschaftlichen Aktivitäten der Menschen. Allgemein betrachtet, führt der Markt Anbieter (Verkäufer) und Nachfrager (Käufer) eines Gutes zusammen. Alle wirtschaftlichen Aktivitäten sind daher grundsätzlich Tauschprozesse von Waren oder Dienstleistungen gegen das Tauschmittel Geld.

Aufgaben des Geldes ☞ S. 61

Der Markt hat verschiedene **Aufgaben und Funktionen** zu erfüllen:

- **Versorgungsfunktion:** Der Markt soll für die bestmögliche Versorgung mit Gütern der Bevölkerung sorgen.
- **Koordinationsfunktion:** Der Markt soll Angebot und Nachfrage zusammenführen.
- **Preisbildungsfunktion:** Angebot und Nachfrage bewirken auf dem Markt die Preisbildung.
- **Verteilungsfunktion:** Auf dem Markt werden Waren und Dienstleistungen verteilt.

Jedes zu kaufende oder zu verkaufende Gut braucht einen Markt. Ohne Markt und damit verbundene Nachfrage ist es nutzlos, ein „Ladenhüter". Die Menge und der Zeitpunkt der **Nachfrage** hängen von einer Vielzahl von Faktoren ab, z. B.:

Bedürfnisse ☞ S. 12 f.

- von der Stärke der Bedürfnisse
- von der Höhe des verfügbaren Einkommens
- von dem Preis für die nachgefragten Güter
- von den Preisen anderer Güter
- von Mode- und Trenderscheinungen
- von der Qualität der Güter
- von der technischen Entwicklung
- von den Zukunftserwartungen der Nachfrager

Konjunktur ☞ S. 59 f.

Die Menge und auch der Zeitpunkt des Angebots hängen ebenfalls von einer Vielzahl von Faktoren ab, z. B.:

- dem Gewinnstreben der Anbieter
- den Kosten und Zielsetzungen der einzelnen Anbieter
- der Konkurrenzsituation auf dem Markt
- dem für das angebotene Gut erzielbaren Preis
- den saisonalen Einflüssen
- den gesetzlichen Rahmenbedingungen durch den Staat
- der Konjunkturlage
- der technischen Entwicklung

3.2 Preisbildung im Modell

Anbieter und Nachfrager verfolgen bei ihren Tauschprozessen verschiedene Interessen. Der Anbieter will möglichst viel Geld für sein Gut bekommen, der Nachfrager dagegen möglichst wenig zahlen. Im Endeffekt ist der Preis eines Gutes ein Kompromiss zwischen beiden Parteien. Der Preis ist der in Geld ausgedrückte Gegenwert eines Gutes, zu dem Anbieter und Nachfrager bereit sind, den Tausch durchzuführen. Diese Zusammenhänge lassen sich anhand eines **Modells** verdeutlichen.

Modell ☞ S. 16

Für dieses Modell wird ein Markt mit idealen Bedingungen konstruiert. Dieser sogenannte **vollkommene Markt** existiert nur in der Theorie und die Vereinfachung des Marktgeschehens erfolgt durch die folgenden Annahmen:

- **Güterhomogenität:** Die gehandelten Güter sind vollkommen gleichartig, z. B. alle am Markt angebotenen Fahrzeuge stimmen in Farbe, Form, Größe und Leistung überein.
- **Markttransparenz:** Jeder Marktteilnehmer ist in der Lage, den ganzen Markt zu überschauen, z. B. kennen Anbieter und Nachfrager die Preise aller Marktorte.
- **Präferenzlosigkeit:** Der Nachfrager entscheidet unter rein sachlichen Gesichtspunkten, d. h. ohne irgendwelche Vorlieben.
- **Anpassungsfähigkeit:** Die Marktteilnehmer passen ihr Verhalten sofort an geänderte Marktverhältnisse an und haben freien Zutritt zum Markt.
- **Atomische Marktstruktur:** Es gibt auf dem Markt sehr viele Anbieter und Nachfrager, der Marktanteil des Einzelnen ist sehr gering (**vollständige Konkurrenz**).
- **Punktmarkt:** Angebot und Nachfrage treffen an einem Ort zusammen.

***BEISPIEL** Gleichgewichtspreis (beim vollkommenen Markt)*

Für eine DVD werden verschiedene Marktpreise festgelegt und das Verhalten der Marktteilnehmer beobachtet.

Preis in €	Nachfragemenge	Angebotsmenge	Marktumsatz	
28	10	90	10	Angebotsüberhang
26	30	70	30	Angebotsüberhang
24	50	50	50	***Gleichgewicht***
22	70	30	30	Nachfrageüberhang
20	90	10	10	Nachfrageüberhang

In ein Preis-Mengen-Diagramm übertragen, ergibt sich folgendes Bild:

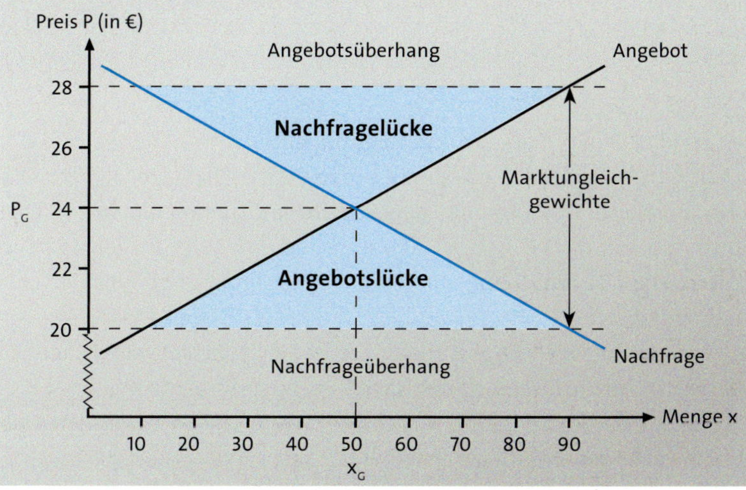

Bei einem Preis von 24,00 € sind Angebot und Nachfrage ausgeglichen.
Der Markt wird bei diesem Gleichgewichtspreis vollständig geräumt, da die angebotene Menge der nachgefragten Menge entspricht. Bei Preisen ober- und unterhalb des Gleichgewichtspreises ergeben sich ein Angebots- oder ein Nachfrageüberhang.

Marktpreise von Gütern haben verschiedene Aufgaben bzw. Funktionen. Die Marktpreise eines Gutes spiegeln den Knappheitsgrad (**Signalfunktion**) und seinen Wert wider.

Produktionsfaktoren ☞ S. 14

Ein hoher Marktpreis bewirkt, dass die Anbieter dieses Gut produzieren. Die Produktionsfaktoren werden dorthin gelenkt, wo sich die besten Gewinnchancen bieten bzw. Marktlücken existieren (**Lenkungsfunktion**).

Anbieter, die nicht mehr in der Lage sind, ihre Güter zum Gleichgewichtspreis anzubieten, werden vom Markt verdrängt, da die Nachfrager sich für günstigere Güter entscheiden werden (**Ausschaltungsfunktion** bzw. **Auslesefunktion**). Gleiches gilt für Nachfrager, die nicht über die entsprechenden finanziellen Mittel verfügen, um sich ein Gut zu kaufen.

Durch Marktpreise werden die Güter vergleichbar gemacht und Angebot und Nachfrage abgestimmt (**Ausgleichsfunktion**).

Exkurs: Preiselastizität der Nachfrage

Die Verkaufsmenge wird durch den Verkaufspreis entscheidend beeinflusst. Gerade in Zeiten knapper Finanzmittel bei Verbrauchern, öffentlichen Haushalten und kleineren Unternehmen wird der Preis zu einem zentralen Kaufargument. Bei den meisten Gütern (normale Güter) ergibt sich zwischen Menge und Preis folgender Zusammenhang:

Zusammenhang zwischen Preis und Verkaufsmenge (normale Güter)

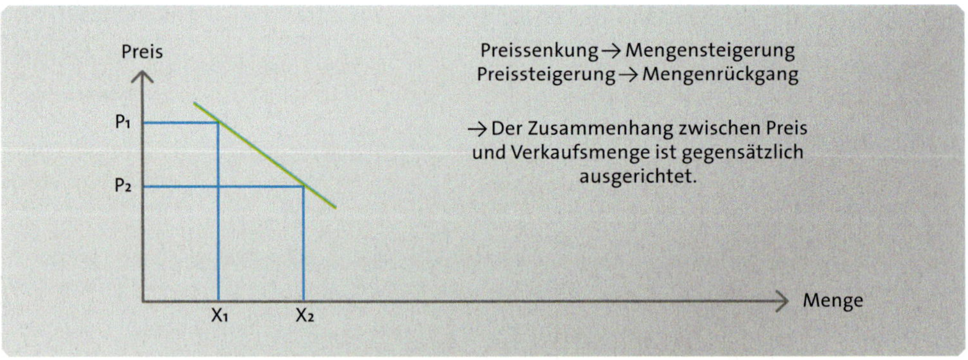

Je höher der Preis eines Gutes ist, desto geringer wird normalerweise die Nachfrage nach diesem Gut sein. Umgekehrt sind bei sinkenden Preisen in der Regel mehr Kunden bereit, das Gut zu kaufen. Dieser im Normalfall ***gegensätzliche Zusammenhang*** zwischen Preis und Absatzmenge ist allerdings bei jedem Gut unterschiedlich stark ausgeprägt. Die jeweilige Stärke, mit der die Nachfrage (mengenmäßig) auf Preisänderungen reagiert, nennt man Preiselastizität der Nachfrage.

Die Preiselastizität ist ein Indikator dafür, wie empfindlich die Kunden auf Preisänderungen reagieren. Je stärker die Änderung der Nachfrage ausfällt, desto größer ist die Preiselastizität dieses Gutes. Im Extremfall verändert sich die nachgefragte Menge allerdings gar nicht (vollkommen unelastische Nachfrage).

Berechnung der Preiselastizität der Nachfrage

$$\textit{Preiselastizität} = \frac{\textit{relative Mengenänderung in \%}}{\textit{relative Preisänderung in \%}} = \frac{\dfrac{\textit{neue Menge} - \textit{alte Menge}}{\textit{alte Menge}}}{\dfrac{\textit{neuer Preis} - \textit{alter Preis}}{\textit{alter Preis}}}$$

Das Ergebnis der Division wird stets mit –1 multipliziert, um ein positives Ergebnis zu erhalten. Als Ergebnisvarianten können auftreten:

Isoelastische Nachfrage

Elastizität = 1 (Zähler = Nenner)
Preisänderung und Mengenreaktion sind gleich groß.

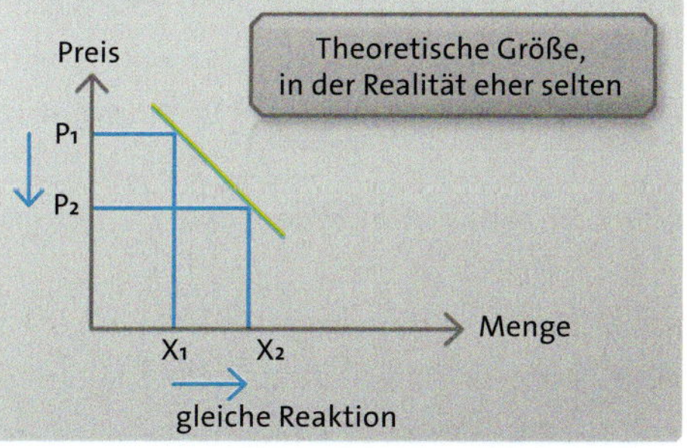

Elastische Nachfrage

Elastizität > 1 (Zähler > Nenner)
Die Mengenreaktion ist stärker als die Preisänderung.

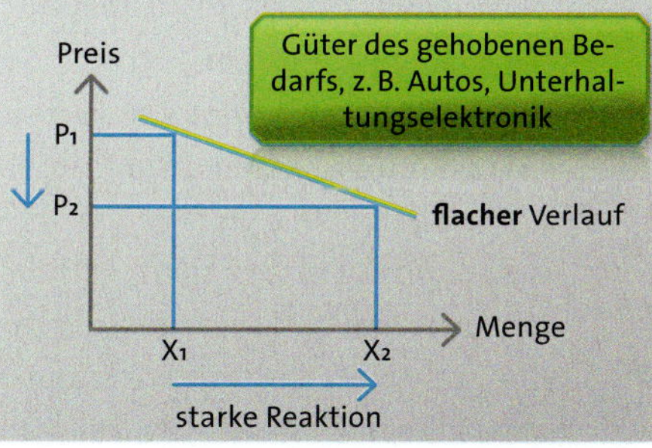

Unelastische Nachfrage
(unempfindliche Reaktion)

Elastizität < 1 (Zähler < Nenner)
Die Mengenreaktion ist schwächer als die Preisänderung.

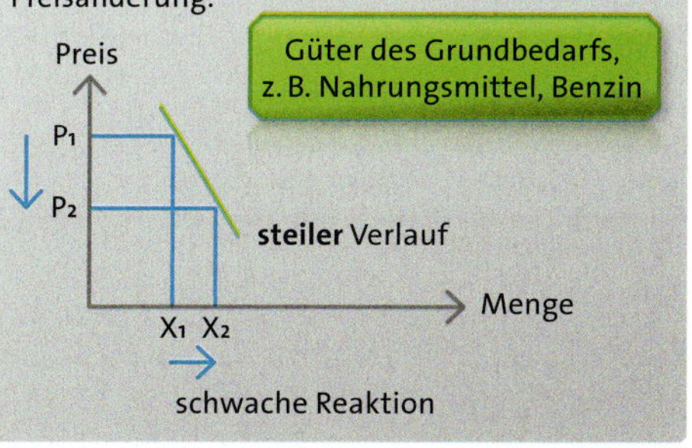

Vollkommen unelastische Nachfrage
(Grenzfall)

Elastizität = 0 (Zähler = 0)
Die Kunden reagieren nicht auf Preisänderungen.

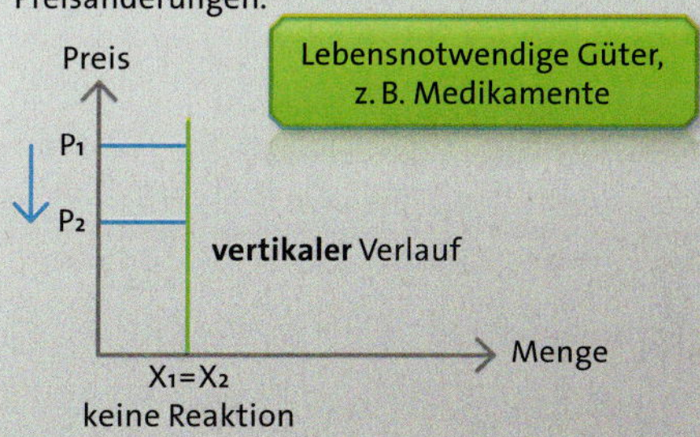

Bevor ein Unternehmen seine Preise ändert, sollte ermittelt werden, wie stark die Kunden darauf voraussichtlich reagieren werden. Die Preiselastizität gibt wichtige Hinweise auf die Preisgestaltung einer Ware, um den Umsatz zu optimieren:

Elastische Nachfrage E > 1	**moderate Preissenkung:** relative Mengensteigerung > relative Preissenkung; der Umsatz steigt
Unelastische Nachfrage E < 1	**moderate Preissenkung:** relative Mengensteigerung < relative Preissenkung; der Umsatz sinkt

Preisgestaltung bei elastischer und unelastischer Nachfrage

3.3 Preisbildungen in der Realität

Die Preisbildung im Modell des vollkommenen Marktes wurde von einer Vielzahl von Bedingungen abhängig gemacht. Es liegt auf der Hand: Je mehr Bedingungen erfüllt sein müssen, desto seltener sind entsprechende Fälle in der Praxis anzutreffen. Das Marktmodell ist hilfreich, um reale Märkte (**unvollkommene Märkte**) im Hinblick darauf zu untersuchen, welche Auswirkungen Abweichungen von den Bedingungen des Modells auf die Preisbildung haben.

In der wirtschaftlichen Realität sind Güter in der Regel nicht homogen, sondern heterogen, d. h. alle angebotenen Autos sind also nicht vollkommen gleichartig in Farbe, Form, Größe und Leistung. Die Anbieter sind bestrebt, ihr Angebot aus absatzpolitischen Gründen von dem der Mitbewerber abzugrenzen.

Auch hat nicht jeder Marktteilnehmer die komplette **Marktübersicht**, z. B. kennen die Anbieter und die Nachfrager nicht die Preise an allen Marktorten.

Nachfrager haben in der Regel besondere Vorlieben (**Präferenzen**), z. B. bezüglich eines bestimmten Anbieters als auch hinsichtlich bestimmter Güter. Dieses lässt sich auf die unterschiedlichen Bedürfnisse zurückführen.

Bedürfnisse
☞ S. 12 f.

Bei **Marktveränderungen** ist eine schnelle Anpassung an die neue Situation in der Realität nicht gegeben. Anbieter sind z. B. nicht in der Lage, ihre Kapazitäten beliebig schwankenden Nachfragemengen anzupassen und auch Nachfrager benötigen Zeit, um sich z. B. über neue Güter zu informieren. Hinzu kommt, dass der freie Zugang zu Märkten aus technischen, wirtschaftlichen und rechtlichen Gründen nicht immer gewährleistet ist.

Vollständige Konkurrenz
☞ S. 25

Die im Rahmen der vollständigen Konkurrenz unterstellte Situation von sehr vielen Anbietern und Nachfragern mit einem sehr geringen Marktanteil wird in der Realität häufig durch andere Formen abgelöst. Es wird von verschiedenen Marktformen gesprochen, wenn nach dem Grad des Wettbewerbs eingeteilt wird. Nach der Anzahl der Anbieter und Nachfrager ergeben sich Polypol, Oligopol und Monopol. Insgesamt können in der Kombination grundsätzlich neun Marktformen unterschieden werden.

Marktformen

Nachfrager / Anbieter	viele	wenige	einer
viele	Polypol	Nachfrageoligopol	Nachfragemonopol
wenige	Angebotsoligopol	zweiseitiges Oligopol	beschränktes Nachfragemonopol
einer	Angebotsmonopol	beschränktes Angebotsmonopol	zweiseitiges Monopol

Beim **Polypol** stehen sich sehr viele Anbieter und Nachfrager auf dem Markt gegenüber. Gelten die Bedingungen eines vollkommenen Marktes, so wird von vollständiger Konkurrenz gesprochen, auf einem unvollkommenen Markt von unvollständiger Konkurrenz. Die Polypolsituation gilt als wettbewerbspolitischer Idealfall, da weder Anbieter noch Nachfrager über große Marktmacht verfügen und somit Marktpreise nicht direkt beeinflussen können. In der Realität kommt es häufig zu Konzentrationen von einigen wenigen Anbietern (Angebotsoligopol) oder nur einem Anbieter (Angebotsmonopol) auf dem Markt. Der umgekehrte

Fall, dass vielen Anbietern nur wenige (Nachfrageoligopol) oder ein Nachfrager (Nachfragemonopol) gegenübersteht, ist selten.

Im **Oligopol** sind nur wenige Anbieter, die jeweils einen hohen Marktanteil besitzen, auf dem Markt tätig. Ein Anbieter wird seine Preise erhöhen, wenn er davon ausgehen kann, dass die anderen Anbieter ihm folgen werden. Es wird deshalb auch von einem Angebotsoligopol gesprochen. Beim Nachfrageoligopol stehen wenige Nachfrager vielen Anbietern gegenüber.

BEISPIEL

In einer Kleinstadt teilen sich zwei Vertragshändler derselben Marke das Fahrzeug- und Werkstattgeschäft. Durch die geringe Konkurrenz fallen die Preise für die angebotenen Leistungen der Autohäuser für die Nachfrager höher aus.
Die Nachfrager sind bereit, mehr zu zahlen, weil sie z. B. größere Anfahrtswege in Kauf nehmen müssten, um in der weit entfernten Großstadt in die dortigen Autohäuser zu fahren (Angebotsoligopol). Umgekehrt wäre auch eine Situation denkbar, in der sich in einer Kleinstadt neben weiteren Vertragshändlern auch noch freie Händler und freie Werkstätten ansiedeln. Den vielen Anbietern stehen dann relativ wenige Nachfrager gegenüber. Die Konkurrenz wächst und die Leistungen rund um das Auto erzielen nun Preise, die deutlich unter denen in der Großstadt liegen (Nachfrageoligopol).

Beim **Monopol** fällt der Wettbewerb völlig aus, da es nur einen Anbieter (Angebotsmonopol) oder einen Nachfrager (Nachfragemonopol) gibt. Anbieter oder Nachfrager können die Preise bestimmen.

Während Nachfragemonopole i. d. R. dadurch entstehen, dass nur ein einziger Nachfrager eine bestimmte Ware oder Dienstleistung nachfragt und die Anbieter ihr Angebot speziell darauf abstimmen, können Angebotsmonopole auf unterschiedliche Art und Weise entstehen. Es lassen sich folgende vier Grundtypen unterscheiden:

Arten von Angebotsmonopolen	
Patentmonopol	• entsteht dadurch, dass der Staat eine Innovation durch ein Patent, Gebrauchs- oder Geschmacksmuster vor Nachahmern schützt • i. d. R. zeitlich begrenzt • Beispiel: Medikamente
Staatsmonopol	• entsteht dadurch, dass der Staat die Versorgung mit einem bestimmten Gut einem einzelnen Anbieter überträgt • die Versorgung für alle soll sichergestellt werden • Beispiel: Briefmarkt (bis 2008 in Deutschland)
natürliches Monopol	• entsteht dadurch, dass die Versorgung durch einen einzelnen Anbieter gesamtwirtschaftlich günstiger ist als durch mehrere Anbieter • v. a. dann, wenn der Aufbau eines zweiten Infrastrukturnetzes mit unverhältnismäßig hohen gesamtwirtschaftlichen Kosten verbunden ist • Beispiel: Eisenbahn
Konzentrationsmonopol	• entsteht dadurch, dass sich alle Anbieter eines bestimmten Gutes zusammenschließen oder von einem Unternehmen aufgekauft werden • es gibt keine Konkurrenten mehr auf dem Markt • Beispiel: generell möglich

Angebotsmonopol der Deutschen Post (bis 2008)

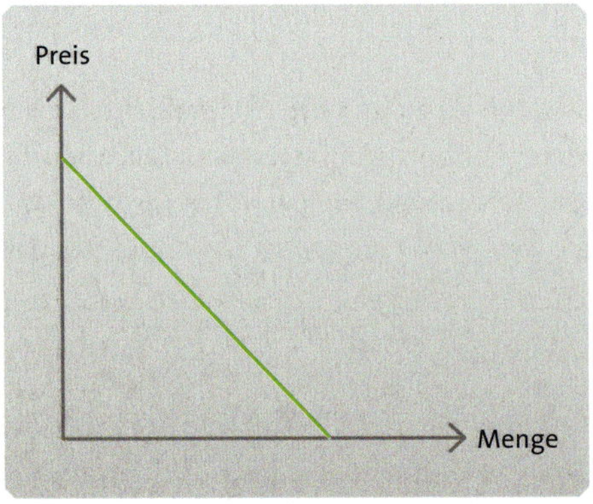

Schematische Darstellung der Preis-Absatz-Funktion

Die Preisbildung im Angebotsmonopol unterscheidet sich von der im vollkommenen Markt, da der einzige Anbieter den Preis für ein Gut frei festsetzen kann. Dabei ist zu berücksichtigen, dass die Nachfrage in Abhängigkeit von der Höhe des Preises variiert. Dieser Zusammenhang wird auf der sogenannten **Preis-Absatz-Kurve** erfasst. Es gilt im Normalfall: je niedriger der Preis, für den ein Gut angeboten wird, desto höher die Nachfrage nach diesem Gut.

Der Monopolist wird die Preise so festsetzen, dass seine Gewinne maximiert werden. Neben der nachgefragten Menge und dem Angebotspreis sind hierbei die Kosten zu berücksichtigen, die für das angebotene Gut anfallen. Der Gewinn des Monopolisten ergibt sich:

> *Gesamtgewinn = Gesamtumsatz – Gesamtkosten, wobei gilt:*
> *Umsatz = Preis · verkaufte Menge*

Wählt der Monopolist einen zu hohen Preis, so sinkt die verkaufte Menge wegen der sinkenden Nachfrage. Wählt er den Preis zu gering, so ist zwar die verkaufte Menge hoch, doch bleibt der Umsatz aufgrund des niedrigen Preises gering. Er wird den Preis also so wählen, dass die Differenz zwischen den angefallenen fixen und variablen Kosten und dem erzielten Umsatz maximal ist.

fixe und variable Kosten
☞ Band 2, LF 6, S. 162

LS 98

3.4 Eingriffe des Staates in die Preisbildung privater Güter

In bestimmten Fällen greift der Staat korrigierend in die Preisbildung ein. Die Nachfrager sollen z. B. vor zu hohen Preisen geschützt werden, die Anbieter hingegen z. B. vor zu niedrigen Preisen. Diese **politische Preisbildung** kann vom Staat durch indirekte Eingriffe (Preislenkung) oder durch direkte Eingriffe (Preisbindung) beeinflusst werden.

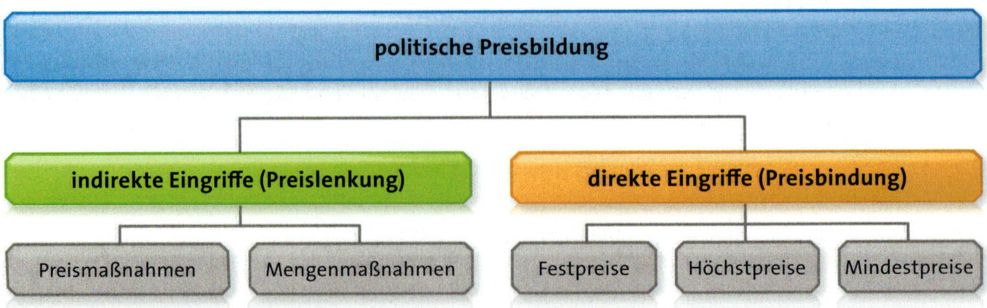

Bei einer **Preislenkung** beeinflusst der Staat Angebot und Nachfrage auf dem Markt. Die Preisbildung wird nicht beeinträchtigt. Eine Preislenkung ist **marktkonform**.

BEISPIEL

Preislenkung des Staates erfolgt durch Preismaßnahmen wie die Erhebung von Einfuhrzöllen, Zahlung von ***Subventionen*** *an bestimmte Wirtschaftszweige, Zahlung von Exportprämien oder Gewährung von Steuervergünstigungen für exportierende Unternehmen. Eine Preislenkung des Staates erfolgt aber auch durch Mengenmaßnahmen wie Aufkäufe von landwirtschaftlichen Erzeugnissen oder die Abnahme von Strom aus Sonne, Wind und Biomasse.*

Subventionen sind zweckgebundene Unterstützungen für Unternehmen oder private Haushalte.

Preisbindungen des Staates sind **nicht marktkonform**. Der Staat hat zunächst die Möglichkeit, die Preise für Waren und Dienstleistungen festzulegen. **Festpreise** dürfen weder unter- noch überschritten werden. Die Setzung von Festpreisen orientiert sich dabei vorwiegend an sozialen Gesichtpunkten und soll die Versorgung der Gesamtbevölkerung sicherstellen.

BEISPIEL

Preisbindung besteht für Ärzte, Rechtsanwälte und Notare. In den Gebührenordnungen sind bestimmte Sätze für erbrachte Leistungen festgeschrieben.

Höchstpreise dienen zum Schutz der Nachfrager. Höchstpreise dürfen nicht überschritten werden und müssen immer unter dem Gleichgewichtspreis liegen, sodass es zu einem Nachfrageüberhang kommt.

Bei Höchstpreisen werden Preisobergrenzen festgelegt.

BEISPIEL

Ein wichtiger Bestandteil unseres derzeitigen Gesundheitssystems legt fest, dass es für verschreibungspflichtige Medikamente Höchstpreise gibt.

Mindestpreise dienen dazu, den Anbietern ein bestimmtes Mindesteinkommen zu sichern. Im Gegensatz zum Höchstpreis liegt der Mindestpreis immer über dem Gleichgewichtspreis und führt zu einem Angebotsüberhang.

Bei Mindestpreisen werden Preisuntergrenzen festgelegt.

BEISPIEL

Mindestpreise werden zeitweise (in Krisenzeiten) für landwirtschaftliche Erzeugnisse (Rindfleisch, Getreide und Milch) gezahlt, auch gesetzliche Mindestlöhne sind Mindestpreise.

3.5 Marktversagen bei öffentlichen Gütern

Der Preisbildungsmechanismus der vorherigen Abschnitte ist keineswegs für alle Güter geeignet, die gehandelt werden. Es gibt Güter, bei denen der Markt als Koordinationssystem versagt.

Wirtschaftsgüter bzw. **private Güter** sind nur in begrenzter Menge vorhanden, deshalb besteht eine Rivalität zwischen den Nachfragern (Konsumenten) um den Konsum. Die Rivalität wird über den Preis ausgetragen. Die Personen, die nicht oder nicht genug für den Eigentumserwerb zahlen wollen, werden vom Konsum ausgeschlossen (**Ausschlussprinzip**).

Es gibt jedoch viele Güter, für die diese Bedingung nicht gilt, die aber trotzdem täglich in Anspruch genommen werden. Dieser Güter werden **öffentliche Güter** genannt. Da die Nachfrager nicht vom Konsum ausgeschlossen werden können (**Nichtausschlussprinzip**), sind sie auch nicht bereit, für diese Güter gesondert zu zahlen. Es kann so zum Trittbrettfahrer-Effekt kommen, d. h. der Konsum eines Gutes kann nicht auf eine Person beschränkt werden.

BEISPIEL

Soll eine Straße gebaut werden und ist deren Finanzierung zu klären, so wird der Einzelne kaum kundtun, wie stark er die Straße benutzen will, da er hofft, dass der Bau auch ohne seinen Beitrag zustande kommt. Alle Straßenbenutzer sind Nutznießer.

Zu den öffentlichen Gütern zählt auch die Umwelt. Nachfrager stecken bei diesem öffentlichen Gut in einem Dilemma, solange deren Benutzung nichts kostet. Sie können zwar verschiedene Handlungsmöglichkeiten abwägen, jedoch liegt es dabei meistens nahe, den eigenen Geldbeutel zu schonen. Fazit: Solange die Umwelt nichts kostet, besteht für den einzelnen Nachfrager kein unmittelbarer Anlass, sich umweltgerecht zu verhalten. Das führt in der Regel dazu, dass umweltschädliches Verhalten begünstigt wird.

Das gegenwärtig in der Praxis zu beobachtende Verhaltensmuster der Wirtschaftssubjekte kann folgendermaßen beschrieben werden: Der einzelne Konsument leistet freiwillig kaum einen Beitrag zu mehr Umweltschutz, als ihm notwendig erscheint, wenn er für umweltverträglichere Waren und Dienstleistungen mehr bezahlen muss. Der einzelne Produzent leistet freiwillig kaum einen höheren Beitrag zum Umweltschutz als der Konkurrent, wenn er dadurch seine Kosten- und Wettbewerbssituation verschlechtert. Der Wettbewerbsdruck veranlasst ihn im Gegenteil, die Umwelt kostenlos zu nutzen und die Beseitigung der ökologischen Schäden Dritten bzw. der Allgemeinheit aufzuerlegen.

4 Wettbewerb und Konzentration

LS 99

SITUATION Autoland Murschall GmbH

David Rose hat in einer Fachzeitschrift gelesen, dass einer der weltweit größten Zulieferer für Kfz-Elektronikteile seinen größten Konkurrenten aufkaufen will. Beide Unternehmen zusammen hätten dann einen Marktanteil von nahezu 50 Prozent. David fragt sich, ob dieses Zusammengehen der beiden Unternehmen Auswirkungen für die Ersatzeilversorgung generell und insbesondere auf die Preise der Ersatzteile haben wird.

4.1 Kennzeichen eines funktionsfähigen Wettbewerbs

Der Wettbewerb ist ein zentrales Gestaltungsmerkmal der sozialen Marktwirtschaft, denn er spielt eine wichtige Rolle als Steuerungsinstrument für das gesamte Wirtschaftsgeschehen. Wettbewerb hat die **gesellschaftliche Aufgabe**, den Anbietern und Nachfragern möglichst viel Freiheit zu gewährleisten, und die **ökonomische Aufgabe**, die Versorgung der Anbieter und Nachfrager über den Markt zu garantieren.

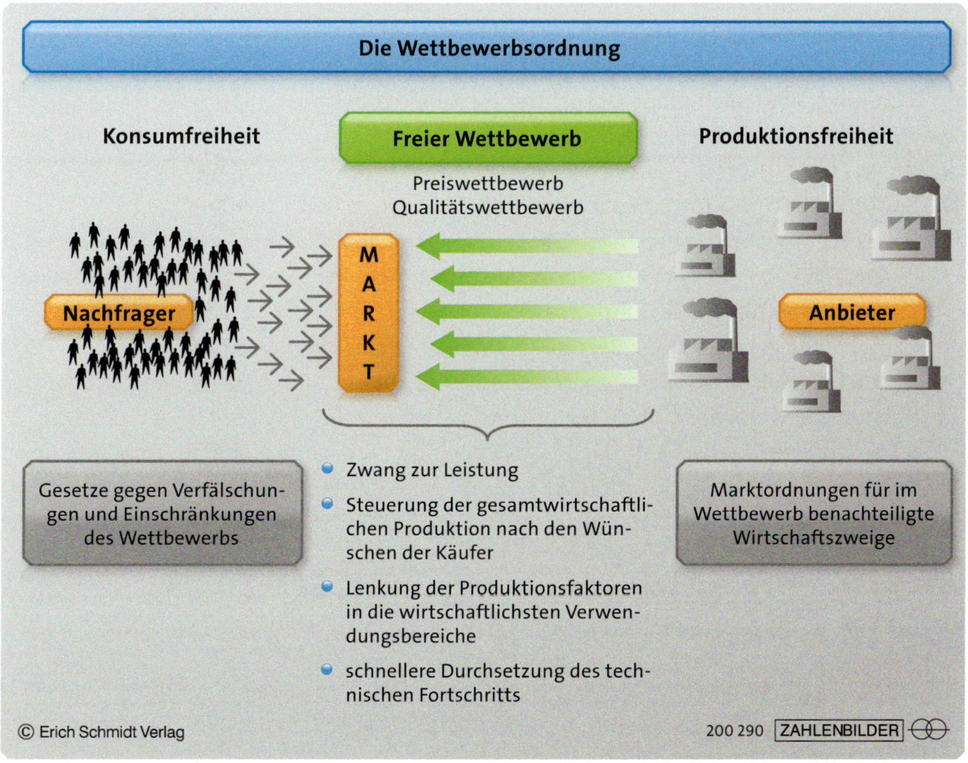

Ein funktionsfähiger Leistungswettbewerb erfüllt verschiedene Funktionen:

- Er hält Anbieter dazu an, ein Angebot bereitzustellen, das den Präferenzen (Vorlieben) der Nachfrager entspricht (**Steuerungsfunktion**).
- Anbieter sind bestrebt, Produktionsverfahren anzuwenden, die größtmögliche Effizienz des Produktionsfaktoreinsatzes gewährleistet (**Allokationsfunktion**).
- Anbieter treiben den technischen Fortschritt voran, um neuere, bessere und kostengünstigere Produkte zu entwickeln (**Innovationsfunktion**).
- Die Anbieter sind gezwungen, die größtmögliche Produktivität zu erreichen, d. h. sie richten den Einsatz der Produktionsfaktoren nach ihrer Produktivität aus. Außerdem passen sie die Produktionsstruktur den sich verändernden Verbraucherwünschen an (**Anpassungsfunktion**).
- Der Wettbewerb auf den Faktormärkten soll eine leistungsgerechte Einkommensverteilung gewährleisten (**Verteilungsfunktion**).
- Schließlich soll der Wettbewerb gewährleisten, dass wirtschaftliche Macht begrenzt und kontrolliert wird. In einem funktionsfähigen Wettbewerb kann kein Anbieter oder Nachfrager seine Position zu einer marktbeherrschenden Stellung ausbauen (**Kontrollfunktion**).

4.2 Kooperation und Konzentration

Globalisierung ☞ S. 77 ff.

Durch die Verbreitung des Internets wird die Welt zu einem „globalen Dorf". Anbieter aus der ganzen Welt stehen plötzlich im Wettbewerb miteinander. Die Öffnung der Märkte erhöht den Druck auf viele kleine Unternehmen, die ihre gesteckten Ziele nicht mehr allein erreichen können. Aber auch große Unternehmen stehen durch die Zunahme der weltweiten Konkurrenz vor großen Problemen.

4.2.1 Zielsetzungen und Auswirkungen

Die Argumente, mit denen die Unternehmen einen Zusammenschluss begründen, sind, unabhängig von der Wirtschaftsbranche, oft sehr ähnlich: Sie schließen sich mit anderen Unternehmen zusammen, um

- durch den gemeinsamen Bezug von Rohstoffen oder gemeinsamen Absatz von Waren, durch gemeinsame Werbung, Forschung und Entwicklung sowie durch Rationalisierung ihre **Wettbewerbsposition** zu verbessern,
- das **unternehmerische Risiko** durch Bildung größerer Unternehmenseinheiten und Stärkung der Finanzkraft zu mindern,
- vorhandene **Arbeitsplätze** durch Übernahme von Aufträgen aus anderen Unternehmen zu sichern.

BEISPIEL

Viele Automobilhersteller arbeiten heute in der Entwicklung von Motoren und/oder alternativen Antriebsquellen, wie z. B. im Bereich der Elektromobilität, zusammen.

Volkswagen bringt MAN unter seine Kontrolle

München/Wolfsburg (dpa) – Europas größter Autobauer Volkswagen hat sich die Kontrolle beim Lastwagenbauer MAN gesichert und will auf dem aussichtsreichen Schwerlastermarkt künftig verstärkt mitspielen. Der Wolfsburger Autokonzern kann 55,9 Prozent der MAN-Stammaktien übernehmen, wie VW am Montag mitteilte.

MAN wird damit nach der Integration von Porsche die elfte Tochter im VW-Autoreich. „Volkswagen ist mit dem Ergebnis mehr als zufrieden“, erklärte Konzernchef Martin Winterkorn. MAN begrüßte die Übernahme. Die VW-Spitze will einen eigenen Lastwagenkonzern aus MAN und der schwedischen VW-Tochter Scania unter VW-Führung bilden. Auf dem Weg dorthin sei mit der Mehrheit an MAN „ein wichtiger Meilenstein“ erreicht worden, teilte Volkswagen mit. Die Aktion kostet VW 3,4 Milliarden Euro.

Der Markt für Schwerlaster gilt angesichts der rasanten Wirtschaftsentwicklung als überaus attraktiv. Allein in Deutschland wurden nach einer Mitteilung des Verbandes der internationalen Kraftfahrzeughersteller im ersten Halbjahr 41 Prozent mehr schwere Nutzfahrzeuge über 16 Tonnen zugelassen als im Vergleichszeitraum 2010.

Nach jahrelangen Bemühungen um eine engere Zusammenarbeit von MAN und Scania hatten die Wolfsburger Anfang Mai überraschend ihren Anteil an MAN auf über 30 Prozent erhöht und mussten ein Pflichtangebot abgeben. Erstmals nannte VW dazu auch ganz konkret als Ziel, einen „integrierten Nutzfahrzeugkonzern“ schaffen zu wollen. Durch die Allianz erwartet die Konzernspitze kräftige Einspareffekte bei Einkauf, Entwicklung und Produktion.

(...)

Quelle: sueddeutsche.de, erschienen am 04.07.2011
(http://newsticker.sueddeutsche.de/list/id/1175314)

Nicht alle Unternehmenszusammenschlüsse bringen sofort den gewünschten Erfolg. Oftmals wird das neu geschaffene Unternehmen zu groß und damit zu unübersichtlich und zu träge, um schnell auf Marktveränderungen reagieren zu können. Ein weiteres Problem könnte die Frage sein: Gibt es überhaupt einen Unternehmenszusammenschluss unter Gleichen oder wird früher oder später doch ein Partner die größere Macht im Unternehmen haben? Bei einer Fusion von Unternehmen aus unterschiedlichen Ländern treffen zudem verschiedene Unternehmenskulturen aufeinander, was zu Verständnis- und Akzeptanzproblemen führen kann.

BEISPIEL

Der Zusammenschluss von Daimler und Chrysler aus dem Jahre 1998 galt lange Zeit als Zusammenschluss unter Gleichen. Erst allmählich stellte sich heraus, dass Daimler das Sagen in der DaimlerChrysler AG hatte. Nicht nur dieser Umstand, sondern auch die unterschiedlichen Unternehmenskulturen und Produkte führten dazu, dass Daimler 2007 durch den mehrheitlichen Verkauf der Chrysler-Anteile an einen Finanzinvestor den Unternehmenszusammenschluss wieder rückgängig machte. Seit 2007 firmiert Daimler wieder unter dem Namen Daimler AG.

Ein scharfer Wettbewerb führt aber auch zu Änderungen der Marktstruktur, das heißt zu Veränderungen der Unternehmenszahl auf dem Markt und ihres Anteils am Umsatz der Branche. Unabhängig, in welcher Form sich Unternehmen zusammenschließen, führt ein Zusammenschluss zu einer Vergrößerung der wirtschaftlichen Macht und beeinflusst somit den Wettbewerb (z. B. Forderung von überhöhten Preisen, künstliche Verknappung des Angebots). Durch einen Zusammenschluss können auch Arbeitsplätze verloren gehen.

Im Wesentlichen lassen sich zwei verschiedene Formen von Zusammenschlüssen unterscheiden. Je nachdem, ob es sich um einen losen oder aber einen engen Zusammenschluss handelt, wird zwischen **Kooperation** und **Konzentration** unterschieden. Unabhängig von der Form, in der sich Unternehmenszusammenschlüsse vollziehen, kann eine Einteilung auch nach Produktionsstufen erfolgen.

4.2.2 Horizontale, vertikale und anorganische Unternehmenszusammenschlüsse

Schließen sich Unternehmen der gleichen Produktionsstufe und demselben relevanten Markt zusammen, handelt es sich um einen **horizontalen Zusammenschluss**. Ein **vertikaler Zusammenschluss** von Unternehmen bezeichnet den Konzentrationsprozess aufeinanderfolgender Produktionsstufen. Die Unternehmen stehen also in einem Käufer- bzw. Verkäuferverhältnis. Schließen sich Unternehmen aus unterschiedlichen Wirtschaftsbranchen zusammen, d. h. die jeweiligen Erzeugnisse haben weder produktions- noch absatzmäßig miteinander zu tun, spricht man von einem **anorganischen Zusammenschluss**.

Nachfolgendes Schaubild stellt die Erscheinungsformen der Zusammenschlüsse nach den Produktionsstufen dar:

Horizontale, vertikale und anorganische Zusammenschlüsse

Horizontaler Zusammenschluss

Unternehmen derselben Produktionsstufe (Branche) schließen sich zusammen. Beispiel: Mehrere Ölkonzerne schließen sich zusammen.

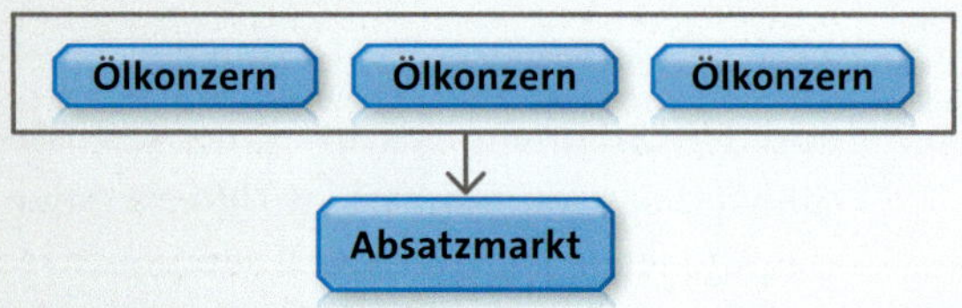

Vertikaler Zusammenschluss

Unternehmen aufeinanderfolgender Produktionsstufen schließen sich zusammen. Beispiel: Ein Spanplattenhersteller, ein Küchenhersteller und eine Handelskette schließen sich zusammen.

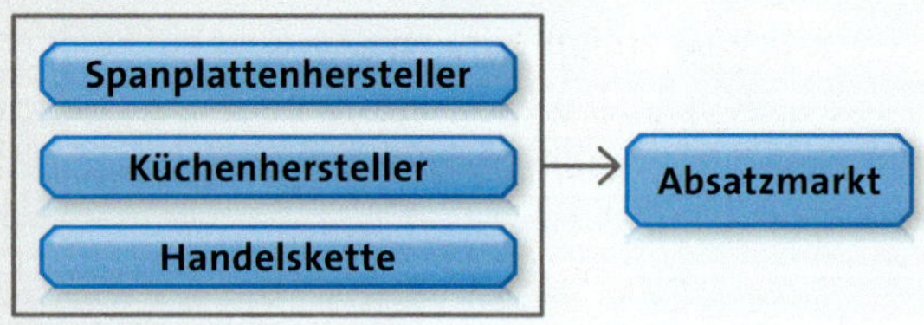

Anorganischer Zusammenschluss

Diverse Unternehmen unterschiedlicher Branchen schließen sich zusammen. Beispiel: Ein Nahrungsmittelhersteller, ein Versicherungsunternehmen und eine Schiffswerft schließen sich zusammen.

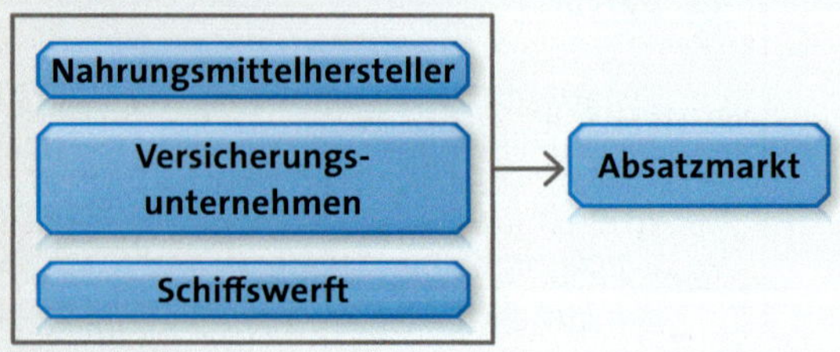

4.2.3 Kooperationsformen

Von Kooperation wird gesprochen, wenn Unternehmen sich durch Verträge zur Zusammenarbeit verpflichten, um die gemeinsame Wettbewerbsfähigkeit zu steigern. Dabei geben sie allerdings nur zu einem Teil ihre Selbstständigkeit auf. Nachfolgend werden verschiedene Formen der Kooperation vorgestellt.

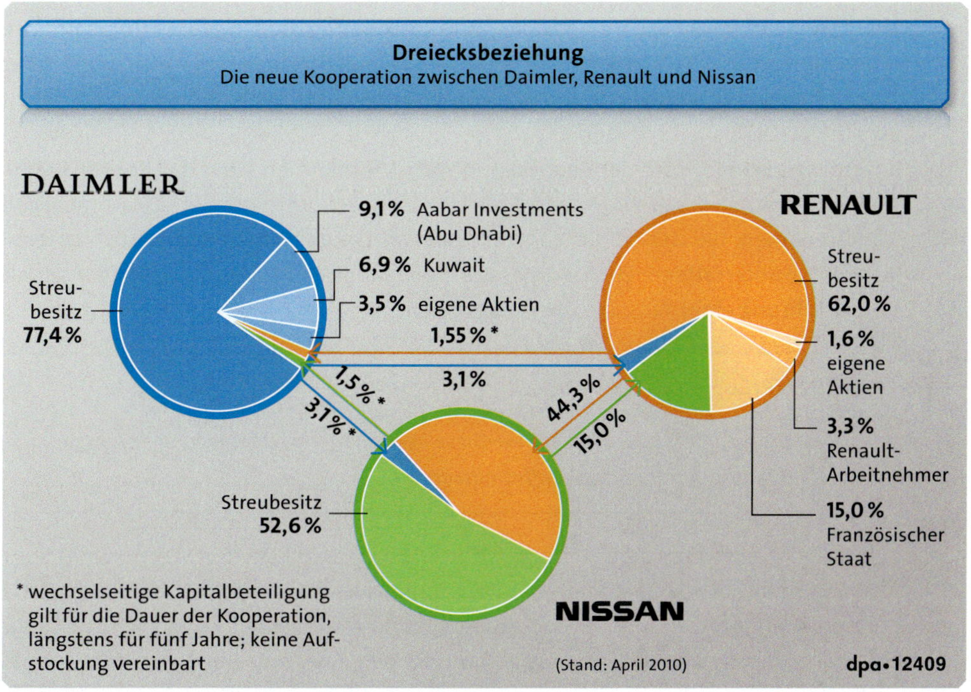

Die unverbindlichste Form der Zusammenarbeit zwischen den beteiligten Unternehmen besteht in der Bildung von **Arbeitsgemeinschaften**. Die rechtliche und wirtschaftliche Selbstständigkeit der Unternehmen bleibt bestehen. Meist sind Arbeitsgemeinschaften zeitlich begrenzte, lose Zusammenschlüsse zur gemeinsamen Durchführung eines Großprojekts, das häufig vertraglich geregelt wird.

> ***BEISPIEL** Autoland Murschall GmbH*
>
> *Die STARCAR AG arbeitet bei der Entwicklung einer Plattform für einen neuen kompakten SUV mit einem anderen Kfz-Hersteller zusammen.*

Fachverbände stellen eine lockere Verbindung dar. Dabei schließen sich die Unternehmen zu einem gemeinsamen wirtschaftlichen Zweck zusammen. Durch gemeinsame Maßnahmen streben sie danach, das Leistungsangebot einer Branche bekannt zu machen, Werbe- oder Öffentlichkeitsarbeit durchzuführen, Produktions- und Kommunikationseinrichtungen zu nutzen und Verwaltungsaufgaben gemeinsam durchzuführen. Fachverbände nehmen auch eine Beratungsfunktion wahr.

www.kfzgewerbe.de

BEISPIEL

Zentralverband Deutsches Kraftfahrzeuggewerbe e. V. (ZDK)

Hängt von den Aktivitäten einer **Interessengemeinschaft** der Gewinn der Mitglieder ab, wird häufig ein Gewinnpool vereinbart. Aus diesem erhalten die Mitglieder ihrem Anteil entsprechend ihren Gewinn. Die vertraglichen Abmachungen dienen der Förderung der gemeinsamen Interessen. Die Abgrenzung der Interessengemeinschaft zum Kartell oder Konzern gestaltet sich zuweilen schwierig.

Eine besondere Form der Kooperation von Unternehmen stellt das **Konsortium** dar. Ähnlich wie bei Arbeitsgemeinschaften ist ein Konsortium ein loser Zusammenschluss von Unternehmen, bei denen die angeschlossenen Unternehmen sich jedoch einem Konsortialführer unterordnen. Dieser organisiert das Konsortium, wenn er sich bei der alleinigen Durchführung einer Aufgabe überfordert sieht.

BEISPIEL

Zusammenschluss deutscher Pkw-Dieselhersteller und Zulieferer zur Entwicklung innovativer Methoden zur Schadstoffminimierung.

Bundeskartellamt ☞ S. 41

EU-Kommission ☞ S. 44 f.

Ein hohes Gefahrenpotenzial bergen **Kartelle** in sich, da sie den Wettbewerb ausschalten können, ohne dass den beteiligten Unternehmen wesentliche Beeinträchtigungen oder komplizierte Verfahren entstehen: Unternehmen schließen „lediglich" vertragliche Übereinkünfte. Das Bundskartellamt und die EU-Kommission gehen entschieden gegen vermutete Kartellabsprachen vor. Die gesetzlichen Regelungen werden in Kapitel 4.3 ausführlich behandelt.

Wichtige Kartellarten

Bezeichnung	Ziel
Preiskartell	Mit gemeinsam festgelegten Verkaufspreisen soll der Wettbewerb der Mitglieder ausgeschaltet werden.
Gebietskartell	Der Wettbewerb soll durch die Zuteilung eines fest begrenzten Verkaufsgebietes verhindert werden.
Quotenkartell (Mengenkartell)	Jedes Mitglied darf nur eine bestimmte Menge (Quote) produzieren.
Submissionskartell	Öffentliche Aufträge werden zu abgesprochenen überhöhten Preisen untereinander aufgeteilt.
Strukturkrisenkartell	Die Vereinbarung erfolgt, um gemeinsam die Produktionskapazitäten an die strukturell gesunkene Nachfrage anzupassen.
Konditionenkartell	Absprachen über gemeinsame Lieferungs- und Zahlungsbedingungen, Serviceleistungen
Normen- und Typenkartell	Eine einheitliche Anwendung von Normen und Typen wird vereinbart.
Exportkartell	Die Sicherung und Förderung des Absatzes erfolgt durch Absprachen.
„Frühstückskartell"	Es gibt keine offiziellen Absprachen oder Vertäge. Es genügen kurze Besprechungen („beim Sektfrühstück") oder Telefonanrufe für abgestimmtes Verhalten.

4.2.4 Konzentrationsformen

Eine Konzentration liegt vor, wenn Unternehmen ihre rechtliche und/oder wirtschaftliche Selbstständigkeit aufgeben, um sich unter eine zentrale Leitung zu stellen. Unternehmenszusammenschlüsse erfolgen durch Konzernbildung bzw. Fusionen.

Ein Konzern ist ein Zusammenschluss von Unternehmen, der durch eine **kapitalmäßige Verflechtung** zustande kommt. Die angeschlossenen Unternehmen behalten ihre rechtliche Selbstständigkeit, werden aber voneinander wirtschaftlich abhängig und stehen unter einer einheitlichen Leitung. Die einheitliche Leitung ermöglicht es, die wirtschaftlichen Interessen und Aufgaben der Konzernunternehmen aufeinander abzustimmen und somit die Marktsituation zu verbessern.

Im **Unterordnungskonzern** werden ein herrschendes und ein oder mehrere abhängige Unternehmen (Tochterunternehmen) durch die Leitung des herrschenden Unternehmens (Konzernmutter) zusammengefasst.

BEISPIEL

Die VW AG ist zu 100 Prozent an Škoda und Seat beteiligt. Der Vorstand der VW AG bestimmt die Modellpolitik der Töchter, gibt Produktions- und Ertragsziele vor und entscheidet über die Standorte.

Die Abhängigkeit des Tochterunternehmens wird besonders deutlich, wenn eine **Holding** gebildet wird. Die Anteilseigner verschiedener Unternehmen übertragen ihre Anteile dabei auf eine eigenständige Dachgesellschaft (Holding-Gesellschaft) und werden im Gegenzug an der Holding beteiligt. Die Holding-Gesellschaft verwaltet die Geschäftsanteile der Tochtergesellschaften im Interesse der Holdingeigner. Nach außen bleibt die rechtliche Selbstständigkeit der Tochtergesellschaften bestehen, die wirtschaftliche Selbstständigkeit geht weitgehend auf die Holding-Gesellschaft über.

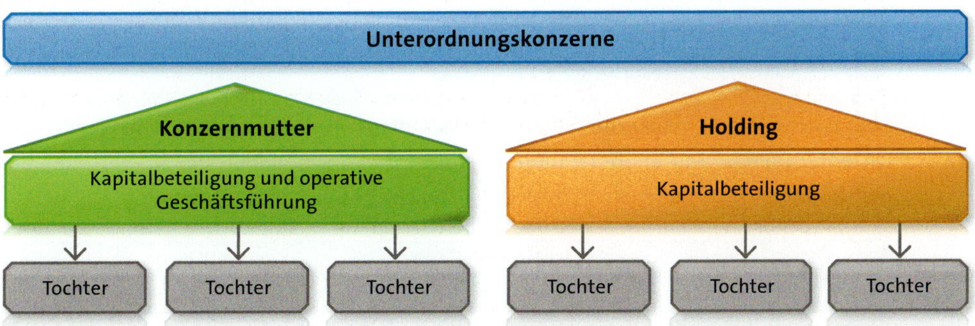

Bei **Gleichordnungskonzernen** tauschen Konzernunternehmen ihre Kapitalbeteiligungen in gleichem Umfang aus, ohne dass das eine Unternehmen von dem anderen abhängig wird. Die sogenannten Schwestergesellschaften beeinflussen sich gegenseitig. Aufgrund der ausgewogenen Beteiligung entsteht ein Machtgleichgewicht. Eine einheitliche Willensbildung wird durch gegenseitige Abstimmung gewährleistet.

BEISPIEL

Die Nord AG und die Versicherung AG sind kapitalmäßig miteinander verbunden. Die Vorstände legen im Rahmen eines Allfinanzierungskonzepts gemeinsam das Angebot an Bank- und Versicherungsprodukten fest und nutzen Vertriebsnetze und IT-Systeme gemeinschaftlich.

Verlieren Unternehmen nach einem Zusammenschluss ihre rechtliche und wirtschaftliche Selbstständigkeit und bilden eine Einheit, wird von **Fusion** gesprochen. Wenn sich verschiedene Unternehmen derselben Branche mit dem Ziel zusammenschließen, eine überragende Marktstellung zu erlangen, bezeichnet man das neu entstandene Unternehmen als **Trust**.

Aktiengesellschaft
☞ Band 1, LF 1, S. 37

Bei Aktiengesellschaften muss die Genehmigung einer Fusion von der Hauptversammlung der Unternehmen beschlossen werden. Dieses kann durch eine Fusion durch Aufnahme oder durch eine Fusion durch Neubildung erfolgen.

Bei der **Unternehmensübernahme** nimmt das aufnehmende Unternehmen (A) das abhängige Unternehmen (B) auf. Das abhängige Unternehmen geht mit allen Vermögens- und Schuldteilen in das aufnehmende Unternehmen über und erlischt. Voraussetzung für die Unternehmensübernahme ist ein Anteil von mindestens 75 Prozent von Unternehmen A bei Unternehmen B.

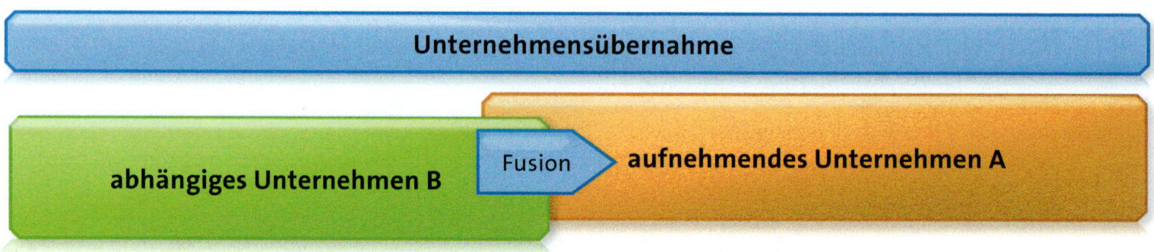

Eine zweite Möglichkeit einer Fusion ist die **Unternehmensneugründung**: Beide beteiligten Unternehmen (A und B) übertragen ihre gesamten Vermögens- und Schuldteile auf ein neu gegründetes Unternehmen, in dem die alten Unternehmen aufgehen.

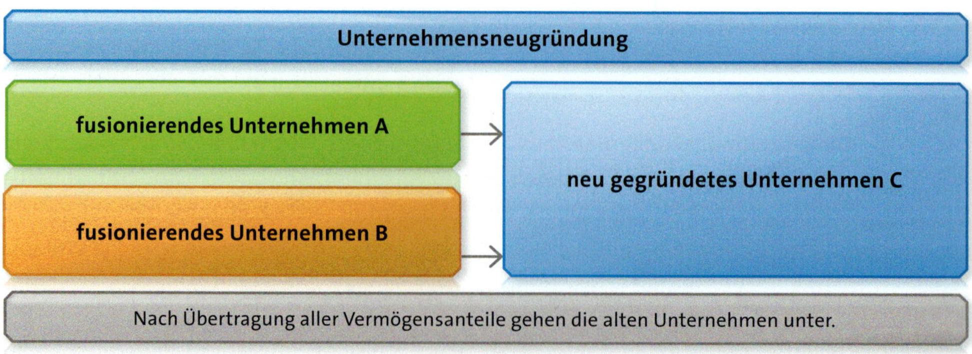

BEISPIEL

Fusion durch Aufnahme:
Die Auto AG hat durch Aktienkäufe an der Börse ihr Aktienpaket an der Sportwagen AG auf 100 Prozent aufgestockt. Mit Beschluss der Hauptversammlung der Sportwagen AG wird das Unternehmen aufgelöst und auf die Auto AG übertragen.
Fusion durch Neubildung:
Die Hauptversammlung der Nordbank AG und der Versicherungs AG beschließen die Vereinigung beider Unternehmen zur Allfinanz AG. Die Anteilseigner der Nordbank erhalten im Austausch gegen ihre bisherigen Aktien 40 Prozent der neuen Aktien und die Anteilseigner der Versicherungs AG erhalten 60 Prozent der Aktien der Allfinanz AG.

4.3 Wettbewerbsrecht und Wettbewerbshüter

Da der Wettbewerb ein wesentliches Gestaltungsmerkmal der sozialen Marktwirtschaft ist, muss der Staat den Wettbewerb sichern und Wettbewerbsbeschränkungen abbauen. Die Wettbewerbspolitik kann sich in Zeiten der Globalisierung nicht nur auf nationale Märkte beschränken. Das Interesse eines fairen Wettbewerbs erfordert ein internationales Regelwerk. Wettbewerbsrecht in der Bundesrepublik umfasst daher sowohl nationales Recht (Gesetz gegen Wettbewerbsbeschränkung) als auch europäisches Recht.

Globalisierung
☞ S. 77 ff.

Die **Wettbewerbspolitik** verfolgt zwei Zielsetzungen:
- Auf der einen Seite ist es ihre Aufgabe, einen **funktionsfähigen Wettbewerb** zu erhalten und den Konsumenten vor Wettbewerbsbeschränkungen zu schützen.
- Auf der anderen Seite ist es ihre Aufgabe, unlautere Wettbewerbspraktiken zu verhindern, d. h. für einen **fairen Wettbewerb** zu sorgen.

Unter diesen Zielsetzungen sind auch die Regelungen der Gruppenfreistellungsverordnung (GVO) zu sehen. Die GVO stellt die Automobilindustrie von einigen wichtigen Wettbewerbsregeln frei und erlaubt spezielle Ausnahmeregeln für die Gruppe der Autohersteller. Die EU war und ist aber der Meinung, dass die wirtschaftlichen Vorteile für die Verbraucher mindestens die wirtschaftlichen Nachteile ausgleichen und die GVO somit den Zielsetzungen der Wettbewerbspolitik entsprechen muss.

GVO
☞ Band 1, LF 1, S. 18

4.3.1 Bundeskartellamt

Zuständig für den Wettbewerbsschutz ist das Bundeskartellamt mit Sitz in Bonn. Grundlage seiner Tätigkeit ist das **Gesetz gegen Wettbewerbsbeschränkungen** (GWB). Das Bundeskartellamt kann Kartellverfahren einleiten, Ermittlungen und Durchsuchungen vornehmen, Auskünfte verlangen und Beweismittel beschlagnahmen.

Bundeskartellamt in Bonn

Daneben kann das Bundeskartellamt das europäische Wettbewerbsrecht anwenden, soweit die

Europäische Kommission nicht selbst tätig wird. Die Zuständigkeit des Bundeskartellamtes erstreckt sich auf alle Wettbewerbsbeschränkungen, die sich in Deutschland auswirken.

4.3.2 Gesetz gegen Wettbewerbsbeschränkungen (GWB)

Gesetzliche Grundlage nationaler Wettbewerbspolitik ist das Gesetz gegen Wettbewerbsbeschränkungen (GWB) von 1958 – auch **Kartellgesetz** genannt. Eine tief greifende Neuregelung erfuhr das Gesetz durch die am 1. Juli 2005 in Kraft getretene siebente Novellierung. Damit wurde das deutsche an das europäische Wettbewerbsrecht angepasst. Bisher geltende und mit einem hohen bürokratischen Aufwand verbundene Anmelde- und Genehmigungsverfahren für bestimmte Kartellarten wurden abgeschafft. Gleichzeitig wurde im Gesetz auf eine Konkretisierung von Kartellarten verzichtet.

§1 GWB sieht ein generelles Verbot von wettbewerbsbeschränkenden Vereinbarungen zwischen Unternehmen sowie von aufeinander abgestimmten Verhaltensweisen vor. Allerdings sind gemäß § 2 GWB wettbewerbsbeschränkende Maßnahmen von diesem generellen Verbot freigestellt und damit grundsätzlich zulässig (**Prinzip der Legalausnahme**), wenn der Vorteil einer Wettbewerbsabsprache schwerer ins Gewicht fällt als ihre Nachteile.

BEISPIEL

Vom Verbot freigestellt sind:

- *Forschungs- und Entwicklungsvereinbarungen*
- *Spezialisierungsvereinbarungen*
- *Technologietransfervereinbarungen*
- *Vertriebsvereinbarungen*

Die Unternehmen müssen selbst beurteilen, ob bestimmte Absprachen kartellrechtlich zulässig sind. Mussten früher die Kartellbehörden in einem Anmeldeverfahren prüfen und entscheiden, ob wettbewerbsbeschränkendes Verhalten vorliegt, liegt die Verantwortung nun bei den Unternehmen. Diese müssen sich an der Entscheidungspraxis zum europäischen Recht orientieren.

Das Risiko, das mit einer Kartellabsprache bzw. einer falschen Einschätzung der Freistellungsvoraussetzungen verbunden ist, ist allerdings hoch. Die Unternehmen riskieren ein verschärftes Bußgeldverfahren und können im größeren Umfang als früher schadenersatzpflichtig gemacht werden (§ 81 GWB).

Klassische Kartelle, wie Preis- oder Gebietsabsprachen sowie Vereinbarungen von Produktions- und Lieferquoten, werden nach wie vor als eindeutig wettbewerbsschädlich eingeschätzt und sind deshalb vom Verbot des § 1 des GWB nicht freigestellt.

Sogenannte **Mittelstandskartelle** sind erlaubt, wenn die Voraussetzungen des § 3 GWB erfüllt sind: Der Wettbewerb darf auf dem Markt nicht wesentlich beeinträchtigt werden und die Vereinbarung oder der Beschluss muss dazu dienen, die Wettbewerbsfähigkeit zu verbessern.

Frühstückskartell
„Da kann ich nichts machen. Das ist keine unzulässige Absprache; das ist ihre Art zu grüßen."

Konzentrationsvorhaben sind immer dann **anmeldepflichtig**, wenn die beteiligten Unternehmen insgesamt bestimmte Umsatzschwellen überschritten haben (vgl. Schaubild unten). Für die **Fusionskontrolle** ist die räumliche und sachliche Marktabgrenzung entscheidend, um das Ausmaß einer Marktbeherrschung beurteilen zu können. Kommt es durch eine Fusion zu einer Marktbeherrschung, wird die Fusion untersagt.

Eine **Marktbeherrschung** nach § 19 GWB liegt vor, wenn
- ein Unternehmen keinem oder keinem wesentlichen Wettbewerb ausgesetzt ist oder eine im Verhältnis zu seinen Wettbewerbern überragende Marktstellung hat;
- zwischen zwei oder mehreren Unternehmen auf dem relevanten Markt kein wesentlicher Wettbewerb besteht und sie eine überragende Marktstellung haben.

Das GWB **vermutet** eine Marktbeherrschung, wenn
- ein Unternehmen einen Marktanteil von mindestens einem Drittel hat,
- ein Unternehmensverbund aus drei oder weniger Unternehmen zusammen einen Marktanteil von mindestens 50 % oder
- ein Unternehmensverbund aus fünf oder weniger Unternehmen zusammen einen Marktanteil von zwei Dritteln erreicht.

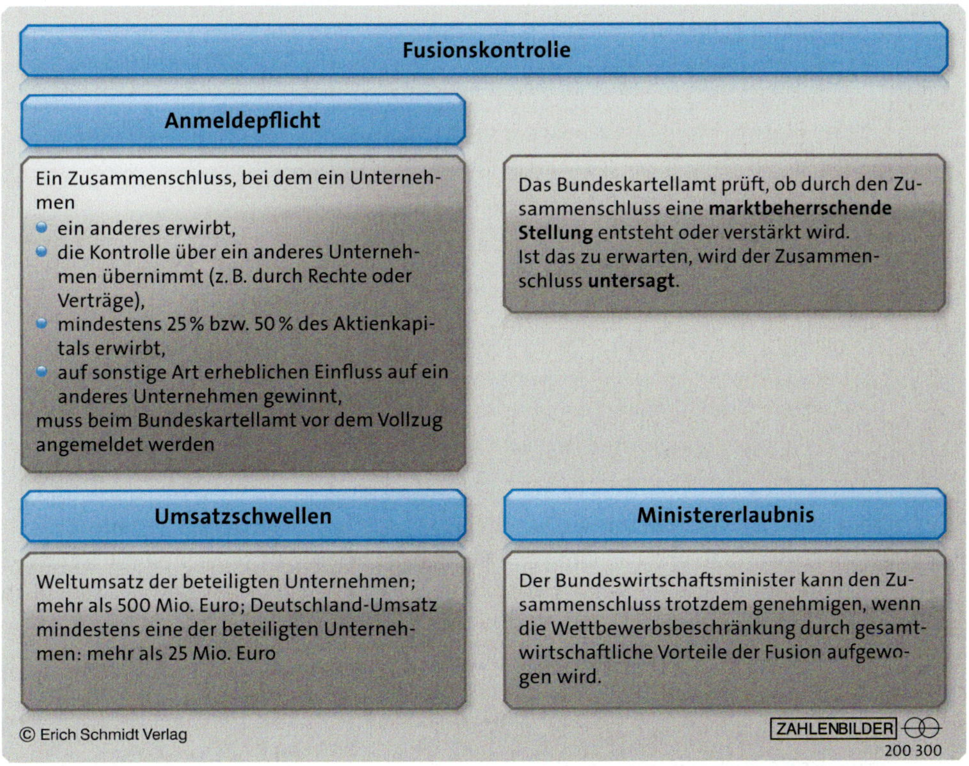

Untersagt das Bundeskartellamt einen Unternehmenszusammenschluss, so können die Betroffenen eine sogenannte **Ministererlaubnis** beim Bundeswirtschaftsministerium beantragen. Dort wird geprüft, ob die drohende Marktbeherrschung die Gesamtwirtschaft und das Gemeinwohl fördert. Wenn die Nachteile aus einem Zusammenschluss überwiegen, dann

Monopolkommission setzt sich aus fünf unabhängigen Sachverständigen zusammen www.monopolkommission.de

wird auch keine Ministererlaubnis erteilt. Bevor ein Zusammenschluss vom Bundeswirtschaftsministerium erlaubt wird, muss ein Gutachten der ***Monopolkommission*** eingeholt werden. Allerdings ist das Bundeswirtschaftsministerium nicht an die Beurteilung der Monopolkommission gebunden.

BEISPIEL

Gemeinwohlvorteile sind u. a.:

- *Sicherung der Arbeitsplätze*
- *Stärkung der internationalen Wettbewerbsfähigkeit*
- *Versorgungssicherung*
- *Sanierung*

4.3.3 EU-Kommission – europäisches Wettbewerbsrecht

Europäische Union ec.europa.eu/index_de.htm

Mit der Schaffung eines gemeinsamen Binnenmarkts in der Europäischen Union wurden der **Europäischen Kommission** weitreichende wettbewerbspolitische Befugnisse für grenzüberschreitende Unternehmenszusammenschlüsse übertragen. Europäische Wettbewerbspolitik erstreckt sich u. a. auf die Fusionskontrolle, das Kartellverbot, die Kontrolle von Monopolen (Liberalisierung) und die Überwachung staatlicher Beihilfen.

Die Kommission arbeitet bei der **Fusionskontrolle** eng mit den nationalen Wettbewerbsbehörden zusammen. Die Zuständigkeiten sind zwischen EU-Kommission und Bundeskartellamt geregelt. Die Kommission hat dazu eine Reihe von Kriterien aufgestellt, die eine ausschließliche Zuständigkeit der EU-Kommission begründen. Bei Zusammenschlüssen, die gemeinschaftsweite Bedeutung haben, wird die EU-Kommission im Regelfall erst tätig, wenn bestimmte Umsatzschwellen überschritten werden.

BEISPIEL

Die EU-Kommission wird tätig, wenn die beteiligten Unternehmen zusammen einen weltweiten Gesamtumsatz von mehr als 5 Mrd. € und mindestens zwei der beteiligten Unternehmen einen gemeinschaftsweiten Umsatz von jeweils mehr als 250 Mio. € erzielen.

Preis- oder Gebietsabsprachen (**Kartelle**) sind auch innerhalb der EU verboten. Ein einzelnes Unternehmen, das einen bestimmten Markt beherrscht, darf seine Stellung nicht dazu missbrauchen, Wettbewerber zu verdrängen. Ebenso verhält es sich mit dem Ausnutzen von Wettbewerbsvorteilen großer Unternehmen gegenüber kleineren Abnehmern oder Lieferanten. Ein Unternehmen missbraucht seine Marktmacht und verstößt gegen Wettbewerbsvorschriften, wenn es Lieferanten Konditionen auferlegt, die ihnen Geschäfte mit anderen Unternehmen erschweren.

Unter **Liberalisierung** versteht die EU-Kommission die Abschaffung von Monopolen. Monopolistische Marktstrukturen führen zu nicht wettbewerbsgerechten Preisen oder zu schlechtem Service und bilden ein Innovationshemmnis. Zulässig sind Ausnahmen in den Dienstleistungsbereichen, die an sich unrentabel sind, auf die die Bürger aber grundsätzlich ein Anrecht haben, z. B. das Ausliefern der Post in ländliche Gebiete.

Die EU-Kommission beobachtet genau, wie viele **staatliche Beihilfen** ein Mitgliedsstaat seinen Unternehmen gewährt. Neben den offensichtlichen Subventionen wie Zuschüssen oder Darlehen werden auch Steuervergünstigungen, die Bereitstellung von Waren und Dienstleistungen zu Vorzugskonditionen und Darlehensbürgschaften, durch die das betroffene Unternehmen seine Kreditwürdigkeit verbessern kann, kontrolliert. Allerdings werden staatliche Beihilfen für Forschung und Innovation, regionale Entwicklung oder mittelständische Unternehmen häufig zugelassen, weil sie übergeordneten EU-Zielen dienen.

BEISPIEL

So hat die EU in der Vergangenheit die staatlichen Beihilfen von ca. 500 Mio. € für ein neues Werk von BMW in Leipzig genau geprüft. Die Hauptzweifel der EU betrafen die Höhe der Beihilfe und die Frage, ob der Standort Leipzig denn in der Tat so nachteilig für BMW im Vergleich zu anderen Standorten in der EU wäre.

LS 100

5 Grundlagen der Wirtschaftspolitik

> ***SITUATION** Autoland Murschall GmbH*
>
> *David Rose hat auf seiner Fahrt zur Berufsschule in den Nachrichten gehört, dass die Bundesregierung über die Förderung des Verkaufs von Elektrofahrzeugen nachdenkt. Ähnlich wie bei der ehemaligen Abwrackprämie soll hier jeder Kunde, der ein Hybrid- oder Elektrofahrzeug kauft, vom Staat einen Zuschuss erhalten. David findet diese Idee prinzipiell gut, weiß aber nicht so ganz genau, warum sich der Staat denn so aktiv in das Wirtschaftsgeschehen einmischt.*

Wirtschaftsordnung ☞ S. 20 ff.

Damit das Wirtschaftsleben in einer Volkswirtschaft entsprechend der zugrunde gelegten Wirtschaftsordnung gestaltet und geordnet werden kann, muss der Staat in den Wirtschaftsablauf eingreifen. Die Wirtschaftspolitik umfasst somit alle staatlichen Maßnahmen, die das Ziel haben, das wirtschaftliche Geschehen im Rahmen bestimmter Zielvorgaben zu beeinflussen.

5.1 Träger der Wirtschaftspolitik

Wirtschaftspolitisches Handeln ist vorrangig staatliches Handeln. Der Aufbau der Bundesrepublik hat zur Folge, dass **Bund**, **Länder** und **Gemeinden** im Rahmen der ihnen zugewiesenen Aufgabenbereiche wirtschaftspolitisch relevante Entscheidungen treffen. Dies macht ständige Abstimmungsprozesse erforderlich, um nachteilige Folgen für die Gesamtwirtschaft zu verhindern.

Des Weiteren werden im Rahmen **internationaler Vereinbarungen** bestimmte Politikfelder ganz oder teilweise länderübergreifenden (supranationalen) Institutionen überlassen. Dies gilt insbesondere für Verträge mit der Europäischen Union, aber auch für Vereinbarungen im Rahmen der World Trade Organization (WTO).

Wettbewerbspolitik ☞ S. 41 f.

Geldpolitik ☞ S. 61

> ***BEISPIEL***
>
> *Politikfelder der EU sind z. B. Agrarpolitik, Wettbewerbspolitik, Strukturpolitik, Sozialpolitik und Geldpolitik (Europäische Zentralbank).*
> *Zu den Vereinbarungen innerhalb der WTO zählen u. a. freier Marktzugang, Diskriminierungsverbot und Abbau von Agrarsubventionen.*

Wirtschaftspolitik setzt die Rahmenbedingungen für das wirtschaftliche Handeln der Wirtschaftssubjekte. Dies veranlasst Interessenverbände (Lobbyisten), im Interesse ihrer Mitglieder auf Gesetzesvorhaben oder politische Entscheidungen einzuwirken.

BEISPIEL

Wirtschaftspolitisch relevante Lobbyisten sind u.a. Gewerkschaften, Arbeitgeberverbände, Industrie- und Handelskammertag, Verband der Automobilindustrie, Verbraucherverbände, Umweltschutzorganisationen und Unternehmen.

Wirtschaftspolitische Entscheidungsträger	
auf nationaler Ebene: • Bund (z. B. Bundesministerien, Bundestag, untergeordnete Bundesbehörden) • Länder • Gemeinden	auf supranationaler Ebene: • EU (z. B. EZB) • WTO • IWF • u. a.
Interessenvertretungen (Lobbyisten), z. B.: • Gewerkschaften • Unternehmensverbände • Umweltschutzorganisationen	

5.2 Ziele der Wirtschaftspolitik

Wirtschaftspolitik wird nicht um ihrer selbst willen betrieben, sondern dient zur Erreichung bestimmter Ziele. Die Wirtschaft ist nur ein Teilbereich der Gesellschaft. Die Wirtschaftspolitik kann sich deshalb ihre Ziele letztendlich nicht selbst setzen, sondern muss sich an gesellschaftlichen Grundwerten orientieren. Diese sind:

Freiheit: Freiheit schafft die Voraussetzung für die freie Entfaltung der eigenen Persönlichkeit. Die Wirtschaftspolitik muss sicherstellen, dass die persönliche Freiheit des Einzelnen auch bei seinen wirtschaftlichen Entscheidungen garantiert ist und nicht z. B. durch die wirtschaftliche Macht eines Monopolisten eingeschränkt wird.

Monopol ☞ S. 28 f.

Gerechtigkeit: Alle Bürger eines Staates haben die gleichen Rechte. Niemand darf aufgrund seiner Herkunft, seines Glaubens, seines Geschlechts usw. bevorzugt oder benachteiligt werden. Auf wirtschaftlichem Gebiet zielt die Forderung nach Gerechtigkeit insbesondere auf die Verteilungsgerechtigkeit, d. h. Einkommen und Vermögen sollten möglichst gerecht verteilt sein.

Einkommensverteilung ☞ S. 55 ff.

Sicherheit: In der Gesellschaft dürfen Krankheit, Behinderung, Alter oder sonstige Umstände, die die Leistungsfähigkeit verringern, nicht zu sozialer Verelendung führen. Die Gesellschaft muss deshalb die soziale Sicherheit als solidarische Aufgabe aller Bürger begreifen.

Fortschritt: Fortschritt ist kein Wert an sich, sondern als immer neue Annäherung an vorgegebene gesellschaftspolitische Ziele zu interpretieren. Wirtschaftliches Wachstum kann nur dann Fortschritt bringen, wenn das Wachstum nicht nur ökonomischen, sondern auch sozialen, umweltpolitischen und humanen Aspekten gerecht wird, also das Gemeinwohl vermehrt und die Lebensqualität verbessert.

Unter Berücksichtigung der gesellschaftlichen Grundwerte stellt sich die Frage, welche wirtschaftspolitischen Ziele erstrebenswert sind und verfolgt werden sollen. Wichtige wirtschaftspolitische Ziele sind im **Stabilitäts- und Wachstumsgesetz** (StWG) von 1967 vorgegeben und dienen einer konstanten und ausgewogenen wirtschaftlichen Entwicklung:

1. **Wirtschaftliches Wachstum**: Von wirtschaftlichem Wachstum wird gesprochen, wenn in einer Volkswirtschaft in der aktuellen Periode mehr Güter als in der Vorperiode produziert wurden. Gemessen wird wirtschaftliches Wachstum in prozentualen Veränderungen des **Bruttoinlandsprodukts** (BIP) gegenüber dem Vergleichszeitraum. Wirtschaftswachstum wird aus verschiedenen Gründen als wirtschaftspolitisches Ziel angesehen: Es ermöglicht den Gewerkschaften höhere Lohnabschlüsse, den Unternehmern höhere Rendite und den öffentlichen Haushalten höhere Einnahmen.

Bruttoinlandsprodukt ☞ S. 52 ff.

2. **Vollbeschäftigung**: Das Ziel Vollbeschäftigung bezieht sich auf die Auslastung des Produktionsfaktors Arbeit. Vollbeschäftigung ist ein wichtiges wirtschaftliches und gesellschaftliches Ziel. Jeder Arbeitslose bedeutet unter wirtschaftlichen Gesichtspunkten einen Verzicht auf die Nutzung volkswirtschaftlicher Ressourcen, der darüber hinaus auch die öffentlichen Haushalte belastet. **Arbeitslosigkeit** stellt zugleich für die Betroffenen und deren Familienangehörige ein schweres persönliches Schicksal dar, welches mit finanziellen Einbußen und persönlichen Problemen wie dem Verlust des Selbstwertgefühls einhergeht.

Produktionsfaktor ☞ S. 14

3. **Preisniveaustabilität**: Das Ziel Preisniveaustabilität bezieht sich auf die Entwicklung der **Kaufkraft des Geldes** in der Volkswirtschaft. Das Preisniveau bezeichnet den Durchschnitt der Preise aller für die privaten Haushalte wichtigen Güter. Preisniveaustabilität bedeutet, dass mit einer bestimmten Menge Geld über einen längeren Zeitraum hinweg die gleiche Gütermenge erworben werden kann. Die Preisniveaustabilität wird mit der Inflationsrate gemessen.

Kaufkraft des Geldes ☞ S. 61 ff.

4. **Außenwirtschaftliches Gleichgewicht**: Kein Industriestaat ist autark, d. h. kann ohne wirtschaftliche Beziehungen zu anderen Volkswirtschaften existieren. Dies zeigt sich insbesondere an der wichtigen Bedeutung des **Außenhandels** für eine Volkswirtschaft. Die Bundesrepublik z. B. importiert zahlreiche Rohstoffe, wie Rohöl und Erze, veredelt diese und exportiert sie wieder ins Ausland. Da die Importe meist mit Devisen bezahlt werden, müssen ihnen Exporte in mindestens gleicher Höhe gegenüberstehen. Anderenfalls droht der Bundesrepublik die Zahlungsunfähigkeit. Alle wirtschaftlichen Transaktionen mit dem Ausland werden in der Zahlungsbilanz erfasst, die von der Deutschen Bundesbank erstellt und veröffentlicht wird.

Außenwirtschaftspolitik ☞ S. 71 ff.

Zahlungsbilanz ☞ S. 74 ff.

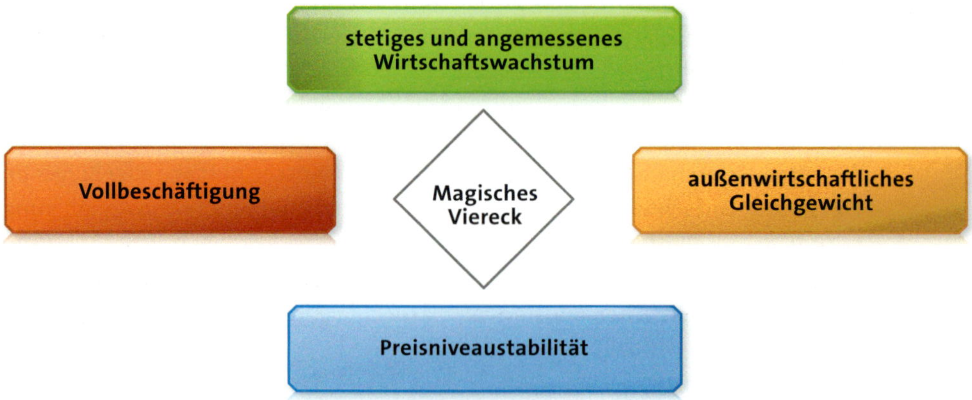

Neben diesen vier Zielen spielen noch zwei weitere Ziele eine bedeutende Rolle:

5. **Gerechte Einkommensverteilung:** Das Ziel einer gerechten Einkommensverteilung ist gesellschaftlich und wirtschaftlich von großer Bedeutung. Nur wenn die bestehenden Einkommensverhältnisse von der Bevölkerung akzeptiert werden, kann der soziale Frieden in einer Gesellschaft gewahrt werden.
6. **Umweltschutz:** Umweltschutz hat zum Ziel, Umweltschäden infolge von wirtschaftlichen Aktivitäten zu minimieren und entstandene Umweltschäden zu beseitigen, sodass auch noch künftige Generationen in einer lebenswerten Umwelt leben und wirtschaften können. So fördert die Bundesregierung die Forschung und Entwicklung von alternativen Antriebskonzepten in der Automobilindustrie. Ziel ist es, dass bis zum Jahre 2020 eine Million Fahrzeuge mit Elektronantrieb auf deutschen Straßen zugelassen sind. Die umweltpolitischen Ziele stehen oftmals im Konflikt mit dem Wachstums- und Vollbeschäftigungsziel.

Im Zusammenhang mit diesen Zielen wird auch häufig vom **magischen Viereck** bzw. **magischen Sechseck** gesprochen. Damit ist die Schwierigkeit gemeint, alle Ziele gleichzeitig zu verfolgen und zu erfüllen.

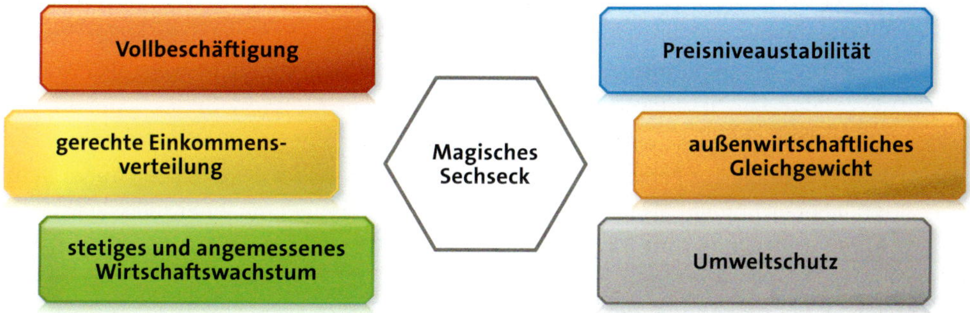

Exkurs: Verkehrspolitik

Ein Teilbereich der Wirtschaftspolitik ist die Verkehrspolitik. Diese setzt entscheidende Rahmenbedingungen für die Automobilwirtschaft. Neben den grundsätzlichen rechtlichen Regelungen für alle Verkehrsteilnehmer werden auch spezielle Regelungen für die Autofahrer getroffen, die direkte Auswirkungen auf wirtschaftliche Entscheidungen der Automobilwirtschaft haben können (z. B. durch neue Fahrerlaubnisklasse und der damit verbundenen Entwicklung neuer Fahrzeuge).

Klasse A

Krafträder mit oder ohne Beiwagen

Klasse A 1

Krafträder mit einem Hubraum von nicht mehr als 125 ccm und einer Motorleistung von nicht mehr als 11 kW (Leichtkrafträder). Für 16- und 17-jährige Leichtkraftradfahrer gilt eine durch die Bauart bestimmte Höchstgeschwindigkeit von nicht mehr als 80 km/h.

Klasse B
Kraftfahrzeuge mit einer zulässigen Gesamtmasse von nicht mehr als 3.500 kg und mit nicht mehr als acht Sitzplätzen außer dem Führersitz (auch mit Anhänger mit einer zulässigen Gesamtmasse von nicht mehr als 750 kg oder mit einer zulässigen Gesamtmasse bis zur Höhe der Leermasse des Zugfahrzeuges, sofern die zulässige Gesamtmasse der Kombination 3.500 kg nicht übersteigt).

Klasse C
Kraftfahrzeuge – ausgenommen jene der Klasse D – mit einer zulässigen Gesamtmasse von mehr als 3.500 kg (auch mit Anhänger mit einer zulässigen Gesamtmasse von nicht mehr als 750 kg).

Klasse C1
Kraftfahrzeuge – ausgenommen jene der Klasse D – mit einer zulässigen Gesamtmasse von mehr als 3.500 kg, aber nicht mehr als 7.500 kg (auch mit Anhänger mit einer zulässigen Gesamtmasse von nicht mehr als 750 kg).

Klasse D
Kraftfahrzeuge zur Personenbeförderung mit mehr als acht Sitzplätzen außer dem Führersitz (auch mit Anhänger mit einer zulässigen Gesamtmasse von nicht mehr als 750 kg).

Klasse D1
Kraftfahrzeuge zur Personenbeförderung mit mehr als acht Sitzplätzen außer dem Führersitz, aber nicht mehr als 16 Sitzplätzen (auch mit Anhänger mit einer zulässigen Gesamtmasse von nicht mehr als 750 kg).

Klasse BE, CE, C1E, DE, D1E
Kraftfahrzeuge der Klassen B, C, C1, D oder D1 mit Anhänger mit einer zulässigen Gesamtmasse von mehr als 750 kg (Ausnahme bei Klasse B, siehe Erläuterung „Anhängerführerscheine"). Bei den Klassen C1E und D1E darf die zulässige Gesamtmasse der Kombination 12.000 kg und die zulässige Gesamtmasse des Anhängers die Leermasse des Zugfahrzeugs nicht übersteigen. Bei der Klasse D1E darf der Anhänger außerdem nicht zur Personenbeförderung verwendet werden.

Klasse M
Zweirädrige Kleinkrafträder und Fahrräder mit Hilfsmotor mit einer durch die Bauart bestimmten Höchstgeschwindigkeit von nicht mehr als 45 km/h und einem Hubraum von nicht mehr als 50 ccm.

Klasse S
Dreirädrige Kleinkrafträder und vierrädrige Leichtkraftfahrzeuge jeweils mit einer durch die Bauart bestimmten Höchstgeschwindigkeit von nicht mehr als 45 km/h und einem Hubraum von nicht mehr als 50 ccm im Falle von Fremdzündungsmotoren, einer maximalen Nutzleistung von nicht mehr als 4 kW im Falle anderer Verbrennungsmotoren oder einer maximalen Nutzleistung von nicht mehr als 4 kW im Falle von Elektromotoren. Bei vierrädrigen Leicht-

kraftfahrzeugen darf darüber hinaus die Leermasse nicht mehr als 350 kg betragen, ohne Masse der Batterien im Falle von Elektrofahrzeugen.

Klasse T
Zugmaschinen mit einer durch die Bauart bestimmten Höchstgeschwindigkeit von nicht mehr als 60 km/h und selbstfahrende Arbeitsmaschinen mit einer durch die Bauart bestimmten Höchstgeschwindigkeit von nicht mehr als 40 km/h, die jeweils nach ihrer Bauart zur Verwendung für land- oder forstwirtschaftliche Zwecke bestimmt sind und für solche Zwecke eingesetzt werden (jeweils auch mit Anhängern).

Klasse L
Zugmaschinen, die nach ihrer Bauart zur Verwendung für land- oder forstwirtschaftliche Zwecke bestimmt sind und für solche Zwecke eingesetzt werden, mit einer durch die Bauart bestimmten Höchstgeschwindigkeit von nicht mehr als 32 km/h und Kombinationen aus diesen Fahrzeugen und Anhängern, wenn sie mit einer Geschwindigkeit von nicht mehr als 25 km/h geführt werden sowie selbstfahrende Arbeitsmaschinen, Stapler und andere Flurförderzeuge jeweils mit einer durch die Bauart bestimmten Höchstgeschwindigkeit von nicht mehr als 25 km/h und Kombinationen aus diesen Fahrzeugen und Anhängern.

Quelle: BMVBS (www.bmvbs.de/sharedDocs/DE/Artikel/StB-LA/fahrerlaubnisklassen.html)

Auch die Förderung der unterschiedlichen Verkehrsträger wie die Straßen, die Schienen, Wasserstraßen als Verkehrswege und den Luftverkehr haben Einfluss auf die Automobilindustrie.

So hat die Bundesregierung mit ihrem 5. Fernstraßenausbauänderungsgesetz beschlossen, bis zum Jahre 2015 Gesamtinvestitionen von rund 80 Milliarden Euro in den Straßenbau zu tätigen. Vordringlich sollen hierbei folgende Ausgaben und Projekte realisiert werden:

- rund 15 Mrd. € für den Neubau von 1.900 km Autobahnen
- rund 13 Mrd. € für den Ausbau von 2.200 km Autobahnen
- fast 19 Mrd. € für Aus- und Neubau von 5.500 km Bundesstraßen; davon allein rund 11 Mrd. € für rund 850 Ortsumgehungen

Quelle: BMVBS (www.bvmbs.de/DE/VerkehrUnd-Mobilität/Verkehrstraeger/Strasse/strasse_node)

Ein weiterer wesentlicher Aufgabenbereich der Verkehrspolitik ist die Förderung von Zukunftstechnologien für den Verkehr. Dabei stellen die Förderung der Elektromobilität, die weitere Entwicklung der Satellitennavigation und der Telematik im Verkehr sowie die Förderung der Entwicklung von Fahrassistenzsystemen weitere Aufgabenschwerpunkte im Rahmen der Verkehrspolitik dar.

5.3 Zielbeziehungen und Zielkonflikte

Betrachtet man die vier bzw. sechs wirtschaftspolitischen Globalziele genauer, so wird rasch auffallen, dass sie nicht unabhängig voneinander sind, sondern alle in einer Beziehung zueinander stehen. Nicht selten kommt es im Hinblick auf die Realisierung der wirtschaftspolitischen Globalziele zu Spannungen. Obwohl jedes der vier bzw. sechs wirtschaftspolitischen Ziele für sich genommen erstrebenswert ist, stehen die Ziele häufig in einem Konfliktverhältnis zueinander.

Inflation
☞ S. 53

Es ist z. B. leicht verständlich, dass das Ziel wirtschaftliches Wachstum mit dem Ziel einer lebenswerten Umwelt in Konflikt stehen kann. Vor dem Hintergrund des magischen Sechsecks erweist sich auch die Bekämpfung der Inflation als nicht unproblematisch. Wenn z. B. die öffentlichen Haushalte zur Bekämpfung der Nachfrageinflation die eigene Nachfrage senken, werden unter Umständen die Ziele Wirtschaftswachstum und Vollbeschäftigung verletzt.

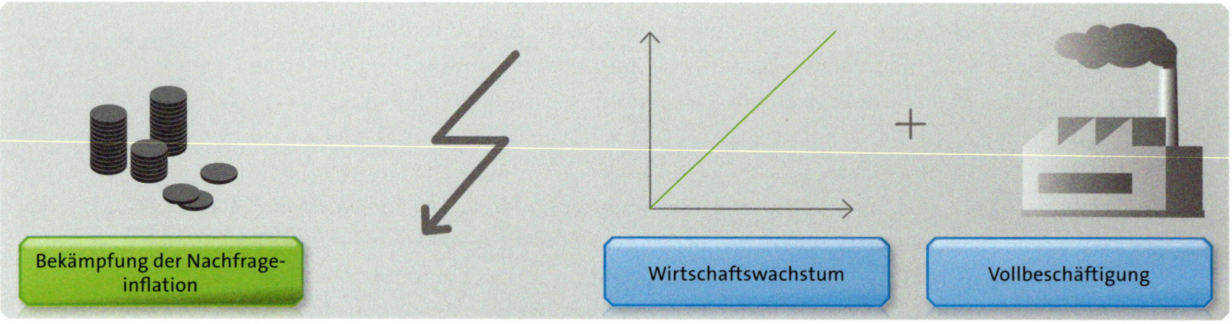

Ebenfalls kann es zu Konflikten zwischen dem Ziel der Vollbeschäftigung, die im Allgemeinen über eine wachstumsorientierte Wirtschaftspolitik angestrebt wird, und anderen Zielen kommen. Das gilt z. B. im Hinblick auf den Umweltschutz oder die Preisniveaustabilität. Auch die Verfolgung des Ziels außenwirtschaftliches Gleichgewicht kann zu Konflikten mit anderen Zielen führen. Wenn z. B. die Regierung aufgrund von Importüberschüssen Exportgüter subventioniert, können infolge der zusätzlichen ausländischen Nachfrage und des damit verbundenen Devisenzustroms inflationäre Tendenzen auftreten.

Darüber hinaus können einkommenspolitische Maßnahmen mit anderen wirtschaftspolitischen Zielen in Konflikt geraten. Wenn entsprechende Maßnahmen durch Steuererhöhungen finanziert werden, können die Ziele Wirtschaftswachstum, Vollbeschäftigung, Preisniveaustabilität und außenwirtschaftliches Gleichgewicht verletzt werden. Werden z. B. durch Steuererhöhungen die inländischen Produkte teurer, leidet die internationale Konkurrenzfähigkeit, was rückläufige Gewinne der Unternehmen nach sich zieht. Wenn die Regierung durch eine wachstumsorientierte Politik ihre verteilungspolitischen Möglichkeiten vergrößern will, weil wirtschaftliches Wachstum mit einem höheren Steueraufkommen verbunden ist, kann auch das Ziel Umweltschutz mit dem Ziel Wirtschaftswachstum in Konflikt geraten.

Zielkonflikte können überall dort auftreten, wo sich unterschiedliche Interessen begegnen, berühren oder überschneiden. Besonders akut werden die unterschiedlichen Erwartungen von einzelnen Gruppen der Wirtschaft und der Gesellschaft, wenn weitreichende Entscheidungen anstehen.

LS 101

5.4 Die Bedeutung des Bruttoinlandsproduktes (BIP)

Ein Ziel des Stabilitäts- und Wachstumsgesetzes ist das wirtschaftliche Wachstum. Die Messung erfolgt anhand des **Bruttoinlandsproduktes** (BIP), das mithilfe der Volkswirtschaftlichen Gesamtrechnung (VGR) ermittelt wird. Die Volkswirtschaftliche Gesamtrechnung ist die umfassende Buchführung des Landes. Es werden Güter- und Einkommensströme zwischen privaten Haushalten, Unternehmen, Staat und Ausland erfasst.

1999 wurde die Volkswirtschaftliche Gesamtrechnung auf das **Europäische System Volkswirtschaftlicher Gesamtrechnung** (ESVG) umgestellt, um einen gesamteuropäischen Vergleich zu ermöglichen. Das sogenannte Bruttosozialprodukt hat seitdem keine Bedeutung mehr. Stattdessen wird vom **Bruttonationaleinkommen** (BNE) gesprochen. Unter dem Bruttonationaleinkommen versteht man die in Geld ausgedrückte Summe aller produzierten und nicht im Produktionsprozess wieder eingesetzten Güter, die im Laufe eines Jahres von Inländern erbracht werden. Es ist hierbei egal, ob die Menschen im Ausland oder in Deutschland gearbeitet haben, solange sie ihr Einkommen in Deutschland beziehen.

Die wirtschaftlichen Aktivitäten (produzieren, verteilen, konsumieren, investieren und finanzieren) unserer Volkswirtschaft werden in der offiziellen deutschen Statistik am Bruttoinlandsprodukt gemessen. Das **Bruttoinlandsprodukt** misst nur die im Inland entstandenen wirtschaftlichen Leistungen, unabhängig davon, in welchem Umfang inländische oder ausländische Wirtschaftseinheiten dazu beigetragen haben.

Rechnerisch besteht die Differenz zwischen dem Bruttoinlandsprodukt und dem Bruttonationaleinkommen aus dem Saldo der Primäreinkommen mit der übrigen Welt (= von der übrigen Welt empfangene Primäreinkommen abzüglich. der an die übrige Welt geleisteten Primäreinkommen). Genauer gesagt: Bei der Berechnung des Bruttoinlandsproduktes werden die Einkünfte von Inländern im Ausland nicht berücksichtigt, diejenigen von Ausländern im Inland aber einbezogen. Das Bruttonationaleinkommen beleuchtet somit stärker die Einkommensseite, das Bruttoinlandsprodukt dagegen die Produktionsseite.

	Bruttoinlandsprodukt
+	Saldo der Primäreinkommen mit der übrigen Welt
=	Bruttonationaleinkommen

5.4.1 Berechnung des Bruttoinlandsproduktes

Das Bruttoinlandsprodukt wird im Rahmen der Volkswirtschaftlichen Gesamtrechnung ermittelt, die am Wirtschaftskreislauf ansetzt.

Das Bruttoinlandsprodukt wird dargestellt anhand seiner

- Entstehung (Entstehungsrechnung),
- Verwendung (Verwendungsrechnung) und
- Verteilung (Verteilungsrechnung).

Die **Entstehungsrechnung** ermittelt den Beitrag der einzelnen Wirtschaftsbereiche zum Bruttoinlandsprodukt. Als Grundlage dient die Wertschöpfung der Wirtschaftsbereiche Land- und Forstwirtschaft, produzierendes Gewerbe und Dienstleistungsgewerbe. Die **Wertschöpfung** ist die Summe aller Werte, die durch die Produktion von Waren und Dienstleistungen neu entstanden sind.

Die **Verwendungsrechnung** fragt danach, von wem die produzierten Waren und Dienstleistungen verbraucht wurden. Der größte Teil wird von den Haushalten und dem Staat für den Konsum verwendet. Ein kleinerer Teil wird von den Unternehmen in die Erhaltung oder Erweiterung ihrer Produktionsanlagen investiert. Die Investitionen bilden also die Grundlage für die zukünftige Produktion. Außerdem werden einige Waren und Dienstleistungen exportiert, also im Ausland verbraucht. Diese müssen zum BIP hinzugerechnet werden. Abgezogen werden müssen hingegen diejenigen Waren und Dienstleistungen, die im Ausland produziert wurden (Importe). Die Differenz zwischen Exporten und Importen wird **Außenbeitrag** genannt.

Entstehungsrechnung (vereinfachte Darstellung)	
	Wertschöpfung Land- und Forstwirtschaft
+	Wertschöpfung produzierendes Gewerbe
+	Wertschöpfung Dienstleistungsgewerbe
=	BIP

Verwendungsrechnung	
	Privater Konsum
+	Staatsausgaben
+	Investitionen
±	Außenbeitrag
=	BIP

	Exporte von Waren und Dienstleistungen
–	Importe von Waren und Dienstleistungen
=	Außenbeitrag

Verteilung	
	Arbeitnehmereinkommen
+	Unternehmens- und Vermögenseinkommen
	(= Volkseinkommen)
+	Produktions- und Importabgaben
+	Abschreibungen
	(= Bruttonationaleinkommen)
±	Saldo der Einkommen vom/ans Ausland
=	**BIP**

Wachstumsrate = $\frac{\text{BIP (Jahr 2)} - \text{BIP (Jahr 1)} \cdot 100}{\text{BIP (Jahr 1)}}$

Die **Verteilungsrechnung** fragt nach der Verteilung des Geldes, das für die produzierten Güter bezahlt wurde. Das Geld geht als Löhne und Gehälter an die Arbeitnehmer oder als Gewinne und Zinsen an die Unternehmen und Kapitalanleger. Es kann jedoch nicht alles verteilt werden: Ein Teil des Geldes muss für Ersatzinvestitionen (Abschreibungen) aufgewendet werden. Ein anderer Teil wird in Form von Steuern und Abgaben an den Staat abgegeben. Den verbleibenden Rest, also die Summe der ausgezahlten Einkommen aus selbstständiger und unselbstständiger Arbeit und aus Vermögen, nennt man **Volkseinkommen**.

In der realen Volkswirtschaft wird das BIP über Hunderttausende von Unternehmen berechnet, wobei der dargestellte Grundgedanke erhalten bleibt. Man erhält so nur das **nominale Bruttoinlandsprodukt**, d. h. einen Wert, der den derzeitigen Preisen entspricht. Da das BIP zu den Preisen der jeweiligen Periode errechnet wird, kommt ein Wachstum auch durch Preissteigerungen zustande. Um das tatsächliche (reale) Wachstum der wirtschaftlichen Leistung zu messen, wird der Preis bereinigt, indem die Preise des Vorjahres (Verkettungsmethode) zugrunde gelegt werden. Auf diese Weise erhält man das **reale Bruttoinlandsprodukt**.

Eine weitere wichtige Kenngröße in der volkswirtschaftlichen Gesamtrechnung ist das **Nettoinlandsprodukt** (NIP). Zu seiner Berechnung werden vom Bruttoinlandsprodukt die Abschreibungen abgezogen.

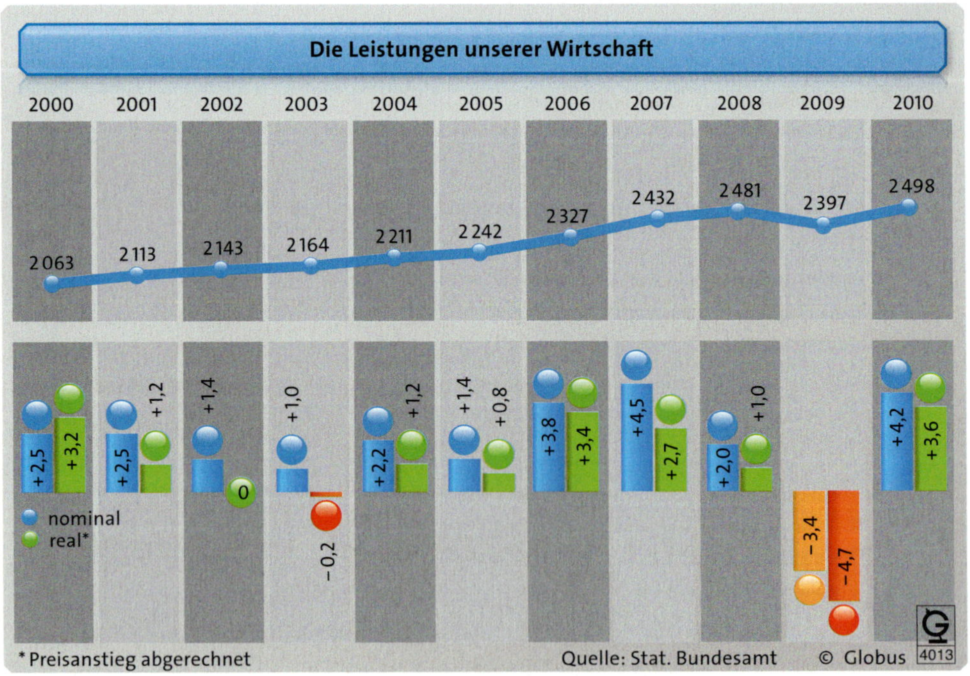

Bruttoinlandsprodukt (BIP) in Deutschland in Milliarden Euro

5.4.2 Bruttoinlandsprodukt als Wohlstandsindikator

Das Bruttoinlandsprodukt erfasst nur die Werte der auf dem Markt gehandelten Leistungen. Daher ist das BIP als Wachstumsmaßstab nur bedingt geeignet. Viele Leistungen werden in der Berechnung des BIP nicht berücksichtigt, da sie nicht auf dem Markt angeboten werden (z. B. Hausarbeit, Schwarzarbeit). Auch die sozialen Leistungen, wie beispielsweise die Benutzung der Straßen und Schulen, fließen in die Berechnung des BIP nicht ein. Die Kosten für die Beseitigung negativer Wachstumsfolgen hingegen steigern das BIP, wie z. B. das Aufkalken der vom sauren Regen geschädigten Wälder, die Müllbeseitigung (soziale Kosten) oder die Folgen von Autounfällen.

Das Wachstum einer Volkswirtschaft, gemessen als Steigerung des BIP, sagt nichts über die Lebensqualität einzelner Bürger aus. Es kann z. B. in einer Region ein gesamtwirtschaftliches Wachstum geben, aber zugleich verarmen bestimmte Personengruppen (**Einkommensverteilung**). Das Bruttoinlandsprodukt als Wohlstandsindikator ist deshalb nicht unumstritten. Es gibt immer wieder Versuche, das BIP durch aussagekräftigere Messgrößen zu ersetzen.

5.5 Die Einkommens- und Vermögensverteilung

Von besonderer Bedeutung für eine Volkswirtschaft ist nicht nur die Frage, wie viel sie erwirtschaftet hat, sondern auch, wie sich das erwirtschaftete Einkommen auf einzelne Bürger oder Bevölkerungsgruppen verteilt. Werden einzelne Gruppen zu stark benachteiligt, ist der Staat genötigt, durch Umverteilungsmaßnahmen eine gerechtere Verteilung herbeizuführen. Die Bemühung um eine gerechte Einkommensverteilung ist ein wichtiges Ziel der deutschen Wirtschaftspolitik. Sie soll verhindern, dass manche Menschen in Armut leben müssen.

Haushalte beziehen Einkommen aus verschiedenen Quellen. Hierbei wird wie folgt unterschieden:

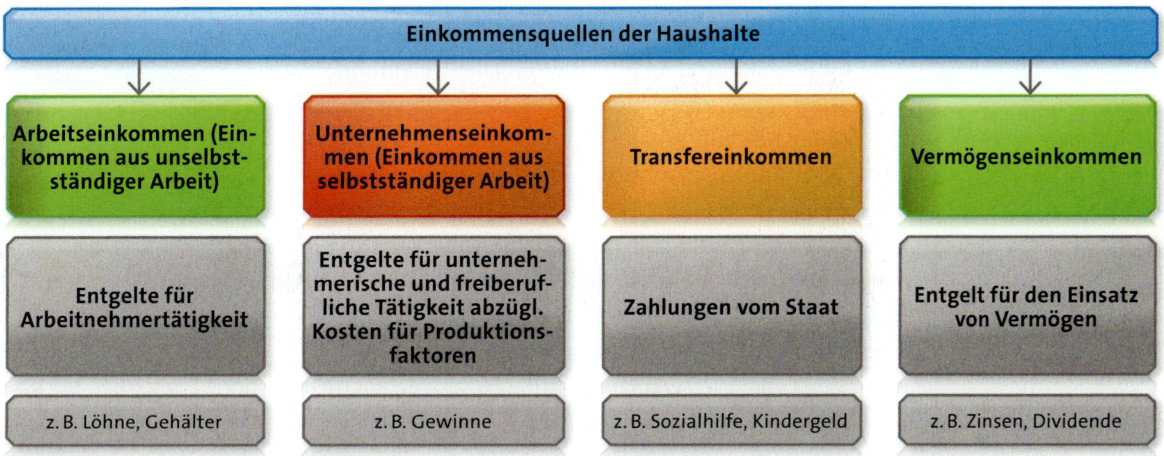

Ausgangspunkt für die Betrachtung der Einkommensverteilung ist das Bruttonationaleinkommen (BNE). Zieht man vom BNE die Abschreibungen ab, so erhält man das Nettonationaleinkommen (NNE) oder **Volkseinkommen** (VE). Die Verteilung des Volkseinkommens kann unter verschiedenen Gesichtspunkten und auf verschiedenen Ebenen untersucht werden. Eine Untersuchung ist z. B. nach folgenden Gesichtspunkten möglich:

- funktionelle Verteilung
- personelle Verteilung
- primäre Verteilung
- sekundäre Verteilung

5.5.1 Funktionelle Einkommensverteilung

Die funktionelle Einkommensverteilung macht deutlich, welche Anteile des gesamten Volkseinkommens den Leistungsarten zufließen. Das Volkseinkommen lässt sich demnach wie folgt unterscheiden:

- Arbeitseinkommen (Einkommen der Arbeitnehmer)
- Gewinneinkommen (Einkommen aus unternehmerischer Tätigkeit)
- Vermögenseinkommen (Kapital- und Bodeneinkommen)

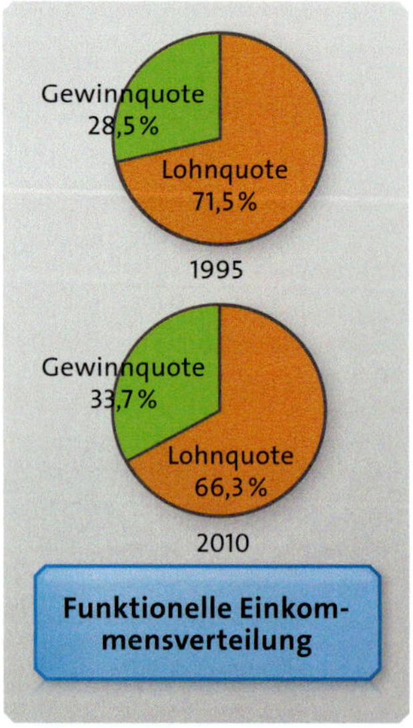

Das Volkseinkommen kann mit einem Kuchen verglichen werden, denn es fallen jeweils bestimmte prozentuale Anteile auf die Einkommensarten. Diese Anteile werden Lohn- bzw. Gewinnquote genannt. Die **Lohnquote** ist der prozentuale Anteil der Arbeitseinkommen am Volkseinkommen. Die **Gewinnquote** ist der prozentuale Anteil des Gewinn- und des Vermögenseinkommens am Volkseinkommen.

Diese Verteilung des Volkseinkommens nennt man die **primäre Verteilung**. Sie wird bzw. soll durch die jährlichen Tarifverhandlungen beeinflusst werden. Die Gewerkschaften versuchen eine Erhöhung der Lohnquote durchzusetzen, die Arbeitgeber sind an der Erhöhung der Gewinnquote interessiert.

Die Gesellschaft erhält nicht nur Einkommen aus selbstständiger und unselbstständiger Arbeit und Vermögen, sondern auch Leistungen des Staates (Transfereinkommen). Diese staatlichen Leistungen stammen ebenfalls zu einem großen Teil aus dem Bruttonationaleinkommen. Es ist praktisch der Teil, der vom Staat (z. B. in Form von Steuern) einbehalten und neu verteilt wird. Diese Umverteilung nennt man die **sekundäre Verteilung**.

Sozialversicherung ☞ Band 2, LF 5, S. 47 ff.

Die Sekundärverteilung ist wie die Primärverteilung nicht ohne Probleme: Wie hoch sollen die Steuern, wie hoch die Beiträge zur Sozialversicherung sein? Wer soll Transferzahlungen erhalten und in welcher Höhe? Die Sekundärverteilung ist nicht zuletzt eine Frage der Gerechtigkeit und häufig bestehen unter den verschiedenen Gruppen von Wirtschaftsakteuren unterschiedliche Auffassungen darüber, was gerecht ist.

5.5.2 Personelle Einkommensverteilung

Die personelle Einkommensverteilung zeigt, wie sich das Volkseinkommen auf die Personengruppen verteilt. Während es bei der funktionellen Einkommensverteilung vorrangig um einen Verteilungskonflikt zwischen den Quoten geht, handelt es sich bei der personellen Verteilung um einen Verteilungskonflikt in den Quoten.

Um die personelle Verteilung des Einkommens darzustellen und zu untersuchen, werden sogenannte Einkommensklassen oder Haushaltsgruppen gebildet. Haushaltsgruppen sind beispielsweise die der Selbstständigen, der Angestellten, Beamten, Rentner, Arbeiter oder der Landwirte. Darüber hinaus können in diesem Zusammenhang auch unterschiedliche Einkommens- und Entlohnungsverhältnisse zwischen Männern und Frauen untersucht werden.

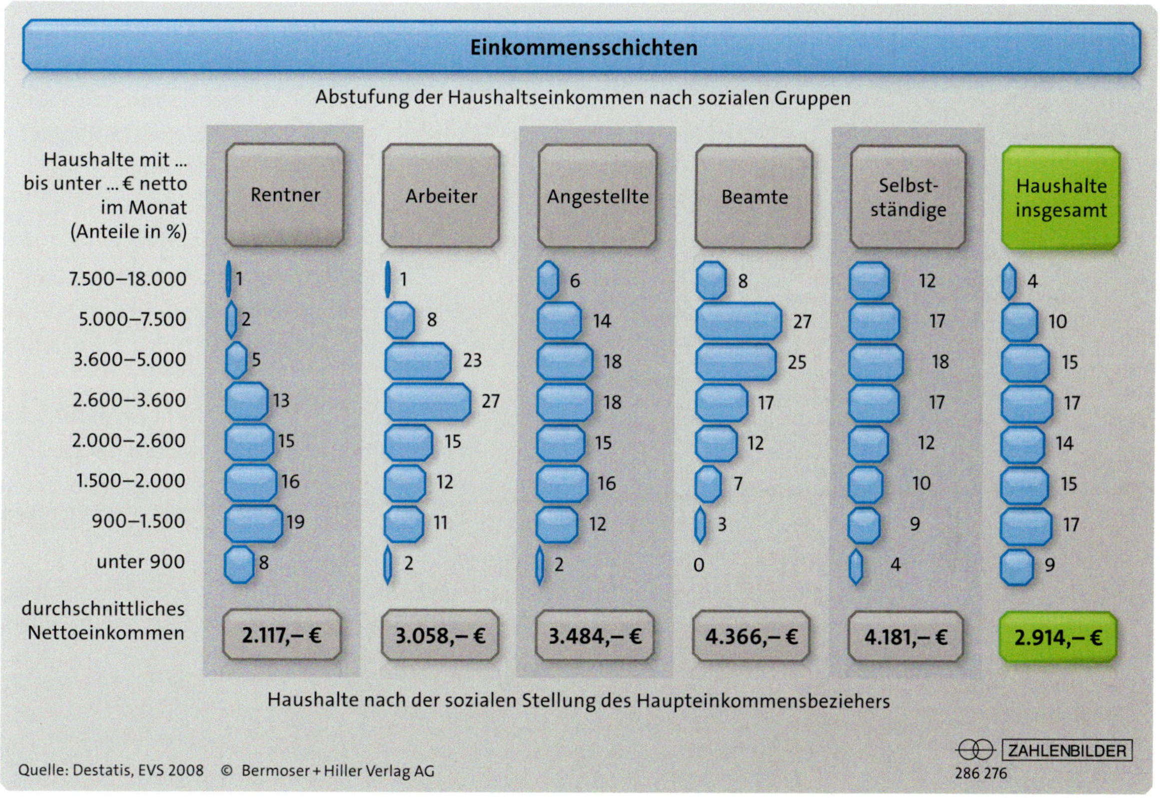

5.5.3 Gerechte Einkommensverteilung

Das Einkommen und die Verteilung desselben entscheiden in besonderem Maße darüber, welche Güter von welchen Personen in welchen Mengen erworben werden können. Hinter dieser Formulierung verbergen sich z. B. solche Fragen, ob und wie komfortabel jemand seinen Urlaub gestalten kann, welches Auto und welche Wohnung er sich leisten kann.

Aufgrund verschiedener Einkommenshöhen ergibt sich die Frage nach einer gerechten Einkommensverteilung, die in mehrfacher Hinsicht gestellt werden kann, z. B.:

- die gerechte Einkommensverteilung zwischen Arbeit und Kapital
- die gerechte Verteilung zwischen dem privaten und öffentlichen Sektor
- die Frage der Einkommensverteilung zwischen den Bundesländern

Nun stellt sich natürlich die Frage, wie eine gerechte Einkommensverteilung aussehen soll. Es lassen sich grundsätzlich drei Extrempositionen nennen:

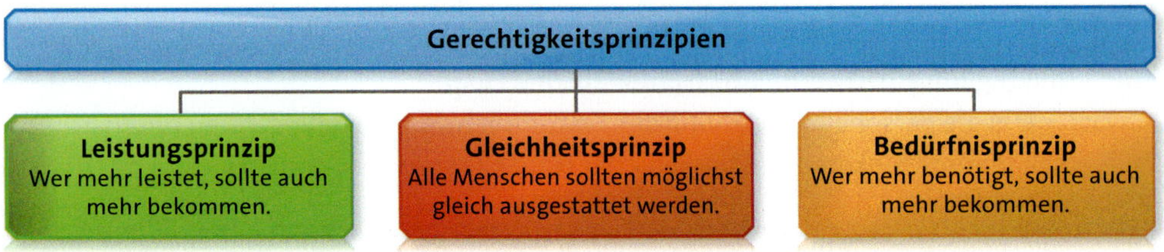

Nach dem **Leistungsprinzip** soll die Einkommenshöhe von den eingebrachten Leistungen abhängen. Dieses Prinzip spielt vor allem bei der Festsetzung der Lohn- und Gehaltsgruppen eine entscheidende Rolle. Eine ausschließlich leistungsorientierte Einkommensverteilung hätte aber zur Folge, dass all diejenigen, die nicht am Leistungsprozess teilnehmen können (Alte, Kranke, Arbeitslose), auch kein Einkommen beziehen würden. Es müssen außerdem die unterschiedlichen Belastungen der im Erwerbsleben stehenden Personen betrachtet werden: als Alleinverdiener mit drei Kindern, als Körperbehinderter oder als Single.

Nach dem **Gleichheitsprinzip** soll jeder das gleiche Einkommen erhalten.

Die soziale Marktwirtschaft orientiert sich bei der Einkommensverteilung zunächst an dem Leistungsprinzip, wobei der Wert der Leistungen am Markt ermittelt wird. Der Staat soll überall dort eingreifen, wo der Markt ungerechte Ergebnisse hervorbringt oder soziales Elend droht. Dies geschieht z. B. durch das Kindergeld bzw. Steuerentlastungen für Familien oder durch Gewährung von Sozialhilfe.

Über die Notwendigkeit staatlicher Verteilungsmaßnahmen besteht ein gesellschaftlicher Grundkonsens, der Umfang hingegen ist stark umstritten. Das Problem der gerechten Einkommensverteilung kann niemals ganz zur Zufriedenheit aller Menschen gelöst werden. Jeder Mensch hat diesbezüglich eine andere Vorstellung, die von seinen Wertevorstellungen und seiner materiellen Situation abhängt.

Bedürfnisse ☞ S. 14

Nach dem **Bedürfnisprinzip** soll jeder ein Einkommen gemäß seinen Bedürfnissen erhalten. Die Anwendung dieses Prinzips scheitert aber schon daran, dass die Bedürfnisse die mögliche Produktionsmenge übersteigen.

6 Konjunkturpolitik

LS 102

***SITUATION** Autoland Murschall GmbH*

Seit Wochen klagen die Verkäufer der Autoland Murschall GmbH über den schleppenden Verkauf ihrer Neu- und Gebrauchtwagen. David Rose erfährt durch seine Mitschüler in der Klasse, dass auch andere Autohäuser über die schlechte Absatzsituation klagen. Grund für die starke Kaufzurückhaltung der Kunden soll die Rezession sein. David hat diesen Begriff zwar schon häufiger gehört, kann sich aber nichts Konkretes darunter vorstellen.

Wirtschaftspolitische Aktivitäten im Rahmen der Konjunkturpolitik zielen darauf ab, eine Stabilisierung der Wertschöpfungsprozesse zu unterstützen und für Wachstumsimpulse zu sorgen. Somit ist es Aufgabe des Staates, gesamtwirtschaftliche Schwankungen (Konjunktur) zu glätten und eine beständige wirtschaftliche Entwicklung zu bewirken.

Unter **Konjunktur** wird die wirtschaftliche Lage eines Landes verstanden. Sie ist abhängig von der Entwicklung der gesamtwirtschaftlichen Nachfrage im Verhältnis zum Produktionspotenzial. Veränderungen der Nachfrage lösen konjunkturelle Schwankungen aus, die an der Veränderung des realen BIP gemessen werden. Konjunkturelle Schwankungen lassen sich als Konjunkturzyklus darstellen. Der **Konjunkturzyklus** setzt sich aus vier Phasen zusammen.

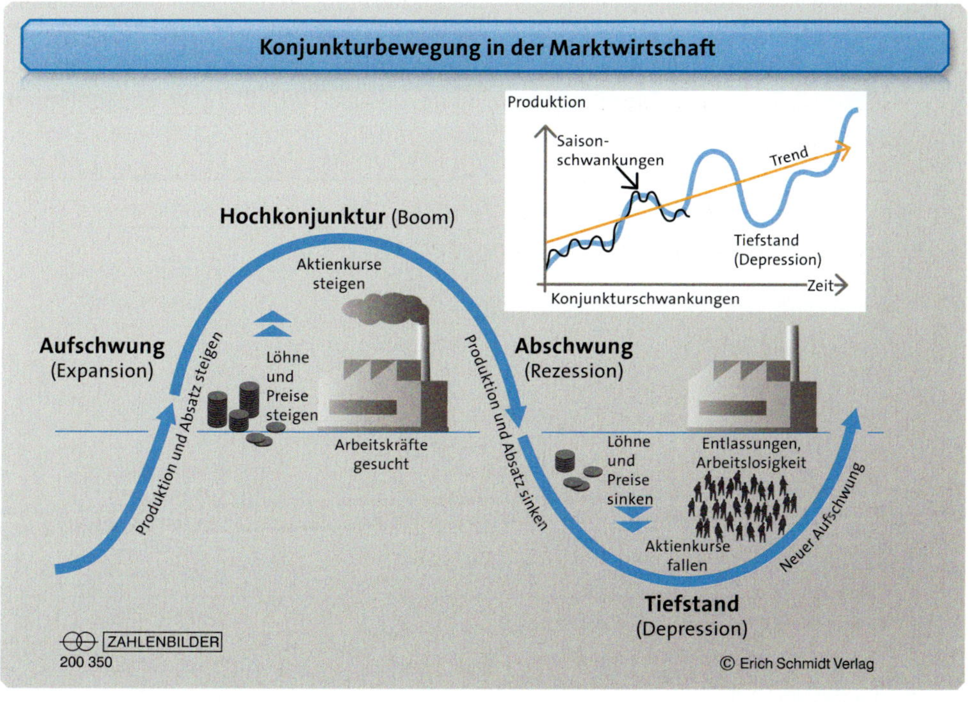

1. Die **Aufschwungphase** wird als Erholungs- oder Expansionsphase bezeichnet und ist durch eine verbesserte Kapazitätsauslastung gekennzeichnet. Die Wirtschaftssubjekte bekommen mehr Vertrauen in die Zukunft und erhöhen ihren Konsum. Auch private Investitionen, die Lohnsumme und das Volkseinkommen steigen.
2. Die Erholung geht in den **Boom (Hochkonjunktur)** über, sobald die Produktionsfaktoren voll ausgelastet sind. Da die Nachfrage die Produktionsmöglichkeiten übersteigt, kommt es zu Engpässen. Die Unternehmen versuchen durch Investitionen ihre Kapazitäten zu erhöhen. Aufgrund der hohen Arbeitsnachfrage können die Gewerkschaften hohe Lohnsteigerungen aushandeln. Dadurch steigen die Kosten der Unternehmen. Diese Kostensteigerung werden sie auf die Preise umzulegen versuchen. Folglich kommt es zu starken Preissteigerungen und möglichen Störungen auf dem Geld- und Kapitalmarkt.
3. Der **Abschwung (Rezession)** ist durch nachlassende Nachfrage gekennzeichnet. Die in der Boomphase bei überhöhtem Zinsniveau durchgeführten Investitionen erweisen sich jetzt als unrentabel. Gewinne und Lohnsummen sinken, zahlreiche Unternehmen geraten in Schwierigkeiten und müssen Arbeiter und Angestellte entlassen. Die Arbeitslosenquote steigt. Die Arbeitslosen haben weniger Geld zur Verfügung, kaufen nicht mehr so viele Güter, den Unternehmen fehlt die Nachfrage.

Arbeitslosigkeit
☞ Band 2, LF 5, S. 53 f.

4. Die **Depression** bezeichnet den Tiefstand im Konjunkturzyklus. Die Wirtschaft befindet sich somit in einer Krise. Da die Wirtschaftssubjekte pessimistische Zukunftserwartungen haben, konsumieren die Verbraucher weniger, die gesamtwirtschaftliche Nachfrage sinkt mehr und mehr. Dadurch verzeichnen die Unternehmen zusätzliche Umsatzeinbußen. Die Krise ist gekennzeichnet durch geringe Kapazitätsauslastung, hohe Arbeitslosigkeit und hohe Bankenliquidität. Inflationsrate und Zinsniveau sind niedrig.

Die gegenwärtige Situation im Konjunkturverlauf (**Diagnose**) bzw. zukünftige (Fehl-)Entwicklungen (**Prognose**) können durch Indikatoren ausgemacht werden. Indikatoren sind ökonomische Zeitreihen und aus ihnen abgeleitete Messgrößen, mit denen der Konjunkturverlauf angezeigt werden kann.

Daten für die Konjunkturindikatoren finden Sie auf den Internetseiten: www.arbeitsagentur.de www.bundesbank.de www.destatis.de

Konjunkturindikatoren		
Frühindikatoren	Wendepunkte liegen zeitlich vor denen des Zyklus	z. B. • Auftragseingänge • Lagerbestände
Präsensindikatoren	fallen mit dem Zyklus zusammen	z. B. • industrielle Produktion • Einzelhandelsumsätze
Spätindikatoren	folgen dem Zyklus mit zeitlicher Verzögerung	z. B. • Beschäftigung • Preise • Arbeitslosenzahlen • Tariflöhne • Gewinne

Wesentliche Teilbereiche der Konjunkturpolitik sind die nachfolgend näher erklärte Geld- und die Fiskalpolitik.

6.1 Geld und Geldpolitik

In Industriegesellschaften übernimmt das Geld wichtige Funktionen, damit die wirtschaftlichen Tauschprozesse überhaupt funktionieren. Welche Aufgaben dem Geld in einer Volkswirtschaft zufallen, lässt sich aus der Übersicht erkennen.

Als **Geldpolitik** werden alle Maßnahmen bezeichnet, mit denen eine Zentralbank versucht, die verschiedenen wirtschaftspolitischen Ziele zu erreichen. Vorrangiges Ziel der Geldpolitik der Europäischen Zentralbank (EZB) ist es, die Preisniveaustabilität zu gewährleisten. Außerdem fördert sie das reibungslose Funktionieren des Zahlungsverkehrs. Zur Erreichung der Ziele setzt die Europäische Zentralbank sogenannte geldpolitische Instrumente ein, mit denen sie die Zinskonditionen und Knappheitsverhältnisse am Geldmarkt steuert.

6.1.1 Binnen- und Außenwert des Geldes

Der sogenannte **Nennwert** einer Währung ist der auf den Münzen geprägte bzw. auf den Banknoten gedruckte Betrag. Der Nennwert bleibt im Laufe der Zeit konstant. Die **Kaufkraft** des Geldes dagegen zeigt an, welchen Tauschwert das Geld besitzt. Sie gibt an, welche Gütermenge man tatsächlich mit einer Geldmenge erwerben kann. Sie ist abhängig von der allgemeinen Preisentwicklung. Preissteigerungen führen zu einer Verringerung des realen (tatsächlichen) Geldwertes. Der **Binnenwert** des Geldes zeigt an, welche Kaufkraft eine Währung im Inland besitzt. Preisveränderungen haben Auswirkungen auf den Binnenwert. Steigen die Preise, sinkt der Binnenwert (Inflation) und umgekehrt (Deflation).

Inflation und Deflation ☞ S. 63

Die Messung der Kaufkraft erfolgt auf der Grundlage eines einheitlichen Warenkorbs, der vom Statistischen Bundesamt zusammengestellt wird. Der **Warenkorb** enthält Waren und Dienstleistungen, die private Haushalte im Inland kaufen und die deren Verbrauchsgewohnheiten entsprechen. Dieser Warenkorb spiegelt zugleich die Lebenshaltungskosten von Endverbrauchern wieder. Die Aussagefähigkeit des Warenkorbs wird von der Art und der Anzahl der in ihm enthaltenen Güter bestimmt. Darüber hinaus enthält der Warenkorb eine prozentuale Gewichtung bzw. ein Wägungsschema. Das Wägungsschema macht deutlich, wie hoch der Anteil einzelner Güter oder Gütergruppen am Warenkorb ist.

Im Regelfall wird der Warenkorb alle fünf Jahre in seiner Zusammensetzung und Gewichtung aktualisiert. www.destatis.de

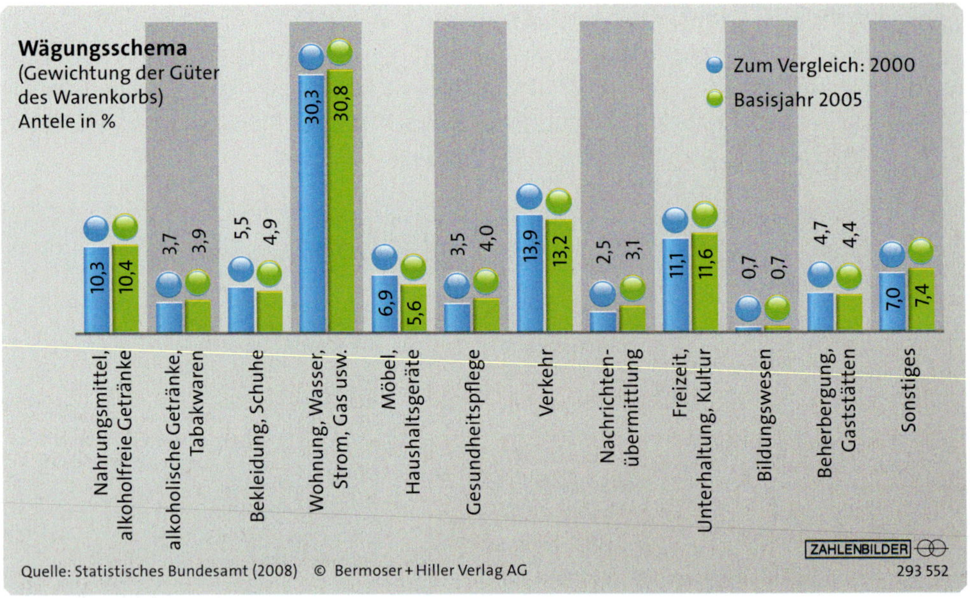

Der Wert des Warenkorbs wird aus der Summe der Verbrauchsgüterpreise und unter Beachtung des Wägungsschemas ermittelt. Basis ist eine Indexformel. Die Messung der Preisentwicklung im Zeitablauf erfolgt über den so ermittelten **Verbraucherpreisindex**. Die Gütermengen des Basisjahres werden für den Berichtszeitraum fixiert und mit den Preisen des Basisjahres bzw. des Berichtsjahres bewertet. Es ist davon auszugehen, dass der Verbraucherpreisindex nur im Einzelfall die tatsächliche Entwicklung der Verbrauchsausgaben eines einzelnen Haushaltes abbildet. Der individuelle Warenkorb weicht vom Durchschnitt ab. Außerdem kann sich die Zusammensetzung des Warenkorbs des Basisjahres verändern.

BEISPIEL

Der Warenkorb eines Nichtrauchers enthält keine Tabakwaren, ein Seniorenhaushalt kauft keine Kindersachen.

Heute geben Eurostat, das Statistische Amt der Europäischen Union, sowie die Statistischen Ämter der Mitgliedstaaten für den jeweiligen Berichtsmonat harmonisierte Verbraucherpreisindizes (HVPI) für die Mitgliedstaaten der EU sowie für Norwegen und Island bekannt. Die **harmonisierten Verbraucherpreisindizes** wurden entwickelt, um vergleichbare Inflationsraten zu berechnen und Preisstabilität für die einzelnen EU-Staaten überprüfen zu können.

Preisänderungen führen dazu, dass das Einkommen der Bevölkerung an Kaufkraft verliert. Beim **Nominaleinkommen** wird die Preisveränderung nicht berücksichtigt, d. h. es besteht die Gefahr, sich über die Höhe des tatsächlichen Einkommens zu täuschen. Im Unterschied dazu werden beim Realeinkommen die Preisveränderungen berücksichtigt. Die Entwicklung des Reallohns zeigt, wie sich die Kaufkraft innerhalb eines Zeitraumes verändert hat.

Währungsrechnen
☞ Band 1, LF 2, S. 188 f.

Der **Außenwert** einer Währung gibt an, welche Kaufkraft inländisches Geld unter Berücksichtigung des Wechselkurses in anderen Währungsgebieten besitzt. In einem **System flexibler Wechselkurse** werden Währungen gehandelt, sodass der Außenwert den Schwankungen von

Angebot und Nachfrage unterliegt. Es kommt zu Aufwertungen oder Abwertungen, es sei denn, der Außenwert wird durch staatliche Vorgaben festgelegt oder reguliert (**System fester Wechselkurse**).

> ***BEISPIEL***
>
> *Ausgangskurs 1 € (Inlandswährung) = 1,35 USD (Fremdwährung)*
> *Die Aufwertung des Euro verteuert ihn für den USD: Kurs 1 € = 1,40 USD*
> *Die Abwertung des Euro verbilligt ihn für den USD: Kurs 1 € = 1,30 USD*

6.1.2 Geldwertstörungen

Bei einer **Inflation** sinkt der Binnenwert des Geldes, die Kaufkraft sinkt. Mit einer bestimmten Menge Geld kann nicht mehr so viel gekauft werden wie zuvor.

Einen weiteren Zustand beschreibt die Stagflation. Hier kommen Inflation und gleichzeitig stagnierende (nicht wachsende) Wirtschaft zusammen.

Bei einer Inflation wird die in einer Volkswirtschaft umlaufende Geldmenge z. B. durch Verschuldung des Staates vermehrt. Die Geldmenge ist größer als die Gütermenge. Dadurch steigen die Güterpreise. Die Inflation ist eine gefährliche Störung des Wirtschaftsprozesses, deshalb versuchen die Notenbanken eines Landes, die Inflation mit den Mitteln ihrer Geldpolitik strikt zu bekämpfen.

Im Gegensatz zur Inflation äußert sich die **Deflation** in einem Sinken der Preise. Zunächst sinken mangels Nachfrage die Konsumgüterpreise. Der Umsatzrückgang bei den Unternehmen hat einen Rückgang der Investitionen zur Folge, die Produktion sinkt, die Arbeitslosigkeit steigt.

6.1.3 Akteure der Geldwirtschaft

Die Versorgung der nationalen Wirtschaft mit Noten und Münzen ist grundsätzlich den **nationalen Notenbanken** (Zentralbank) übertragen. Die Deutsche Bundesbank ist die Zentralbank von Deutschland. Seit der Einführung des Euro als gemeinsame Währung ist die unabhängige **Europäische Zentralbank** (EZB) die gemeinsame Notenbank der ***Euroländer***. Die Europäische Zentralbank ist dabei eingebettet in das **Europäische System der Zentralbanken** (ESZB). Zum ESZB gehören alle Notenbanken der EU-Staaten. Innerhalb des ESZB wird unterschieden zwischen den Euroländern und den Ländern, die den Euro (noch) nicht eingeführt haben. Zusammen bilden sie das **Eurosystem**.

Euroländer
Belgien, Deutschland, Estland, Finnland, Frankreich, Griechenland, Irland, Italien, Malta, Niederlande, Luxemburg, Österreich, Portugal, Slowakei, Slowenien, Spanien, Zypern
(Stand 2011)

Oberstes Leitungs- und Entscheidungsorgan des Eurosystems ist der **EZB-Rat**. Ihm gehören sechs Mitglieder des Direktoriums der EZB und die Präsidenten der nationalen Notenbanken an. Jedes Mitglied hat eine Stimme. Der Rat fällt Entscheidungen mit einfacher Stimmenmehrheit. Das **Direktorium** besteht aus dem Präsidenten der EZB, dem Vizepräsidenten und vier weiteren Mitgliedern, die von den Euroländern ernannt werden. Es ist für die Durchführung der Beschlüsse der EZB verantwortlich und leitet und verwaltet die Bank. Zum **Erweiterten Rat** der EZB gehören alle Präsidenten der nationalen Zentralbanken der EU sowie der Präsident und der Vizepräsident der EZB. Der Erweiterte Rat übernimmt Koordinierungsaufgaben.

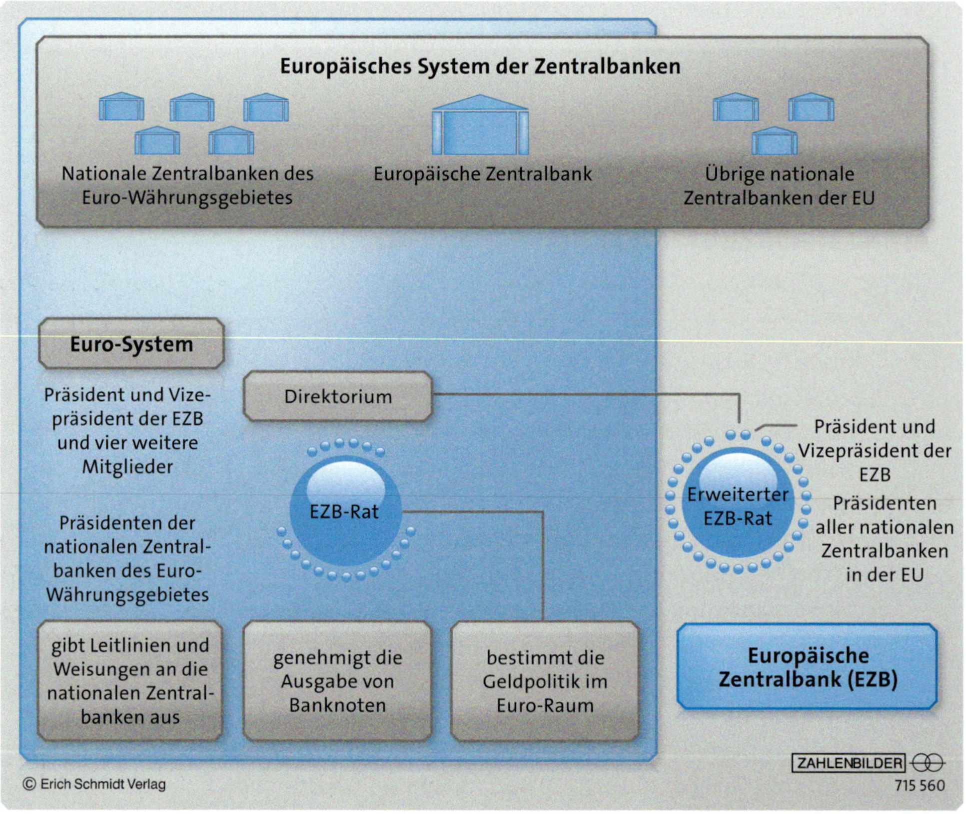

Europäische Zentralbank in Frankfurt am Main

Die EZB übernimmt die Rolle einer Bank der Banken, wenn sie als Geschäftspartner des Bankensektors auftritt und dessen Bedarf an Noten und Münzen deckt. Ferner wickelt die EZB für die Geschäftsbanken Zahlungsvorgänge ab und überwacht das Volumen der ausgegebenen Kredite. In den Euroländern ist die EZB für die Bargeldversorgung der Wirtschaft zuständig. Nur die EZB hat das Recht, Banknoten zu drucken und in Umlauf zu bringen. Auch der Münzumlauf liegt in ihrer Verantwortung. Als Bank des Staates verwaltet sie u. a. Devisenreserven und Goldbestände der Euroländer. Ausdrücklich verboten sind der EZB die Vergabe von Krediten an staatliche Stellen.

Die wichtigste Aufgabe der EZB liegt in der Verantwortung und Umsetzung der einheitlichen Geldpolitik für das Eurosystem. Die Geldpolitik der EZB ist vorrangig auf die Stabilität des Binnenwerts auf der Grundlage der harmonisierten Verbraucherpreisindizes (HVPI) gerichtet.

HVPI
☞ S. 62

Damit die Bundesbank ihre Aufgaben ohne politischen Druck ausführen kann, wurde ihr vom Gesetzgeber ein hohes Maß an Unabhängigkeit verliehen.

Die geldpolitischen Beschlüsse des EZB-Rats werden durch die nationalen Notenbanken umgesetzt. Sie sind für die dezentrale Abwicklung der Geschäfte mit den Geschäftsbanken zuständig und damit insbesondere für deren Ausstattung mit Zentralbankgeld. Sie übernehmen ferner Aufgaben der nationalen Bankenaufsicht.

6.1.4 Geldmenge und Giralgeldschöpfung

Der Geldbestand einer Volkswirtschaft heißt Geldmenge. Das Eurosystem unterscheidet den Bestand des Geldes nach unterschiedlichen Geldmengendefinitionen:

- Geldmenge M1
- Geldmenge M2
- Geldmenge M3
- Zentralbankgeldmenge: Banken sind verpflichtet, sogenannte **Mindestreserven**, die einem bestimmten Prozentsatz ihres Einlagenbetrages entsprechen, bei der Zentralbank zu halten.

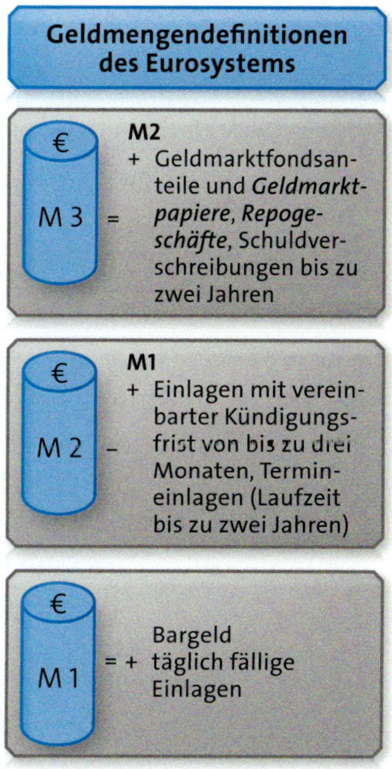

Die Zentralbankgeldmenge ist die Basis für die Giralgeldschöpfung des Bankensystems. Die einfachste Form der Giralgeldschöpfung ist die Einzahlung von Bargeld auf ein Bankkonto, wobei Bargeld in Giralgeld (Buchgeld) umgetauscht wird (passive Giralgeldschöpfung). Bei der aktiven Giralgeldschöpfung wird Buchgeld geschaffen, welches nicht durch Bargeld gedeckt wird. Das Bankensystem ist also in der Lage, durch Gewährung von Krediten Giralgeld entstehen zu lassen und somit die Geldmenge zu erhöhen.

BEISPIEL

Ein Kunde zahlt bei der Bank A Bargeld in Höhe von 25.000,00 € ein. Es entstehen 25.000,00 € Giralgeld. Die Bank A muss z. B. 20 % der Einlage, also 5.000,00 €, als Mindestreserve bei der Bundesbank halten. Das verbleibende Überschussguthaben in Höhe von 20.000,00 € darf sie als Kredit ausleihen. Das T-Konto der Bank A sieht nun wie folgt aus:

Aktiva		Passiva	
Reserven	5.000,00 €	Einlagen	25.000,00 €
Kredite	20.000,00 €		

Ein Autohaus möchte mit dem Kredit der Bank A die Rechnung eines Lieferanten bezahlen. Die Bank A überweist die Kreditsumme auf das Konto des Lieferanten bei der Bank B. Hier entsteht eine neue Einlage von 20.000,00 €. Von dieser Einlage darf sie 16.000,00 € als neuen Kredit weitergeben.

Aktiva		Passiva	
Reserven	4.000,00 €	Einlagen	20.000,00 €
Kredite	16.000,00 €		

Herr Meier bekommt die gesamte Summe als Kredit von Bank B. Er kauft sich ein neues Auto und überweist den Betrag an die Bank C des Autohändlers.

Aktiva		Passiva	
Reserven	3.200,00 €	Einlagen	16.000,00 €
Kredite	12.800,00 €		

Geldmarktpapiere
spezielle Wertpapiere des Geldmarktes

Repogeschäfte
kurzfristiges Finanzierungsinstrument

So könnte es noch weitergehen, bis aufgrund der Mindestreserve der Kreditbetrag 0,00 € beträgt. Aus dem Einzahlungsbetrag von 25.000,00 € sind 73.800,00 € geworden (25.000,00 € + 20.000,00 € + 16.000,00 € + 12.800,00 € = 73.800,00 €). Alle beteiligten Banken haben auf diesem Wege Giralgeld geschaffen. Theoretisch wäre es den Banken auf diese Weise möglich, bei einer Mindestreserve von 20 % aus dem Einzahlungsbetrag von 25.000,00 € einen Betrag von 125.000,00 € zu schöpfen. In diesem Zusammenhang wird auch von dem ***Geldschöpfungsmultiplikator*** *gesprochen.*

6.1.5 Instrumente der Geldpolitik

Das ESZB will mit seinen geldpolitischen Instrumenten die Giralgeldschöpfung des Bankensystems kontrollieren. Wenn ihm das gelingt, kann es über die Geld- und Kreditversorgung der Wirtschaft, auf den Konsum und die Investitionstätigkeit Einfluss nehmen. Es kann somit auf das Wachstum, die Beschäftigung und das Preisniveau einwirken. Zur Erreichung seiner Ziele stehen dem ESZB folgende geldpolitische Instrumente zur Verfügung:

Unter **Offenmarktgeschäften** werden der Kauf und der Verkauf von Wertpapieren durch die Zentralbank „am offenen Markt" verstanden. Jeder kann also als Nachfrager oder Anbieter auftreten. In der Geldpolitik spielen die Offenmarktgeschäfte eine wichtige Rolle. Mit ihrer Hilfe werden die Zinssätze und die Liquidität am Markt gesteuert und zusätzlich Signale bezüglich des geldpolitischen Kurses gegeben. Wenn die EZB Wertpapiere für eine bestimmte Zeit ankauft (verkauft), wird von einer befristeten Transaktion (Pensionsgeschäft) gesprochen. Die verkaufende (kaufende) Bank muss sich verpflichten, die Wertpapiere nach einer bestimmten Zeit zurückzukaufen (zurückzuverkaufen). Wenn die Zentralbank von einer Bank für eine bestimmte Zeit Wertpapiere ankauft, steht der Bank für diese Zeit Zentralbankgeld zur Verfügung. Dies bedeutet, dass sich die Liquidität erhöht und die Bank mehr Kredite vergeben kann. Die Giralgeldschöpfung wird vergrößert. Kauft oder verkauft die EZB Wertpapiere endgültig, handelt es sich um ein definitives Geschäft. Der Bank wird dann Zentralbankgeld zur Verfügung gestellt.

Außerdem stehen dem ESZB zwei sogenannte **Fazilitäten** (Kreditmöglichkeiten) zur Verfügung. Sie dienen dazu, Übernachtliquidität bereitzustellen oder zu beanspruchen. Sie setzen Signale bezüglich des geldpolitischen Kurses und stecken Ober- und Untergrenze der Geldmarktsätze für Tagesgeld ab.

Das ESZB verlangt, dass Banken **Mindestreserven** auf Konten bei den nationalen Zentralbanken unterhalten. Das heißt, dass die Banken verpflichtet sind, bestimmte Prozentsätze der ihnen zur Verfügung gestellten Gelder als Mindestreserve bei der Zentralbank zu unterhalten. Mindestreserven dienten ursprünglich vor allem der Liquiditätssicherung der Kundschaftseinlagen bei den Banken. Sie sind aber gleichzeitig ein wichtiges Instrument, um den Geldumlauf, den Umfang der Kreditgewährung der Banken und die Zinsbildung am Geldmarkt zu beeinflussen.

Der derzeitige Mindestreservesatz, der vom EZB-Rat festgelegt wird, liegt bei 2 % (Stand 2011).

Durch die Hinterlegung von Mindestreserven hat die EZB einen Hebel, um die Geldschöpfung der Banken und damit den Geldumlauf im Zaum zu halten. Ferner verursacht die Mindestreserve eine gewisse Knappheit an Liquidität. Die Banken sind daher auf die Bereitstellung von Zentralbankgeld angewiesen, um Kredite vergeben zu können.

Mit den verschiedenen Instrumenten der Geldpolitik will das ESZB die ***monetäre*** Gesamtnachfrage anregen oder dämpfen, um seine stabilitätspolitischen Ziele zu erreichen. Einerseits beeinflusst die Zentralbank die Bankenliquidität durch einen veränderten Umfang von Offenmarktgeschäften und verändert Mindestreservesätze. Andererseits werden die Kosten der Refinanzierung der Banken über eine Veränderung der Zinssätze bzw. Mindestreserven beeinflusst.

monetär
geldlich

Das Ziel einer ***expansiven*** **Geldpolitik** ist es, die Nachfrage zu steigern und die Wirtschaftstätigkeiten zu beleben. Durch z. B. Senkung der EZB-Zinsen verbilligen sich die Refinanzierungskosten für die Banken. Die Bank wird ihrerseits die Zinsen für Kredite senken. Dies hat zur Folge:

expansiv
sich ausdehnend

- Erhöhung der Nachfrage nach Krediten
- Abnahme des Sparanreizes privater Haushalte
- Geldzufluss aus dem Ausland geht aufgrund sinkender Zinsen zurück, diese führt zu Abwertungsdruck auf den Euro, belebt dadurch die Exportnachfrage
- Gesamtnachfrage (Investitionen, privater Konsum, Export) wird angeregt

Auf- und Abwertung von Währung
☞ S. 63

Ziel einer ***restriktiven*** **Geldpolitik** ist es, die Gesamtnachfrage zu dämpfen, um eine konjunkturelle Überhitzung zu vermeiden.

restriktiv
einschränkend

Die Prozesse der expansiven und restriktiven Geldpolitik benötigen Zeit, um ihre Wirkungen auf das Investitions- und Konsumverhalten zu entfalten. Diese Wirkungsverzögerungen sind auch von der Zentralbank schwer zu kalkulieren, darum eignet sich die Geldpolitik nicht zur „Feinsteuerung“ der Konjunktur.

6.2 Staatliche Finanzpolitik

Neben der Geldpolitik und vielfältigen Ge- und Verboten ist die staatliche Finanzpolitik ein Instrument der Wirtschaftspolitik. Welche Instrumente der Staat einsetzen kann, hängt im Wesentlichen von seiner Einnahmen- und Ausgabenpolitik ab.

6.2.1 Einnahmen- und Ausgabenpolitik

Der Staat nimmt Aufgaben wahr, die ein Einzelner nicht lösen kann, z. B. für die äußere Sicherheit, Erziehung und Bildung, Gesundheit und Polizei zu sorgen. Hier wird der Staat für uns alle tätig. Damit er die zahlreichen und vielfältigen Pflichten erfüllen kann, benötigt er Geld. **Einnahmen** können auf verschiedene Art und Weise beschafft werden:

- Steuern, z. B. Lohn- und Einkommensteuer
- Beiträge, z. B. Fremdenverkehrsbeiträge
- Gebühren, z. B. Passgebühren und Baugenehmigungen
- Einkünfte aus Kapitalbeteiligungen, z. B. Aktienbesitz an Unternehmen
- Kredite, z. B. Kreditaufnahme bei Banken und Ausgabe von Geldanleihen über den Kapitalmarkt

Da die Staatsaufgaben im Laufe der Zeit umfangreicher geworden sind, haben auch die **Ausgaben** zugenommen. Dementsprechend hoch ist die Belastung durch Zins- und Tilgungszahlungen. Insgesamt wird der Spielraum für Investitionen in den öffentlichen Haushalten immer enger, vor allem in Bereichen, die die Attraktivität und Qualität des Standorts Deutschland ausmachen, wie z. B. Erhalt und Ausbau der Infrastruktur. Gestiegen sind dagegen die Ausgaben für Personal, Verwaltung, staatliche Transferleistungen sowie Schuldendienst.

Die von der öffentlichen Hand zu tätigenden Ausgaben sind vielfältig:

- Sachaufwand, z. B. für Straßenbau oder Umrüstung der Bundeswehr
- Personalaufwand, z. B. für Löhne und Gehälter der Angestellten und Beamten
- Transferleistungen, z. B. Rente und Sozialhilfe (Einkommensverteilung)
- Subventionen, die zweckgebunden z. B. bestimmten Unternehmen in Form von Finanzhilfen oder Steuervergünstigungen zugutekommen
- Schuldendienst: Zinsen und Tilgung der aufgenommenen Kredite

Einkommensverteilung
☞ S. 55 ff.

6.2.2 Fiskalpolitik

Unter Fiskalpolitik versteht man alle Maßnahmen des Staates, die durch die Veränderungen von Einnahmen und Ausgaben die Konjunktur lenken.

Bis in die 1930er-Jahre verfolgten viele Staaten eine eher passive Finanzpolitik. Ziel war es, einen möglichst ausgeglichenen Haushalt zu erreichen. Das hatte zur Folge, dass der Staat in Zeiten der Hochkonjunktur die Nachfrage erhöhte, da er erhöhte Steuereinnahmen verzeichnen konnte. Dadurch wurde die Überhitzung der Wirtschaft vorangetrieben. Die Folgen dieser ***prozyklischen* Finanzpolitik** waren fatal. In der Abschwungphase verringerten sich die Steuereinnahmen, der Staat verminderte seine Nachfrage, was eine weitere Dämpfung der Wirtschaft zur Folge hatte.

prozyklisch
dem Konjunkturverlauf gleichgerichtete Wirkung wirtschaftspolitischer Maßnahmen

Heute ist die Fiskalpolitik die finanzpolitische Umsetzung der keynesianischen Wirtschaftspolitik. Es geht besonders um eine ***antizyklische* Wirtschaftspolitik** zur Beeinflussung der gesamtwirtschaftlichen Nachfrage. Im Gesetz zur Förderung der Stabilität und des Wachstums der Wirtschaft (StWG) von 1967 wurde diese Wirtschaftspolitik verankert. Danach sollen in Deutschland Maßnahmen so eingesetzt werden, dass sie zur Verstetigung des Konjunkturverlaufs, also zur Stabilität des Preisniveaus, zu einem hohen Beschäftigungsstand, zum außenwirtschaftlichen Gleichgewicht und zu einem stetigen und angemessenen Wirtschaftswachstum (magisches Viereck) beitragen.

Dementsprechend wird eine antizyklische Finanzpolitik betrieben: In **Boomphasen** kommt es zu einer dämpfenden (restriktiven) Haushaltspolitik. Der Staat verringert seine Ausgaben und entzieht den privaten Haushalten Kaufkraft, z. B. durch Steuererhöhungen. Während der Rezession müssen die Staatsausgaben erhöht werden, um die Wirtschaft anzukurbeln. Da gleichzeitig eine Steuersenkung erforderlich wird, kann der Staat seine Strategie nur verfolgen, indem er Kredite aufnimmt und damit ein Haushaltsdefizit in Kauf nimmt.

Der Staat kann mit einer gezielten Gestaltung seiner Haushaltspolitik konjunkturfördernd oder -hemmend eingreifen. Die zur Verfügung stehenden Maßnahmen sind vielfältig.

Die Theorien des britischen Ökonomen John Maynard Keynes (1883–1946) prägen das wirtschaftspolitische Handeln bis heute.

antizyklisch
dem Konjunkturverlauf entgegengerichtete Wirkung wirtschaftspolitischer Maßnahmen

Magisches Viereck
☞ S. 48

Konjunkturphasen
☞ S. 59 f.

Einnahmenpolitische Mittel

Steuerpolitik: Die progressive Besteuerung der Einkommen- und Körperschaftsteuer hat automatisch eine gewisse antizyklische Wirkung: Steigt das Einkommen im Boom, so wirkt ein höherer Steuersatz, der das verfügbare Einkommen mindert. Die Wirtschaftssubjekte können weniger kaufen. Umgekehrt wirkt im Abschwung bei sinkendem Einkommen ein niedrigerer Steuersatz, sodass die Wirtschaftssubjekte mehr konsumieren können. Hierbei kommen psychologische Faktoren ins Spiel: Haben die Wirtschaftssubjekte pessimistische Erwartungen, werden sie sich auch durch eine Steuersenkung nicht zu höheren Investitions- bzw. Konsumausgaben anregen lassen, sondern lieber sparen. Umgekehrt lösen sie Ersparnisse bei optimistischen Annahmen auf, sodass eine Steuererhöhung unter Umständen wirkungslos bleibt.

Veränderungen der Abschreibungsregelungen: Abschreibungsregelungen beeinflussen die Steuerbelastung der Unternehmen und sollen die Investitionsgüternachfrage anregen bzw. bremsen. Verminderte Abschreibungsmöglichkeiten bedeuten für die Unternehmen erhöhte steuerpflichtige Gewinne (Einkommen), die Steuereinnahmen steigen, die verfügbaren Einkommen der Steuerpflichtigen hingegen sinken.

Ausgabenpolitische Mittel

Direkte Staatsausgaben: Staatsausgaben können die gesamtwirtschaftliche Nachfrage unmittelbar beeinflussen, sind aber auch mit einigen Problemen behaftet, denn Zahlungen öffentlicher Gehälter bzw. Bezüge sind durch Tarifverträge festgelegt und können nicht kurzfristig verändert werden. Auch staatliche Investitionen können nur bedingt variiert werden, da sie einer langfristigen Planung bedürfen und ebenfalls durch Verträge gebunden sind. Der Staat hat nur einen begrenzten Zugriff auf die Investitionstätigkeit, da ein großer Teil auf die Gemeinden selbst entfällt.

Kreditaufnahme: Der Staat soll nach dem Prinzip der antizyklischen Wirtschaftspolitik in Schwächephasen die Ausgaben erhöhen, um die Gesamtnachfrage anzukurbeln. Würde er dies aber durch eine Steuererhöhung finanzieren, würde die private Nachfrage gedämpft.

Probleme der keynesianisch orientierten Fiskalpolitik:

- Zwar spielen ausgabenpolitische Mittel eine wichtige Rolle, da durch sie direkte Effekte erzielt werden können, ihre Variabilität ist jedoch aufgrund internationaler Verpflichtungen, Gesetze oder Verträge beschränkt.
- Auch die Beeinflussung der Steuereinnahmen ist wegen der schwerfälligen Gesetzesmaschinerie begrenzt. Es vergeht viel Zeit, bis sich sämtliche Koalitionspartner und Parteien geeinigt haben.
- Die Diagnose der Konjunkturlage ist relativ ungewiss, sodass die Gefahr besteht, dass Politiker die Daten nutzen, die ihren Interessen entsprechen.
- Die Zunahme der Staatsschulden engt den Handlungsspielraum der Ausgabenpolitik immer weiter ein.
- Durch Zeitverzögerungen können die Maßnahmen nicht zum geeigneten Zeitpunkt wirken. Zunächst muss ein Problem erkannt und eine Gegenmaßnahme vom Entscheidungsträger gewählt werden. Zwischen Einsatz und Wirkung kommt es ebenfalls zu Verzögerungen, sodass Instrumente oftmals pro- statt antizyklisch wirken.

6.2.3 Angebotsorientierte Wirtschaftspolitik

Diese wirtschaftspolitische Konzeption versucht die regelmäßig wiederkehrenden Konjunkturschwankungen mit einer grundsätzlichen Verbesserung der Rahmenbedingungen der Wirtschaft durch eine konsequente Ausrichtung auf die Angebotsseite der Wirtschaft zu bekämpfen. Dabei wird versucht, eine langfristige Verbesserung des Produktions- und Investitionsklimas, z. B. durch Leistungsanreize für Unternehmer und Arbeitnehmer durch Steuersenkungen, zu erreichen. Gleichzeitig sollen Angebotshemmnisse (z. B. starre Arbeitsgesetze) zur Förderung von Beschäftigung und Wachstum beseitigt werden. Diese Politik geht davon aus, dass der Markt alleine Wachstum und Vollbeschäftigung bei stabilen Preisen erreichen kann, wenn die Rahmenbedingungen in Form eines funktionierenden Preismechanismus und Wettbewerbes gegeben sind. Der Staat soll direkte Eingriffe in die Wirtschaft vermeiden, da sie insgesamt mehr schaden als nützen.

7 Außenwirtschaftspolitik

SITUATION *Autoland Murschall GmbH*

David Rose wundert sich schon seit Tagen, warum die von ihm bestellten Ersatzteile noch nicht eingetroffen sind. Der Lieferant der Autoland Murschall GmbH erklärt David auf seine Nachfrage hin, dass auch er schon seit Langem auf eine große Lieferung von Ersatzteilen wartet, darunter auch die Lieferung für die Autoland Murschall GmbH. Grund für die Verzögerung wären Produktionsausfälle des japanischen Produzenten aufgrund der dortigen Naturkatastrophe. David fragt sich, warum denn ein paar Ölfilter und Dichtungsringe in Japan produziert und dann um die halbe Welt transportiert werden müssen.

7.1 Gründe für den Außenhandel

Für eine Volkswirtschaft spielen Außenwirtschaftsbeziehungen eine große Rolle. Dies lässt sich auch an den vielen Handelsbeziehungen Deutschlands mit anderen Staaten erkennen.

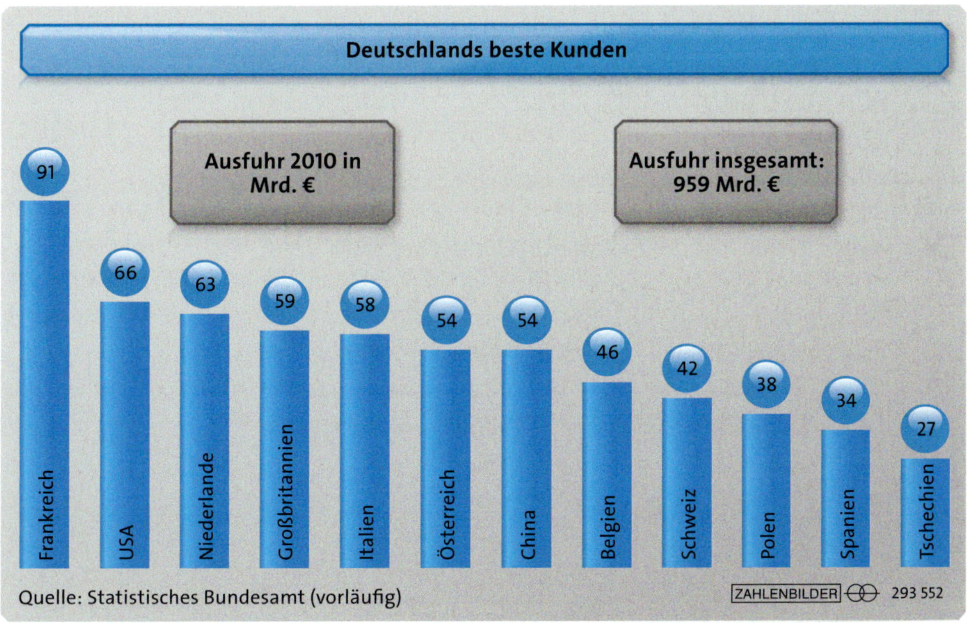

Gerade die deutsche Automobilwirtschaft profitiert von den vielfältigen Handelsbeziehungen. So hat z. B. die Volkswagen AG im Jahr 2010 erstmals mehr Fahrzeuge in China als in Deutschland verkauft. Ausländische Märkte werden für die deutschen Automobilhersteller immer mehr an Bedeutung gewinnen, da sich in Zukunft die Märkte z. B. in Asien und ganz allgemein in den Schwellenländern rasant entwickeln werden.

Von **Außenwirtschaft** wird gesprochen, wenn alle denkbaren Beziehungen mit dem Ausland auf wirtschaftlichem Gebiet gemeint sind, also z. B. Geldbewegungen, Dienstleistungen und Warenbewegungen. Wenn es sich allerdings nur um Warenbewegungen, d. h. den Warenimport oder den Warenexport, handelt, dann spricht man vom **Außenhandel**.

Der ursprüngliche Grund für den internationalen Handel liegt in der ungleichen Verteilung der Rohstoffvorkommen und den unterschiedlichen land- und forstwirtschaftlichen Produktionsmöglichkeiten. Insbesondere Japan und Deutschland sind aufgrund geringer Rohstoffvorkommen und begrenzter landwirtschaftlicher Möglichkeiten (z. B. klimatische Gegebenheiten) besonders importabhängig. Da die ausländischen Geschäftspartner die gekauften Waren möglichst in ihrer Heimatwährung bezahlt haben möchten, resultiert aus der Import- eine Exportabhängigkeit, um die benötigten ausländischen Währungen erwirtschaften zu können.

Ein weiterer Grund für den Außenhandel liegt darin, dass bestimmte Güter in einigen Ländern günstiger als in anderen produziert werden können. Die Erklärung des sogenannten **absoluten Kostenvorteils** geht auf den als Gründervater der modernen Wirtschaftswissenschaft angesehenen Adam Smith zurück. Nach Smith gibt es für den absoluten Vorteil verschiedene Gründe: höher entwickelte Produktionstechnik, billigere Arbeitskräfte, kürzere Transportwege, bessere klimatische Bedingungen usw.

Die Staaten können ihren Wohlstand mehren, wenn sie im internationalen Vergleich günstige Güter für andere Staaten mitproduzieren und die Güter, die nicht zu Weltmarktpreisen hergestellt werden können, importieren. Dies ist ein wichtiges Argument für den internationalen Freihandel.

7.2 Warum und wie sich Länder vor Außenhandel schützen

Die Auswirkungen des Außenhandels können sehr unterschiedlich für die beteiligten Länder sein. Daher nehmen verschiedene Länder nur unter bestimmten Bedingungen am internationalen Handel teil. Wenn ein Land versucht, den freien Handel in einem gewissen Umfang zu unterbinden, geschieht dies z. B. mit der Zielsetzung, bestimmte Branchen und Nachfragegruppen vor ausländischer Konkurrenz zu schützen oder aber gezielt zu fördern. Eine solche Außenhandelspolitik bezeichnet man als **Protektionismus**.

BEISPIEL *Projektionistische Maßnahmen des Staates*

- *Zölle*
- *Einfuhrkontingente*
- *Subventionen*

Handelsbeschränkungen werden häufig mit folgenden Argumenten begründet:

1. **Sicherheitsargument:** Die Gegner des Freihandels behaupten häufig, dass eine bestimmte Industrie für das Land lebensnotwendig sei, um die nationale Sicherheit zu gewährleisten. So könnte z. B. die Stahlindustrie zur Sicherheit sehr wichtig sein, denn im Falle eines Kriegsausbruchs könnten nicht genügend Waffen zur Verteidigung hergestellt werden. Aber auch andere Industrien könnten im Kriegsfall wichtig werden.

   Dieses Argument ist tatsächlich nur auf bestimmte Industriezweige anwendbar und sein Gewicht stark von der jeweiligen außenpolitischen Situation eines Landes abhängig.

2. **Beschäftigungsargument:** Eine häufig geäußerte Befürchtung ist, dass durch den internationalen Handel inländische Arbeitsplätze zerstört werden, weil sich die Wettbewerbsbedingungen für inländische Anbieter verschärfen. Wenn das Ausland ein Gut billiger anbieten kann, geraten die inländischen Produzenten unter Preisdruck, was letztlich auch Arbeitsplätze kosten kann.

Textilfabrik in China

   Dieses Argument kann allerdings widerlegt werden, wenn folgende Überlegung angestellt wird: Die Bewohner Deutschlands können im internationalen Handel Textilien aus China günstiger erwerben, als wenn sie diese im eigenen Land produzierten. Dies gefährdet Arbeitsplätze in der deutschen Textilindustrie. Allerdings werden China im Gegenzug Mittel zur Verfügung gestellt, mit denen man Güter aus Deutschland (z. B. Pkws) kaufen kann. Die Arbeitskräfte aus Deutschland werden nun zu der Industrie wechseln, bei der Deutschland einen vergleichsweisen Vorteil hat (z. B. Automobilindustrie). Langfristig gesehen erhalten die Bewohner Deutschlands damit die Gelegenheit, einen höheren Lebensstandard zu erlangen. Fazit: Im Freihandel werden zwar Arbeitsplätze zerstört, aber letztlich auch wieder neue Beschäftigungen geschaffen.

3. **Schutzargument:** Damit junge Unternehmen in der Aufbauphase gegenüber der Konkurrenz aus dem Ausland eine Chance haben, müssen sie geschützt werden. Dafür soll ein sogenannter Schutzzoll verlangt werden. Nach einer bestimmten Zeit sind die Unternehmen konkurrenzfähig und der Schutz kann aufgehoben werden. Ab und zu argumentieren auch die „alten“ Industrien ähnlich, um bei veränderten Marktbedingungen für eine gewisse Zeit geschützt zu werden.

   Das Schutzargument birgt ebenfalls Probleme, denn der Staat müsste die unternehmerischen Zukunftserfolge genau kennen und politische Maßnahmen müssten bei Notwendigkeit sofort wirksam werden (Problem der Zeitverzögerung). Viele Ökonomen weisen auch darauf hin, dass eine Protektion gar nicht notwendig ist, da junge Unternehmen gerade in der Anfangsphase Verluste mit einkalkulieren und auf einen zukünftigen Gewinn hoffen.

4. **Argument vom unfairen Wettbewerb:** Oft wird auch argumentiert, dass der internationale Handel unfair sei, da unterschiedliche Regierungen unterschiedliche Gesetze anwenden. Hier wird noch einmal auf das Beispiel der Stahlindustrie zurückgegriffen: Die Stahlindustrie in Großbritannien wird z. B. subventioniert. Die Unternehmen aus Deutschland würden einen Schutz dagegen verlangen, da ihnen der Wettbewerb unfair erscheint.

Stahlindustrie in Deutschland: das Thyssen-Krupp-Werk in Duisburg

   Richtig ist, dass unterschiedliche gesetzliche Regelungen zu internationalen Wettbewerbsverzerrungen führen und damit auch handelshemmend wirken können. Im Sinne eines freieren Handels wäre es jedoch sinnvoller, derartige Handelshemmnisse abzubauen, anstatt ausgleichende Maßnahmen zu ergreifen. Im Rahmen internationaler Abkommen wird z. B. versucht, gleiche und damit auch fairere Bedingungen für Handelspartner zu schaffen.

5. **Argument vom Verhandlungsvorteil:** Politiker, die eigentlich für den Freihandel sind, drohen bei Verhandlungen den Handelspartnern vielfach mit Handelsbeschränkungen. Die Drohung könnte dann z. B. so aussehen: „Wenn Deutschland die Einfuhrzölle für Stahl nicht abschafft, führt Großbritannien Zölle für Agrarprodukte ein." Wirkt die Drohung, ist ein weiterer Schritt zum freien Handel gemacht, allerdings nicht auf freiwilliger Basis. Wirkt die Drohung nicht, dann steht das Land vor einer schwierigen Entscheidung: Bei Einführung des Ausgleichszolls muss möglicherweise ein Wohlfahrtsverlust hingenommen werden, bei Nichteinführung leiden vermutlich die Glaubwürdigkeit und das internationale Ansehen.

7.3 Zahlungsbilanz

Das Rechenwerk, aus dem die wichtigsten Zahleninformationen für die Außenwirtschaft stammen, ist die Zahlungsbilanz. Sie erfasst alle wirtschaftlichen Transaktionen (in Geld ausgedrückt) zwischen dem Inland und dem Ausland innerhalb einer Periode. Die Zahlungsbilanz erfasst im Gegensatz zu anderen Bilanzen keine auf einen bestimmten Zeitpunkt bezogenen Bestandsgrößen, sondern Stromgrößen.

BEISPIEL

Wenn die BMW AG Fahrzeuge nach Frankreich verkauft, wird dies in der Zahlungsbilanz festgehalten. Das geschieht ebenso, wenn aus Kuwait Öl importiert wird, wenn Touristen in Italien Geld ausgeben, ein Unternehmen in Österreich einen Kredit aufnimmt oder wenn ein Gastarbeiter Geld in seine Heimat überweist.

Die Zahlungsbilanz gibt infolgedessen Auskunft über die **internationalen Verflechtungen** einer Volkswirtschaft und liefert den Wirtschaftspolitikern Zahlenwerte für die Konjunkturpolitik. Die Zahlungsbilanz wird sowohl monatlich als auch jährlich von der Deutschen Bundesbank erstellt und veröffentlicht.

Im Internet kann der jeweilige Monatsbericht unter www.bundesbank.de eingesehen werden.

Um in die Vielzahl der unterschiedlichen volkswirtschaftlichen Vorgänge eine systematische Ordnung zu bringen, wird die Zahlungsbilanz in sogenannte **Teilbilanzen** unterteilt. Dies sind: Leistungsbilanz, Vermögensübertragungsbilanz, Kapitalbilanz und Devisenbilanz.

Die **Leistungsbilanz** setzt sich zusammen aus der Handelsbilanz, der Dienstleistungsbilanz, der Erwerbs- und Vermögenseinkommensbilanz und der Übertragungsbilanz. Die Differenz zwischen den Einnahmen und Ausgaben für Warengeschäfte, Dienstleistungen und den laufenden Erwerbs- und Vermögenseinkommen nennt man **Außenbeitrag**. Dieser kann positiv, negativ oder gleich null sein. In Deutschland ist dieser Betrag schon seit einigen Jahren positiv, d. h. dass die Einnahmen die Ausgaben übersteigen.

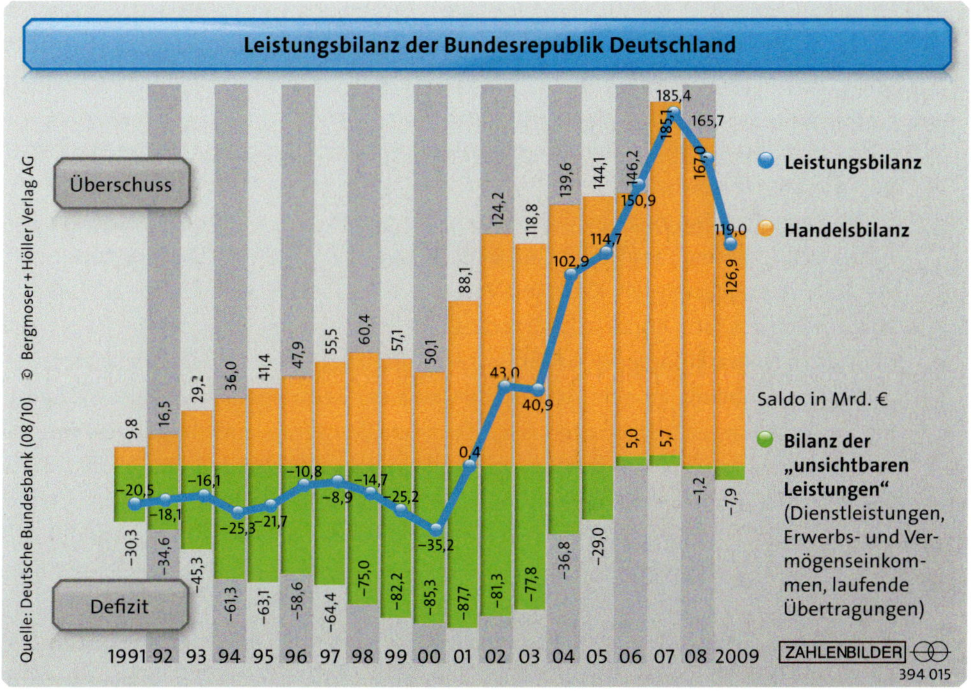

Klassische Exportschlager Deutschlands sind Autos und Maschinen. Traditionell führt die Bundesrepublik schon seit Jahren mehr Güter in fremde Länder aus, als sie aus dem Ausland importiert. Die Güterströme werden zahlenmäßig in der **Handelsbilanz** erfasst, die den Wert aller Importe und Exporte Deutschlands ausweist. Der gesamte Austausch von Dienstleistungen zwischen Inländern und Ausländern wird in der **Dienstleistungsbilanz** erfasst. Dazu gehören z. B. die Ausgaben der Deutschen im Reiseverkehr, aber auch die Einnahmen der Deutschen aus dem Reiseverkehr. Die Einkommen aus unselbstständiger Arbeit und aus Kapitalerträgen, die aus dem Ausland kommen oder an das Ausland gehen, werden in der **Erwerbs- und Vermögenseinkommensbilanz** dargestellt. Hierzu zählen sowohl ausländische Einkünfte wie Lohn oder Gehalt als auch Erträge aus Kapitalanlagen im Ausland.

BEISPIEL

Herr Raul wohnt in der Nähe der niederländischen Grenze. Da er keine Arbeit in Deutschland gefunden hat, fährt er zur Arbeit jeden Tag in die Niederlande. Jeden Monat bekommt er sein Gehalt von dort auf das Konto seiner deutschen Bank überwiesen. Es fließt also ein Erwerbseinkommen aus dem Ausland ins Inland. Bei Frau de Mol verhält sich das Ganze genau umgekehrt, denn sie wohnt in den Niederlanden und arbeitet bei einem Unternehmen in Deutschland. Hier fließt ein Erwerbseinkommen vom Inland ins Ausland.

In der **Übertragungsbilanz** werden alle Vorgänge ohne wirtschaftliche Gegenleistung festgehalten. Hierzu zählen unentgeltliche Importe und Exporte von Gütern sowie einseitige Zahlungen an das bzw. aus dem Ausland. Dies sind vor allem Zahlungen an internationale

Einrichtungen (wie z. B. NATO, EU, Weltbank), Renten und Pensionen und Versicherungszahlungen in und aus dem Ausland, aber auch die Überweisungen ausländischer Arbeitnehmer in die Heimat. Einmalige Vermögensübertragungen, wie z. B. Schenkungen, Erbschaften, der Erlass von Schulden, Vermögensmitnahmen von Auswanderern bzw. Einwanderern oder Zuschüsse der EU für Infrastrukturmaßnahmen, werden ebenfalls in der **Vermögensübertragungsbilanz** ausgewiesen.

Die Kapitalbewegungen zwischen dem Inland und dem Ausland werden in der **Kapitalbilanz** festgehalten. Langfristig sind dies vor allem: Direktinvestitionen, Kauf und Verkauf von Kapitalmarktpapieren, Kauf und Verkauf von Grundstücken, Kredite mit einer Laufzeit von über einem Jahr. Kurzfristig sind dies u. a. Bewegungen von Devisen, Sorten und Gold, Kauf von Geldmarktpapieren, Anzahlungen, Kredite mit einer Laufzeit von unter einem Jahr.

Zentralbank ☞ S. 63 f.

Die **Devisenbilanz** ist eine Art Kapitalbilanz der Zentralbank, d. h. hier werden alle ihre Kapitalbewegungen festgehalten. Sie erfasst alle Devisenzu- und -abgänge sowie die Änderungen der Auslandspositionen Deutschlands und die Änderungen der Goldbestände.

magisches Viereck ☞ S. 48

Da die Zahlungsbilanz nach dem System der doppelten Buchführung aufgebaut ist, muss sie stets ausgeglichen sein. Die Teilbilanzen hingegen sind in der Regel immer unausgeglichen, in diesen Fällen wird generell von einem Zahlungsbilanzdefizit oder einem -überschuss gesprochen. Wenn im Zusammenhang mit dem magischen Viereck u. a. vom Ziel des „außenwirtschaftlichen Gleichgewichts" gesprochen wird, so ist die Ausgeglichenheit der Zahlungsbilanz im Sinne einer Ausgeglichenheit ihrer Teilbilanzen gemeint. Starke Ungleichgewichte in den Teilbilanzen sind schon allein deshalb zu vermeiden, weil ein hoher Überschuss in den Teilbilanzen des einen Landes automatisch Defizite in den Teilbilanzen anderer Länder bedeutet.

BEISPIEL

Ein deutscher Exportüberschuss führt automatisch zu einem Importüberschuss im Ausland, was dort wiederum zu Forderungen nach protektionistischen Maßnahmen führen kann und damit auch Rückwirkungen auf deutsche Exporteure hat.

Ein Zahlungsbilanzdefizit liegt vor bei einer

- passiven Handelsbilanz (Warenimporte > Warenexporte),
- passiven Dienstleistungsbilanz (Dienstleistungsimporte > Dienstleistungsexporte) oder
- passiven Übertragungsbilanz (Leistungen an das Ausland > Leistungen an das Inland).

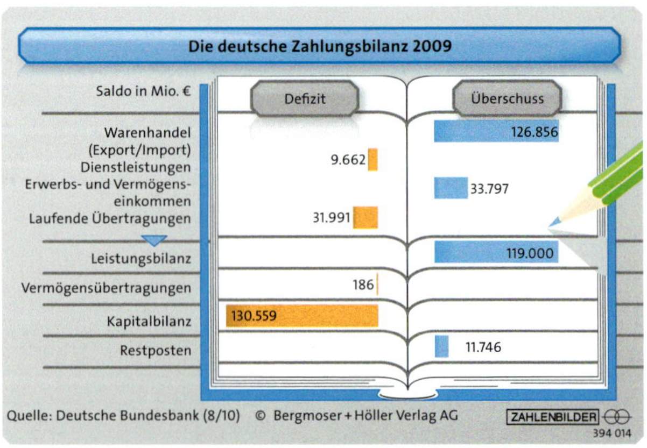

Ein Zahlungsbilanzüberschuss liegt vor bei einer

- aktiven Handelsbilanz (Warenimporte < Warenexporte),
- aktiven Dienstleistungsbilanz (Dienstleistungsimporte < Dienstleistungsexporte) oder
- aktiven Übertragungsbilanz (Leistungen an das Ausland < Leistungen an das Inland).

8 Globalisierung

LS 103

***SITUATION** Autoland Murschall GmbH*

Auf der letzten Händlertagung hat die STARCAR AG angekündigt, in den nächsten zehn Jahren zwei Werke in China und ein Werk in den Vereinigten Staaten zur errichten. Grund für diese Entscheidung ist die zunehmende Verflechtung der Weltwirtschaft und die Schaffung neuer Märkte, die durch die Globalisierung entstanden sind.

Die Globalisierung der Wirtschaft ist zu komplex, um hier vollständig dargestellt zu werden. In diesem Abschnitt werden lediglich die wichtigsten Aspekte der Globalisierung angesprochen. Der Begriff der Globalisierung ist zwar relativ neu, die Inhalte sind uns aber schon länger bekannt.

Schlägt man im Duden das Wort „globalisieren" nach, so findet man als Erklärung „auf die ganze Erde ausdehnen". Die Globalisierung kann es also in verschiedenen Bereichen geben, wie z. B. in der Wirtschaft, der Musik, dem Sport und dem Fernsehen. Hier wird nur die **Globalisierung der Wirtschaft** genauer betrachtet.

Die Globalisierung ist wahrscheinlich so alt wie die Menschheit selbst. Denn bereits in der Antike haben die verschiedenen Reiche „globalisiert", sie haben nämlich ihren Einfluss und ihren Handel bis an die Grenzen der damaligen Welt ausgedehnt. Über die Zeit erhielt die Globalisierung durch die Verselbstständigung von Handel und Recht immer mehr Auftrieb. Mit der industriellen Revolution im 18. Jahrhundert wurde auch der internationale Handel entscheidend vorangetrieben. Ein weltweiter Warenaustausch ergab sich schließlich im Zeitalter des Imperialismus mit seinen vielen Kolonien. Jedoch war es noch nicht jene Globalisierung, von der wir heute sprechen.

Die **Globalisierung im heutigen Sinne** wird vor allem durch die Neuen Informations- und Kommunikationstechnologien (NIKT), das Informations- und Transportwesen, neue Organisationsformen der betrieblichen Produktionsprozesse sowie die Liberalisierungs- und ***Deregulierungsmaßnahmen*** vorangetrieben. Sie bewirkt die Entstehung weltweiter Märkte, wie z. B. der Güter-, Finanz- und Dienstleistungsmärkte. Die Globalisierung der Wirtschaft hat sich in den letzten Jahren deutlich beschleunigt. Die Hauptakteure sind Unternehmen, die in vielen Staaten vertreten sind, sogenannte multinationale Unternehmen bzw. Global Players.

Deregulierung
Verringerung des staatlichen Einflusses auf die Wirtschaft und Schaffung von Entscheidungsspielräumen für Unternehmen

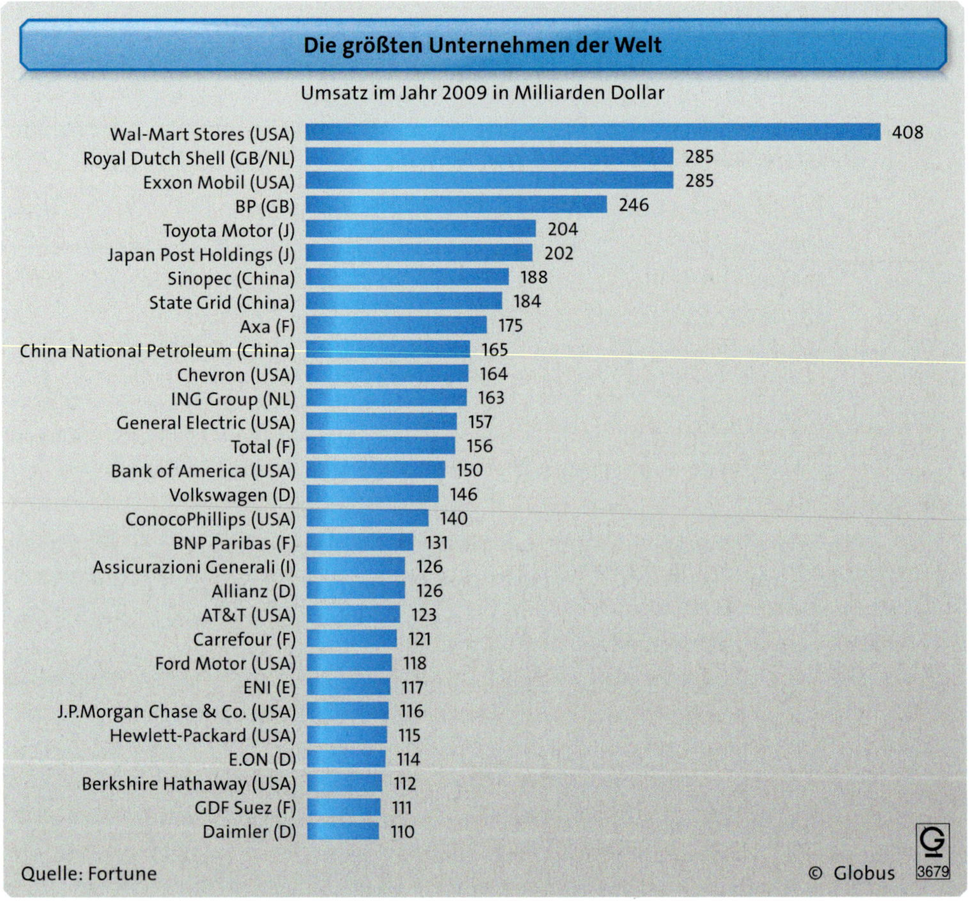

8.1 Akteure der Globalisierung – Global Players

Die Weltwirtschaft wird heute nicht mehr allein von den Regierungen der Einzelstaaten, sondern einer ganzen Reihe verschiedener Akteure beeinflusst. Nach dem Zweiten Weltkrieg wurde eine Vielzahl von internationalen Organisationen gegründet, die die internationalen wirtschaftlichen Aktivitäten und Beziehungen überwachen und regulieren sollen.

Bruttoinlandsprodukt ☞ S. 52 ff.

Die Global Players, die durch weltweit angesiedelte Produktionsstätten die Weltmärkte beliefern, sind die neuen und entscheidenden Akteure, die die Globalisierung fördern. Die Erweiterung des Tätigkeitsfelds ist durch den technologischen Fortschritt ermöglicht worden. Theoretisch muss ein Global Player noch nicht einmal eine Niederlassung im Ausland haben, um weltweit operieren zu können. Große Unternehmen haben sich jedoch zunehmend auch im Ausland angesiedelt. Die Vernetzung der multinationalen Unternehmen hat besondere Auswirkungen auf die nationalen Volkswirtschaften, z. B. kann der Beitrag eines Unternehmens zum Bruttoinlandsprodukt eines Landes nicht mehr eindeutig diesem Land zugeordnet werden. Außerdem vernetzen Global Players mit ihren Direktinvestitionen viele nationale Volkswirtschaften.

BEISPIEL

Wenn zum Beispiel ein US-Amerikaner einen Neuwagen von General Motors kauft, beteiligt er sich unbewusst an einer internationalen Transaktion. Von den 10.000 Dollar, die er an GM zahlt, gehen etwa 3.000 Dollar für Montagearbeiten nach Südkorea, 1.750 Dollar für hochtechnische Komponenten (...) nach Japan, 750 Dollar für Styling und Konstruktion nach Deutschland, 400 Dollar für verschiedene kleinere Komponenten nach Taiwan, Singapur und Japan, 250 Dollar für Werbung und Marketing nach Großbritannien und etwa 50 Dollar für Datenverarbeitung nach Irland und Barbados. Der Rest – weniger als 4.000 Dollar – geht an Marktstrategen in Detroit, Anwälte und Banker in New York, Lobbyisten in Washington, Renten- und Krankenversicherungsangestellte im ganzen Land sowie an GM-Aktionäre. (...)

Quelle: Reich, R. (1996): Die neue Weltwirtschaft, Frankfurt am Main

Auf die internationalen Wirtschaftsbeziehungen und Verhandlungen nehmen aber letztlich auch die sogenannten „***Non-Governmental Organizations***" (NGOs) immer mehr Einfluss. Diese Organisationen sind auf bestimmte Ziele ausgerichtet und basieren auf der freiwilligen Arbeit von Bürgern. Außerdem sind sie nicht gewinnorientiert.

Non-Governmental Organizations
nichtstaatliche Organisationen

BEISPIEL

NGOs: Umweltschutzorganisationen, Gewerkschaften, Kirchen und kirchliche Institutionen, Institute aus Forschung und Wissenschaft, Stiftungen, studentische Organisationen, Welt- und Menschenrechtsorganisationen sowie Kinder- und Jugendorganisationen

Die wirtschaftlichen und politischen Beziehungen zwischen Einzelstaaten, internationalen Organisationen, Global Players und NGOs bilden somit ein sehr komplexes Netz der Weltwirtschaft. Die Weltwirtschaft zeichnet sich überdies durch eine hohe internationale Arbeitsteilung und eine gegenseitige Abhängigkeit aus.

8.2 Antriebskräfte der Globalisierung

Es sind vor allem drei Entwicklungen, die die Globalisierung vorantreiben:

- Liberalisierung der Märkte
- technologischer Fortschritt
- politische und wirtschaftliche Entwicklungen

8.2.1 Liberalisierung der Märkte

Seit Gründung des ***GATT*** (heute: WTO) wurde die Globalisierung auf den internationalen Märkten mehr und mehr vorangetrieben. Zunächst kam es durch die Vereinbarungen des GATT zum Abbau von Handelshemmnissen für den internationalen Güteraustausch. Erst in den 70er-Jahren setzte dann auch die Liberalisierung des Devisen- und Kapitalverkehrs ein.

GATT
General Agreement on Tariffs and Trade

WTO
☞ S. 46

Die Kapitalmobilität hat sich durch die globalen Finanzmärkte, die seither entstanden sind, immer mehr erhöht. Auf dem Dienstleistungssektor kam es zur Deregulierung und Privatisierung z. B. in den Bereichen Bankdienstleistungen, Transport, Telekommunikation und Versicherungen.

Dienstleistungsmärkte

Die Neuen Informations- und Kommunikationstechnologien (NIKT) sorgen dafür, dass Dienstleistungen verstärkt international ausgetauscht werden. Zu den Dienstleistungen zählen z. B. die Bereiche Wirtschaftsprüfung, rechtliche Beratung, Transport, Bankdienstleistungen, Wertpapierhandel, Versicherung. Der Handel mit Dienstleistungen ist sozusagen ein „unsichtbarer" Handel, denn er erfolgt überwiegend zwischen Computern. Zurzeit entfallen gut zwei Drittel der Produktion und der Beschäftigung in den Industrieländern auf den Dienstleistungssektor.

Finanzmärkte

Kennzeichen für die Globalisierung auf den Finanzmärkten ist die erhöhte Mobilität des Kapitals. Hier geht es nicht nur um Geldkapital, das blitzschnell von einem Börsenplatz zu einem anderen bewegt werden kann, sondern auch um Sachkapital. Für die starke Expansion des Umsatzvolumens an den internationalen Finanzmärkten sind mehrere Faktoren verantwortlich:

- Die Unternehmen wollen auf expandierenden Märkten präsent sein und tätigen Direktinvestitionen. Diese Vertiefung der internationalen Arbeitsteilung zieht eine Ausweitung der Finanzströme nach sich.
- Länder und Regionen, die bisher keinen Zugang zu den internationalen Finanzmärkten hatten, werden mehr integriert und hoffen auf zinssenkende Effekte.
- Die weltweite Deregulierung hat die Integration nationaler und regionaler Finanzmärkte bedeutsam vorangetrieben.
- Durch das Investmentsparen und den privaten Vermögensaufbau wird vermehrt Kapital auf den internationalen Finanzmärkten angelegt.

Gütermärkte

Infolge sinkender Transport- und Kommunikationskosten sowie der fortschreitenden Marktöffnung (z. B. Abbau von Zöllen und Einfuhrbeschränkungen) ist die Globalisierung der Gütermärkte weiter vorangeschritten. Langfristig bedeutet dies eine weltweite Aufweichung des Warenangebots und der Preise. Der Warenhandel ist im vergangenen Jahrzehnt im Vergleich zur Weltproduktion wesentlich stärker gestiegen.

Weltreise einer Jeans

Was?	Wo?	Wie?
Baumwollanteil	Kasachstan, Indien, Westafrika, Ägypten, USA	behandelt mit Pestiziden aus Deutschland, per Hand oder – in den USA – mit Maschinen geerntet
Herstellung von Polyester	Deutschland	mit Erdöl aus Nigeria

Spinnen	China oder Türkei	mit Schweizer Ringspinn-Maschinen, „veredelt“ mit chemischen Stoffen aus Deutschland
Färben	Philippinen	chemische Indigofarbe aus Deutschland
Weben	Polen oder Südkorea	mit deutschen Webmaschinen, unter Verwendung chemischer Zusatzstoffe aus Deutschland
Nähen	Philippinen, El Salvador (im Auftrag einer südkoreanischen Firma)	nach einem Design aus den USA und Schnittmuster aus Italien, mit Innenfutter und Washing Label aus Frankreich, mit Knöpfen und Nieten aus Italien
Endverarbeitung	Griechenland	mit Bimsstein
Verkauf	Deutschland	
getragen	Kenia	bei einer Urlaubsreise
entsorgt als Altkleiderspende	Deutschland	an karitative Organisationen
Sortieren	Holland	durch kommerzielle Unternehmen
Verkauf	Burkina Faso, Ghana, Tansania, Simbabwe (...)	(...) zum Verdruss dortiger Schneiderinnen und Schneider bzw. Textilarbeiter

Quelle: Lensing, M. (2001): Die Welt in unserer Kleidung, in: 21 Das Leben gestalten lernen, globales Lernen, Berlin

8.2.2 Technologischer Fortschritt

Zu einer rasanten Entwicklung kam es im Technologiebereich. Durch die Neuen Informations- und Kommunikationstechnologien (NIKT) sind die Transport- und Kommunikationskosten in den letzten Jahren beachtlich gefallen. Erst durch die NIKT ist es möglich geworden, dass Unternehmen ihren Tätigkeitsbereich weltweit koordinieren und beim Transport von Gütern, Personen und Informationen in dramatischem Ausmaß Kosten einsparen können. Das gilt inzwischen für alle Bereiche unternehmerischen Handelns, für Produktion, Marketing und Finanzierung ebenso wie für Forschung und Entwicklung.

Der Produktionsfaktor „Information“ wird durch die Nutzung des Internets immer wichtiger. Seit den 1990er-Jahren bildet das Internet für viele Unternehmen eine wichtige Grundlage für den Verkauf von Waren und Dienstleistungen. Bücher und CDs können z. B. im Internet bestellt werden und sind häufig schon am nächsten Tag beim Empfänger.

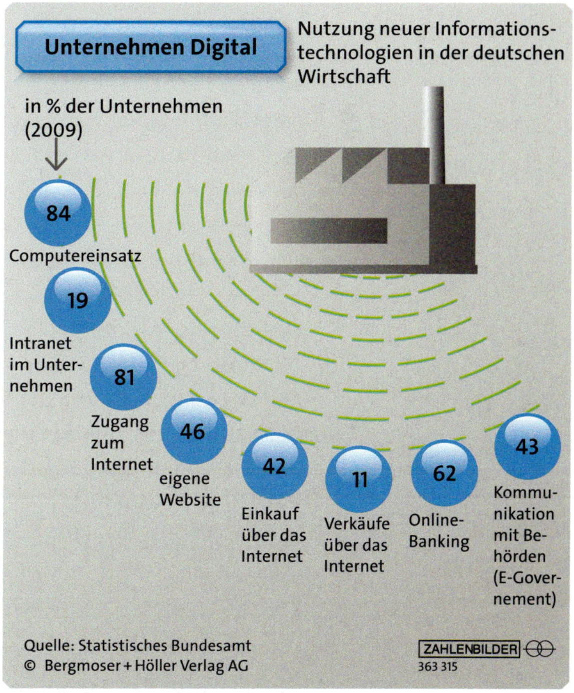

8.2.3 Politische und wirtschaftliche Entwicklung

Schließlich haben auch die politischen Entwicklungen der 1990er-Jahre einen entscheidenden Beitrag zur zunehmenden Globalisierung geleistet. Nachdem die Marktwirtschaft gegenüber sozialistischen Wirtschaftsordnungen an Überlegenheit gewonnen hat, verwischen auch zunehmend die Grenzen unterschiedlicher politischer und wirtschaftlicher Systeme. Durch den fortschreitenden Transformationsprozess in Mittel- und Osteuropa liegen die Niedriglohnländer z. B. für Deutschland direkt vor der Haustür. Die Unternehmen können in den Ländern mit niedrigen Lohnkosten billiger produzieren. Aber auch Länder in Asien, Südamerika und Afrika versuchen ihren materiellen Wohlstand durch zunehmende Exporte in die Industrieländer zu erhöhen.

8.3 Globalisierung – Chance oder Bedrohung?

Die Globalisierung eröffnet große Chancen für die Zukunft, denn sie kann uns mehr Wohlstand verschaffen. Allerdings gibt es nicht nur Vorteile, sondern auch eine ganze Anzahl von Risiken und Gefahren. In diesem Abschnitt sollen sowohl die positiven als auch die negativen Auswirkungen der Globalisierung zur Diskussion gestellt werden.

Positive Auswirkungen

- Die Öffnung von neuen Märkten fördert den Handel. Es entstehen neue Unternehmen und folglich neue Arbeitsplätze. Dies bewirkt einen Wohlstandszuwachs der Länder.
- Es kommt zu einem Technologietransfer von hoch entwickelten Ländern zu Entwicklungsländern.
- Durch die Verlegung von Unternehmensstandorten in Niedriglohnländer erhöht sich dort das Einkommen und das Wohlstandsniveau steigt. Die Wohlstandsunterschiede zwischen den Ländern können so langfristig ausgeglichen werden.
- Multinationale Unternehmen haben die Möglichkeit, neue Produkte und Ideen in vielen verschiedenen Ländern anzubieten. Ohne diese Unternehmen würden Erzeugnisse nur in den Ursprungsländern angeboten werden.
- Der Zwang zum Strukturwandel kommt letztlich allen Ländern zugute.

Negative Auswirkungen

- Die multinationalen Unternehmen haben die Möglichkeit, ihre Gewinne in Regionen mit niedrigen Steuersätzen zu verlagern.
- Der harte Wettbewerb um Investoren, Kapital und Arbeitsplätze bereitet der Politik immer größere Schwierigkeiten, soziale Sicherheit und soziale Gerechtigkeit zu gewährleisten (Gefahr des „Sozial-Dumpings").
- Weltweit agierende Unternehmen lassen sich kaum mehr ökonomisch und politisch kontrollieren.
- Entwicklungsländer stehen in einer Abhängigkeit von den multinationalen Unternehmen.
- Unternehmensstandorte werden in Länder mit geringen Umweltvorschriften verlagert.
- Letztlich überleben nur die Nationen, die über moderne Techniken, flexible und billige Arbeitskräfte verfügen. Die anderen Länder müssen Wohlstandsverluste in Kauf nehmen.

LF10

Erfolgskontrollen durchführen und Kennzahlen für betriebliche Entscheidungen aufbereiten

LS 104
LS 105
LS 106

1 Controlling

SITUATION *Autoland Murschall GmbH*

Die Autoland Murschall GmbH hat einen Kredit bei ihrer Hausbank beantragt. Voraussetzung für die Gewährung des Kredits ist u. a. die Vorlage von bestimmten betrieblichen Kennzahlen. Frau Kröger bittet David Rose um Mithilfe bei der Aufbereitung dieser betrieblichen Kennzahlen. David ist mit Interesse dabei, denn endlich erfährt er aus erster Hand, wie es um die geschäftliche Situation der Autoland Murschall GmbH bestellt ist.
Frau Kröger bemerkt, dass David sehr engagiert bei der Sache ist und bietet ihm an, langfristig in diesem Aufgabengebiet mitzuarbeiten. David stimmt zu. Allerdings ist ihm der Sinn der Arbeit noch nicht ganz klar: „Wieso will die Bank denn weiterhin die Kennzahlen haben? Die haben die Autoland Murschall GmbH doch bereits auf Herz und Nieren geprüft?“
Frau Kröger antwortet: „Ja, das stimmt, aber auch während der Kreditlaufzeit fordert die Bank weiterhin diese betrieblichen Kennzahlen ein, weil sie kontrollieren möchte, wie gut die Geschäfte laufen. Die Bank will sichergehen, dass die Raten des Kredits weiterhin zurückgezahlt werden können. Ansonsten würde die Bank schnell Gegenmaßnahmen ergreifen und sich gegebenenfalls sogar in unsere Geschäftspolitik einmischen.“

In vielen, meist kleineren Betrieben ist Controlling auch heutzutage noch kein Thema und wird vernachlässigt. Als Entschuldigung wird von den Geschäftsführern häufig mangelnde Zeit genannt oder das Argument gebracht: „Das Geschäft läuft doch gut, wozu dann noch Controlling?“ Aber das ist äußerst kurzfristig gedacht, denn eine Stunde Arbeitszeit am Schreibtisch, befasst mit Controllingaufgaben, kann erfolgreicher und effektiver sein als einen Tag „Schrauben“ in der Werkstatt.

Hier bewahrheitet sich der Spruch „Wissen ist Macht“ und Zahlen sind nun einmal unbestechlich. Nur sie verraten dem Unternehmer, wo genau in seinem Betrieb Geld verdient wird und wo es verloren geht. Allerdings müssen diese Zahlen in einem sinnvollen Verhältnis zueinander aufbereitet und interpretiert werden. Diese Aufgabe übernimmt in einem Autohaus das **Controlling**. Für eine erfolgreiche Unternehmensführung ist ein systematisches Controlling unerlässlich. Das grundlegende Zahlenmaterial liefert dabei das Rechnungswesen.

Das Controlling nutzt das vom Rechnungswesen gelieferte Zahlenmaterial, um die folgenden Aufgaben zu erfüllen:

- Aufbereitung des Zahlenmaterials in Form von Kennzahlen
- Erstellung von Zielvorgaben in Absprache mit der Unternehmensführung
- Einleitung von Maßnahmen zur Erreichung der Unternehmensziele
- stetige Kontrolle der Zielerreichung

> *Das Controlling übernimmt sozusagen die Funktion eines Lotsen, der das Unternehmen beim Navigieren durch den Markt unterstützt.*

Die Ergebnisse des Controllings sind für verschiedene Personengruppen sehr wichtig. Die

- **Geschäftsführung** leitet gegebenenfalls Maßnahmen aus den vom Controlling erarbeiteten Kennzahlen ab, um z. B. gesetzte Umsatzziele noch erreichen zu können.
- **Gesellschafter** erhalten einen Einblick in das Unternehmen und können besser beurteilen, ob das Unternehmen, in das sie investiert haben, am Markt besteht.
- **Mitarbeiter** bekommen einen Hinweis auf ihre analysierten und bewerteten Leistungen.

Weiterhin haben auch die Banken ein gesteigertes Interesse an den Ergebnissen des Controllings. Sie wollen im Rahmen von Kreditanträgen Unternehmensplanzahlen und deren Erfüllung dokumentiert sehen. **Rating** heißt dieser Vorgang, mit dem Banken die Kreditwürdigkeit von Unternehmen einschätzen. Je nach Risikoeinschätzung der Bank zahlt das kreditbeantragende Unternehmen einen höheren oder niedrigeren Zins.

Um das Zahlenmaterial des Rechnungswesens aufzubereiten, erarbeitet das Controlling viele **betriebliche Kennzahlen**.

> *Kennzahlen sind festgelegte Zahlenverhältnisse, deren Aussagekraft aber beschränkt ist, sofern sie zeitlich oder betrieblich isoliert betrachtet werden.*

Für die Interpretation der Kennzahlen benötigt das Controlling Vergleichswerte als Maßstab. Als Vergleichsmaßstab dienen der

- **Zeitvergleich:** Vergleich der Ergebnisse der vorangegangenen Periode mit den Ergebnissen der aktuellen Abrechnungsperiode,
- **Betriebsvergleich/Branchenvergleich:** Vergleich der Unternehmensergebnisse mit denen anderer Unternehmen oder mit Branchendurchschnittswerten,
- **Soll-Ist-Vergleich:** Vergleich geplanter Ergebnisse mit tatsächlich realisierten Ergebnissen.

In den folgenden Kapiteln werden ausgewählte Kennzahlen vorgestellt, die bei der

- Auswertung der Bilanz,
- Auswertung der GuV-Rechnung und
- Auswertung der branchenspezifischen Geschäftsfelder

eine Rolle spielen.

2 Auswertung der Bilanz

SITUATION *Autoland Murschall GmbH*

David Rose beginnt bei der Erstellung der betrieblichen Kennzahlen zunächst mit der Auswertung der Bilanz. Er bemerkt erstaunt, wie viel man über ein Unternehmen erfahren kann, wenn man die Bilanz aufmerksam liest.
Die Bilanz ist quasi eine Art Steckbrief des Unternehmens und gibt Aufschluss über die Fragen: Wer bin ich? Und was habe ich?

Anhand der Bilanz eines Unternehmens ist für jeden ersichtlich, wer die Kapitalgeber des Unternehmens sind und in welche Vermögensposten das zur Verfügung gestellte Kapital investiert wurde.

Bevor die Bilanz nun mithilfe von Kennzahlen analysiert wird, wird die doch recht umfangreiche Bilanz stark zusammengefasst. Das Ergebnis ist eine sogenannte **Strukturbilanz**. Die Strukturbilanz fasst die einzelnen Posten der Bilanz zusammen und dient als Basis für die Bilanzanalyse.

<table>
<tr><th>Aktiva</th><th>Bilanz</th><th>Passiva</th></tr>
<tr><td colspan="2" rowspan="2">Anlagevermögen</td><td>Eigenkapital</td></tr>
<tr><td>langfristiges FK</td></tr>
<tr><td colspan="2">Umlaufvermögen</td><td>kurzfristiges FK</td></tr>
<tr><td colspan="2">Summe Vermögen
↓
gibt Auskunft über die Vermögensverwendung
=
Worin hat das Unternehmen investiert?</td><td>Summe Kapital
↓
gibt Auskunft über die Mittelherkunft
=
Wer finanziert das Unternehmen?</td></tr>
</table>

Bei der **vertikalen Bilanzanalyse** werden jeweils nur die Werte der Aktiva- oder der Passivaseite der Bilanz zueinander in Beziehung gesetzt:

- Vermögensstruktur: Anlagenintensität, Umlaufintensität
- Kapitalstruktur: Eigenkapitalquote und Fremdkapitalquote

Die **horizontale Bilanzanalyse** setzt Aktiva- und Passivaposten der Bilanz miteinander in Beziehung:

- Liquidität
- Anlagendeckung

BEISPIEL

Aktiva		Strukturbilanz (in €)			Passiva
	Jahr 01	Jahr 02		Jahr 01	Jahr 02
Anlagevermögen	670.050,00	825.390,00	Eigenkapital	293.490,00	302.310,00
Umlaufvermögen	1.477.350,00	1.562.310,00	Fremdkapital	1.853.910,00	2.085.390,00
davon			davon		
Warenbestand	1.089.180,00	1.106.460,00	Rückstellungen	5.000,00	8.000,00
Forderungen	285.300,00	378.540,00	langfristiges FK	693.130,00	1.125.100,00
Liquide Mittel	102.870,00	77.310,00	kurzfristiges FK	1.155.780,00	952.290,00
Gesamtvermögen	**2.147.400,00**	**2.387.700,00**	**Gesamtkapital**	**2.147.400,00**	**2.387.700,00**

Liquide Mittel
Bankbestand, Kassenbestand

2.1 Vermögensstruktur (vertikale Bilanzanalyse)

Das Gesamtvermögen des Autohauses setzt sich zusammen aus dem Anlagevermögen sowie dem Umlaufvermögen. Die Vermögensstruktur gibt den prozentualen Anteil des Anlage- und des Umlaufvermögens am Gesamtvermögen des Unternehmens an.

Sie gibt einen Hinweis auf den Umfang der langfristigen Kapitalbindung und zeigt somit auf, ob ein Autohaus überwiegend Anlagevermögen (z. B. Gebäude, Werkstatteinrichtung) oder Umlaufvermögen (z. B. Neuwagen, Gebrauchtwagen) zu finanzieren hat.

$$\text{Anlagenintensität (Anlagenquote)} = \frac{\text{Anlagevermögen} \cdot 100}{\text{Gesamtvermögen}}$$

Aktiva	Bilanz	Passiva
Anlagevermögen		Eigenkapital
Umlaufvermögen		langfristiges FK
		kurzfristiges FK
Summe Vermögen		Summe Kapital

$$\text{Intensität Umlaufvermögen (Quote des Umlaufvermögens)} = \frac{\text{Umlaufvermögen} \cdot 100}{\text{Gesamtvermögen}}$$

Aktiva	Bilanz	Passiva
Anlagevermögen		Eigenkapital
Umlaufvermögen		langfristiges FK
		kurzfristiges FK
Summe Vermögen		Summe Kapital

Da sich das Gesamtvermögen aus der Summe von Anlage- und Umlaufvermögen ergibt und sich beide Kennziffern auf das Gesamtvermögen als Grundwert beziehen, addieren sich die Quoten immer zu 100 %.

Der Anteil des Anlagevermögens sollte keinesfalls höher sein als der des Umlaufvermögens, da im Autohaus in der Regel nur mit dem Umlaufvermögen Geld verdient werden kann. Ein hohes Anlagevermögen bindet langfristig Kapital und verursacht hohe Kosten (z. B. Abschreibungen). Insbesondere wenn die Umsätze sinken, kann ein hohes Anlagevermögen belasten. Die Anforderungen der Hersteller an Ausstellungsräume haben jedoch bei vielen Autohäusern zu einer Erhöhung der Anlagenintensität geführt.

Branchensollwert für die Anlagenintensität: 26 % – 35 %

Eventuelle Abweichungen in den Beispielrechnungen sind rundungsbedingt.

BEISPIEL *Vermögensstruktur der Autoland Murschall GmbH*

Jahr 01 / **Jahr 02**

Anlagenintensität (Anlagequote) = $\frac{670.050,00\,€ \cdot 100}{2.147.400,00\,€} = 31,20\,\%$ (Jahr 01); $\frac{825.390,00\,€ \cdot 100}{2.387.700,00\,€} = 34,57\,\%$ (Jahr 02)

Jahr 01 / **Jahr 02**

Intensität Umlaufvermögen (Quote des Umlaufvermögens) = $\frac{1.477.350,00\,€ \cdot 100}{2.147.400,00\,€} = 68,80\,\%$ (Jahr 01); $\frac{1.562.310,00\,€ \cdot 100}{2.387.700,00\,€} = 65,43\,\%$ (Jahr 02)

Die Anlagenintensität der Autoland Murschall GmbH ist in den Vergleichsjahren durch eine Erweiterungsinvestition gestiegen. Sie liegt im 2. Jahr bei 34,57 % und erfüllt damit immer noch den Branchensollwert. Von Vorteil ist, dass die Autoland Murschall GmbH mit eigenen Grundstücken und Gebäuden unabhängig von Mietverträgen ist und langfristig planen kann.

Das Umlaufvermögen beträgt 65,43 % im 2. Jahr und ist immer noch deutlich größer als das Anlagevermögen, was in der Autobranche wünschenswert ist, da der Fahrzeugbestand zum Umlaufvermögen zählt und der eigentliche Umsatzträger ist.

2.2 Kapitalstruktur (vertikale Bilanzanalyse)

Die Kapitalstruktur zeigt den prozentualen Anteil des Eigen- und des Fremdkapitals am Gesamtkapital des Unternehmens.

$$\text{Eigenkapitalquote} = \frac{\text{Eigenkapital} \cdot 100}{\text{Gesamtkapital}}$$

Aktiva	Bilanz Passiva
Anlagevermögen	Eigenkapital
Umlaufvermögen	langfristiges FK
	kurzfristiges FK
Summe Vermögen	**Summe Kapital**

$$\text{Fremdkapitalquote} = \frac{\text{Fremdkapital} \cdot 100}{\text{Gesamtkapital}}$$

Aktiva	Bilanz Passiva
Anlagevermögen	Eigenkapital
Umlaufvermögen	langfristiges FK
	kurzfristiges FK
Summe Vermögen	**Summe Kapital**

Auch die Summe aus Eigenkapital- und Fremdkapitalquote ist stets 100 %.

Die Eigenkapitalquote zeigt an, in welchem Umfang sich der Unternehmer oder die Gesellschafter an der Finanzierung des Unternehmens beteiligen. Sie gibt somit an, wie viel Prozent des Vermögens tatsächlich dem Unternehmen gehört.

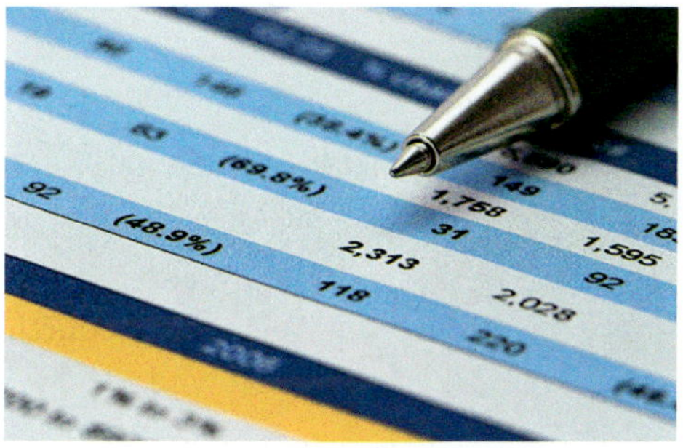

Die Eigenkapitalquote ist eine wichtige Stabilitätskennzahl des Unternehmens, denn je höher das Eigenkapital am Gesamtkapital ist, umso sicherer ist die Lage des Unternehmens in Krisenzeiten und umso unabhängiger ist das Unternehmen gegenüber seinen Fremdkapitalgebern. Muss das Unternehmen z. B. weitere Kredite aufnehmen, um das eigene Überleben zu sichern, so ist es möglich, dass zukünftig durch die Fremdkapitalgeber versucht wird, Einfluss auf die Unternehmenspolitik zu nehmen, sodass der Unternehmer gegebenenfalls nicht mehr „Herr im eigenen Haus" ist.

Gleichzeitig ist eine hohe Eigenkapitalquote auch ein Zeichen für eine hohe Kreditwürdigkeit (Bonität), denn das Risiko für Banken, Verluste bei einer Kreditgewährung zu machen, sinkt, da mögliche Verluste des Unternehmens zuerst durch das Eigenkapital aufgefangen werden.

Ein hoher Eigenkapitalanteil bedeutet auch die Einsparung von Zinsen, denn das Eigenkapital wird von den Eigentümern zinslos zur Verfügung gestellt, in der Hoffnung, am Jahresende eine Gewinnauszahlung zu erhalten. Durch die Einsparung der Fremdkapitalzinsen steigt der Gewinn des Unternehmens.

Branchensollwert für die Eigenkapitalquote: mindestens 25 %
Angesichts der wirtschaftlichen Situation der meisten Autohäuser ist diese Quote häufig nicht erreichbar. Die Eigenkapitalquote eines Autohauses sollte aber nicht unter 15 % liegen.

***BEISPIEL** Eigenkapitalquote der Autoland Murschall GmbH*

Jahr 01

$$\text{Eigenkapitalquote} = \frac{293.490{,}00\,€ \cdot 100}{2.147.400{,}00\,€} = 13{,}67\,\%$$

Jahr 02

$$\frac{302.310{,}00\,€ \cdot 100}{2.387.700{,}00\,€} = 12{,}66\,\%$$

Jahr 01

$$\text{Fremdkapitalquote} = \frac{1.853.910{,}00\,€ \cdot 100}{2.147.400{,}00\,€} = 86{,}33\,\%$$

Jahr 02

$$\frac{2.085.390{,}00\,€ \cdot 100}{2.387.700{,}00\,€} = 87{,}34\,\%$$

In der Autoland Murschall GmbH ist die Eigenkapitalquote im Zeitvergleich von 13,67 % auf 12,66 % gesunken. Die Eigenkapitalquote liegt damit weit unter dem Sollwert von 25 %. Auch die Untergrenze von 15 % wird nicht erreicht. Die weitere Kreditwürdigkeit ist dadurch gefährdet und auch die Belastung durch die damit verbundenen Kreditzinsen ist negativ zu bewerten. Andererseits liegt der gegenwärtige Branchenwert bei knapp 7,8 % Eigenkapitalquote. Somit liegt die Autoland Murschall GmbH im Branchenvergleich gut im Rennen.

2.3 Anlagendeckung (horizontale Bilanzanalyse)

Die Anlagendeckungsgrade zeigen, in welchem Umfang das langfristig im Unternehmen gebundene Anlagevermögen durch langfristiges Kapital (Eigenkapital und langfristiges Fremdkapital) gedeckt wird.

$$\text{Anlagendeckungsgrad I} = \frac{\text{Eigenkapital} \cdot 100}{\text{Anlagevermögen}}$$

Aktiva	Bilanz Passiva
Anlagevermögen	Eigenkapital
Umlaufvermögen	langfristiges FK
	kurzfristiges FK
Summe Vermögen	**Summe Kapital**

$$\text{Anlagendeckungsgrad II} = \frac{(\text{Eigenkapital} + \text{langfr. Fremdkapital}) \cdot 100}{\text{Anlagevermögen}}$$

Aktiva	Bilanz Passiva
Anlagevermögen	Eigenkapital
	langfristiges FK
Umlaufvermögen	kurzfristiges FK
Summe Vermögen	**Summe Kapital**

Der Anlagendeckungsgrad geht von der **goldenen Bilanzregel** aus, die besagt, dass alles, was langfristig im Unternehmen gebunden ist (Anlagevermögen), auch langfristig finanziert sein muss (durch Eigenkapital + ggf. Fremdkapital). Damit wird sichergestellt, dass im Krisenfall keine Anlagengüter veräußert werden müssen, um kurzfristigen Kreditverpflichtungen pünktlich nachzukommen. Die Betriebsbereitschaft des Autohauses wird dadurch sichergestellt.

Will man für einen Kfz-Betrieb eine ***fristenkongruente*** Finanzierung erreichen, sollten sicherheitshalber das Anlagevermögen plus 30 % des Umlaufvermögens langfristig abgesichert sein, d. h. die Anlagendeckung sollte mindestens 100 % betragen.

fristenkongruent Übereinstimmung von Kapitalbindung sowie Kapitalüberlassung

Branchensollwert für die Anlagendeckung
Anlagendeckung I: 100 %

Die meisten Autohäuser erreichen aufgrund ihrer geringen Eigenkapitalquote diesen Sollwert nicht, diese Autohäuser orientieren sich am Sollwert für die Anlagendeckung II.
Anlagendeckung II: 120 % – 130 %

BEISPIEL *Anlagendeckung der Autoland Murschall GmbH*

Jahr 01 | **Jahr 02**

$$\text{Anlagendeckungsgrad I} = \frac{293.490{,}00\,€ \cdot 100}{670.050{,}00\,€} = 43{,}80\,\% \qquad \frac{302.310{,}00\,€ \cdot 100}{825.390{,}00\,€} = 36{,}63\,\%$$

Jahr 01 | **Jahr 02**

$$\text{Anlagendeckungsgrad II} = \frac{986.620{,}00\,€ \cdot 100}{670.050{,}00\,€} = 147{,}25\,\% \qquad \frac{1.427.410{,}00\,€ \cdot 100}{825.390{,}00\,€} = 172{,}94\,\%$$

Der Anlagendeckungsgrad I ist im Zeitvergleich von 43,80 % auf 36,63 % gesunken. Das bedeutet, dass das Anlagevermögen nicht durch das entsprechende Eigenkapital gedeckt ist. Das verwundert angesichts der niedrigen Eigenkapitalquote nicht. Langfristig ist das Anlagevermögen aber finanziert, da der Anlagendeckungsgrad II die Sollvorgaben erfüllt. Er ist sogar im Zeitvergleich von 147,25 % auf 172,94 % gestiegen.

2.4 Liquidität (horizontale Bilanzanalyse)

Die Liquiditätskennziffern zeigen zum Bilanzstichtag das Verhältnis von bestimmten Vermögenswerten und dem kurzfristigen Fremdkapital in Prozent.

$$\text{Liquidität I} = \frac{\text{flüssige Mittel} \cdot 100}{\text{kurzfristiges Fremdkapital}}$$

Aktiva	Bilanz Passiva
Anlagevermögen	Eigenkapital
	langfristiges FK
Umlaufvermögen • flüssige Mittel • Forderungen • Warenbestand	kurzfristiges FK
Summe Vermögen	**Summe Kapital**

$$\text{Liquidität II} = \frac{(\text{flüssige Mittel} + \text{Forderungen}) \cdot 100}{\text{kurzfristiges Fremdkapital}}$$

Aktiva — Bilanz	Passiva
Anlagevermögen	Eigenkapital
	langfristiges FK
Umlaufvermögen • flüssige Mittel • Forderungen • Warenbestand	kurzfristiges FK
Summe Vermögen	**Summe Kapital**

$$\text{Liquidität III} = \frac{(\text{flüssige Mittel} + \text{Forderungen} + \text{Warenbestand}) \cdot 100}{\text{kurzfristiges Fremdkapital}}$$

Aktiva — Bilanz	Passiva
Anlagevermögen	Eigenkapital
	langfristiges FK
Umlaufvermögen • flüssige Mittel • Forderungen • Warenbestand	kurzfristiges FK
Summe Vermögen	**Summe Kapital**

Als Liquidität (Zahlungsbereitschaft/Zahlungsfähigkeit) bezeichnet man die Fähigkeit eines Unternehmens, jederzeit die fälligen Verbindlichkeiten bezahlen zu können. Dies setzt voraus, dass stets Zahlungsmittel bereitstehen, denn ansonsten ist die Gefahr einer Insolvenz aufgrund einer Zahlungsunfähigkeit (Illiquidität) groß.

- **Liquidität I** zeigt an, wie schnell durch flüssige Mittel (Bankguthaben und Kassenbestand) die kurzfristigen Verbindlichkeiten beglichen werden können.
- **Liquidität II** zeigt an, wie schnell durch flüssige Mittel und Außenstände die kurzfristigen Verbindlichkeiten beglichen werden können.
- **Liquidität III** zeigt an, wie schnell durch flüssige Mittel, Außenstände und Warenvorräte die kurzfristigen Verbindlichkeiten gedeckt werden können.

> ***Branchensollwert für die Liquidität***
> *Liquidität I: 20 %*
> *Liquidität II: 100 %*
> *Liquidität III: 150 % – 200 %*
>
> *Eine zu hohe Liquidität geht aber zulasten der Rentabilität. Ein Autohaus sollte daher überschüssige Liquidität möglichst zinsbringend, z. B. bei einer Bank, anlegen.*

BEISPIEL *Liquidität der Autoland Murschall GmbH*

Jahr 01

$$\text{Liquidität I} = \frac{102.870{,}00\,€ \cdot 100}{1.155.780{,}00\,€} = 8{,}90\,\%$$

Jahr 02

$$\frac{77.310{,}00\,€ \cdot 100}{952.290{,}00\,€} = 8{,}12\,\%$$

Jahr 01

$$\text{Liquidität II} = \frac{388.170{,}00\,€ \cdot 100}{1.155.780{,}00\,€} = 33{,}59\,\%$$

Jahr 02

$$\frac{455.850{,}00\,€ \cdot 100}{952.290{,}00\,€} = 47{,}87\,\%$$

Jahr 01

$$\text{Liquidität III} = \frac{1.477.350{,}00\,€ \cdot 100}{1.155.780{,}00\,€} = 127{,}82\,\%$$

Jahr 02

$$\frac{1.562.310{,}00\,€ \cdot 100}{952.290{,}00\,€} = 164{,}06\,\%$$

Die Liquidität I ist im Zeitvergleich von 8,90 % auf 8,12 % gesunken, die Liquiditäten II und III sind dagegen im Zeitvergleich gestiegen.

Liquidität I und II entsprechen nicht den Sollvorgaben, Liquidität III erreicht im Jahr 02 die Sollvorgabe. Die Liquidität sollte weiter im Auge behalten werden, damit die Autoland Murschall GmbH nicht zahlungsunfähig wird, weil die kurzfristigen Verbindlichkeiten nicht allein mit den liquiden Mitteln und den offenstehenden Forderungen beglichen werden können. Unter Umständen reicht auch der Gegenwert des Fahrzeugbestandes nicht aus, um die Verbindlichkeiten zu begleichen. Schlimmstenfalls muss die Autoland Murschall GmbH Anlagevermögen verkaufen, um kurzfristige Verbindlichkeiten begleichen zu können.

3 Auswertung der Gewinn- und Verlustrechnung

SITUATION *Autoland Murschall GmbH*

David Rose arbeitet sich weiter durch die Saldenlisten der Autoland Murschall GmbH. Nachdem er nun analysiert hat, wer wie viel Kapital zur Verfügung gestellt hat und wo dieses Kapital in der Autoland Murschall GmbH investiert worden ist, stellt David Frau Kröger die entscheidende Frage: „Lohnt sich eigentlich für die Gesellschafter eine Investition in das Autohaus? Sie könnten ihr Geld doch eigentlich sicherer auf der Bank anlegen.“ Daraufhin antwortet Frau Kröger: „Das ist eine gute Frage. Eine Antwort darauf werden Sie aber nicht in der Bilanz finden. Dafür müssen Sie die GuV-Rechnung zur Hand nehmen und mithilfe der Rentabilitätskennziffern können Sie sich Ihre Frage selbst beantworten.“

Aus Vereinfachungsgründen wird auf die Differenzierung hinsichtlich Betriebsergebnis und neutralem Ergebnis verzichtet.

Für die Autoland Murschall GmbH ist es besonders interessant, ob sich die Erweiterungsinvestitionen, die durch den zusätzlichen Kredit finanziert worden sind, gelohnt haben. Auskunft darüber gibt die Gewinn- und Verlustrechnung.

Soll	Gewinn- und Verlustrechnung (in €)				Haben
	Jahr 01	**Jahr 02**		**Jahr 01**	**Jahr 02**
Aufwendungen	8.516.700,00	9.306.000,00	Umsatzerlöse	8.640.000,00	9.450.000,00
davon					
Zinsaufwand	142.200,00	146.700,00			
Abschreibungen	33.300,00	36.900,00			
Gewinn	123.300,00	144.000,00			
	8.640.000,00	**9.450.000,00**		**8.640.000,00**	**9.450.000,00**

Hier kann man feststellen, dass der Jahresüberschuss erheblich gestiegen ist. Der Gewinn liegt nun bei 144.000,00 € (+ 16,79 %). Da der Gewinn im Jahr 02 größtenteils an die Gesellschafter ausgezahlt worden ist, kommt es im Jahr 02 nur zu einer verhältnismäßig geringen Eigenkapitalsteigerung in Höhe von 8.820,00 €.

3.1 Rentabilitätskennziffern

Rentabilitätskennziffern setzen den Gewinn in ein Verhältnis zum Kapitaleinsatz oder zum erzielten Umsatz.

Bei Einzelunternehmen oder Personengesellschaften enthält der Gewinn auch das Entgelt für die Arbeitsleistung der voll haftenden Gesellschafter. Dieser Unternehmerlohn muss vor Ermittlung der Rentabilitätskennziffern vom Gewinn abgezogen werden, damit die Kennzahlen mit denen von Kapitalgesellschaften, wie z. B. der Autoland Murschall GmbH, vergleichbar werden. Bei Kapitalgesellschaften sind bereits die Arbeitsentgelte für die Geschäftsführung in den Personalaufwendungen gewinnmindernd enthalten.

3.1.1 Eigenkapitalrentabilität

Die Eigenkapitalrentabilität zeigt an, mit wie viel Prozent sich das eingesetzte Eigenkapital verzinst hat.

$$\text{Eigenkapitalrentabilität} = \frac{\text{Gewinn} \cdot 100}{\text{Eigenkapital}}$$

Die Eigenkapitalrendite sollte deutlich über dem Zinssatz liegen, der für langfristig angelegte Gelder auf dem Kapitalmarkt geboten wird. Ist dies nicht der Fall, so ist eine Anlage am Kapitalmarkt rentabler als eine Investition in das Unternehmen.

Sollwert für die Eigenkapitalrentabilität (EK_R)
Eigenkapitalrentabilität (EK_R) > Rendite auf dem Kapitalmarkt

***BEISPIEL** Eigenkapitalrentabilität der Autoland Murschall GmbH*

Jahr 01

$$\text{Eigenkapitalrentabilität} = \frac{123.300{,}00\,€ \cdot 100}{293.490{,}00\,€} = 42{,}01\,\%$$

Jahr 02

$$\frac{144.000{,}00\,€ \cdot 100}{302.310{,}00\,€} = 47{,}63\,\%$$

Die Eigenkapitalrentabilität ist im Jahresverlauf von 42,01 % auf 47,63 % gestiegen. Das sind hervorragende Werte, aber: keine seriöse Geldanlage auf dem Kapitalmarkt ermöglicht einen solchen Wert. Diese hohe Eigenkapitalrentabilität beruht auf der geringen Eigenkapitalausstattung. Hier ist also Vorsicht geboten, denn in Krisenzeiten hat die Autoland Murschall GmbH kein Sicherheitspolster in Form von Eigenkapital, auf das sie sich verlassen kann.

sichere Geldanlage auf dem Kapitalmarkt: z. B. Bundesschatzbrief

3.1.2 Gesamtkapitalrentabilität

Die Gesamtkapitalrentabilität gibt an, mit wie viel Prozent sich das gesamte eingesetzte Kapital (Eigenkapital und Fremdkapital) verzinst hat. Das Gesamtkapital muss einen Ertrag erwirtschaften, der sowohl die Eigenkapitalgeber durch Gewinne als auch die Fremdkapitalgeber durch die Zinsen zufriedenstellt. Für die Berechnung der Gesamtkapitalrentabilität muss man deshalb die für das Fremdkapital gezahlten Zinsen dem Unternehmensgewinn hinzurechnen.

$$\text{Gesamtkapitalrentabilität} = \frac{(\text{Gewinn} + \text{Fremdkapitalzins}) \cdot 100}{\text{Gesamtkapital}}$$

Die Gesamtkapitalrentabilität gibt Aufschluss, ob sich die Aufnahme von Fremdkapital gelohnt hat. Das ist stets der Fall, wenn die Gesamtkapitalrentabilität größer als der Fremdkapitalzins ist und die Eigenkapitalrentabilität größer ist als die Gesamtkapitalrentabilität.

Sollvorgaben für die Gesamtkapitalrentabilität
Eigenkapitalrentabilität > Gesamtkapitalrentabilität > Fremdkapitalzins

BEISPIEL *Gesamtkapitalrentabilität der Autoland Murschall GmbH*

		Jahr 01		Jahr 02
Gesamtkapitalrentabilität	=	$\frac{(123.300{,}00\,€ + 142.200{,}00\,€) \cdot 100}{2.147.400{,}00\,€}$		$\frac{(144.000{,}00\,€ + 146.700{,}00\,€) \cdot 100}{2.387.700{,}00\,€}$
	=	12,36 %	=	12,17 %

Die Gesamtkapitalrentabilität ist von Jahr 01 zu Jahr 02 leicht gesunken. Da aber die Eigenkapitalrentabilität größer als die Gesamtkapitalrentabilität ist, hat sich die Aufnahme des zusätzlichen Kredites gelohnt.

3.1.3 Umsatzrentabilität

Die Umsatzrentabilität gibt an, wie viel Gewinn pro 100,00 € Umsatz erwirtschaftet wurde. Oder anders ausgedrückt: Sie zeigt an, wie viel Prozent vom Umsatz als Gewinn übrig bleibt. Für diese Kennzahl ist besonders ein Zeit- oder Branchenvergleich interessant.

$$\text{Umsatzrentabilität} = \frac{\text{Gewinn} \cdot 100}{\text{Umsatzerlöse}}$$

Branchensollwert für die Umsatzrentabilität: mindestens 2,3 %

BEISPIEL *Umsatzrentabilität der Autoland Murschall GmbH*

	Jahr 01	Jahr 02
Umsatzrentabilität	$= \frac{123.300{,}00\,€ \cdot 100}{8.640.000{,}00\,€} = 1{,}43\,\%$	$\frac{144.000{,}00\,€ \cdot 100}{9.450.000{,}00\,€} = 1{,}52\,\%$

Die Umsatzrentabilität ist im Jahresvergleich von 1,43 % auf 1,52 % gestiegen. Sie sagt aus, dass im Jahr 02 von 100,00 € Umsatz in der Autoland Murschall GmbH 1,52 € am Ende als Gewinn übrig bleiben. Dieser Wert liegt allerdings deutlich unter dem Branchensollwert von 2,3 %.

3.2 Cashflow-Rate

Mithilfe des Cashflows kann die **Eigenfinanzierungskraft** eines Unternehmens beurteilt werden. Die Eigenfinanzierungskraft verweist auf die Möglichkeit eines Unternehmens, anstehende Investitionen durch Zahlungsmittel zu finanzieren, die es selbst erwirtschaftet hat. In erster Linie ist hierbei der Gewinn zu berücksichtigen. Allerdings sagt der Gewinn allein noch nichts über die Eigenfinanzierungskraft aus, denn einem Unternehmen können neben dem Gewinn noch weitere Mittel zur Verfügung stehen, z. B. durch Aufwendungen, die nicht zu einer Auszahlung geführt haben. Das bedeutendste Beispiel hierfür sind die Abschreibungen: Sie mindern den Gewinn, führen aber nicht zu einem Abfluss von Zahlungsmitteln. Somit stehen sie dem Autohaus zur Eigenfinanzierung zur Verfügung.

Wenn ein Unternehmen Rückstellungen gebildet hat, um Verbindlichkeiten, die demnächst fällig werden, begleichen zu können, erhöhen diese kurzfristig auch die Eigenfinanzierungskraft des Autohauses.

Der Cashflow repräsentiert somit die erwirtschafteten Finanzmittel aus der eigenen Unternehmenstätigkeit und dient

- der Finanzierung von Investitionen,
- der Schuldentilgung sowie
- der Gewinnausschüttung (Dividende).

	Jahresgewinn
+	Abschreibung
+	Rückstellungen
=	**Brutto-Cashflow**
−	Gewinnausschüttung/Entnahmen
=	**Netto-Cashflow**

Der Cashflow gibt als absoluter Wert wichtige Informationen zur Eigenfinanzierung des Autohauses. Als Vergleichszahl zu anderen Autohäusern ist er aber nur geeignet, wenn man die Umsatzgröße des Autohauses mitberücksichtigt. Hierfür wird der Cashflow in Beziehung zu den Umsatzerlösen gesetzt.

$$\text{Cashflow-Rate} = \frac{\text{Brutto-Cashflow} \cdot 100}{\text{Gesamtumsatz}}$$

Die Cashflow-Rate gibt an, wie viel Prozent des Umsatzes dem Autohaus zur Eigenfinanzierung zur Verfügung steht.

Branchensollwert für die Cashflow-Rate: 2,7 %

***BEISPIEL** Cashflow-Rate der Autoland Murschall GmbH*

Jahr 01

$$\text{Cashflow-Rate} = \frac{161.600{,}00\,€ \cdot 100}{8.640.000{,}00\,€} = 1{,}87\,\%$$

Jahr 02

$$\frac{188.900{,}00\,€ \cdot 100}{9.450.000{,}00\,€} = 2{,}00\,\%$$

Die Cashflow-Rate ist im Jahresvergleich von 1,87 % auf 2,00 % leicht angestiegen und nähert sich damit langsam dem Branchensollwert von 2,7 %. Im Jahr 02 können somit 2,00 % des Umsatzes für die Eigenfinanzierung genutzt werden.

3.3 Wirtschaftlichkeit

Die Kennziffer Wirtschaftlichkeit gibt das Verhältnis Gesamtumsatz zu Kosten wieder.

$$\text{Wirtschaftlichkeit} = \frac{\text{Gesamtumsatz}}{\text{Kosten}}$$

Bei gleichbleibendem Umsatz kann ein Unternehmen die Wirtschaftlichkeit erhöhen, indem es seine Kosten verringert.

Sollwert der Wirtschaftlichkeit: > 1

***BEISPIEL** Wirtschaftlichkeit der Autoland Murschall GmbH*

Jahr 01

$$\text{Wirtschaftlichkeit} = \frac{8.640.000{,}00\,€}{8.516.700{,}00\,€} = 1{,}01\,\%$$

Jahr 02

$$\frac{9.450.000{,}00\,€}{9.306.000{,}00\,€} = 1{,}02\,\%$$

Die Wirtschaftlichkeit ist im Jahresvergleich nur minimal von 1,01 % auf 1,02 % gestiegen. Sie liegt damit nur ganz knapp über dem Richtwert der Wirtschaftlichkeit: > 1.

3.4 Kundenziel

Diese Kennzahl macht deutlich, wie lange es dauert, bis die offenen Ausgangsrechnungen im Durchschnitt von den Kunden bezahlt werden.

$$\text{Kundenziel} = \frac{\text{Forderungen} \cdot \text{360 Tage}}{\text{Gesamtumsatz}}$$

Es gibt auch heute noch genügend Autohäuser, die trotz geringer Renditen ihren Kunden wie selbstverständlich Rechnungen nachschicken und auf die Bezahlung dieser Rechnungen lange warten. Dadurch werden die Autohäuser häufig gezwungen, selber kurzfristige Kredite aufzunehmen, um ihre eigenen Verbindlichkeiten pünktlich zahlen zu können. Dies verursacht zusätzliche Zinskosten.

Branchensollwert für das Kundenziel: durchschnittlich maximal 25 Tage
Die Zielvorgabe sollte lauten: Auftrag fertig, Rechnung fertig und der Kunde bezahlt (bar oder per Lastschriftverfahren).

BEISPIEL *Kundenziel der Autoland Murschall GmbH*

Jahr 01 / **Jahr 02**

$$\text{Kundenziel} = \frac{285.300{,}00\,€ \cdot 360\ \text{Tage}}{8.640.000{,}00\,€} = 11{,}89\ \text{Tage} \qquad \frac{378.540{,}00\,€ \cdot 360\ \text{Tage}}{9.450.000{,}00\,€} = 14{,}42\ \text{Tage}$$

Zwar ist das Kundenziel im Jahresvergleich von 11,89 auf 14,42 Tage leicht angestiegen, aber damit liegt die Autoland Murschall GmbH immer noch weit unter dem durchschnittlichen Branchensollwert von maximal 25 Tagen. Das Forderungsmanagement scheint bei der Autoland Murschall GmbH gut zu funktionieren.

4 Auswertungen der branchenspezifischen Geschäftsfelder

***SITUATION** Autoland Murschall GmbH*

Nachdem David Rose die Vermögens-/Kapitalstruktur und die Ertragslage des Unternehmens analysiert hat, möchte er gerne Vorschläge unterbreiten, was verbessert werden kann. Um konkrete Maßnahmen vorzuschlagen, müssen aber vorab die einzelnen Geschäftsfelder untersucht werden, denn nur hier können die Maßnahmen konkret ansetzen.

Hinweis:
Die Lagerbewegungskennzahlen aus dem LF 4 (z. B. durchschnittlicher Lagerbestand, Lagerumschlagshäufigkeit und Lagerdauer) sind in den vier Geschäftsfeldern ebenso im Rahmen des Controllings einsetzbar.

☞ Band 1, LF 4, S. 312 ff.

Die folgenden vier Geschäftsfelder sind in einem Autohaus als Umsatzträger zu unterscheiden:

- Neuwagenverkauf
- Gebrauchtwagenverkauf
- Werkstattbereich (Service)
- Teile- und Zubehörbereich (inkl. Lager)

Der Erfolg in diesen vier Geschäftsfeldern hängt maßgeblich von den Leistungen der Mitarbeiter ab. Die folgenden Leistungskennzahlen je Geschäftsfeld dienen somit auch der Analyse und Steuerung der Mitarbeiterleistung.

4.1 Kennzahlen des Verkaufs (Neuwagen und Gebrauchtwagen)

$$\text{verkaufte Wagen je Verkäufer (p. a.)} = \frac{\text{verkaufte Wagen (p. a.)}}{\text{Anzahl der Verkäufer (p. a.)}}$$

(bezogen auf den Neuwagen- bzw. Gebrauchtwagenbereich)

Als Branchenkennzahl werden hier 120 Autos jährlich angegeben. Allerdings hängt diese Kennzahl sehr stark von den betriebsindividuellen Gegebenheiten ab.

Diese Kennzahl dient eher dazu, die Leistungen der Verkäufer in einem Autohaus untereinander zu vergleichen. Als Alternative zu dieser Kennzahl wird auch häufig der Umsatz pro Verkäufer ermittelt. Hierbei wird nicht nur die Anzahl der verkauften Autos berücksichtigt, sondern auch die Wertigkeit der verkauften Modelle.

$$\text{Umsatz pro Verkäufer (p. a.)} = \frac{\text{Umsatz (p. a.)}}{\text{Anzahl der Verkäufer (p. a.)}}$$

(bezogen auf den Neuwagen- bzw. Gebrauchtwagenbereich)

$$\text{Bruttoertragsrate Fahrzeugverkauf} = \frac{(\text{Umsatzerlöse NW bzw. GW} - \text{VAK NW bzw. GW})}{\text{Umsatzerlöse NW bzw. GW}} \cdot 100$$

Diese Kennzahl ermittelt den Bruttoertrag im Neuwagen- bzw. Gebrauchtwagenbereich und setzt diesen in Bezug zum Umsatz im Fahrzeugbereich. Damit wird deutlich, wie viel vom Umsatz durchschnittlich als Bruttoertrag übrig bleibt.

Branchensollwert für die Bruttoertragsrate NW bzw. GW: 10 %

4.2 Standtage Gebrauchtwagen

Kaum ein Gebrauchtwagen wird nach seinem Ankauf auch gleich wieder verkauft. Nur etwa 20 % bis 25 % werden innerhalb von 30 Tagen wieder verkauft, rund 15 % der Gebrauchtwagen stehen dagegen sogar über 180 Tage auf dem Hof des Händlers, bis sich ein Käufer findet. Diese Standzeit der Gebrauchtwagen kostet viel Geld und schlägt sich in Form von Standkosten nieder. Zu den Standkosten zählen die Platzmiete, Kapitalkosten, Ausgaben für Werbung und Reinigung und gegebenenfalls die erneute Aufbereitung.

Um diese Standkosten im Blick zu behalten, muss das Autohaus die durchschnittlichen Standtage des Gebrauchtwagenbestandes ermitteln.

$$\text{Standtage Gebrauchtwagen} = \frac{\text{Summe Standtage GW (verkauft + unverkauft)}}{\text{Anzahl der verkauften + unverkauften GW}}$$

Der Gebrauchtwagenbestand wird in Gruppen eingeteilt, die jeweils 30 Tage Standzeiten umfassen (Ausnahme: Gruppe 4):

Gruppe	Standzeit in Tage
1	bis zu 30
2	31 bis 60
3	61 bis zu 90
4	91 bis 180
5	über 180

Ziel dieser Gruppeneinteilung ist es, jederzeit sofort zu erkennen, welche Autos überdurchschnittlich lange im Gebrauchtwagenbestand vorhanden sind. Gebrauchte, die innerhalb der ersten 30 Tage verkauft werden, sind nicht die Sorgenkinder der Gebrauchtwagenabteilung. Im Gegenteil, diese Fahrzeuge sollten mit der entsprechenden Ausstattung gezielt zugekauft werden. Ebenso unproblematisch sind die Fahrzeuge in der Gruppe 2. Fahrzeuge, die aber bereits in die Gruppe 3 oder 4 abgerutscht sind, sollten mit zusätzlichen Verkaufsmaßnahmen oder Preisreduzierungen unterstützt werden. Fahrzeuge, die länger als 180 Tage auf dem Hof stehen, werden zu einem Verlustgeschäft. Hier sollte der Verkaufsleiter lieber einen Weiterverkauf an einen Wiederverkäufer oder gegebenenfalls auch ins Ausland in Betracht ziehen. Weiteres Warten kostet nur noch mehr Geld.

Insbesondere den Gebrauchtwagen-Verkäufern muss die Standzeiten-Übersicht zugänglich sein, denn diese haben einen direkten Einfluss auf die Standzeiten. Einige Autohäuser zahlen für Langsteher zudem besondere Verkäuferprämien. Eine Alternative zu diesem Modell ist, die Prämienhöhen an die durchschnittlichen Standzeiten zu binden, denn dann kommen Verkäufer nicht in Versuchung, manche Autos erst dann anzubieten, wenn aufgrund einer längeren Standzeit auch eine höhere Prämie gezahlt wird.

> *Branchensollwert Standtage GW: ≤ 60 bis 90 Tage*

Sollten die durchschnittlichen Standtage der Gebrauchtwagen über dem Branchensollwert liegen, muss genau untersucht werden, wo die Standtage „verbummelt“ werden. Es liegt nicht unbedingt an den fehlenden Bemühungen der Gebrauchtwagen-Verkäufer, einen Langsteher zu verkaufen. Für die Ursachenanalyse wird die Zeitspanne vom Ankauf bis zum Verkauf und anschließendem Geldeingang in die Standzeitphasen 0–4 eingeteilt.

Ankauf des GW | Übergabe des GW von Kunden an Autohaus | GW ist verkaufsbereit | Verkauf des GW | Auslieferung des GW | Eingang der Kundenzahlung

Standzeitphase 0	Standzeitphase 1	Standzeitphase 2	Standzeitphase 3	Standzeitphase 4
Zeitraum zwischen dem Ankauf und der tatsächlichen körperlichen Anlieferung des GW	Zeitraum von der tatsächlichen Hereinnahme eines GW bis zur Verkaufsbereitstellung; Ziel: max. 5 Standtage	Zeitraum der GW-Präsentation bis zum Verkauf; Ziel: max. 50 Standtage	Zeitraum zwischen Vertragsabschluss und der Auslieferung; Ziel: max. 3 Standtage	Zeitraum zwischen Auslieferung und Geldeingang; Ziel: max. 2 Standtage

Überflüssige Standtage können in allen Standzeitphasen entstehen.

***BEISPIEL** Überflüssige Standtage*

- ***Standzeitphase 0:** Ein Kunde kauft einen Neuwagen und gibt seinen GW dafür in Zahlung. Da der Neuwagen sehr lange Lieferzeiten hat, fährt der Kunde noch mit dem Gebrauchtwagen weiter. In dieser Zeit könnten die Verkäufer den zu erwartenden Gebrauchtwagen aber schon bei einem Internetportal (z. B. bei mobile.de) oder in der Ausstellungshalle ankündigen, sodass potenzielle Kunden bereits frühzeitig auf das Auto aufmerksam werden.*
- ***Standzeitphase 1:** Nach der Übergabe des GW an das Autohaus muss das Fahrzeug noch aufbereitet werden, um verkaufsfertig zu sein. Die Aufbereitungsmitarbeiter schaffen es gegebenenfalls nicht, die momentan anfallenden Fahrzeuge fertig zu machen. Hier müssten die Aufträge u. U. fremd vergeben werden.*

- ***Standzeitphase 2:*** *Der Gebrauchtwagen ist verkaufsfertig im Bestand angekommen, aber die Verkäufer verkaufen den GW nicht. Verkäuferschulungen können den Abverkauf fördern.*
- ***Standzeitphase 3:*** *Der Gebrauchtwagen findet einen Käufer, aber dieser fordert noch diverse Reparaturen. Für die Reparaturarbeiten wird nicht sofort ein Reparaturtermin mit der Serviceabteilung vereinbart. Das Fahrzeug kann solange noch nicht ausgeliefert werden.*
- ***Standzeitphase 4:*** *Der Gebrauchtwagen wurde verkauft, z. B. im Rahmen einer Finanzierung. Die Bank hat den Kaufpreis aber noch nicht überwiesen, da die Unterlagen noch beim Verkäufer auf dem Schreibtisch liegen. Die Stellenbeschreibung der Verkäufer muss gegebenenfalls überarbeitet werden, sodass diese Tätigkeiten ein Verkaufsassistent übernehmen kann.*

Durch die Anlayse der einzelnen Standzeitphasen können die Abläufe in der Gebrauchtwagenabteilung optimiert werden.

4.3 Teile- und Zubehörkennzahlen

Diese Kennzahlen geben Auskunft darüber, wie viel Umsatz pro Mitarbeiter erwirtschaftet wird. Sie dienen wie im Fahrzeugverkauf dazu, die Verkäuferleistungen miteinander zu vergleichen. Liegt der Umsatz eines Verkäufers über dem **Teileerlös je Mitarbeiter**, so hat dieser Verkäufer überdurchschnittlich gut verkauft.

$$\text{Teileerlös je Mitarbeiter (p. a.)} = \frac{\text{Umsatz TuZ (p. a.)}}{\text{Anzahl Verkäufer TuZ (p. a.)}}$$

Branchensollwert für den Teileerlös je Mitarbeiter jährlich: 450.000,00 €

$$\text{Bruttoertragsrate Teile und Zubehör} = \frac{(\text{Umsatzerlöse TuZ} - \text{VAK TuZ})}{\text{Umsatzerlöse TuZ}} \cdot 100$$

Diese Kennzahl ermittelt den **Bruttoertrag im Teile- und Zubehörbereich** und setzt diesen in Bezug zum Umsatz im Teilebereich. Damit wird deutlich, wie viel vom Umsatz durchschnittlich als Bruttoertrag übrig bleibt.

Branchensollwert für die Bruttoertragsrate TuZ: 30 %

4.4 Kennzahlen des Werkstattgeschäftes

Für die Berechnung der Kennzahlen im Werkstattbereich spielen die Begriffe Arbeitstage, Anwesenheitstage und Kapazität eine wichtige Rolle. Mithilfe des folgenden Schemas soll vorab der Zusammenhang bzw. der Unterschied der Begriffe verdeutlicht werden.

	Ermittlung der Werkstattkapazität in Stunden
	Kalendertage im Jahr
–	Samstage/Sonntage
–	Feiertage
=	**mögliche Arbeitstage**
–	Urlaubstage
–	Krankheitstage
–	sonstige Ausfalltage (z. B. Schulungen)
=	**Anwesenheitstage**
·	**Stunden pro Tag**
=	**Anwesenheitsstunden pro Jahr und Monteur**
–	unproduktive Stunden (nicht verkaufbare Stunden, z. B. für Leerlauf, Wartezeiten, Nacharbeiten)
=	**Kapazität pro Jahr und Monteur**
·	Anzahl der prod. Mechaniker
=	**gesamte Werkstattkapazität in Stunden (max. mögliche Werkstattstunden, die verkauft werden können)**

$$\text{Anwesenheitsgrad} = \frac{\text{mögliche Arbeitszeit (Tage)}}{\text{Anwesenheit (Tage)}} \cdot 100$$

Der **Anwesenheitsgrad** setzt die tatsächliche Anwesenheit des Werkstattmitarbeiters (z. B. eines Mechatronikers) ins Verhältnis zur theoretisch möglichen Arbeitszeit. Erhöhte Schulungsanforderungen oder Krankenstände können die Anwesenheitszeit beeinflussen.

Branchensollwert des Anwesenheitsgrades: 93 %

Die Monteure der Werkstatt gehören zu den produktiven Mitarbeitern des Autohauses, denn sie tragen durch ihre Arbeitsleistung zum Ertrag des Unternehmens direkt bei. Produktive Arbeiten sind die Tätigkeiten, die einem Kunden oder Hersteller in Rechnung gestellt werden können. Die Unterteilung in produktive und unproduktive Arbeit ist notwendig, da es Arbeiten gibt, die niemandem in Rechnung gestellt werden können und somit zu keinem Umsatz führen.

***BEISPIEL** Unproduktive Arbeiten*

- *Schulungen*
- *Leerlauf und Wartezeiten*
- *Nacharbeiten*
- *allg. Arbeiten zur Werkstatterhaltung*

$$\text{Produktivität} = \frac{\text{produktive Stunden}}{\text{Anwesenheitsstunden}} \cdot 100$$

Die Kennzahl **Produktivität** zeigt an, wie viel Prozent der Anwesenheitsstunden der Monteure produktiv waren, d. h. zu einem Umsatz geführt haben (z. B. durch Arbeit an Kundenaufträgen, Garantiearbeiten, internen Aufträgen).

Branchensollwert für die Produktivität: 90 %

$$\text{Auslastungsgrad der Werkstatt} = \frac{\text{produktive Stunden}}{\text{Werkstattkapazität in Std.}} \cdot 100$$

Der **Auslastungsgrad der Werkstatt** setzt nun – im Gegensatz zur Produktivitätskennziffer – die produktiven Stunden ins Verhältnis zur Werkstattkapazität und damit zu den Stunden, die hätten verkauft werden können. Damit wird berechnet, wie viel Prozent der maximal zu verkaufenden Werkstattstunden auch tatsächlich verkauft worden sind. Liegt der Auslastungsgrad unter 100 %, hätten noch mehr Aufträge angenommen werden können.

Branchensollwert für den Auslastungsgrad der Werkstatt: 90 %

$$\text{Leistungsgrad} = \frac{\text{verkaufte Werkstattstunden}}{\text{produktive Stunden}} \cdot 100$$

Der **Leistungsgrad** gibt das Verhältnis von verkauften Stunden zu tatsächlich geleisteten Produktivstunden an. Ein Leistungsgrad unter 100 % bedeutet, dass die Werkstattmitarbeiter länger an einem Auftrag gearbeitet haben, als die Vorgabe des Herstellers dies vorsieht. Sie müssen also mehr Zeit in eine Reparatur investieren, als sie verrechnen können. Ein Leistungsgrad über 100 % bedeutet, dass die Mitarbeiter unter den Zeitvorgaben des Herstellers geblieben sind.

Branchensollwert für den Leistungsgrad der Werkstatt: 100 %

$$\text{Bruttoertragsrate Werkstatt} = \frac{(\text{Lohnerlöse Werkstatt - gezahlte Löhne})}{\text{Lohnerlöse Werkstatt}} \cdot 100$$

Diese Kennzahl gibt das Verhältnis der Lohnerlöse zu den gezahlten Löhnen der produktiven Mitarbeiter an. Damit wird deutlich, wie viel vom **Werkstattumsatz durchschnittlich als Bruttoertrag** übrig bleibt.

Branchensollwert für die Bruttoertragsrate der Werkstatt: 78 %

Eine weitere interessante Kenngröße für den Werkstattbereich ist der **Service Return** (die Kundenloyalitätsrate). Diese Rate gibt an, wie viele Kunden nach einem Fahrzeugkauf (NW oder GW) anschließend regelmäßig die Werkstatt des Autohauses aufsuchen, in dem das Fahrzeug gekauft wurde. Der Service Return eines Autohauses für Neuwagenkunden liegt heutzutage bei ca. 50 %, d. h. nur die Hälfte der Neuwagenkunden lässt Inspektionen und Reparaturen in dem Autohaus durchführen, in dem das Fahrzeug gekauft wurde. Dies ist angesichts der „Rabattschlachten" im Neuwagenbereich, die häufig nur noch geringe Bruttoerträge erwirtschaften, für jedes Autohaus unbefriedigend und sollte verbessert werden, denn insbesondere im Werkstattbereich werden schwarze Zahlen geschrieben.

Ein hoher Service Return ist wichtig für die Planung der Werkstattauslastung, denn nur ein hoher Stammkundenanteil sichert das Werkstattgeschäft, das in der Regel hohe Bruttoerträge erwirtschaftet und das sichere Fundament eines Autohauses darstellt.

Die Erfahrungen zeigen, dass der Service Return bei Neuwagenkäufern deutlich größer ist als bei Gebrauchtwagenkäufern. Dies hängt damit zusammen, dass Neuwagenfahrer Wartungsarbeiten und Reparaturen zu 95 % in einer Vertragswerkstatt durchführen lassen. Je älter das Fahrzeug aber wird, desto seltener wird eine Vertragswerkstatt für Wartung und Reparatur aufgesucht. Ist das Auto älter als acht Jahre, kommen nur noch ca. 30 % der Neuwagenkunden in eine Vertragswerkstatt.

Aufgrund der längeren Wartungsintervalle, höheren Fahrzeugqualität und dem daraus resultierenden geringeren Reparaturbedarf sind die durchschnittlichen Arbeitsstunden pro Pkw und Jahr in der Werkstatt deutlich gesunken. Entsprechend sinken die Werkstattkontakte. In der Regel kommen die Autofahrer noch einmal im Jahr turnusmäßig in die Werkstatt, sofern kein Defekt auftritt. Um den Kontakt zum Kunden halten zu können, muss dieser zu besonderen Werkstattterminen regelmäßig eingeladen werden, z. B. Lichttest, Reifenwechsel.

Ursachen für einen geringen Service Return sind:

- schlechte Werkstattqualität
- Werkstattpreise sind zu hoch
- Mitarbeiter verhalten sich nicht kundenorientiert

- ungünstiger Standort
- zu lange Wartezeiten auf einen Werkstatttermin
- keine Aktionen zur Kundenbindung

Fazit:
Mithilfe der betrieblichen Kennzahlen kann also die Ertragslage im Unternehmen und den einzelnen Geschäftsfeldern bestimmt werden. Darüber hinaus greift das Controlling aber auch auf weiteres Zahlenmaterial zurück, z. B. auf die Kostenstellenrechnung oder die Break-even-Point-Analyse. Die Arbeit des Controllers endet hier aber nicht, denn die Frage nach den Ursachen schließt sich nun an. Hilfreich bei der Ursachenanalyse kann eine Schwachstellenanalyse für die einzelnen Geschäftsfelder sein.

In der Regel gibt es in jedem Autohaus Schwachstellen, die erst durch eine genaue Betrachtung und Analyse erkannt und beseitigt werden können. Schwachstellen können z. B. Auswirkungen auf die Kosten, die Qualität der erbrachten Leistungen und die Kundenbeziehungen haben.

Unter einer Schwachstellenanalyse ist eine Anzahl von Vorgehensweisen zu verstehen, die darauf ausgerichtet sind, z. B. nicht funktionierende Beziehungen und Abläufe in einem Unternehmen zu ermitteln und diese anschließend zu beheben.

In einem Autohaus können beispielsweise – bedingt durch eine schlechte Ertragslage – die verschiedensten Bereiche näher betrachtet werden. So kann das Verkaufspersonal hinsichtlich des persönlichen Auftretens, der Redegewandtheit sowie der vorhandenen Qualifikationen oder aber die Modellpolitik hinsichtlich der präsentierten Fahrzeugauswahl und der Preisgestaltung analysiert werden. Die Übersicht auf der Folgeseite bietet einige Anregungen für eine Schwachstellenanalyse für den Bereich Verkauf (Neuwagen).

Ergänzend zu der Schwachstellenanalyse innerhalb des Autohauses muss der Blick auch nach außen gerichtet werden. Im Rahmen des Controllings dürfen die Kunden und die Mitbewerber nicht aus den Augen verloren werden.

Folgende Leitfragen sind daher immer zu berücksichtigen:

- Wer sind unsere Kunden?
- Was wollen unsere Kunden?
- Welche Preise verlangen unsere Mitbewerber?
- Welchen Service bieten unsere Mitbewerber?

Somit wird abschließend deutlich, dass das Controlling eine Aufgabe des gesamten Autohauses ist, die eine enge Verzahnung und einen stetigen Austausch zwischen den Abteilungen erfordert.

Schwachstellenanalyse – Verkauf (Neuwagen)

- **schlechte Ertragslage**
  - **zu geringe NW-Erlöse**
    - Unternehmensleitung
      - Verteilung der Aufgaben
      - Verantwortung für Aufgaben
      - Image
    - Verkäufer
      - persönliches Auftreten
      - Durchsetzungsvermögen
      - Höflichkeit
      - Redegewandtheit
      - schlechte Qualifikation
      - schlechte Produktkenntnisse
      - schlechte Motivation des Verkäufers
    - Modellpolitik
      - geringe Auswahl
      - schlechte Präsentation
      - schlechte Aufbereitung
      - überhöhter Preis
    - Werbung/Aktivität
      - zu wenig Werbung/falsches Medium
      - Werbung nicht attraktiv
      - Sonderschau/Veranstaltung
    - Betrieb
      - bauliche Lage
      - Straßenführung
      - Konkurrenz
    - Werkstatt
      - alte Einrichtung/Erscheinungsbild
      - Kundendienst
      - schlechtes Personal
  - **hohe Kosten**
    - Verkäufergehalt
      - Provision
      - Fixum
      - zu viele Verkäufer
      - Sonderzuwendungen
    - Vorführwagen
      - Fahrzeug vom Verkäufer kostenlos benutzt
      - kostenlose Verleihung
    - Aufwand Fahrzeuge
      - Zinsen für NW-Bestand zu hoch
      - Zulassungskosten, Transport nicht berechnet
    - Werbungskosten
      - zu viele Werbegeschenke
      - Werbegeschenke zu teuer
      - zu viel in der Zeitung
  - **geringer Bruttoertrag**
    - Eigenkalkulation
      - Fahrzeug zu billig
      - Bruttoertrag zu gering
      - VAK zu hoch
    - GW/Agentur
      - Gebrauchter überbewertet
      - falsche GW-Bewertung
      - TÜV-Gebühren nicht berechnet

Quelle: Praktische Bilanzanalyse im Autohaus.
Zukunftssicherung mit Kennzahlen, von E. Winkler und S. Hess,
Autohaus Buch & Formular, Aufl. 2 (1995), S. 82

5 Risikoabsicherung im Betrieb

LS 107

SITUATION *Autoland Murschall GmbH*

Über Bonn geht in der Nacht ein Sturm mit Windgeschwindigkeiten bis zu 150 km/h hinweg. Als die Mitarbeiter der Autoland Murschall GmbH am nächsten Morgen zur Arbeit fahren, stellen sie erschreckt fest, dass mehrere Bäume auf die Standfläche für Gebrauchtwagen gestürzt sind und einige Gebrauchtwagen unter sich begraben haben.

Ein Unwetter genügt, um die Existenz eines Autohauses zu bedrohen. Ausreichender Versicherungsschutz ist deshalb unbedingt notwendig. Diesen Schutz bieten die sogenannten Sachversicherungen, mit denen ein Autohaus seine Sachwerte, z.B. Gebäude, Einrichtung, Fahrzeugbestand, vor Diebstahl oder Beschädigung schützen kann. Darüber hinaus ist es für ein Unternehmen unbedingt erforderlich, eine Haftpflichtversicherung abzuschließen. Je nach abzusicherndem Risiko gibt es verschiedene Haftpflichtversicherungen. Einige Versicherungen sind nur im Einzelfall notwendig, andere sind unverzichtbar. Die gängigsten Betriebsversicherungen werden im Folgenden vorgestellt.

5.1 Der Versicherungsvertrag

Das Wesen einer ***Individualversicherung*** lässt sich auf den Werbespruch „Gemeinsam sind wir stark" verdichten. Viele Personen, die vom gleichen Risiko bedroht werden, schließen eine Versicherung ab, damit sie im Schadensfall einen finanziellen Ausgleich erhalten. Je nach individueller Risikoeinschätzung zahlen sie eine höhere oder eine niedrigere Versicherungsprämie. Kommt es nun zu einem Schadensfall eines Versicherten, ist dessen Schaden abgedeckt durch die Prämienzahlungen der anderen Versicherten, die von dem Risiko bisher verschont geblieben sind. Je mehr Versicherungsnehmer einzahlen, desto sicherer erfolgt die Regulierung des Schadens.

Individualversicherung
Hierbei handelt es sich um einen privatrechtlichen Versicherungsvertrag.

Ein Versicherungsvertrag kommt durch zwei übereinstimmende Willenserklärungen der Vertragspartner zustande – der Versicherung und des Versicherungsnehmers. Dabei stellt die Versicherungspolice das Schriftstück dar, das den Vertrag zwischen der Versicherungsgesellschaft und dem Versicherungsnehmer verkörpert. In der Police werden die in der Versicherung ein- und ausgeschlossenen Risiken aufgezählt und die Versicherungsprämie ausgewiesen. Die Prämie stellt die Geldsumme dar, die als Gegenleistung für den Versicherungsschutz bezahlt wird. Die Prämienzahlung erfolgt einmalig oder periodisch im Jahr. Wird eine Prämie nicht gezahlt, erlischt der Versicherungsschutz. Der Versicherer kann dann nach erfolgloser Mahnung den Versicherungsvertrag kündigen. Prämien für Versicherungspolicen sind Geschäftskosten und finden sich in der Kostenrechnung eines Autohauses wieder. Die Kosten für den Ausgleich eines Schadens ohne Versicherungsschutz sind nicht kalkulierbar.

Willenserklärung
☞ Band 1, LF 4, S. 245, 251

Mahnung
☞ Band 1, LF 4, S. 342 ff.

Besonders bei Firmen ist eine laufende Anpassung der Versicherungssumme an die aktuelle Situation, sprich Wert des Versicherungsgegenstandes, erforderlich. Anderenfalls kann der Betrieb im Schadensfall bei einer Unterdeckung auf Kosten „sitzen" bleiben bzw. zahlt er gegebenenfalls bei einer Überdeckung zu viel Prämie.

Kommt es innerhalb der Versicherungsdauer zum Leistungsfall, so greift die Versicherung, die Leistungen setzen ein. Die Höhe der Versicherungsleistung hängt von der Höhe der Versicherungssumme und von der Höhe des Schadens ab.

Hat sich z. B. der Wert eines Versicherungsgegenstandes im Laufe der Jahre erhöht und hat das Unternehmen versäumt, die Versicherungssumme zu erhöhen, so kann das Unternehmen im Falle eines Schadens nicht erwarten, dass die Versicherung den Schaden in voller Höhe erstattet. Der Versicherungsnehmer ist dann zum Zeitpunkt des Schadens **unterversichert (Unterdeckung)**. Die Versicherung zahlt in diesem Fall nur einen prozentualen Anteil am Schaden. Hierbei wird zunächst berechnet, wie hoch der aktuelle tatsächliche Wert des Versicherungsgegenstandes zum Zeitpunkt des Schadens war. Anschließend wird der prozentuale Anteil der Versicherungssumme am aktuellen Wert des Gegenstandes berechnet und dieser Prozentwert wird auf die tatsächliche Schadenshöhe bezogen. Der sich daraus errechnete Betrag wird von der Versicherung erstattet.

Hat sich in der Zwischenzeit der Wert des Versicherungsgegenstandes verringert und wurde die Versicherungssumme daraufhin nicht reduziert, so ist der Versicherte **überversichert (Überdeckung)**. In diesem Fall zahlt das Unternehmen zu viel Prämie. Entsteht ein Schaden, so erstattet die Versicherung nur den tatsächlichen Schadensbetrag.

> i *Die Neuwertversicherung ist die Antwort der Versicherungen auf die Problematik der Unterdeckung. Hierbei handelt es sich um eine Versicherungsform, bei der im Schadensfall nicht der Zeit-, sondern der Wiederbeschaffungswert ersetzt wird.*

5.2 Sachversicherungen

Feuerversicherung

Versichert sind die Schäden, die durch Brand, Blitz und Explosion entstehen. Dazu gehören auch die eventuell anfallenden Aufräumungs-, Abbruch- und Feuerlöschkosten. Es ist von besonderer Bedeutung, dass die Versicherungssumme ständig den Betriebswerten angepasst wird. Erfolgt dies nicht, übernehmen die Versicherungen die Schäden wegen „Unterversicherung" oftmals nicht in voller Höhe.

Betriebsunterbrechungsversicherung

Sollte ein Schadenereignis dazu führen, dass die betriebliche Tätigkeit vorübergehend nicht weitergeführt werden kann, dann sorgt die Betriebsunterbrechungsversicherung beispielsweise für die Weiterzahlung der Löhne und Gehälter und anderer fortlaufender Kosten. Des Weiteren übernimmt sie den durch die Unterbrechung entgangenen Betriebsgewinn.

Elektronikversicherung
Da durch den Ausfall moderner Elektronikgeräte oftmals ganze Betriebsteile nicht weiter arbeiten können, müssen Schäden an diesen Anlagen, die z. B. durch Kurzschluss oder auch unsachgemäße Handhabung verursacht werden, schnell ersetzt werden. Die Elektronikversicherung tritt auch bei Zerstörung oder Entwendung dieser Anlagen ein.

Einbruchdiebstahlversicherung mit Vandalismusschäden
Auch wenn die Bargeldvorräte durch den zunehmenden Einsatz moderner Zahlungssysteme immer mehr abnehmen, so stehen in den Betriebsräumen eines Kfz-Betriebes immer noch erhebliche Werte, die einen großen Reiz auf Einbrecher ausüben könnten. Die Einbruchdiebstahlversicherung versichert diese Werte, d. h. die Betriebseinrichtung und Waren, gegen Diebstahl und Vandalismus.

Leitungswasserversicherung
Immer wieder passiert es, dass veraltete Rohre der Wasserversorgung oder des Heizungssystems platzen. Gegen die zum Teil erheblichen Schäden, die dadurch an den Warenvorräten und vor allem auch an der Gebäudesubstanz entstehen können, hilft diese Versicherung. Nicht abgedeckt sind hierbei Schäden, die durch eindringenden Regen entstanden sind. Allerdings macht diese Versicherung nur Sinn, wenn bei einem Wasserschaden wertvolle Einrichtungsgegenstände beschädigt werden können.

Glasbruchversicherung
Inwieweit das Risiko von Glasschäden den Abschluss einer Glasversicherung rechtfertigt, muss im Einzelfall von den baulichen Gegebenheiten abhängig gemacht werden. So ist beispielsweise bei einem gläsernen Showroom eine Glasbruchversicherung sehr zu empfehlen.

Als ein wesentlicher Bestandteil der Glasversicherung, der sich allerdings auch auf die Höhe der monatlichen Prämien auswirkt, gilt die sogenannte **Allgefahrendeckung**. Wird diese mit in den Vertrag aufgenommen, kommt die Glasversicherung für einen Schaden auf, unabhängig davon, wie er entstanden ist. Hierzu gehören ebenso Schäden durch eigenes Verschulden, wie auch durch zufällige oder mutwillige Zerstörung, durch unwetterbedingte Zerstörung usw. Bei Personen, die eine Glasversicherung im gewerblichen Bereich benötigen, sind alle Arten von Verglasungen des Außenbereichs ebenso versichert wie Ausstellungsvitrinen, Theken, Spiegel, Schaufenster, Trennwände usw.

Die Glasversicherung kommt in aller Regel nur dann für die Kostenerstattung eines Schadens auf, wenn das entsprechende Glas im Sinne eines Totalschadens vollständig zerstört wurde. Für Kratzschäden und Vergleichbares bietet die Versicherung keine Deckung.

Sturmversicherung

Leider scheinen aufgrund der zunehmenden Erderwärmung Sturmkatastrophen auch in unseren Breitengraden immer öfter aufzutreten. Daher ist eine entsprechende Absicherung anzuraten. Die Sturmversicherung reguliert die Schäden aufgrund von Sturm und Folgeschäden, die durch Niederreißen oder Ausräumen entstehen. Unterschiede gibt es aber bei der Regelung, ab welcher Windstärke die Versicherung aufkommt (im Allgemeinen ab Windstärke 8).

Elementarschadenversicherung

Sie bietet einen zusätzlichen Schutz bei Naturkatastrophen wie Hochwasser, Überschwemmungen, Erdbeben etc. Die Beiträge zu dieser Versicherung sind sehr hoch. In einigen Gebieten können sie aufgrund der permanenten Gefahr auch gar nicht abgeschlossen werden.

5.3 Versicherungen im Kraftfahrtbereich

Kraftfahrtversicherung für eigene zugelassene Fahrzeuge

So wie jeder Halter eines Kraftfahrzeuges muss auch der Inhaber eines Autohauses für die auf den Betrieb zugelassenen Fahrzeuge eine Haftpflichtversicherung abschließen. Ratsam erscheint darüber hinaus der Abschluss einer (Voll-)Kaskoversicherung (insbesondere für Vorführwagen).

Kraftfahrtversicherung für Kfz-Handel und -Handwerk

Einige Versicherer bieten Sammelversicherungen gegen Gefahren, die sich aus dem Wesen eines Kfz-Betriebes ergeben. Der Schutz bezieht sich dabei auf Fahrzeuge, die in der Obhut des Betriebes sind:

- Fahrzeuge mit roten Nummernschildern,
- eigene, aber nicht zugelassene Fahrzeuge,
- eigene, aber noch auf Dritte zugelassene Fahrzeuge (von Dritten gekaufte oder an Dritte verkaufte GW) bis zur Umschreibung,
- fremde, zugelassene Fahrzeuge sowie
- fremde, nicht zugelassene Fahrzeuge.

Die Autos, die auf die Werkstatt zugelassen sind, sind nicht durch diese Versicherung abgedeckt.

Dabei besteht die eigentliche Versicherungspflicht nur für die roten Nummernschilder. Die übrigen Fahrzeuge sollten aber auch versichert werden, da das Risiko sonst vom Kfz-Betrieb zu tragen ist.

Hakenlastversicherung

Wenn der Kfz-Betrieb als Abschleppunternehmen gewerblich tätig ist, so haftet der Betrieb für Schäden, die aus dieser Tätigkeit entstehen. Werden lediglich Kundenfahrzeuge „an den Haken genommen", die zur Reparatur in die Werkstatt gebracht werden, so tritt die Kraftfahrtversicherung für Kfz-Handel und -Handwerk ein.

5.4 Versicherungen im Haftpflichtbereich

Betriebshaftpflichtversicherung

Die Betriebshaftpflichtversicherung deckt alle allgemeinen Haftpflichtschäden ab, die im Rahmen der betrieblichen Tätigkeit und nicht durch den Gebrauch von Fahrzeugen entstanden sind. Sie bietet Schutz für Schadenersatzansprüche Dritter wegen Personen-, Sach- und Vermögensschäden. Die Betriebshaftpflichtversicherung tritt z. B. ein, wenn ein Kunde auf dem nicht vom Schnee geräumten Betriebsgrundstück in der Zeit von 7.00 bis 20.00 Uhr stürzt.

Schäden an den zur Reparatur angenommenen Fahrzeugen sind nicht gedeckt!

Zusatzhaftpflichtversicherung

Da im Rahmen der Betriebshaftpflichtversicherung die Übernahme von Schäden an Kundenfahrzeugen anlässlich von Reparaturen ausgeschlossen ist, bietet hier die Zusatzhaftpflicht Abhilfe.

Umwelthaftpflichtversicherung

Die Bedeutung dieser Versicherung wird dadurch klar, dass bereits ein Liter Öl mehr als eine Million Liter Wasser verunreinigen kann. Im Rahmen der Umwelthaftpflicht sind Schäden versicherbar, die von Anlagen mit gewässerschädlichen Stoffen ausgehen und die durch Brand, Explosion, Unfälle, technischem Versagen und ähnlichen unvorhersehbaren Ereignissen verursacht werden. Dazu müssen alle umweltschädlichen Stoffe erfasst und versichert werden: Altöl, Batteriesäuren, Benzin, Bremsflüssigkeit, Diesel, Heizöl, Hydrauliköl, Kühlflüssigkeit, Lacke und Farben, Reinigungsmittel, Verdünner usw.

5.5 Weitere Versicherungen

Rechtsschutzversicherung

Um gegen die zum Teil sehr hohen Kosten bei gerichtlichen Auseinandersetzungen geschützt zu sein, gibt es die Rechtsschutzversicherung. Sie bietet einen Schutz bei Streitigkeiten mit Kunden und tritt auch bei Streitigkeiten aus dem Händler- bzw. Werkstattvertrag mit dem Hersteller/Importeur ein. Für Verkehr und Bauen muss oft ein eigener Rechtsschutz abgeschlossen werden.

Multi-Risk-Police

Einige Versicherungen bieten mittlerweile komplette Lösungen für Autohäuser an: die sogenannte Multi-Risk-Police oder auch All-Risk-Police. Sie beinhaltet die erforderlichen Sachversicherungen, wie z. B. Gebäude-, Elektronik-, Feuer-, Einbruchdiebstahl-, Sturm- sowie Betriebsunterbrechungsversicherung. Außerdem wird sie ergänzt durch eine erweiterte Elementarschadenversicherung und eine Versicherung gegen politische Gefahren (z. B. innere Unruhen, Streik, Aussperrung). Bei der Multi-Risk-Police sind alle Gefahren versichert, die im Vertrag benannt werden; zudem können Gefahren ausgeschlossen werden, wenn dies ausdrücklich im Vertrag vermerkt wurde.

Mobilitätsgarantieversicherung

Hiermit „rückversichert" sich ein Kfz-Betrieb gegen die Kosten, die ihm durch die an seine Kunden weitergegebene Mobilitätsgarantie entstehen.

Gebrauchtwagengarantie-Versicherung

Das BGB schreibt auch für gebrauchte Fahrzeuge eine zweijährige Gewährleistungspflicht des Händlers vor, die in den AGB allerdings auf ein Jahr verkürzt werden darf. Gegen diese Gewährleistungspflicht gegenüber dem Kunden kann sich der Händler wiederum durch die Gebrauchtwagengarantieversicherung selbst absichern.

> i *Vertragspartner sind bei dieser Versicherung: Händler und Versicherungsunternehmen*

LF11

An Neu- und Gebrauchtfahrzeug-geschäften mitwirken

LS 108

1 Das Marktpotenzial des Autohauses ermitteln

Hinweis:
Wird nachfolgend von Herstellern gesprochen, so sind auch die Importeure gemeint.

***SITUATION** Autoland Murschall GmbH*

„Da sind Sie ja, Herr Rose. Sie müssten mir einige Zahlen zusammenstellen, die Sie problemlos im Internet finden sollten." Herr Nolte hat David schon häufiger mit Rechercheaufgaben betraut und weiß daher, dass er sich auf ihn verlassen kann. Und David freut sich über jede Aufgabe, die von der täglichen Routine abweicht. „Suchen Sie mir doch bitte folgende Daten heraus: Wie viele Autos sind in Bonn und im Rhein-Sieg-Kreis angemeldet? Wie hoch sind die Marktanteile der einzelnen Hersteller? Wenn Sie etwas zum Alter der Autos finden könnten, wäre das auch sehr hilfreich! Und dann benötige ich noch Angaben über die Verteilung der Anteile auf die einzelnen Fahrzeugklassen und wie sich diese in den letzten, sagen wir, vier Jahren verändert haben."

1.1 Neuwagen-Verkaufsplanung

Die größten Autobauer 2010

Anzahl Fahrzeugverkäufe		(2009)
Toyota-Daihatsu-Hino	8,4 Mio.	(7,8)
General Motors	8,2 Mio.	(7,5)
VW-Konzern	7,1 Mio.	(6,3)
Renault-Nissan	6,7 Mio.	(6,1)
Hyundai-Kia	5,7 Mio.	(4,6)

Quelle: CAR-Center Automotive Research dpa•13988

Die **Neuwagen-Stückzahl** ist in der Kfz-Branche eine wichtige Größe, da an ihr vieles gemessen werden kann. Anhand der Stückzahlen lassen sich beispielsweise Aussagen über betriebsspezifische Gegebenheiten wie Umsatz, Kosten, Mitarbeiterzahl und Betriebsgröße treffen.

Der Hersteller vereinbart mit dem Händler eine ***Jahreszielvorgabe*** für den Verkauf von Fahrzeugen. Der Hersteller setzt sich dabei zum Ziel, jedes Jahr ein Zulassungsplus bei seinen Modellen zu erzielen. Diese Ausweitung der Stückzahlen erfolgt durch ein Abwerben von Kunden der Wettbewerber. Da dieses Ziel aber alle Hersteller verfolgen und niemand zu Beginn eines Jahres bekannt gibt, dass im laufenden Jahr weniger Zulassungen zu erwarten sind, weil ein Wettbewerber ein „besseres" Auto herausbringt oder dieser Kunden abwirbt, kommt es zu Überproduktionen. Jeder Hersteller versucht, so viele Fahrzeuge wie möglich auf den Markt zu bringen, denn derjenige unter ihnen, der Marktanteile gewinnt und seine Zulassungen Jahr für Jahr erhöhen kann, gewinnt auch an Popularität und Image.

Jahresziel
Vereinbarung mit dem Hersteller, im nächsten Jahr eine bestimmte Anzahl an Fahrzeugen abzunehmen

Da durch diese Überproduktion die Kosten der Kapitalbindung durch gefüllte Lager steigen, sind die Hersteller gezwungen, so viele Fahrzeuge wie möglich über und an die Händler zu verkaufen. In diesem Zusammenhang unterstützen die Hersteller ihre Händler bei der kundenwirksamen Einrichtung der Ausstellungsräume, die allerdings in der Regel nach den Vorgaben des Herstellers erfolgt. Das Einhalten der Vorgaben ist häufig mit einer Zusatzmarge verbunden. Als weitere Motivation werden an die Händler Stückzahlen-, Zulassungs- und Eroberungs***boni*** gezahlt.

Bonus (Mehrzahl Boni)
Gutschrift (z. B. in Form einer nachträglich höheren Marge) bei Übererfüllung eines ursprünglich vereinbarten Ziels

Das Autohaus steht dabei vor dem Problem, dass es nicht nur Fahrzeuge verkaufen will, sondern mit diesem Verkauf auch Geld verdienen muss, um seine Kosten zu decken und zusätzlich einen Gewinn zu erzielen. Da aber die meisten Kfz-Händler in ihren Händlerverträgen eine Klausel finden, die sie dazu verpflichtet, eine jährliche Umsatzsteigerung von x Prozent zu erreichen, ergibt sich ein weiteres Problem. Die Nichteinhaltung einer solchen Vereinbarung kann unter Umständen den Verlust von Boni oder sogar zum Vertragsverlust mit dem Hersteller führen. Eine realistische Planung der Neuwagen-Verkaufszahlen in Absprache mit dem Hersteller könnte hier als Lösung dienen.

Um solch eine Planung geht es bei der Bestimmung des **regionalen Marktpotenzials**. Dies kann auch mit dem **Marktverantwortungsgebiet** des Händlers gleichgesetzt werden. Ausgehend von dem Marktanteil und den Besitzumschreibungen einer bestimmten Marke, kann auf die verkauften Neuwageneinheiten und den Servicebedarf geschlossen werden.

***BEISPIEL** Marktpotenzial*

Ausgangssituation:

- *Stadt X mit 300.000 Einwohnern*
- *480 Fahrzeuge/1.000 Einwohner*
  → 480 · 300 = 144.000 Kfz-Potenzial, d. h. dass 144.000 Fahrzeuge in dieser Stadt zugelassen sind.
- *Kfz-Marke Y hat einen Marktanteil von 5 %*
  → 5 % von 144.000 = 7.200 Fahrzeuge der Marke Y sind in dieser Stadt vorhanden.

Verkaufsplanung:

- *Die durchschnittliche Nutzungsdauer der Fahrzeuge beträgt 12 Jahre.*
  → 7.200 : 12 = 600 Fahrzeuge als jährlicher Neubedarf im Jahr (monatlich sind also durchschnittlich 50 Fahrzeuge zu verkaufen).

Serviceplanung:

- *Die durchschnittliche Anzahl der Reparatur-Stunden in der Kfz-Technik beträgt 3,6 Stunden.*
  → 7.200 · 3,6 = 25.920 verkaufbare Stunden im Reparaturbereich Kfz-Technik.
- *Die durchschnittliche Anzahl der Reparatur-Stunden in der Kfz-Karosserie ohne Lackierung beträgt 1,4 Stunden.*
  → 7.200 · 1,4 = 10.080 verkaufbare Stunden im Reparaturbereich Kfz-Karosserie. (Sollte das Autohaus über eine eigene Lackierung verfügen, müsste diese Berechnung entsprechend erweitert werden.)
- *Gesamt-Volumen im Servicebereich:*

  25.920 Stunden (Kfz-Technik)
  + 10.080 Stunden (Kfz-Karosserie)

  = 36.000 Stunden im gesamten Servicebereich
- *Bei einer durchschnittlichen jährlichen Arbeitsleistung von 1.450 Stunden je Mechatroniker kann auch der Personaleinsatz berechnet werden: 36.000 Std. : 1.450 Std./ Mechatroniker = 24,83 → 25 Mechatroniker müssen zur Bewältigung der anfallenden Servicestunden beschäftigt werden. (Bei einer eigenen Lackiererei käme die berechnete Anzahl der Mitarbeiter noch hinzu.)*

Mit der Vereinbarung des Jahresziels sind die Überlegungen des Autohauses allerdings noch nicht abgeschlossen. Das Autohaus legt sich schon recht früh fest, welche Modelle aus der Produktpalette des Herstellers im Laufe des Jahres geliefert werden sollen. Dazu müssen die zuständigen Mitarbeiter des Autohauses nicht nur die eigenen Verkaufszahlen aus den vergangenen Perioden kennen, sondern sie sollten auch über die – insbesondere regionalen – Entwicklungen des Fahrzeugmarktes Bescheid wissen, etwa inwieweit sich einzelne Fahrzeugklassen bei den Kunden besonderer Beliebtheit erfreuen und welche nicht mehr so häufig nachgefragt werden. Dabei können auch zukünftige politische Entscheidungen eine wichtige Rolle spielen, wenn z. B. Fahrzeuge mit großem Hubraum oder hohem Verbrauch anders besteuert werden sollen oder in noch mehr Städten und Gemeinden Umweltzonen zur Reduzierung des Feinstaubs eingerichtet werden.

1.2 Fahrzeugklassen

Die Einteilung der Fahrzeuge in bestimmte Fahrzeugklassen dient unter anderem der statistischen Klassifizierung von Neuzulassungen und Besitzumschreibungen. Eine allgemeingültige Bezeichnung und Einteilung der Klassen gibt es nicht, weil keine offizielle Definition existiert (allerdings unterscheidet die DIN 70011 Pkws nach der Art der Aufbauten in Limousine, Kombi, Coupé, Cabrio, Sportwagen, Geländewagen und Großraum-Limousine).

Für Hersteller und Händler interessanter ist aber eine Einstufung, die es ermöglicht, die direkten Konkurrenten in einer Gruppe zusammenzufassen. Einen Anhaltspunkt bietet die offizielle Statistik des **Kraftfahrt-Bundesamtes** (KBA) über die Zulassungen in einzelnen Fahrzeugklassen, beim KBA als „Segmente" bezeichnet:

Die Aufgaben des Kraftfahrt-Bundesamtes sind diesem durch Gesetze (z. B. KBAG – Gesetz über die Errichtung eines Kraftfahrt-Bundesamtes) und Verordnungen zugewiesen.

Die Gliederung der Fahrzeugklassen erfolgt beim KBA in 12 Segmente. Diese Gliederung hat das Ziel, eine bessere statistische Vergleichbarkeit zu gewährleisten.

Fahrzeugklassen nach KBA

Klasse	Beispiele
Kleinstwagen (Minis)	Fiat 500, Opel Agila, Toyota iQ, Smart Fortwo
Kleinwagen	Alfa MiTo, Opel Corsa, Ford Fiesta, Skoda Fabia
Kompaktklasse (Untere Mittelklasse)	VW Golf, Mercedes A-Klasse, Opel Astra, Ford Focus, Peugeot 307, Citroen C4, Toyota Auris
Mittelklasse	BMW 3er-Reihe, VW Passat, Audi A4, Volvo S60, Opel Insignia, Ford Mondeo
Obere Mittelklasse	Audi A6, Mercedes E-Klasse, 5er BMW, Saab 9-5
Oberklasse	Mercedes S-Klasse, BMW 7er-Reihe, Audi A8
Geländewagen/Sport-Utility-Vehicles (SUV)	Audi Allroad Quattro, Porsche Cayenne, Hyundai iX35, Mazda CX7, Nissan Murano
Sportwagen	Porsche 911, Mercedes SL 500, Audi R8
Mini-Van (A-Van)	Opel Meriva, Mercedes B-Klasse, Renault Scénic
Großraum-Van (B-Van)	Opel Zafira, VW Touran, Mazda 5
Utilities	VW Caddy, Citroen Berlingo, Opel Combo, VW T5
Wohnmobile	Fiat Ducato

Quelle: KBA

Diese Einteilung entspricht nur auf den ersten Blick der Einteilung der Europäischen Kommission für wettbewerbsrechtliche Marktanteilsberechnungen. Der Unterschied fällt bei der genauen Betrachtung ins Auge.

Fahrzeugklassen nach der Europäischen Kommission für wettbewerbsrechtliche Marktanteilsberechnungen

Segment	Klasse
A	Kleinstwagen
B	Kleinwagen
C	Mittelklasse
D	Obere Mittelklasse
E	Oberklasse
F	Luxusklasse
S	Sportwagen
M	Mehrzweckfahrzeuge, also Vans und Utilities
J	Geländewagen

Quelle: Europäische Kommission: Verordnung (EG) Nr. 1400/2002 Der Kommission vom 31. Juli 2002, S. 82, Fußnote 196

Der Unterschied besteht also darin, dass es den Begriff „Kompaktklasse“ nicht gibt und somit die vom KBA dort eingestuften Modelle zur „Mittelklasse“ zählen. Die Fahrzeuge der „Oberen Mittelklasse“ gehören hingegen zur Oberklasse und die Fahrzeuge der „Oberklasse“ zur „Luxusklasse“ (was den Herstellern zum Teil sogar sehr recht sein dürfte). Zudem werden die drei KBA-Segmente Mini-Van, Großraum-Van und Utilities zusammengefasst.

Dabei ist die Zuordnung einzelner Fahrzeugmodelle zu den jeweiligen Klassen/Segmenten nicht immer einfach und eindeutig vorzunehmen. Beispielsweise kann man darüber diskutieren, ob ein Spaßauto wie der Nissan Juke zur Klasse der Kleinwagen oder in die Gruppe der Geländewagen gehört, der Nissan Qashqai als Van oder als SUV zu gelten hat und ein Porsche Panamera den Sportwagen und nicht der Oberklasse zugeordnet werden sollte. Fragwürdig bleibt auch, weshalb Audis A6 und A7 in einem Segment geführt werden, nicht aber E-Klasse und CLS von Mercedes.

Die Zuordnung eines Fahrzeugmodells zu einem bestimmten Segment muss daher letztlich oft ein Kompromiss sein, der anhand optischer, technischer und markenspezifischer Merkmale gefunden wird.

Diese Problematik ist auch dem KBA bewusst, sodass immer wieder Umgruppierungen einzelner Modelle vorgenommen werden. So existiert erst seit dem Jahr 2007 das Segment „Sportwagen“, das sich aus bisherigen Modellen der Oberklasse und dem – jetzt gestrichenen – Segment der Cabriolets & Roadster zusammensetzt. Die offenen Modelle sind nun unabhängig von der Cabrio-Eigenschaft der Grundklasse zugeordnet; ein Mercedes SLK also den Sportwagen und ein Smart Cabrio den Minis. Weiterhin kann man aber darüber diskutieren, ob die neue Unterscheidung zwischen kleinen und großen Vans immer nachvollziehbar ist, z. B. bei der B-Klasse von Mercedes und dem VW Touran.

Die Marktführer der Segmente (Monat April 2011)

Segment	Anteil an den Neu-zulassungen in Prozent	Die Nummer 1	Anzahl der Neu-zulassungen	Anteil innerhalb der Segment-gruppe in Prozent
Minis	5,2	Smart Fortwo	2.605	18,7
Kleinwagen	17,5	VW Polo	7.738	16,6
Kompaktklasse	24,4	VW Golf, Jetta	22.867	35,2
Mittelklasse	15,1	VW Passat	8.855	22,0
Obere Mittelklasse	4,8	BMW 5er	4.986	38,9
Oberklasse	0,9	Audi A8, S8	473	18,8
Geländewagen	11,2	VW Tiguan	4.554	15,2
Sportwagen	2,2	Mercedes E-Klasse Coupé	1.366	23,1
Mini-Vans	7,6	Opel Meriva	4.059	20,1
Großraum-Vans	5,0	VW Touran	5.124	38,6
Utilities	4,3	VW Transporter, Caravelle	3.151	27,8
Wohnmobile	1,5	Fiat Ducato	2.888	72,6
Sonstige	0,3		753	
Insgesamt	100		266.251	

Quelle: KBA

Die Marktführer der vier zulassungsstärksten Segmente im Bild (April 2011)

VW Polo (Kleinwagen)

VW Passat – hier als Variant (Mittelklasse)

VW Golf (Kompaktklasse)

VW Tiguan (Geländewagen)

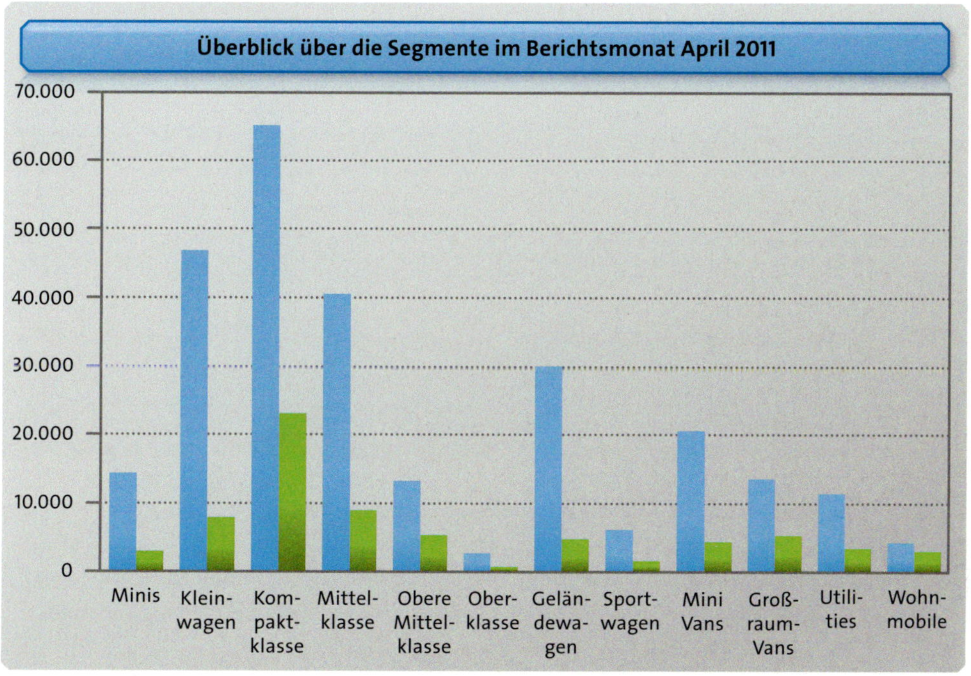

Quelle: KBA

	Minis	Klein-wagen	Kom-pakt-klasse	Mittel-klasse	Obere Mittel-klasse	Ober-klasse	Gelän-dewa-gen	Sport-wagen	Mini-Vans	Groß-raum-Vans	Utili-ties	Wohn-mobile
Insgesamt	13.954	46.479	64.961	40.204	12.832	2.510	29.941	5.916	20.144	13.265	11.316	3.976
die Nr. 1	2.605	7.738	22.867	8.855	4.986	473	4.554	1.366	4.059	5.124	3.151	2.888

Quelle: KBA

Pkw-Bestand am 1. Januar 2010 nach Segmenten

Platz	Segment	Markanteil	Einheiten in Mio.
1	Kompaktklasse	27,6	11.537.100
2	Kleinwagen	20,1	8.400.574
3	Mittelklasse	19,4	8.087.341
4	Minis	5,7	2.396.716
5	Obere Mittelklasse	5,7	2.385.015
6	Großraum-Vans	4,5	1.869.739
7	Mini-Vans	4,0	1.664.061
8	Geländewagen	3,6	1.493.281
9	Sonstige	3,3	1.370.222
10	Utilities	3,2	1.320.081
11	Sportwagen	1,6	653.306
12	Wohnmobile	0,8	330.664
13	Oberklasse	0,5	229.527
		100	41.737.627

Quelle: KBA

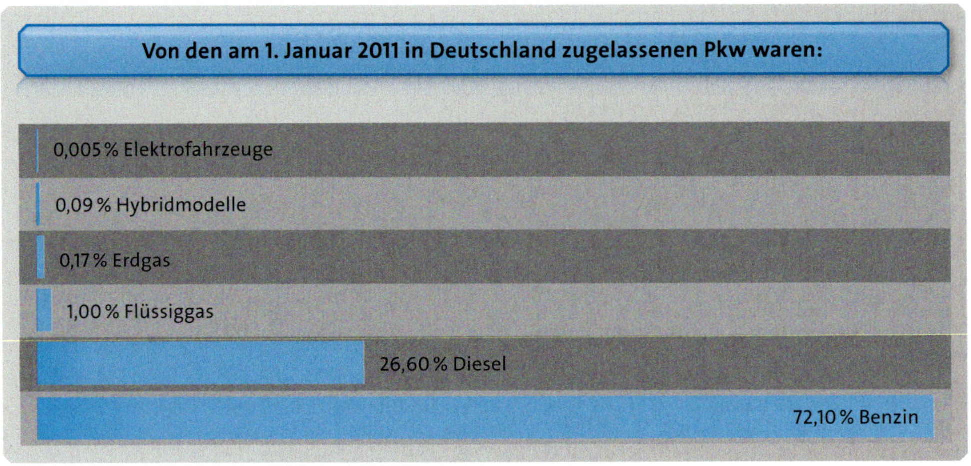

Quelle: KBA

1.3 Fahrzeugarten im Autohaus

Dadurch, dass ein Autohaus aus den unterschiedlichsten Gründen Fahrzeuge bereithält, haben sich verschiedene Bezeichnungen für die einzelnen Fahrzeuge herausgebildet.

1.3.1 Neuwagen

Um einen Neuwagen handelt es sich immer dann, wenn das vom Händler angebotene Fahrzeug in allen technischen Ausstattungsmerkmalen und sonstigen Details dem derzeit vom Herstellerwerk serienmäßig gelieferten neuesten Modell entspricht. Neue Fahrzeuge des alten Modells gelten nach der Rechtsprechung nicht mehr als Neuwagen. Diese sogenannten Auslaufmodelle werden meistens preisgemindert vom Händler angeboten.

Das Modell 2006 des Renault Twingos hätte 2007 nicht mehr als Neuwagen verkauft werden können. Neben technischen Änderungen gab es erhebliche Neuerungen beim Design.

Renault Twingo – Modell 2006

Renault Twingo – Modell 2007

Der Bundesgerichtshof (BGH) hat in einer Entscheidung vom 15.10.2003 (Az VII ZR 227/02) festgelegt, dass ein Kraftfahrzeug nur dann noch fabrikneu ist, wenn

- *das Modell des Fahrzeugs unverändert weiter gebaut wird,*
- *es keine durch längere Standzeiten bedingte Mängel aufweist und*
- *zwischen Herstellung des Fahrzeugs und Abschluss des Kaufvertrags nicht mehr als zwölf Monate liegen.*

In seiner Begründung verwies der BGH darauf, dass eine lange Standdauer für einen Neuwagenkunden einen wertmindernden Faktor darstelle, der auf dem Alterungsprozess und den damit bedingten Begleiterscheinungen wie Materialermüdung, Oxidation und anderen physikalischen Veränderungen an dem Fahrzeug beruhe.

Insbesondere die letztgenannte starre Zwölfmonats-Frist war neu für den Kraftfahrzeughandel. Losgelöst von der zivilrechtlichen Problematik stellte sich die Frage, wie Fahrzeuge beworben werden dürfen, die zwar noch nicht genutzt wurden und insbesondere die ersten beiden vorgenannten Merkmale noch aufwiesen, aber bereits älter als zwölf Monate sind.

Der Zentralverband Deutsches Kraftfahrzeuggewerbe e. V. (ZDK) hatte seinen Mitgliedern hierzu in Zusammenarbeit mit der Zentrale zur Bekämpfung unlauteren Wettbewerbs Begriffe mitgeteilt, die wettbewerbsrechtlich wohl nicht zu beanstanden seien:

- Lagerfahrzeug
- Ausstellungsfahrzeug
- Neufahrzeug, Produktion 20XX

Quelle: ZDK, Rundschreiben G 03-302 vom 15.10.2003

Bei der Verwendung derartiger Begriffe würde für den potenziellen Leser einer Werbeanzeige deutlich, dass damit Fahrzeuge beworben werden, die nicht unmittelbar zuvor hergestellt worden sind. Sie gäben den Kunden Anlass zur Einholung genauerer Informationen. Zumindest könne der Kunde nicht mehr erwarten, dass es sich um ein fabrikneues Kraftfahrzeug handelt. Und es sei davon auszugehen, dass eine Abmahnung seitens der Wettbewerbszentrale nicht erfolgen wird.

Abmahnung ☞ Band 2, LF 8, S. 313 f.

Weiter schreibt der ZDK: „Unabhängig von der Werbung gilt natürlich – entsprechend der Ausführungen des Bundesgerichtshofes (...) –, dass im Rahmen der Verkaufsgespräche in jedem Falle darauf hingewiesen werden muss – und dies auch im Kaufvertrag zur eigenen Absicherung des Unternehmers festgehalten werden sollte –, wenn es sich um ein Fahrzeug handelt, welches nicht mehr als fabrikneu angesehen werden kann, wenn es insbesondere bereits älter als zwölf Monate ist. Dies gilt umso mehr, wenn der Kunde ausdrücklich danach fragt."

Diese Rechtsprechung wurde später in vielen Urteilen von den nachfolgenden Instanzen übernommen und bestätigt. Dies gilt auch für den Fall, dass es sich bei dem vermeintlichen „Neuwagen" um einen EU-Import handelt.

In einem vom Landgericht (LG) Essen rechtskräftig entschiedenen Fall (Urteil vom 21.01.2005, Az. 8 O 759/04) forderte ein Kunde von einem Kfz-Händler die Rückabwicklung eines Kaufvertrags über ein „neues EU-Kfz" der Marke Daewoo Kalos 1.4 SE. Der Kaufvertrag war am 06.03.2004 zwischen den Parteien abgeschlossen worden. Später stellte sich heraus, dass das Fahrzeug bereits am 28.10.2002 produziert worden war und somit eine Standzeit von über 16 Monaten aufwies. Trotz Fristsetzung seitens des Kunden weigerte sich der Händler zur Neulieferung eines mangelfreien Fahrzeugs.

Das LG Essen gab dem Kläger Recht, da eine Lagerdauer von mehr als einem Jahr dazu führe, dass ein Neufahrzeug einen Sachmangel aufweise und daher nicht mehr als EU-Neufahrzeug vermarktet werden dürfe.

In seiner Urteilsbegründung heißt es:
„Der mit den Gepflogenheiten des Kfz-Handels innerhalb der EU in der Regel nicht im Einzelnen vertraute Käufer muss nicht damit rechnen, dass die Einführung aus einem anderen EU-Land als Begleiterscheinung zur Folge hat, dass dieses Fahrzeug eine deutlich längere Standzeit aufweist. Ebenso wie ein Käufer, der ein Fahrzeug als „fabrikneu“ kauft, geht ein Käufer, der ein „neues“ EU-Kfz kauft, davon aus, dass dieser Pkw nicht mit solchen wertmindernden Faktoren behaftet ist, die seine Eigenschaft als „Neuwagen“ beeinträchtigen. Die Bezeichnung „neues“ EU-Kfz wäre irreführend, wenn unter dieser Etikettierung Fahrzeuge verkauft würden, die wegen ihrer Standdauer und des dadurch bedingten Alterungsprozesses nach der Verkehrsauffassung nicht mehr als „neu“ anzusehen sind.“

OLG
Oberlandesgericht

Diese Rechtsansicht wurde auch vom ***OLG*** Düsseldorf in seinem rechtskräftigen Urteil vom 24.10.2005 (Az. I-1 U 84/05) geteilt, auch wenn hier der Kläger nicht Recht bekam.

Auch das OLG ging davon aus, dass eine Abweichung vom Normal- oder Regelfall, die eine Abweichung von der BGH-Rechtsprechung begründen könnte, nicht auf den Umstand gestützt werden könne, dass es sich bei dem streitgegenständlichen unbenutzten Fahrzeug um ein EU-Importfahrzeug handelt. Auch ein EU-Neufahrzeug dürfe grundsätzlich nicht älter als zwölf Monate sein, egal von welchem Typ von Kfz-Händler es angeboten werde. Zwar gestalte sich die Ermittlung des Produktionsdatums für EU-Importeure, die nicht an einen Hersteller angeschlossen seien, oftmals schwieriger als für markengebundene Kfz-Händler, die Schwierigkeiten seien jedoch nicht unüberwindbar und könnten im Übrigen nicht zulasten der Verbraucher gehen.

Dennoch wies das OLG Düsseldorf in dem Verfahren das Rücktrittsbegehren des Kunden ab, weil der Käufer bei Abgabe der Fahrzeugbestellung wusste, dass er einen EU-importierten Geländewagen in Form des Sondermodells „Jägeredition“ gekauft hatte, das in der Dieselversion nur noch einmal lieferbar war. Vor diesem Hintergrund habe der Käufer – ausnahmsweise – auch ohne ausdrücklichen Hinweis wie „Lagerfahrzeug“ oder „Auslaufmodell“ berechtigterweise nicht erwarten dürfen, dass das Fahrzeug jünger als zwölf Monate sei.
Hinzu kam u. a., dass der Händler das EU-Fahrzeug auch nicht als „neues“ angeboten und er auf marktübliche Bezeichnungen mit Signalwirkung wie „Neuwagen“, „EU-Neufahrzeug“ oder „neues EU-Fahrzeug“ verzichtet hatte.

Somit gilt ebenso für EU-Fahrzeuge, dass sie nur dann als Neufahrzeuge vermarktet werden dürfen, wenn alle Kriterien der Fabrikneuheit erfüllt sind. Hierzu gehört auch die für den Regelfall vom BGH aufgestellte Lagerdauer von zwölf Monaten zwischen Produktion und Abschluss des Kaufvertrages.

Ein weiterer häufiger Streitpunkt ist zudem die Frage, wie viele Kilometer mit dem Fahrzeug bis zur Erstzulassung zurückgelegt werden dürfen. Die meisten Gerichte haben sich für einen Tachostand von maximal 100 km ausgesprochen, denn natürlich muss das produzierte Fahrzeug aus dem Werk gefahren und auf einem Autotransporter, einem Zug oder einem Schiff verladen werden, damit es schließlich in die Ausstellungsräume des Händlers gelangt. Und sowohl im Werk als auch später vor der Erstauslieferung wird es Test- und Probefahrten geben, sodass im Regelfall gegen eine Laufleistung von bis zu 100 km keine Einwände erhoben werden können.

Dass es in Einzelfällen durchaus auch mehr sein können, haben z. B. das OLG Stuttgart (vom 28. Juni 2000 [AZ: 4 U 53/00]) und das OLG Dresden (Urteil vom 04.10.2006 [Az. 8 U 1462/06]) entschieden. Findet auf Verlangen und/oder mit Zustimmung des Kunden eine längere Überführungsfahrt mit ***rotem Kennzeichen*** statt, so verliert dadurch das Fahrzeug nicht die Neuwageneigenschaft.

Rote Kennzeichen (Kurzzeitkennzeichen)
Die Ausgabe von roten Kennzeichen erfolgt an Händler und Kfz-Betriebe. Sie dienen für Probe- und Überführungsfahrten und tragen die Folgenummer „06". Diese Kennzeichen sind nicht an ein bestimmtes Fahrzeug gebunden.

So entschied das Oberlandesgericht Stuttgart in einem Urteil, dass ein Neufahrzeug, welches ein Händler auf Wunsch seines Kunden von einem anderen Händler besorgt hat und mit roter Nummer über 452 km auf eigener Achse an den Ort des Vertragsschlusses überführt wurde, nach wie vor als Neuwagen zu gelten hat.

i *Das Urteil wurde folgendermaßen begründet:*
„Das Fahrzeug hat durch die Überführungsfahrt mit rotem Kennzeichen von A nach B seine Neuwageneigenschaft nicht verloren. Unter einem Neufahrzeug versteht man üblicherweise ein Kraftfahrzeug, das bis zum Zeitpunkt der Veräußerung seinem bestimmungsgemäßen Gebrauch als Verkehrsmittel noch nicht zugeführt worden ist. Dabei stellt die vom Händler veranlasste oder durchgeführte Überführungsfahrt, unter der man die Fahrt mit eigener Motorkraft vom Herstellungsort zum Verkaufsort mit rotem Kennzeichen versteht, keine Ingebrauchnahme zu Verkehrszwecken dar. (...)
Allerdings kann nach Auffassung des Senats der Begriff der Überführungsfahrt nicht losgelöst von der zurückzulegenden Fahrtstrecke gesehen werden. (...)
Bei einer durchschnittlichen Gesamtlaufleistung heutiger Kraftfahrzeuge von etwa 200 000 km ist jedoch die von dem Autohaus zurückgelegte Überführungsstrecke von etwa 450 km noch im Rahmen dessen, was üblicherweise unter einer Überführungsfahrt zu verstehen ist. Der Senat orientiert sich dabei an der im Schadensrecht für die Unfallregulierung auf Neuwagenbasis entwickelte 1000-km-Grenze, die hier nicht überschritten ist."

Das OLG Dresden urteilte zu diesem Thema, dass ein als fabrikneu verkaufter und bislang nicht amtlich zugelassener Pkw, der nach den Vereinbarungen der Parteien über eine Strecke von gut 500 km per Achse zu überführen ist, die Neuwageneigenschaft nicht dadurch verliert, dass er bei Auslieferung einen Tachostand aufweist, der weniger als 100 km über der kürzestmöglichen Verbindungsstrecke liegt, auch wenn unklar bleibt, zu welchem Zweck die „Mehrkilometer" angefallen sind.

Neufahrzeuge, die kurz vor der Auslieferung an den Kunden beim Aufbereiten einen Blechschaden erleiden, gelten nur dann noch als Neuwagen, wenn es sich um einen völlig unwesentlichen, kaum sichtbaren Schaden handelt. Ist der Schaden größer, so ist die Neuwageneigenschaft gefährdet, da der Kunde in der Regel das Fahrzeug nicht mehr als Neuwagen anerkennt und im Extremfall die Annahme des Fahrzeuges verweigert. So entschied das LG Gießen (AZ 4 O 269/04 vom 11.11.2004), dass der Käufer eines Pkw, bei dem eine kleine Delle in der Motorhaube für 390,00 € gespachtelt und neu lackiert wurde, zur Anfechtung des Kaufvertrags berechtigt ist.

Schäden, die beim Hersteller während der Produktion entstehen, gelten nicht als Unfallschäden und müssen dem Kunden somit auch nicht mitgeteilt werden. Nacharbeiten im Automobilwerk sind durchaus üblich und berühren nicht die Neuwageneigenschaft.

> *Von einem Neuwagen wird erst gesprochen, wenn das fertiggestellte Fahrzeug das Werk verlässt.*

1.3.2 Lagerwagen

Neuwagen ☞ S. 122 ff.

Ein Lagerwagen ist in aller Regel ein Neuwagen. Die Neuwageneigenschaft verliert er, wenn während der Lagerzeit ein Modellwechsel stattfand und das Lagerfahrzeug in der technischen Ausstattung und im äußerlichen Erscheinungsbild nicht mehr dem neuesten serienmäßig produzierten Modell entspricht oder wenn das Produktionsdatum des Fahrzeugs mehr als ein Jahr zurückliegt. Der Lagerwagen wird dann zum Auslaufmodell.

Bei einem Lagerwagen handelt es sich um ein Fahrzeug, das der Kfz-Händler aufgrund der mit dem Hersteller vereinbarten Jahresabnahme-Quote abgenommen hat, ohne dass dafür bereits ein Kaufvertrag mit einem Kunden vorlag. Da sich beim Fahrzeugverkauf saisonale Nachfragespitzen ergeben, ist eine Bevorratung mit Neufahrzeugen dringend erforderlich, um kaufwilligen Kunden ohne Wartezeit ein interessantes Fahrzeug anbieten zu können. Lagerwagen sind daher Neufahrzeuge, die im Hinblick auf den wahrscheinlichen Bedarf vom Autohaus gekauft und auf Lager gestellt werden. Dabei wählt das Autohaus Fahrzeugfarben und Ausstattungsvarianten, die den gängigsten Wünschen der Käufer in der Vergangenheit entsprachen.

Ausstattungsgrad der Fahrzeuge

Ausstattung	Bestand	Neuwagen	Gebrauchtwagen
Radio	97 %	97 %	98 %
Schiebedach	21 %	22 %	21 %
Getriebeautomatik	23 %	22 %	13 %
Servolenkung	93 %	97 %	93 %
Metallic-Lackierung	70 %	67 %	58 %
Leichtmetallfelgen	61 %	64 %	51 %
Antiblockiersystem	87 %	99 %	86 %
Klimaanlage	84 %	89 %	75 %
Zentralverriegelung	92 %	96 %	87 %
elektrische Fensterheber	87 %	94 %	83 %
wärmedämmendes Glas	44 %	50 %	35 %

Anhängerkupplung	26 %	13 %	16 %
Seiten-Airbag	65 %	84 %	63 %
ESP	57 %	78 %	52 %
Alarmanlage	25 %	32 %	22 %
Bordcomputer/FIS	49 %	65 %	39 %
Tempomat	40 %	46 %	22 %
Navigationssystem	22 %	38 %	15 %
Freisprecheinrichtung (fest)	18 %	30 %	11 %
elektrische Sitzverstellung	16 %	33 %	17 %
Sitzheizung	39 %	55 %	32 %
Multifunktionslenkrad	40 %	46 %	23 %
Einparkhilfe	31 %	45 %	18 %
Xenon-Licht	17 %	32 %	13 %
DPF	21 %	33 %	13 %
Kurvenlicht	10 %	25 %	6 %
Regensensor	28 %	47 %	20 %
Sport-/Ledersitze	24 %	30 %	19 %
Lichtsensor	15 %	30 %	11 %
Sonstiges	88 %	137 %	70 %
Ausstattungen gesamt	13,88	16,96	11,82

Quelle: DAT-Report für Kfz-Betriebe 2011, S. 49

Sinnvoll ist es auch, den Wandel im Käuferverhalten stetig im Blick zu behalten und rechtzeitig darauf zu reagieren. So können sich z. B. die Vorlieben für bestimmte Fahrzeugfarben bei anderen Herstellern schon geändert haben, sodass auch bei der eigenen Marke mit einer verstärkten Nachfrage nach den „neuen Trend-Farben" zu rechnen ist.

1.3.3 Auslaufmodelle

Auslaufmodelle sind Fahrzeuge, die in der technischen Ausstattung und sonstigen Details nicht mehr den derzeit vom Herstellerwerk serienmäßig gelieferten neuesten Modellen entsprechen. Sie dürfen nicht mehr als „fabrikneu" beworben werden.

1.3.4 Ausstellungsfahrzeuge

Ausstellungsfahrzeuge sind Fahrzeuge, die in den Verkaufsräumen des Autohauses stehen und den Kunden präsentiert werden können. Der Kunde kann sich dabei über das aktuelle Fahrzeugprogramm des Herstellers informieren und die Autos live erleben, sie im wahrsten Sinne des Wortes „begreifen". So kann er beispielsweise im Inneren Platz nehmen, die Bedienelemente anfassen und ausprobieren. Auch der wahrzunehmende typische „Neuwagengeruch" oder der Klang der zufallenden Türen spielen dabei eine wesentliche Rolle. Ausstellungsfahrzeuge gelten so lange als Neuwagen, soweit sie nicht älter als zwölf Monate alt

Warenvorlage
☞ Band 1, LF 3, S. 215 f.

sind, noch nicht zugelassen waren, keinen Schaden während der Ausstellungszeit erlitten haben und es kein Facelift oder Nachfolgermodell auf dem Markt gibt.

1.3.5 Vorführwagen

Zulassungsbescheinigung, Teil 1 (§ 11 FVZ) Fahrzeugschein

Zulassungsbescheinigung, Teil 2 (§ 12 FVZ) Fahrzeugbrief

Ein Vorführwagen erfüllt einen ähnlichen Zweck wie ein Ausstellungsfahrzeug. Der Unterschied ist, dass der Vorführwagen auf die Firma des Kfz-Händlers zugelassen ist. Mit dieser Zulassung verliert er automatisch die Neuwageneigenschaft, da ein Eigentümer in die Zulassungsbescheinigung Teil 2 eingetragen wird. Die Verkaufsberater wickeln mit den Vorführwagen zum Teil ihre geschäftlichen Fahrten ab, können diese aber auch häufig für private Fahrten, zumindest für den Weg von der Wohnung zur Arbeitsstätte und zurück, nutzen.

Um einen Vorführwagen handelt es sich jedoch nur, wenn das Fahrzeug tatsächlich seinem bestimmungsgemäßen Zweck zugeführt wird, also bei Probefahrten mit Kunden zum Einsatz kommt. Davon geht man in aller Regel aus, wenn der Vorführwagen beim Verkauf eine Laufleistung von mindestens 1.000 km aufweist.

Ein Vorführwagen sollte aus wirtschaftlichen Gesichtspunkten nicht mehr als 10.000 km gefahren und maximal ein Jahr, besser jedoch nur sechs Monate, auf das Autohaus zugelassen sein.

Aber handelt es sich nach der Nutzung als Vorführwagen immer um ein gebrauchtes Fahrzeug? Mit dieser Frage beschäftigte sich das LG Bremen im Jahr 2008. So ging es bei einem Rechtsstreit in Bremen um ein auf einen Kfz-Händler zugelassenes Motorrad, das für Vorführzwecke genutzt wurde und eine Laufleistung von 35 km aufwies. Der Käufer wollte durch seine Klage erwirken, dass das Motorrad aufgrund seines geringen Kilometerstandes als Neufahrzeug einzustufen sei. Das LG Bremen hat aber mit seinem Urteil vom 19.06.2008 (Az. 6 O 1308/07) klargestellt, dass es sich um ein Gebrauchtfahrzeug im Sinne des § 475 Abs. 2 BGB handelt, sodass deshalb auch eine Verkürzung der Verjährungsfrist für Sachmängelhaftungsansprüche auf ein Jahr nach Auslieferung des Fahrzeugs zulässig ist.

Das LG Bremen begründete sein Urteil wie folgt:
„Die Frage, ob ein Kaufgegenstand neu oder gebraucht ist, richtet sich danach, ob die Sache in Benutzung genommen wurde (vgl. BGH NJW 2007, 674 [676]; [...]). „Benutzt" wird ein Motorrad dadurch, dass es gefahren wird. Vorliegend wurden unstreitig 35 km mit der Maschine zurückgelegt und das Motorrad wurde für Vorführzwecke genutzt. Es ist damit eine zwar geringe, aber dennoch nicht so unwesentliche Benutzung erfolgt, dass das Motorrad als gebraucht anzusehen ist. Das zeigt sich bei folgender Kontrollüberlegung: Hätte der Kläger bei der Beklagten ein individuell für ihn zu fertigendes neues Motorrad bestellt und hätte die Beklagte versucht, die Bestellung dadurch zu erfüllen, dass sie das hier streitgegenständliche Motorrad anbietet, so hätte der Kläger selbst dann, wenn das Motorrad hinsichtlich Motorisierung und Ausstattung vollständig der Bestellung entspricht, zu Recht eingewandt, dass es sich nicht um das gewünschte neue Motorrad handelt, sondern um ein gebrauchtes."

Die Hersteller unterstützen ihre Vertragshändler beim Kauf von Vorführwagen, indem sie ihnen z. B. die Vorführwagen für die Dauer von drei Monaten als zinslosen Zielverkauf anbieten oder einen zusätzlichen Bonus in Höhe von einigen hundert Euro gewähren. Diese finanziellen Hilfen werden aber meist nur dann gewährt, wenn der Vorführwagen mindestens drei Monate lang auch als Vorführwagen genutzt wird und spätestens nach sechs Monaten außer Dienst gestellt und vermarktet wird. Der Hersteller erreicht so eine höhere Absatzzahl und sorgt dafür, dass die Marktanteile „seiner" Marke steigen.

1.3.6 Jahreswagen

Als Jahreswagen werden Gebrauchtfahrzeuge bezeichnet, die von Werksangehörigen aus der Automobilindustrie – meist über private Kanäle, teilweise aber auch über spezielle Jahreswagenhändler – verkauft werden. Die Jahreswagen müssen in der Regel ein Jahr lang vom Werksangehörigen genutzt werden, erst dann dürfen sie verkauft werden. Durch den hohen Mitarbeiterrabatt, den ein Werksangehöriger üblicherweise erhält, lohnt es sich häufig für die Mitarbeiter, sich an solch einem Jahreswagenprogramm zu beteiligen, da der Wertverlust nach einem Jahr Nutzung aufgrund des hohen Rabatts nicht besonders hoch ist.

1.3.7 Tageszulassungen

Tageszulassungen sind Fahrzeuge, die nicht genutzt wurden und nur die auch bei Neuwagen üblichen „Überführungskilometer" aufweisen. Sie gelten nicht mehr als Neuwagen, da sie vom Händler kurzzeitig zugelassen wurden. Der Händler verfolgt dabei das Ziel, die Abnahmemenge zu steigern und den Marktanteil zu erhöhen sowie einen besseren Weiterverkauf zu erreichen. Ob es sich dabei tatsächlich um ein Fahrzeug handeln muss, das nur einen Tag zugelassen war – wie es der Name an sich vermuten lässt – oder ob bei einer Zulassungsdauer von mehr als einem Tag der Begriff „Kurzzulassung" zu wählen wäre, damit musste sich der BGH vor einigen Jahren befassen.

Mit seinem Urteil vom 13.01.2000 (Az: I ZR 253/97) hat der BGH entscheiden, dass es nicht irreführend sei, ein Neufahrzeug, das sechs Tage zugelassen war, im Straßenverkehr aber nicht benutzt worden ist, als „Tageszulassung mit 0 km" zu bewerben.

> *Das BGH urteilte aus folgenden Gründen:*
> *„Dem Verkehr kommt es unter diesen Umständen nicht maßgeblich darauf an, ob das als Neuwagen beworbene Fahrzeug nur einen Tag oder für wenige Tage, also kurzfristig, zugelassen war. Für den potenziellen Autokäufer ist vielmehr entscheidend, dass es – dem Sinn und Zweck der sogenannten Tageszulassung entsprechend – noch nicht im Straßenverkehr genutzt wurde. Von Letzterem ist auch im Streitfall aufgrund der Werbeangabe ‚Tageszulassung mit 0 km' und mangels gegenteiliger Feststellungen des Berufungsgerichts auszugehen. (...)"*

LS 109

2 Den Kapitalbedarf für das Neuwagengeschäft berechnen

***SITUATION** Autoland Murschall GmbH*

Zu Davids Aufgaben gehört es – in mehr oder weniger regelmäßigen Abständen –, die Neuwagen in den Verkaufsräumen sowie die auf dem Hof präsentierten Gebrauchtwagen umzustellen. Da er mittlerweile schon im dritten Ausbildungsjahr ist und in wenigen Monaten seine Abschlussprüfung ansteht, macht er sich Gedanken über seine berufliche Zukunft. Zwar hatte Herr Nolte schon signalisiert, dass er übernommen wird, doch sein Traum wäre es, in absehbarer Zukunft sein eigener Herr zu sein und sein eigenes Autohaus zu führen. Als er aber wieder einmal die große Menge an Fahrzeugen in der Ausstellung und auf dem Hof sieht und versucht, den Wert der Fahrzeuge grob zusammenzurechnen, kommen ihm Zweifel, wie er so etwas später mal finanzieren soll.

Jedes Autohaus hält – schon aus Präsentationsgründen – eine Reihe von Fahrzeugen vor, die im Verkaufsraum stehen. Da es für diese Fahrzeuge noch keinen Käufer gibt, muss der Autohändler sie vorfinanzieren. Darüber hinaus verfügt er über Vorführfahrzeuge und ein umfangreiches Ersatzteillager, um Inspektionen und Reparaturen zeitnah durchführen zu können. Auch diese Vorführfahrzeuge und Ersatzteile sind ebenso wie die Gebrauchtwagen, die in Zahlung genommen wurden, vorzufinanzieren.

Wie hoch ist aber der regelmäßige Kapitalbedarf, über den ein Autohaus verfügen muss, um das Umlaufvermögen zu finanzieren? Dabei spielt es erst einmal keine Rolle, ob es sich bei dem Kapital letztendlich um Eigenkapital (etwa in Form der Gewinnverwendung) oder um Fremdkapital (beispielsweise einen Bankkredit) handelt.

Am Beispiel „Lagerwagen" soll die Berechnung des Kapitalbedarfs exemplarisch aufgezeigt werden.

***BEISPIEL** Berechnung des Kapitalbedarfs für Lagerwagen*

Annahme: Das mit dem Hersteller vereinbarte Jahresziel beträgt 240 Neufahrzeuge, der durchschnittliche Einstandspreis (also der Listenpreis abzüglich aller Margen und Boni) liegt bei 15.000,00 € und die Standzeit der Fahrzeuge beträgt erfahrungsgemäß 45 Tage. Dann ergibt sich die folgende Rechnung:

durchschnittlicher Einstandspreis · Jahresziel = Jahresausgaben	15.000,00 € · 240 Neufahrzeuge pro Jahr = 3.600.000,00 € pro Jahr
Jahresausgaben : 360 = tägliche Ausgaben	3.600.000,00 € pro Jahr : 360 Tage = 10.000,00 € am Tag
durchschnittliche Standtage · tägliche Ausgaben = Kapitalbedarf	45 Tage · 10.000,00 € = 450.000,00 €

Auf die gleiche Weise lässt sich der Finanzierungsbedarf für die Vorführfahrzeuge, die Gebrauchtwagen und die Ersatzteile/das Zubehör bestimmen.

In der Regel hat das Autohaus die Möglichkeit, diese Einkaufsfinanzierung über die herstellereigene Bank abzuwickeln. Alternativ kann das Autohaus sich aber auch an seine Hausbank oder einen anderen Anbieter wenden. Als Sicherheit dient das zu finanzierende Umlaufvermögen, das aber üblicherweise nur bis zu einer Höhe von 80 bis 90 % beliehen wird, sodass weitere Sicherheiten hinzukommen müssen. Der Grund für diesen Sicherheitsabschlag ist darin zu sehen, dass die Bank im Falle einer Insolvenz des Autohauses die Fahrzeuge und Teile schnell veräußern möchte, um das ausgeliehene Kapital zurückzubekommen. Und das geht, etwa im Rahmen einer Versteigerung, meist nur mit deutlichen Preisabschlägen, sodass die Bank nicht den Preis erzielen wird, den das Autohaus veranschlagt hätte und den das Fahrzeug „eigentlich" wert ist.

Die meisten Hersteller verfügen über eigene Banken.

Finanzierungsmöglichkeiten und Kreditsicherheiten
☞ LF 12, S. 182 ff.

Bei einer Abwicklung der Einkaufsfinanzierung über das herstellereigene Kreditinstitut wird das zu finanzierende Umlaufvermögen sicherheitsübereignet. Für die Dauer der Sicherheitsübereignung erhält die Bank die Zulassungsbescheinigung Teil 2. Nach dem erfolgten Verkauf und/oder nach der Rückzahlung des Kreditbetrags erhält das Autohaus die Bescheinigung. Sollte der Käufer wiederum das Fahrzeug finanzieren oder leasen, erhält die finanzierende Bank die Zulassungsbescheinigung.

Zulassungsbescheinigung, Teil 1 (§ 11 FVZ) Fahrzeugschein

Zulassungsbescheinigung, Teil 2 (§ 12 FVZ) Fahrzeugbrief

Bei der Kreditvergabe ist zu beachten, dass das Autohaus nicht einen bestimmten Betrag zur allgemeinen Finanzierung des Umlaufvermögens über einen längeren Zeitraum erhält, sondern dass zum Beispiel jedes Fahrzeug einzeln finanziert wird. Der Unterschied liegt darin, dass ein allgemeiner Finanzierungsrahmen als Dauerschuld gilt, was zu einer Erhöhung der Gewerbesteuer führen würde, die gesonderte Finanzierung und Ablösung eines Fahrzeugs sich aber nicht entsprechend auswirkt.

Bei der Berechnung des Kapitalbedarfs wurden bisher das Lieferantenziel und das Kundenziel vernachlässigt. Man könnte die obige Betrachtung daher auch als „Einfache Kapitalbedarfsrechnung" bezeichnen. Zur „Realistischen Kapitalbedarfsrechnung" gehören die Berücksichtigung von Zahlungszielen und die Einbeziehung der Handlungskosten.

Um ein Fahrzeug zu verkaufen, reicht es nicht aus, lediglich den Einstandspreis zu betrachten. Damit das Autohaus funktionieren kann, sind vielfältige Ausgaben zu leisten, wie z. B.
- Mietzahlungen für die Verkaufsräume,
- Kosten für das Personal,
- Kosten für die Energie und
- Kosten für die Reinigung.

Die Summe dieser Kosten geht als Handlungskosten in die Berechnung des Kapitalbedarfs ein. So könnte man etwa die entsprechenden Monatsausgaben aus dem BAB entnehmen und durch 30 teilen, um die täglich benötigten Handlungskosten zu bestimmen. Häufig beziffert man sie als Prozentwert in Abhängigkeit von den Einstandspreisen.

Betriebsabrechnungsbogen (BAB)
☞ Band 2, LF 6, S. 148 f.

BEISPIEL

Die täglichen Handlungskosten betragen 20 % des durchschnittlichen Einstandspreises (bei dem zuvor genannten Beispiel also 20 % von 15.000,00 € = 3.000,00 €).

Räumt der Hersteller oder Importeur dem Autohaus ein Lieferantenziel ein, z. B. von 20 Tagen, dann verringert sich der Zeitraum, in dem das Fahrzeug vorfinanziert werden muss, um eben diese 20 Tage. Hat wiederum der Kunde die Möglichkeit, das Fahrzeug auf Ziel zu kaufen und beispielsweise innerhalb von sieben Tagen zu bezahlen (etwa bei Stamm- oder Großkunden), oder liegen zwischen dem Verkauf des Fahrzeugs und der Übergabe an den Kunden einige Tage (etwa weil noch eine Übergabeinspektion und Aufbereitung erfolgt und das Auto für den Kunden zugelassen wird), dann verlängert sich der Zeitraum um genau diese Anzahl von Tagen.

BEISPIEL

Standzeit		Kundenziel
45 Tage		+ 7 Tage
- 20 Tage	= 32 Tage Kapitalbedarf	
Lieferantenziel		zu finanzierender Zeitraum

Für wie viele Tage sind nun die Handlungskosten zu berücksichtigen?
Das Fahrzeug verursacht von der Anlieferung bis zur Übergabe an den Kunden die oben genannten Kosten. Daher sind die Handlungskosten in dem gerade betrachteten Fall also für 52 Tage anzusetzen.

Kapitalbedarf für Handlungskosten = 52 Tage

Berechnung des realistischen Kapitalbedarfs (auf Basis des zuvor genannten Beispiels):

durchschnittlicher Einstandspreis · Jahresziel = Jahresausgaben	15.000,00 € · 240 Neufahrzeuge pro Jahr = 3.600.000,00 € pro Jahr
Jahresausgaben : 360 = tägliche Ausgaben	3.600.000,00 € pro Jahr : 360 Tage = 10.000,00 € am Tag
tägliche Handlungskosten	20 % von 15.000,00 € = 3.000,00 € am Tag
tägliche Ausgaben · zu finanzierender Zeitraum + tägliche Handlungskosten · (Standzeit + Kundenziel)	10.000,00 € · 32 Tage = 320.000,00 € + 3.000,00 € · 52 Tage = 156.000,00 €
Kapitalbedarf	320.000,00 € + 156.000,00 € = 476.000,00 €

3 Ein Neuwagengeschäft abwickeln

LS 110

***SITUATION** Autoland Murschall GmbH*

Bei der Autoland Murschall GmbH stehen heute Nachmittag gleich drei Neuwagenauslieferungen an. David Rose soll zu diesem Zweck drei große Blumensträuße besorgen. Als der Neuwagenverkaufsleiter Herr Fleck ihn diesbezüglich instruiert, macht David einen Vorschlag: „Wenn ich das richtig in Erinnerung habe, ist der Racer ein Geburtstagsgeschenk von Herrn von Drachenfels an seine Frau, die davon noch nichts weiß. Wie wäre es, wenn wir das Cabrio mit einem großen roten Tuch abdecken und vielleicht noch eine große Schleife darum machen? Und dann könnte Herr von Drachenfels oder sogar seine Frau selbst die Schleife öffnen und das Tuch wegziehen – das wäre dann doch wirklich ein richtiges Geschenk." Herr Fleck ist ganz angetan von der Idee und beauftragt David, sich schnellstens um die entsprechenden Sachen zu kümmern.

3.1 Neuwagenbestellung

3.1.1 Ablauf der Neuwagenbestellung

Vertragshändler beziehen Neuwagen vom Hersteller. Damit die Fahrzeuge so geliefert werden, wie sie das Autohaus ordert, bedarf es von der Bestellung bis zur Anlieferung einer umfangreichen Organisation, die im Autohaus die **Disposition** übernimmt.

In der Regel werden Neufahrzeuge per Online-Verbindung beim Hersteller bestellt, wobei zunächst ein Bestellformular ausgefüllt werden muss, das von Fabrikat zu Fabrikat variieren kann. Wesentliche Einträge zur Fahrzeugbestimmung, Abrechnungsart und Verwendung auf dem Bestellformular sind:

Bei dem Bestellformular handelt es sich um eine Online-Maske, in die alle erforderlichen Daten eingegeben werden.

- Typnummer
- Modellnummer
- Code für Außenfarbe
- Code für Sonderausstattungen, z. B. Klimaanlage
- Code für werksseitiges Zubehör, z. B. Alufelgen
- Barabrechnung, Finanzierung/Leasing
- Kunde privat/gewerblich

Besonders wichtig ist es, den gewünschten Liefertermin zu vermerken, der im Allgemeinen auf eine Kalenderwoche genau angegeben werden kann. Im Regelfall wird das Autohaus diesen aber als unverbindlichen Liefertermin im Kaufvertrag festhalten.

BEISPIEL

Angabe des Liefertermins im Kaufvertrag (unverbindlicher Liefertermin):
„Die Lieferung des Fahrzeuges erfolgt ca. in der 34. Kalenderwoche."

Nicht-Rechtzeitig-Lieferung
☞ Band 1, LF 4, S. 331 f.

Damit umgeht das Autohaus bei einer Verzögerung der Auslieferung das Problem, dass ein Kunde bereits bei bloßem Überschreiten des zugesagten Termins den Händler in Verzug setzen kann. Eine Bestätigung der Bestellung und des Liefertermins erhält das Autohaus in der Regel wiederum online.

3.1.2 Bezahlung des Fahrzeuges

Grundsätzlich muss der Händler bei Lieferung den Preis des Fahrzeuges beim Hersteller sofort bezahlen. Das gilt in der Regel für Neuwagen, die der Händler im Kundenauftrag geordert hat. Handelt es sich bei der Bestellung um einen Lager- oder Vorführwagen, so räumen die Hersteller den Autohäusern häufig Zahlungsvergünstigungen ein. Dabei kann es sich um einen zinsgünstigen Kredit für einen begrenzten Zeitraum oder die Stundung des Kaufpreises handeln (= Lieferung auf Ziel).

3.1.3 Entlohnung des Händlers

Hersteller entlohnen ihre Händler über ein **Margensystem**. In ihm sind die prozentualen Handelsspannen (= Margen) der angeschlossenen Händler festgelegt. Basis für jedes Margensystem ist die unverbindliche Preisempfehlung des Herstellers ohne Mehrwertsteuer. Je nach Händlerstatus gewähren die Hersteller sogenannte Boni (= Sondervergünstigungen), die an bestimmte Leistungskriterien des Händlers gebunden sind. Leistungskriterien können sein:

- Abnahmezahl der Neuwagen pro Jahr
- Marktanteil im Verkaufsgebiet (die sogenannte Marktdurchdringung)
- bestelltes Fahrzeugzubehör
- Exklusivprämien für den Verkauf von nur einem Fabrikat im Autohaus
- Übernahme der Corporate Identity des Herstellers (z. B. Audi-Hangar, VW-Plaza)
- Kundenzufriedenheit (basierend z. B. auf Befragungen des Herstellers – oder eines damit beauftragten Instituts – zum Verkauf und Service des Autohauses)
- Eroberungsprämien (generell bei Inzahlungnahme von Fremdfabrikaten oder aber nur bei ausgewählten Fabrikaten, etwa direkten regionalen Konkurrenten oder Mitbewerbern aus dem gleichen Segment)

Weitere Boni werden Direkt- und Haupthändlern auch für die Betreuung der Unter- oder B-Händler gewährt. Die Margen liegen durchschnittlich zwischen 12 % und 18 %.

3.1.4 Nachlassverhalten des Autohauses

Aus der Marge des Händlers ergibt sich also der Ertrag durch den Verkauf von Neuwagen. Da sich aber beim Autokauf wie bei keinem anderen Geschäft das Feilschen um günstigere Preise zu einer Art Sport entwickelt hat, leitet sich aus der Marge auch der Spielraum für das Nachlassverhalten des Autohauses ab.

> *Es gilt:*
> *Je höher die Marge des Händlers, desto größer ist sein Spielraum bei den Rabatten und umso besser ist seine Wettbewerbsposition.*

Die folgende Übersicht zeigt aber auch, inwieweit die Nachlässe dafür sorgen, dass der Händler mehr Fahrzeuge verkaufen muss, um letztendlich den gleichen Ertrag zu erzielen.

Auswirkungen des Nachlasses auf den Ertrag

	Nachlass (in %)	Ist-Rabatt (Marge – Nachlass; in %)	Ertrag pro NW (in €)	dadurch bedingter Mehrumsatz (in %)	Anzahl NW (in Stück)	Gesamtumsatz, der sich ohne Nachlass ergeben hätte (in €)	nicht realisierter Ertrag (in €)
1	0	15	3.000,00	---	120	2.400.000,00	---
2	1	14	2.800,00	7,14	128	2.560.000,00	25.600,00
3	2	13	2.600,00	15,38	138	2.760.000,00	55.200,00
4	3	12	2.400,00	25,00	150	3.000.000,00	90.000,00
5	4	11	2.200,00	36,36	164	3.260.000,00	131.200,00
6	5	10	2.000,00	50,00	180	3.600.000,00	180.000,00
7	6	9	1.800,00	66,67	200	4.000.000,00	240.000,00
8	7	8	1.600,00	87,50	225	4.450.000,00	315.000,00
9	8	7	1.400,00	114,29	257	5.140.000,00	411.200,00
10	9	6	1.200,00	150,00	300	6.000.000,00	540.000,00
11	10	5	1.000,00	200,00	360	7.200.000,00	720.000,00

3.1.5 Fahrzeugabnahme durch den Händler

Bei der Anlieferung der Fahrzeuge durch den Hersteller ist auf folgende Punkte zu achten:

- Vollständigkeit der Fahrzeugpapiere
- Übereinstimmung der gelieferten Fahrzeuge mit der Bestellung einschließlich der gewünschten Sonderausstattungen
- Transportschäden in Form von Kratzern und Beulen

3.1.6 Abwicklung des NW-Verkaufs

Bevor es zum Verkaufsabschluss kommt, findet üblicherweise ein Verkaufsgespräch im Autohaus statt. Dabei steht die zielgerichtete Bedarfsermittlung und Warenpräsentation im Vordergrund; auch wenn man manchmal den Eindruck gewinnen könnte, dass letztendlich allein die Preisfrage den Ausschlag gibt. Um – im Falle eines Neuwagens – den interessierten Kunden ein passendes Angebot machen zu können, kommt es auf die richtige Modellauswahl (= **Produktpolitik** des Herstellers), die Vorhaltung dieser Modelle (= **Sortimentspolitik** des Händlers), die adäquate Präsentation der Modelle im Autohaus, das Verkaufsgeschick des Verkäufers (= **Kommunikationspolitik**) und sicherlich auch eine akzeptable Preisgestaltung (= **Preispolitik**) an. Einen besonderen Stellenwert nimmt immer das Verkaufsinstrument „Probefahrt" ein.

Diese Punkte sind in Lernfeld 3 (Band 1, Seite 192 ff.) und Lernfeld 8 (Band 2, Seite 238 ff.) bereits genauer betrachtet worden.

3.1.7 Die Probefahrt

Es ist leicht verständlich, dass für den potenziellen Neuwagenkäufer (wie auch für den Käufer eines Gebrauchtwagens) die Probefahrt ein wichtiges Entscheidungskriterium darstellt. Wie soll er sonst beispielsweise die Leistung des Fahrzeugs beurteilen können, die Bequemlichkeit und das Fahrverhalten sowie die Einfachheit der Bedienung und des Beladens? Dennoch machen nicht alle Neuwagenkäufer eine Probefahrt mit ihrem später gekauften Modell. Bietet ein Autohaus keine Probefahrt an, so verspielt es eine großartige Chance, über das Erleben des Fahrzeugs mit den Kunden ins Gespräch zu kommen und dabei Emotionen und den Besitzwunsch zu wecken. Natürlich werden auch manche Kunden nach einer Probefahrt von einem Kauf absehen, aber wäre ein Verkauf an einen später unzufriedenen Kunden wirklich ein gelungenes Geschäft?

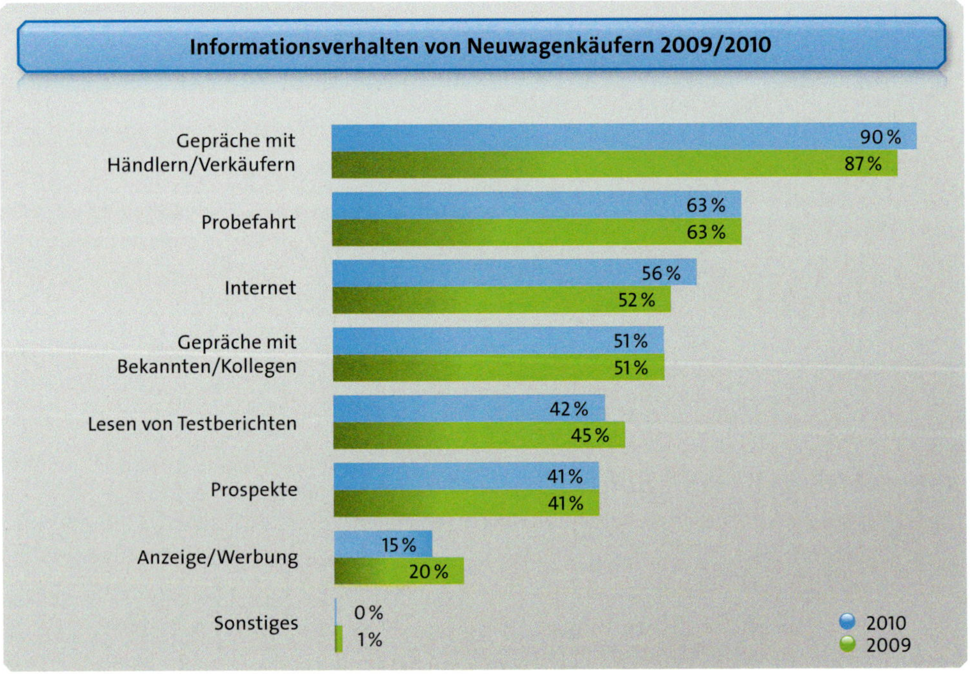

Quelle: DAT-Report 2011 für Kfz-Betriebe, S. 22

BEISPIEL

Eine Episode aus dem „Autoleben" eines der Autoren mag dies verdeutlichen:
Nach einer Probefahrt – es wurde darum gebeten, das Auto nachmittags abholen und am nächsten Morgen zurückbringen zu können, um den täglichen (Arbeits-)Weg damit zu befahren, was aber mit Hinweis auf versicherungstechnische Gründe verwehrt wurde – entschied sich der Autor für einen Jahreswagen aus dem Segment „Kompaktklasse". Da sich der tägliche Weg zur Arbeit aufgrund eines Umzugs auf 30 km erhöht hatte, schien die Wahl eines verbrauchsarmen Dieselmodells mit einer langstreckentauglichen Innenausstattung genau richtig zu sein. Leider hatte er die Probefahrt eben nicht auf der täglich zu fahrenden Strecke unternommen, sonst wäre ihm vielleicht noch rechtzeitig aufgefallen, dass das Fahrzeug auf einem täglich zu bewältigenden drei Kilometer langen Streckenabschnitt, der eine bis zu 16 %ige Steigung aufweist, nicht die gewünschte Leistung erbringt

und somit auf Dauer nicht den Ansprüchen des Fahrers genügt. Eine bessere Beratung, die Möglichkeit der „Übernachtfahrt" oder zumindest der Tipp, die Probefahrt auf den täglichen Arbeitsweg auszudehnen, hätte hier helfen können, den „Fehlkauf" zu vermeiden. So aber wurde das Auto nach nur etwa einem Jahr verkauft und zu einer anderen Marke gewechselt.

Eine Probefahrt sollte also nicht nur daraus bestehen, dem Interessenten die Fahrzeugschlüssel in die Hand zu drücken.

Am Anfang jeder Probefahrt sollten die unumgänglichen Formalitäten geklärt werden. Dazu gehören

- das Vorweisen eines gültigen Personalausweises und Führerscheins,
- die schriftliche Vereinbarung über eine Probefahrt,
- die Informationen zum Versicherungsschutz sowie
- das Stellen eines sauberen Fahrzeuges.

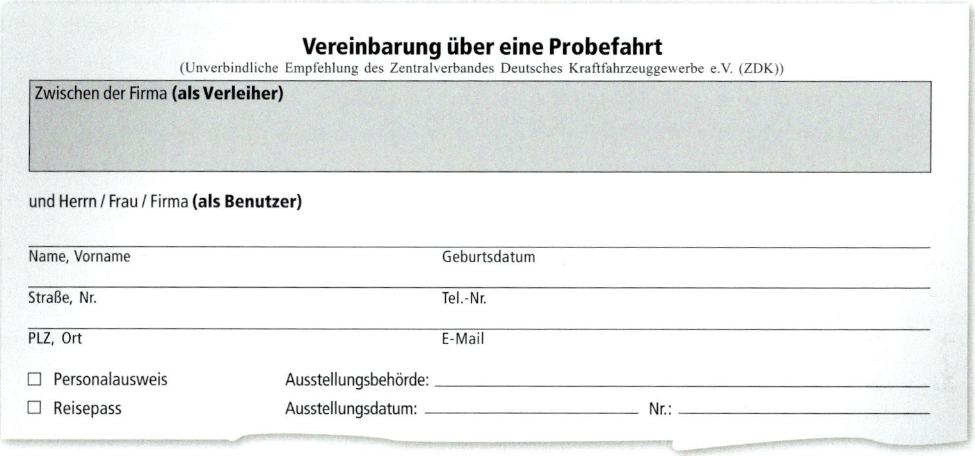

Vereinbarung über eine Probefahrt
(Unverbindliche Empfehlung des Zentralverbandes Deutsches Kraftfahrzeuggewerbe e.V. (ZDK))

Zwischen der Firma **(als Verleiher)**

und Herrn / Frau / Firma **(als Benutzer)**

Name, Vorname — Geburtsdatum

Straße, Nr. — Tel.-Nr.

PLZ, Ort — E-Mail

☐ Personalausweis — Ausstellungsbehörde: ____

☐ Reisepass — Ausstellungsdatum: ____ Nr.: ____

Die komplette „Vereinbarung über eine Probefahrt" finden Sie im Anhang auf Seite 258 ff.

Quelle: ZDK

Grundsätzlich darf der Probefahrer darauf vertrauen, dass ein Vorführwagen vollkaskoversichert ist. Nur bei grober Fahrlässigkeit würde der Probefahrer uneingeschränkt für den Schaden haften. Die Versicherungsbedingungen können aber so gestaltet sein, dass eine Selbstbeteiligung vorgesehen ist. Darüber ist der Kunde vor der Probefahrt zu informieren.

Der Verkäufer sollte sich auch die Zeit nehmen, dem Kunden die Handhabung des Fahrzeuges zu erläutern. Ideal wäre es, zumindest auf den ersten Kilometern, den Kunden zu begleiten und als Verkäufer das Auto selbst zu lenken, damit der Kunde sich mit dem Fahrzeug vertraut machen kann. Vielleicht findet er dabei sogar Gefallen an bestimmten Ausstattungsmerkmalen, die er bisher gar nicht in seine Überlegungen einbezogen hatte, wie etwa einem Navigationsgerät, einer elektronischen Einparkhilfe, einem Sound-System usw., die er als „Selbstfahrer" und ohne entsprechende Einweisung wohl kaum zur Kenntnis hätte nehmen können.

Selbstverständlich muss der Kunde danach die Gelegenheit erhalten, selbst zu fahren, wobei auch hier der Verkäufer am besten anbietet, mitzufahren. So kann er den Kunden etwa auf eine interessante Strecke führen und stauanfällige Abschnitte vermeiden. Nach der Rückkehr auf den Hof des Autohauses kann noch im Fahrzeug über das Fahrgefühl und die Eindrücke gesprochen werden.

Zustandekommen von Kaufverträgen ☞ Band 1, LF 4, S. 262 ff.

3.1.8 Zustandekommen des NW-Kaufvertrages

Kaufverträge kommen durch zwei übereinstimmende Willenserklärungen zustande. Die erste Willenserklärung bezeichnet man als Antrag, die zweite als Annahme. Somit ist es juristisch nicht richtig zu behaupten, dass ein Neuwagenverkaufsgespräch mit der Unterschrift unter dem „Kaufvertrag" gekrönt wird. Das, was der Kunde im günstigsten Fall unterschreibt, ist die verbindliche Bestellung eines Neuwagens; juristisch gesehen handelt es sich hierbei um einen Antrag. In der Regel wird das Autohaus in Person des Neuwagenverkaufsleiters diesen Antrag annehmen. Allerdings kann es auch einmal im Interesse des Neuwagenverkaufsleiters sein, den Antrag eines Kunden auszuschlagen, z. B. wenn sich der Verkäufer beim Endpreis verrechnet hat. Die Bestellung durch den Kunden, an die dieser drei Wochen gebunden ist, muss also durch den Verkäufer – und somit durch das Autohaus – erst noch angenommen werden. Die Annahme erfolgt entweder durch ein Bestätigungsschreiben oder durch die Auslieferung des Fahrzeuges innerhalb der Bindungsfrist des Kunden. Unterlässt das Autohaus die Zusendung dieser Auftragsbestätigung, könnte der Kunde nach Ablauf der drei Wochen ohne Weiteres von seiner Bestellung Abstand nehmen.

3.1.9 Fahrzeugübergabe

Im Jahre 2010 hatte ein Neuwagen einen durchschnittlichen Verkaufspreis von 26.030,00 €.

Die Fahrzeugübergabe ist für den Kunden ein herausragendes Ereignis, denn eine entsprechend kostspielige Anschaffung ist alles andere als alltäglich. Diese positive Grundstimmung bildet eine ideale Voraussetzung, den Kunden nachhaltig zu beeindrucken und noch fester an das Haus zu binden. Deshalb sollte die Fahrzeugübergabe in jedem Detail geplant und professionell abgewickelt werden. Diese Professionalität beginnt bereits mit

- der Terminplanung,
- der Zulassung,
- der abschließenden Kontrolle des Fahrzeuges auf Sauberkeit und Vollständigkeit und
- der Bereitlegung der Papiere und Unterlagen.

Damit die Atmosphäre bei der Fahrzeugübergabe stimmt, sollte eine gemütliche Sitzecke für die Erledigung des „Papierkrams" gewählt werden. Getränke sollten selbstverständlich auch bereitstehen. Dem Kunden werden

- die Zulassungsbescheinigung Teil 1,
- die Zulassungsbescheinigung Teil 2 (sofern kein Finanzierungsgeschäft vorliegt),
- die Garantieerklärung,
- das Kundendienst-Scheckheft,
- die Fahrzeugschlüssel sowie
- evtl. die COC-Papiere überreicht.

COC ☞ S. 142

Den Erhalt der Unterlagen quittiert der Kunde. Dabei sollten der Garantieumfang erklärt, die bereits ausgefüllten Seiten im Scheckheft gezeigt und der Zusammenhang zwischen Garantieumfang und den regelmäßigen Inspektionen aufgezeigt werden. Auch die Bedienungsanleitung sollte dem Kunden nicht einfach nur in die Hand gedrückt werden. Der Verkäufer sollte dem Kunden in der Bedienungsanleitung zeigen, wo er die wesentlichen Funktionen seines Fahrzeuges beschrieben findet. Anschließend wird die Rechnung erklärt und die Zahlung des Kunden in Empfang genommen bzw. die Vorabüberweisung bestätigt. Erfolgt keine Barzahlung und konnte bisher noch kein Zahlungseingang bestätigt werden, verbleibt die Zulassungsbescheinigung Teil 2 im Autohaus, bis die Zahlung eingegangen ist.

Wird parallel ein Gebrauchtwagen in Zahlung genommen, so muss die Übergabe der Unterlagen und des Autos vom Kunden an den Verkäufer im umgekehrten Verfahren erfolgen. Dabei muss der Gebrauchtwagenzustand noch einmal überprüft werden; ggf. muss eine Fahrzeugneubewertung erfolgen, da die ursprüngliche Bewertung je nach Lieferzeit des Neufahrzeugs bereits einige Monate zurückliegen kann.

Sind alle Formalitäten erledigt, wird das Auto übergeben. Bei der Übergabe eines Neuwagens ist häufig erkennbar, dass Kunden eine gewisse Unsicherheit gegenüber dem neuen Auto aufweisen. Um ihnen diese zu nehmen, ist es hilfreich, das Fahrzeug noch einmal in allen Details zu erklären. Damit der Kunde die Scheu vor dem neuen Auto gänzlich verliert, ist es auch empfehlenswert, eine gemeinsame „Probefahrt" mit dem neuen Fahrzeug zu unternehmen und dabei weitere Bedienungselemente und ihre Funktionen zu erklären. Hierbei können letzte Fragen beantwortet werden und der Kunde kann sich davon überzeugen, dass das Auto seinen Erwartungen und Anforderungen entspricht. Die Fahrzeugübergabe endet symbolisch mit der Übergabe des Schlüssels.

Um das Erlebnis zu unterstreichen, ist es durchaus angebracht, einen Blumenstrauß oder ein anderes Präsent zu überreichen. Auch könnte dieses Ereignis im Bild festgehalten werden. Die Zustellung des Bildes mit zeitlicher Verzögerung bewirkt, dass dieses freudige Ereignis in der Kundenerinnerung wiederholt abläuft und positive Assoziationen weckt. Mit dem Hinweis auf den ersten Servicetermin und einer Danksagung wird der Kunde freundlich verabschiedet. Darüber hinaus könnte man den Kunden auch durch das Autohaus in die Serviceannahme führen und dort dem Kundendienstleiter oder -mitarbeiter vorstellen, mit dem er es bei späterer Gelegenheit zu tun haben wird.

Eine Besonderheit gibt es bei der Annahme größerer Bargeldbeträge: Bei Einzahlungen ab 15.000,00 € ist es in Deutschland durch das Geldwäschegesetz (GwG) zwingend vorgeschrieben, dass der Einzahlende zu identifizieren und die Transaktion aufzuzeichnen ist. Die Aufzeichnung muss fünf Jahre lang aufbewahrt werden. Nicht zu verwechseln ist diese Aufzeichnungspflicht mit der Verpflichtung zur Erstattung einer Verdachtsanzeige, die sich aufgrund der Umstände unabhängig von der Höhe und Art der Einzahlung ergeben kann.

3.1.10 Betreuung des Kunden nach dem Verkauf

Der Aftersales ist ein wichtiger Bereich im Autohaus, denn ein Autohaus erwirtschaftet, wie schon an anderer Stelle beschrieben, üblicherweise seinen größten Ertrag im Service. Und gerade aufgrund der zunehmenden Lebens- und Nutzungsdauer der Fahrzeuge und der längeren Wartungsintervalle kommt es für ein Autohaus darauf an, die Neu- und Gebrauchtwagenkäufer für seine Werkstatt zu gewinnen. Umso wichtiger ist die Betreuung der Kunden nach dem Verkauf als Instrument der Kundenbindung. Die Aktivitäten können sowohl telefonisch als auch schriftlich durchgeführt werden. Bei der telefonischen Kontaktaufnahme mit Privatpersonen ist aber darauf zu achten, dass diese vorab ihr Einverständnis dazu gegeben haben. Ansonsten verstößt das Autohaus gegen geltendes Wettbewerbsrecht.

Jeder Autoverkauf bietet eine Fülle an Möglichkeiten, viel über den Kunden zu erfahren. Aus seinen persönlichen Daten und seinen Vorlieben für bestimmte Autos und Sonderausstattungen kann der Verkäufer etwas über die Lebensgewohnheiten und Hobbys ableiten. Diese Kundeninformationen können, sofern sie legal erworben und abgespeichert werden, für gezielte Kontaktaufnahmen mit den Kunden genutzt werden. So können die Kunden gezielt zu passenden Sonderveranstaltungen geladen werden, wodurch sich der Kunde zum einen persönlich angesprochen fühlt, zum anderen die Kosten der Aktion aber auch besser kontrolliert werden können. Neben diesen persönlichen Daten und Anlässen bietet aber auch das Fahrzeug eine Fülle an Möglichkeiten, Kontakt mit dem Kunden aufzunehmen, wie z. B.

- Erinnerungen an Servicetermine und Ölwechsel,
- Einladungen zu Winter- oder Urlaubs-Checks,
- Ablauf des Finanzierungsprogramms oder
- Zufriedenheitsbefragungen.

Damit der Kunde dem Autohaus bei der Kontaktaufnahme nicht immer nur eine Verkaufsabsicht unterstellt, ist es auch sinnvoll, dem Kunden wichtige Tipps und Informationen zukommen zu lassen, wie z. B. Tipps zur Fahrsicherheit, zum sparsamen Fahren, Freizeit und Urlaub oder Pflege und Werterhaltung.

3.1.11 Zulassung

Grundsätzlich muss jedes Fahrzeug, das in Deutschland am Straßenverkehr teilnimmt, zugelassen werden, weil dies genehmigungspflichtig ist. Die Genehmigung (Zulassung) erteilt die Zulassungsbehörde, in der Regel das Straßenverkehrsamt. Vom Straßenverkehrsamt wird dem Fahrzeug ein amtliches Kennzeichen zugeteilt, welches vorher vom Verfügungsberechtigten beantragt werden muss.

Neuwagenmarkt			
Jahr	**Neuzulassungen (Mio. Stück)**	**Durchschnitts-preis (€)**	**Umsatz (Mrd. €)**
1991	4,159	15.290	63,60
1992	3,930	16.410	64,53
1993	3,194	16.360	52,25
1994	3,209	17.690	56,75
1995	3,314	17.845	59,16

1996	3,496	18.865	65,96
1997	3,528	18.765	66,21
1998	3,736	19.225	71,79
1999	3,802	19.120	72,71
2000	3,378	20.045	67,70
2001	3,342	21.165	70,71
2002	3,253	21.930	71,34
2003	3,237	22.360	72,38
2004	3,267	24.090	78,70
2005	3,342	23.880	79,81
2006	3,468	24.480	84,89
2007	3,148	25.970	81,76
2008	3,090	25.990	80,31
2009	3,807	22.520	85,73
2010	2,916	26.030	75,91

Quelle: DAT-Report 2011 für Kfz-Betriebe, S. 54

Doch wer ist Verfügungsberechtigter? Oft sind Eigentümer und Halter ein und dieselbe Person. Zwischen Eigentümer und Halter eines Fahrzeuges muss aber unterschieden werden, wenn das Fahrzeug zum Beispiel geleast wird. Dann ist die Leasing-Bank zwar Eigentümer, der Käufer aber Halter und somit Verfügungsberechtigter. Zur Zulassung sind der Behörde folgende Unterlagen vorzulegen:

- Zulassungsbescheinigung
- Personalausweis – ggf. zusätzlich eine Zulassungsvollmacht, wenn der Halter das Fahrzeug nicht selbst zulässt
- Versicherungsnachweis
- Einwilligung zur Abbuchung der Kfz-Steuer
- Bescheinigung über die letzte Haupt- und Abgasuntersuchung sowie die Abmeldebestätigung bei Gebrauchtfahrzeugen

Zulassungsbescheinigung, Teil 1 (§ 11 FVZ) Fahrzeugschein

Zulassungsbescheinigung, Teil 2 (§ 12 FVZ) Fahrzeugbrief

In der Zulassungsbescheinigung Teil 2 sind alle Daten erfasst, die benötigt werden, um die Zulassung durchzuführen. Sie wird von der Zulassungsbehörde ausgestellt, jedoch haben die meisten Hersteller und Importeure die Berechtigung, diese Bescheinigung selbst zu drucken. Die Zulassungsbehörde stellt für die Zulassung die Zulassungsbescheinigung Teil 1 aus, die im Wesentlichen alle Angaben aus der Zulassungsbescheinigung Teil 2 enthält. Bei der Zulassung wird dem Fahrzeug ein amtliches Kennzeichen zugeordnet, das in den Zulassungsbescheinigungen vermerkt wird. Der Halter kann sich aber auch sein Wunschkennzeichen zuteilen lassen, soweit es nicht schon vergeben oder reserviert ist. Das amtliche Kennzeichen muss mit einer Stempelplakette versehen werden, die mit dem farbigen Landeswappen versehen ist. Eine weitere Plakette enthält die Angaben zur nächsten fälligen Hauptuntersuchung. Die eigenständige Plakette für die Abgasuntersuchung auf dem vorderen Nummernschild wird seit dem Jahre 2010 nicht mehr erteilt.

Bei der Neuzulassung eines Fahrzeuges bekommt der Kunde von seinem Versicherer eine siebenstellige Versicherungsbestätigungsnummer, die VB-Nummer. Zeitgleich überspielt der Versicherer eine elektronische Versicherungsbestätigung in eine zentrale Datenbank. Der zuständige Mitarbeiter bei der Zulassungsstelle kann dann mittels der VB-Nummer online feststellen, ob für den Kunden eine gültige Versicherungsbestätigung hinterlegt wurde. Anschließend werden die notwendigen Daten für die An- oder Ummeldung eines Kraftfahrzeuges zwischen Versicherungsunternehmen, Kraftfahrtbundesamt und den örtlichen Zulassungsbehörden papierlos ausgetauscht.

homolog (griech.) gleichlautend, entsprechend

COC (Certificate of Conformity) Übereinstimmungserklärung

Fahrzeughersteller und Importeure müssen Autos, die in anderen Ländern gebaut und nach Deutschland exportiert werden, ***homologieren***. Dies bedeutet, dass die im Ausland hergestellten Fahrzeuge den deutschen technischen Normen entsprechen. Die Überprüfung erfolgt überwiegend in den ausländischen Produktionsstätten. In Deutschland werden bei der Einfuhr Stichproben gemacht. Diese Übereinstimmung der Normen bescheinigt das ***COC*** („Certificate of Conformity"). Das Dokument bezeugt, dass und wie sich eine bestimmte Ware zu anerkannten (internationalen) Normen verhält und ist dazu gedacht, die Zulassung der Ware auf internationalen Märkten zu erleichtern.

Fahrzeuge, die „COC"-Dokumente haben, werden in allen Ländern der Europäischen Union ohne Probleme zugelassen, da die Staaten untereinander die Dokumente zur Typenprüfung wechselseitig anerkennen. Grundlage für die COC-Bescheinigung ist eine EG-Betriebserlaubnis nach Richtlinie 70/156/EWG für Kraftfahrzeuge der Klassen M1, M2, M3, N1, N2, N3, N4, O1, O2, O3 (sogenannte Typgenehmigung), die durch den § 21 StVZO in nationales Recht umgesetzt wurde. Im Anhang IV dieser Richtlinie sind z. B. in der Anlage die 61 Einzelgenehmigungsgegenstände aufgelistet, welche zur Erfüllung der Gesamtgenehmigung vollständig erfüllt sein müssen. Das erste Fahrzeug mit einer vollständigen EG-Betriebserlaubnis war die Mercedes Benz C-Klasse von 1993.

Fahrzeuge, die in EU-Länder importiert werden, egal ob Neufahrzeuge oder Gebrauchtfahrzeuge, und für die keine COC-Papiere existieren, müssen im Wege der Einzelzulassung mittels ***TÜV***-Prüfung zugelassen werden.

TÜV
Die Abkürzung steht für Technischer Überwachungs-Verein. Er übernimmt technische Sicherheitskontrollen, die insbesondere durch Gesetze und Verordnungen erforderlich sind.

3.2 Allgemeine Geschäftsbedingungen beim Neuwagenverkauf

Für immer wiederkehrende Bedingungen, die für den Verkauf von fabrikneuen Kraftfahrzeugen und Anhängern gelten sollen, und die nicht immer wieder einzeln verhandelt werden sollen, bedient sich das Autohaus Allgemeiner Geschäftsbedingungen. Die Autoland Murschall GmbH hat die Empfehlungen der Branchenverbände ZDK, VDA und VDIK übernommen. In ihnen sind Einzelheiten zum Vertragsabschluss, zur Zahlung, zu den Lieferungsbedingungen, zum Eigentumsvorbehalt, zum Vorgehen bei Sachmängeln, zum Gerichtsstand usw. festgehalten.

Gebrauchtwagen-Verkaufsbedingungen finden Sie im Anhang auf S. 263 f.

Neuwagen-Verkaufsbedingungen

(Kraftfahrzeuge und Anhänger)

Unverbindliche Empfehlung des Verbandes der Automobilindustrie e. V. (VDA), des Verbandes der Internationalen Kraftfahrzeughersteller e. V. (VDIK) und des Zentralverbandes Deutsches Kraftfahrzeuggewerbe e. V. (ZDK) *Stand: 03/2008*

I. Vertragsabschluss/Übertragung von Rechten und Pflichten des Käufers

01 Der Käufer ist an die Bestellung höchstens bis drei Wochen, bei Nutzfahrzeugen bis sechs Wochen gebunden. Diese Frist verkürzt sich auf 10 Tage (bei Nutzfahrzeugen auf 2 Wochen) bei Fahrzeugen, die beim Verkäufer vorhanden sind. Der Kaufvertrag ist abgeschlossen, wenn der Verkäufer die Annahme der Bestellung des näher bezeichneten Kaufgegenstandes innerhalb der jeweils genannten Fristen schriftlich bestätigt oder die Lieferung ausführt. Der Verkäufer ist jedoch verpflichtet, den Besteller unverzüglich zu unterrichten, wenn er die Bestellung nicht annimmt.

02 Übertragungen von Rechten und Pflichten des Käufers aus dem Kaufvertrag bedürfen der schriftlichen Zustimmung des Verkäufers.

II. Preise

...

III. Zahlung

01 Der Kaufpreis und Preise für Nebenleistungen sind bei Übergabe des Kaufgegenstandes und Aushändigung oder Übersendung der Rechnung zur Zahlung fällig.

02 Gegen Ansprüche des Verkäufers kann der Käufer nur dann aufrechnen, wenn die Gegenforderung des Käufers unbestritten ist oder ein rechtskräftiger Titel vorliegt; ein Zurückbehaltungsrecht kann er nur geltend machen, soweit es auf Ansprüchen aus dem Kaufvertrag beruht.

IV. Lieferung und Lieferverzug

01 Liefertermine und Lieferfristen, die verbindlich oder unverbindlich vereinbart werden können, sind schriftlich anzugeben. Lieferfristen beginnen mit Vertragsabschluss.

02 Der Käufer kann sechs Wochen nach Überschreiten eines unverbindlichen Liefertermins oder einer unverbindlichen Lieferfrist den Verkäufer auffordern zu liefern. Diese Frist verkürzt sich auf 10 Tage (bei Nutzfahrzeugen auf zwei Wochen) bei Fahrzeugen, die beim Verkäufer vorhanden sind. Mit dem Zugang der Aufforderung kommt der Verkäufer in Verzug.
Hat der Käufer Anspruch auf Ersatz eines Verzugsschadens, beschränkt sich dieser bei leichter Fahrlässigkeit des Verkäufers auf höchstens 5 % des vereinbarten Kaufpreises.

03 Will der Käufer darüber hinaus vom Vertrag zurücktreten und/oder Schadensersatz statt der Leistung verlangen, muss er dem Verkäufer nach Ablauf der betreffenden Frist gemäß Ziffer 2, Satz 1 oder 2 dieses Abschnitts eine angemessene Frist zur Lieferung setzen.
Hat der Käufer Anspruch auf Schadensersatz statt der Leistung, beschränkt sich der Anspruch bei leichter Fahrlässigkeit auf höchstens 25 % des vereinbarten Kaufpreises. Ist der Käufer eine juristische Person des öffentlichen Rechts, ein öffentlich-rechtliches Sondervermögen oder ein Unternehmer, der bei Abschluss des Vertrages in Ausübung seiner gewerblichen oder selbständigen beruflichen Tätigkeit handelt, sind Schadenersatzansprüche statt der Leistung bei leichter Fahrlässigkeit ausgeschlossen.
Wird dem Verkäufer, während er in Verzug ist, die Lieferung durch Zufall unmöglich, so haftet er mit den vorstehend vereinbarten Haftungsbegrenzungen. Der Verkäufer haftet nicht, wenn der Schaden auch bei rechtzeitiger Lieferung eingetreten wäre.

04 Wird ein verbindlicher Liefertermin oder eine verbindliche Lieferfrist überschritten, kommt der Verkäufer bereits mit Überschreiten des Liefertermins oder der Lieferfrist in Verzug. Die Rechte des Käufers bestimmen sich dann nach Ziffer 2, Satz 4 und Ziffer 3 dieses Abschnitts.

05 Höhere Gewalt oder beim Verkäufer oder dessen Lieferanten eintretende Betriebsstörungen, die den Verkäufer ohne eigenes Verschulden vorübergehend daran hindern, den Kaufgegenstand zum vereinbarten Termin oder innerhalb der vereinbarten Frist zu liefern, verändern die in Ziffern 1 bis 4 dieses Abschnitts genannten Termine und Fristen um die Dauer der durch diese Umstände bedingten Leistungsstörungen. Führen entsprechende Störungen zu einem Leistungsaufschub von mehr als vier Monaten, kann der Käufer vom Vertrag zurücktreten. Andere Rücktrittsrechte bleiben davon unberührt.

06 Konstruktions- oder Formänderungen, Abweichungen im Farbton sowie Änderungen des Lieferumfangs seitens des Herstellers bleiben während der Lieferzeit vorbehalten, sofern die Änderungen oder Abweichungen unter Berücksichtigung der Interessen des Verkäufers für den Käufer zumutbar sind. Sofern der Verkäufer oder der Hersteller zur Bezeichnung der Bestellung oder des bestellten Kaufgegenstandes Zeichen oder Nummern gebraucht, können allein daraus keine Rechte hergeleitet werden.

V. Abnahme

01 Der Käufer ist verpflichtet, den Kaufgegenstand innerhalb von 14 Tagen ab Zugang der Bereitstellungsanzeige abzunehmen.

02 Im Falle der Nichtabnahme kann der Verkäufer von seinen gesetzlichen Rechten Gebrauch machen. Verlangt der Verkäufer Schadensersatz, so beträgt dieser 15 % des Kaufpreises. Der Schadensersatz ist höher oder niedriger anzusetzen, wenn der Verkäufer einen höheren Schaden nachweist oder der Käufer nachweist, dass ein geringerer oder überhaupt kein Schaden entstanden ist.

VI. Eigentumsvorbehalt

01 Der Kaufgegenstand bleibt bis zum Ausgleich der dem Verkäufer aufgrund des Kaufvertrages zustehenden Forderungen Eigentum des Verkäufers.
Ist der Käufer eine juristische Person des öffentlichen Rechts, ein öffentlich-rechtliches Sondervermögen oder ein Unternehmer, der bei Abschluss des Vertrages in Ausübung seiner gewerblichen oder selbständigen beruflichen Tätigkeit handelt, bleibt der Eigentumsvorbehalt auch bestehen für Forderungen des Verkäufers gegen den Käufer aus der laufenden Geschäftsbeziehung bis zum Ausgleich von im Zusammenhang mit dem Kauf zustehenden Forderungen.
Auf Verlangen des Käufers ist der Verkäufer zum Verzicht auf den Eigentumsvorbehalt verpflichtet, wenn der Käufer sämtliche mit dem Kaufgegenstand im Zusammenhang stehende Forderungen unanfechtbar erfüllt hat und für die übrigen Forderungen aus den laufenden Geschäftsbeziehungen eine angemessene Sicherung besteht.
Während der Dauer des Eigentumsvorbehalts steht das Recht zum Besitz der Zulassungsbescheinigung Teil II (Fahrzeugbrief) dem Verkäufer zu.

02 Bei Zahlungsverzug des Käufers kann der Verkäufer vom Kaufvertrag zurücktreten. Hat der Verkäufer darüber hinaus Anspruch auf Schadensersatz statt der Leistung und nimmt er den Kaufgegenstand wieder an sich, sind Verkäufer und Käufer sich darüber einig, dass der Verkäufer den gewöhnlichen Verkaufswert des Kaufgegenstandes im Zeitpunkt der Rücknahme vergütet. Auf Wunsch des Käufers, der nur unverzüglich nach Rücknahme des Kaufgegenstandes geäußert werden kann, wird nach Wahl des Käufers ein öffentlich bestellter und vereidigter Sachverständiger, z. B. der Deutschen Automobil Treuhand GmbH (DAT), den gewöhnlichen Verkaufswert ermitteln. Der Käufer trägt sämtliche Kosten der Rücknahme und Verwertung des Kaufgegenstandes. Die Verwertungskosten betragen ohne Nachweis 5 % des gewöhnlichen Verkaufswertes. Sie sind höher oder niedriger anzusetzen, wenn der Verkäufer höhere Kosten nachweist oder der Käufer nachweist, dass geringere oder überhaupt keine Kosten entstanden sind.

03 Solange der Eigentumsvorbehalt besteht, darf der Käufer über den Kaufgegenstand weder verfügen noch Dritten vertraglich eine Nutzung einräumen.

VII. Sachmangel

01 Ansprüche des Käufers wegen Sachmängeln verjähren entsprechend den gesetzlichen Bestimmungen in zwei Jahren ab Ablieferung des Kaufgegenstandes.
Hiervon abweichend gilt eine Verjährungsfrist von einem Jahr, wenn der Käufer eine juristische Person des öffentlichen Rechts, ein öffentlich-rechtliches Sondervermögen oder ein Unternehmer ist, der bei Abschluss des Vertrages in Ausübung seiner gewerblichen oder selbständigen beruflichen Tätigkeit handelt.
Weitergehende Ansprüche bleiben unberührt, soweit der Verkäufer aufgrund Gesetz zwingend haftet oder etwas anderes vereinbart wird, insbesondere im Falle der Übernahme einer Garantie.

02 Soll eine Mängelbeseitigung durchgeführt werden, gilt Folgendes:

a) Ansprüche auf Mängelbeseitigung kann der Käufer beim Verkäufer oder bei anderen, vom Hersteller/Importeur für die Betreuung des Kaufgegenstandes anerkannten Betrieben geltend machen; im letzteren Fall hat der Käufer den Verkäufer hiervon unverzüglich zu unterrichten, wenn die erste Mängelbeseitigung erfolglos war. Bei mündlichen Anzeigen von Ansprüchen ist dem Käufer eine schriftliche Bestätigung über den Eingang der Anzeige auszuhändigen.

b) Wird der Kaufgegenstand wegen eines Sachmangels betriebsunfähig, hat sich der Käufer an den dem Ort des betriebsunfähigen Kaufgegenstandes nächstgelegenen, vom Hersteller/Importeur für die Betreuung des Kaufgegenstandes anerkannten dienstbereiten Betrieb zu wenden.

c) Für die zur Mängelbeseitigung eingebauten Teile kann der Käufer bis zum Ablauf der Verjährungsfrist des Kaufgegenstandes Sachmängelansprüche aufgrund des Kaufvertrages geltend machen

d) Ersetzte Teile werden Eigentum des Verkäufers.

03 Durch Eigentumswechsel am Kaufgegenstand werden Mängelbeseitigungsansprüche nicht berührt.

04 Abschnitt VII Sachmangel gilt nicht für Ansprüche auf Schadensersatz; für diese Ansprüche gilt Abschnitt VIII Haftung.

VIII. Haftung

01 Hat der Verkäufer aufgrund der gesetzlichen Bestimmungen für einen Schaden aufzukommen, der leicht fahrlässig verursacht wurde, so haftet der Verkäufer beschränkt:
Die Haftung besteht nur bei Verletzung vertragswesentlicher Pflichten, etwa solcher, die der Kaufvertrag dem Verkäufer nach seinem Inhalt und Zweck gerade auferlegen will oder deren Erfüllung die ordnungsgemäße Durchführung des Kaufvertrages überhaupt erst ermöglicht und auf deren Einhaltung der Käufer regelmäßig vertraut und vertrauen darf. Diese Haftung ist auf den bei Vertragsabschluss vorhersehbaren typischen Schaden begrenzt. Soweit der Schaden durch eine vom Käufer für den betreffenden Schadenfall abgeschlossene Versicherung

(ausgenommen Summenversicherung) gedeckt ist, haftet der Verkäufer nur für etwaige damit verbundene Nachteile des Käufers, z. B. höhere Versicherungsprämien oder Zinsnachteile bis zur Schadenregulierung durch die Versicherung.

Ist der Käufer eine juristische Person des öffentlichen Rechts, ein öffentlich-rechtliches Sondervermögen oder ein Unternehmer, der bei Abschluss des Kaufvertrages in Ausübung seiner gewerblichen oder selbständigen beruflichen Tätigkeit handelt, und werden nach Ablauf eines Jahres nach Ablieferung des Kaufgegenstandes Schadensersatzansprüche wegen Sachmängeln geltend gemacht, gilt Folgendes: Die vorstehende Haftungsbeschränkung gilt auch für einen Schaden, der grob fahrlässig verursacht wurde, nicht aber bei grob fahrlässiger Verursachung durch gesetzliche Vertreter oder leitende Angestellte des Verkäufers, ferner nicht für einen grob fahrlässig verursachten Schaden, der durch eine vom Käufer für den betreffenden Schadenfall abgeschlossene Versicherung gedeckt ist.

02 Unabhängig von einem Verschulden des Verkäufers bleibt eine etwaige Haftung des Verkäufers bei arglistigem Verschweigen eines Mangels, aus der Übernahme einer Garantie oder eines Beschaffungsrisikos und nach dem Produkthaftungsgesetz unberührt.

03 Die Haftung wegen Lieferverzuges ist in Abschnitt IV abschließend geregelt.

04 Ausgeschlossen ist die persönliche Haftung der gesetzlichen Vertreter, Erfüllungsgehilfen und Betriebsangehörigen des Verkäufers für von ihnen durch leichte Fahrlässigkeit verursachte Schäden. Für von ihnen mit Ausnahme der gesetzlichen Vertreter und leitenden Angestellten durch grobe Fahrlässigkeit verursachte Schäden gilt die diesbezüglich für den Verkäufer geregelte Haftungsbeschränkung entsprechend.

05 Die Haftungsbeschränkungen dieses Abschnitts gelten nicht bei Verletzung von Leben, Körper oder Gesundheit.

IX. Gerichtsstand

01 Für sämtliche gegenwärtigen und zukünftigen Ansprüche aus der Geschäftsverbindung mit Kaufleuten einschließlich Wechsel- und Scheckforderungen ist ausschließlicher Gerichtsstand der Sitz des Verkäufers.

02 Der gleiche Gerichtsstand gilt, wenn der Käufer keinen allgemeinen Gerichtsstand im Inland hat, nach Vertragsabschluss seinen Wohnsitz oder gewöhnlichen Aufenthaltsort aus dem Inland verlegt oder sein Wohnsitz oder gewöhnlicher Aufenthaltsort zum Zeitpunkt der Klageerhebung nicht bekannt ist. Im Übrigen gilt bei Ansprüchen des Verkäufers gegenüber dem Käufer dessen Wohnsitz als Gerichtsstand.

Quelle: ZDK

LS 111

4 Gebrauchtwagen bewerten

***SITUATION** Autoland Murschall GmbH*

David Rose ist seit einigen Tagen in der Abteilung Neuwagenverkauf. Momentan schaut er Frau Friede und Herrn Maslow über die Schulter und setzt sich häufig bei Verkaufsgesprächen mit Kunden dazu. Er unterstützt die beiden Verkäufer aber auch bei deren täglicher Arbeit, indem er ihnen notwendige Arbeiten abnimmt. So bringt er im Bedarfsfall das Fahrzeug eines potenziellen Käufers, welches in Zahlung genommen werden soll, in die Dialogannahme, wo der Serviceleiter das Auto unter die Lupe nimmt und mögliche Schäden und den Reparaturbedarf feststellt. Sodann sucht er im Internet nach vergleichbaren Fahrzeugen, d. h. nach Fahrzeugen des gleichen Modells und Baujahrs, die in ihrer Ausstattung und der Fahrleistung dem Kundenfahrzeug weitestgehend entsprechen, um einen aktuellen und möglichst auch regionalen Vergleichspreis herauszufinden.

4.1 Situation und Bedeutung des Gebrauchtwagengeschäfts

Unter den Begriff **Gebrauchtwagen** fallen Fahrzeuge mit Tageszulassungen, Vorführwagen, ehemalige Mietwagen, Jahreswagen, Leasing- und Finanzierungsrückläufer, „normale" Gebrauchtwagen, Bastler- oder Schrottfahrzeuge und Unfallfahrzeuge. Demzufolge setzt sich der Gebrauchtwagenbestand aus Inzahlungnahmen auf Neuwagen und Gebrauchtwagen und Fahrzeugen aus aktivem Zukauf zusammen.

Das Gebrauchtwagengeschäft steht u. a. im direkten Wettbewerb zum privaten Gebrauchtwagenmarkt, aber auch zu großen Mietwagenfirmen.

Das Gebrauchtwagengeschäft ist durch eine hohe Kapitalbildung, ein hohes Verlustrisiko, Standzeiten von durchschnittlich 120 Tagen, eine verschärfte Wettbewerbssituation, drastische Gebrauchtwagenüberzahlungen aufgrund von Neuwagenrabatten und mangelnde Professionalität in der Organisation des Gebrauchtwagengeschäfts gekennzeichnet.

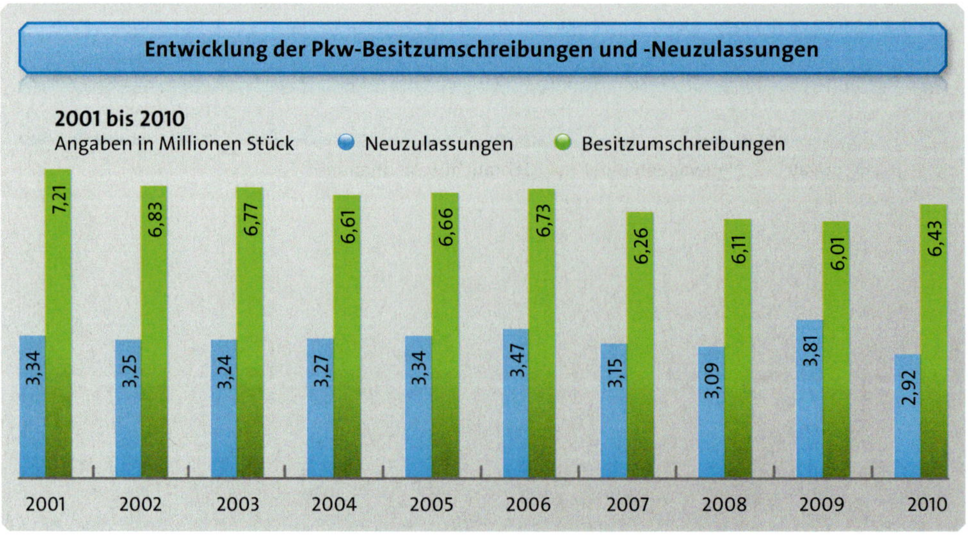

Quelle: DAT-Report 2011 für Kfz-Betriebe, S. 12

Im Jahr 2010 gab es mehr als doppelt so viele Besitzumschreibungen wie Neuzulassungen (6,4 Mio. zu 2,9 Mio.). Zusammen mit dem durchschnittlichen Verkaufspreis – ein Report der Deutschen Automobil Treuhand (DAT) für das Jahr 2010 weist für Gebrauchtwagen einen Durchschnittspreis von 8.790,00 € aus, für Neuwagen einen Preis von 26.030,00 € – spiegelt sich in diesen beiden Kriterien die enorme Bedeutung wider, die der Gebrauchtwagenmarkt besitzt. Langfristig wird seine Bedeutung, auch im Hinblick auf die zunehmende Langlebigkeit der Fahrzeuge, eher noch zunehmen.

Einen weiteren Einflussfaktor stellt die wirtschaftliche Situation der jeweiligen Region dar. So ist bei einer schlechten wirtschaftlichen Lage und einer hohen Arbeitslosigkeit in der Regel mit einer weiteren Abwanderung von Neuwagenkäufern auf den Gebrauchtwagenmarkt zu rechnen.

Auf dem Gebrauchtwagenmarkt konkurrieren der fabrikatsgebundene (Neuwagen-)Handel, der reine Gebrauchtwagenhandel und der Privatmarkt miteinander. Die Wahl des Markts hängt von verschiedenen Kaufkriterien ab. So spielt z. B. das Alter des Fahrzeuges eine wichtige Rolle. Allerdings sollten ältere Fahrzeuge vom fabrikatsgebundenen Händler nicht gänzlich außer Acht gelassen werden, da diese Fahrzeuge oft Einstiegsmodelle darstellen, die gerade von Erstkäufern gewählt werden, die über diesen Kauf besonders frühzeitig an ein Autohaus gebunden werden können. Von den im Jahr 2010 insgesamt 1,184 Mio. besitzumgeschriebenen Fahrzeugen unter 3.000,00 € (18,4 % aller Fahrzeugumschreibungen) wurden nur 4 % beim fabrikatsgebundenen Handel erworben, während 33 % im Privatmarkt vermittelt wurden.

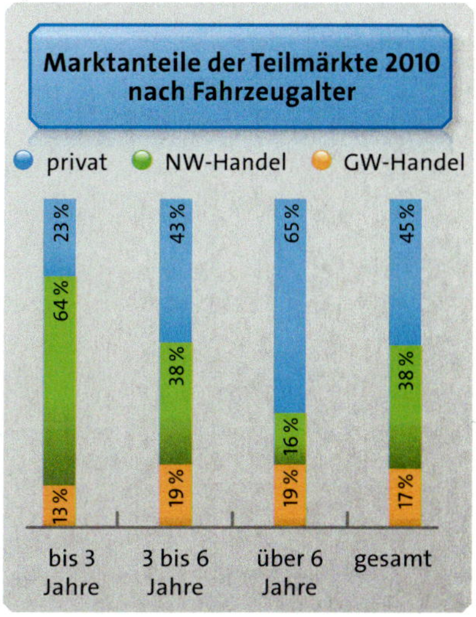

Quelle: DAT-Report 2011 für Kfz-Betriebe, S. 10

Obwohl es seit der Schuldrechtsreform im Jahre 2002 und dem damit verbundenen Gewährleistungsrecht aus betriebswirtschaftlichen Gründen schwieriger ist, ältere Fahrzeuge überhaupt noch anzubieten, sollte es aber dennoch eine Selbstverständlichkeit sein, dass dem Kunden beim Kauf eines entsprechend alten Fahrzeugs das Gefühl vermittelt wird, mit dem Kauf bei einem Händler eine sichere Wahl getroffen zu haben – auch wenn es sich nur um ein Jahr und somit die Zeit der Gewährleistung handelt.

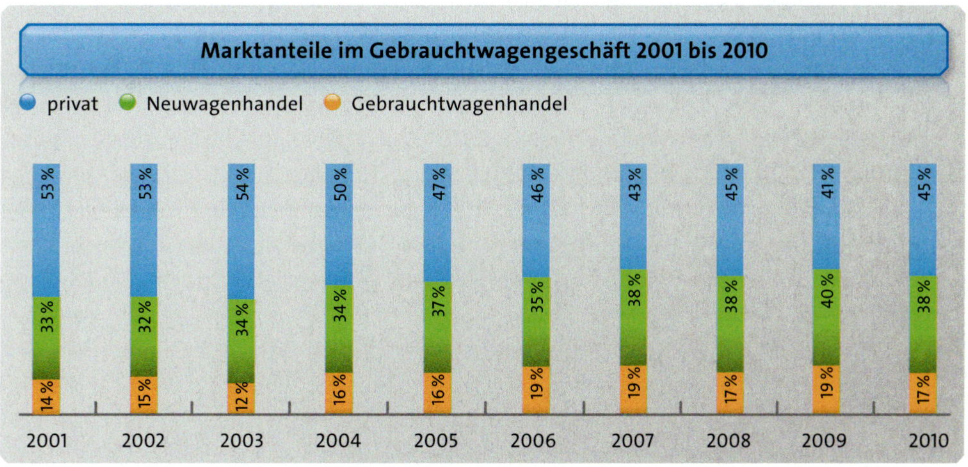

Quelle: DAT-Report 2011 für Kfz-Betriebe, S. 12

Quelle: Der Tagesspiegel, 9. April 2011, S. M1

Durch den fabrikatsgebundenen Gebrauchtwagenhandel kann bereits eine frühe Bindung des Käufers an eine Automarke erzielt werden. So entschieden sich im Jahr 2010 mehr als 9 von zehn Käufern für einen Gebrauchtwagen des Fabrikats, das der Fabrikatshändler auch als Neuwagen verkauft (93 %); 59 % der Käufer wissen bereits zu Beginn ihrer Kaufüberlegungen, welches Fabrikat sie wählen möchten, während die restlichen 41 % in ihrer Vorstellung lediglich den auszugebenden Betrag festsetzen.

Die Qualität der Gebrauchtwagen, die an dem Aufwand gemessen wird, den die Käufer dieser Fahrzeuge in den ersten sechs Monaten nach Kauf für die Reparatur von Verschleißteilen hatten, nimmt allgemein weiterhin zu. Gerade im fabrikatsgebundenen Handel, der den Käufern in den ersten sechs Monaten traditionell die geringsten Kosten für Reparaturen aufbürdet, nahmen die Reparaturaufwendungen von 2009 auf 2010 weiter ab (siehe Grafik). Der Großteil der Kosten kann durch Gebrauchwagengarantien abgedeckt werden (2010 verfügten 43 % der verkauften Gebrauchtwagen über eine Garantie).

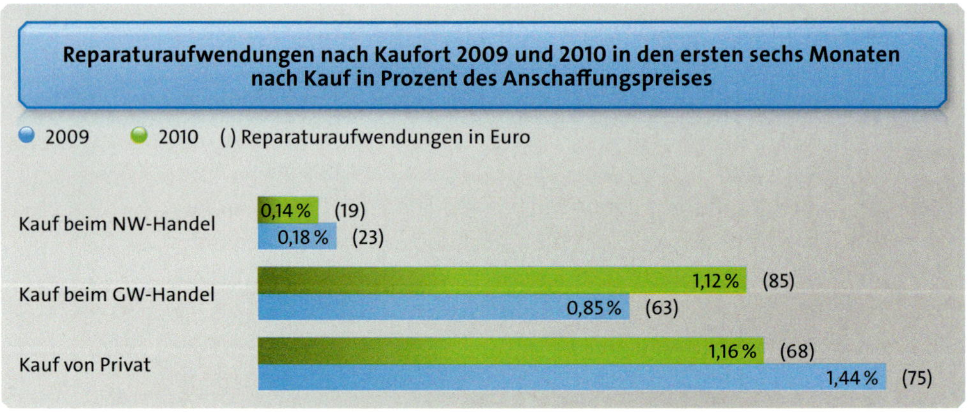

Quelle: DAT-Report 2011 für Kfz-Betriebe, S. 19

Nennenswerte Reparaturen treten erst mit zunehmendem Alter des Fahrzeuges auf. Ab dem fünften Jahr nach Neuzulassung sind besonders die Batterie und die Auspuffanlage anfällig, etwas jüngere Fahrzeuge (zwei bis drei Jahre) kranken oft an der elektrischen Anlage. Insgesamt besitzt der fabrikatsgebundene Handel bei der Bewertung des Reparaturrisikos einen Wettbewerbsvorsprung gegenüber den anderen Kauforten.

Deutlicher wird das Reparaturrisiko bei der Betrachtung des Volumens der Reparaturen. 2010 beliefen sich die Reparaturkosten an gebrauchten Fahrzeugen innerhalb der ersten sechs Monate nach Erwerb auf insgesamt 851 Mio. €. Davon entfielen jedoch lediglich 160 Mio. € auf Gebrauchtwagen, die beim fabrikatsgebundenen Handel erworben wurden.

Die Vorwagen der Käufer waren 2010 ca. neun Jahre alt und hatten eine Laufleistung von rund 130.000 km. Durchschnittlich besaßen die Käufer ihre alten Fahrzeuge zum Abgabezeitpunkt fünf Jahre. 2010 waren immerhin 15 % der abgegebenen Fahrzeuge aus erster Hand: Diese Gebrauchtwagenkäufer waren vormals Neuwagenkäufer! Bei den Neuwagenkäufern liegt die Übernahme der Vorwagen durch den fabrikatsgebundenen Handel dagegen bei mehr als 50 %.

Die Kaufentscheidungen der Gebrauchtwagenkäufer werden in besonderem Maß von wirtschaftlichen Erwägungen geprägt. Darüber hinaus wurde im Jahr 2010 das Merkmal „Verbrauch“ wichtiger und wird an Bedeutung wohl weiter zunehmen: verbrauchsarme Modelle mit einer günstigen Steuereinstufung finden eher einen willigen Käufer als Benzinschlucker.

Kriterien beim GW-Kauf 2010	
Kriterium	**Wichtigkeit**
Anschaffungspreis	1,4
Kraftstoffverbrauch	1,7
Aussehen	1,8
Ausstattung	1,9
Wartungsfreundlichkeit	1,9
Ersatzteilversorgung	2,0
niedriger Kilometerstand	2,0
Umweltverträglichkeit	2,3
Dichte des Kundendienstnetzes	2,3
Garantieumfang	2,5
Wiederverkaufswert	2,5
Prestigewert	2,7
Paketlösungen	2,9
Finanzierungsangebote	2,9
günst. Hereinnahme d. Vorwagens	3,0
Beurteilung: 1 = sehr wichtig, 4 = unwichtig	

Quelle: DAT-Report 2011 für Kfz-Betriebe, S. 19

Die notwendigen Informationen beziehen Gebrauchtwagenkäufer in erster Linie aus dem Internet. Dabei geht es nicht nur um das Abrufen von Gebrauchtwagenangeboten, sondern auch um die durchschnittlichen Gebrauchtwagenpreise (z. B. laut DAT). Neben dem Internet informieren sich junge Käufer (bis 29 Jahre) zudem häufig bei Bekannten/Kollegen. Die etwas ältere Generation (ab 50 Jahre) nutzt hingegen in überdurchschnittlichem Maße die Möglichkeit, sich Informationen bei verschiedenen NW- und GW-Händlern zu beschaffen.

Erstkäufer, die 2010 immerhin 27 % aller Gebrauchten kauften, sind eine besondere Käufergruppe: Der Wunsch nach dem eigenen Auto lässt sie eher finanzielle Schwierigkeiten und wirtschaftliche Erwägungen vergessen und macht sie deshalb sowohl für den Neu- als auch den Gebrauchtwagenmarkt zu einer konjunkturell unempfindlichen Käufergruppe. Insgesamt 69 % der Erstkäufer griffen 2010 auf ein gebrauchtes Fahrzeug zurück, 31 % leisteten sich hingegen einen Neuwagen. Dabei erwarben 56 % der Gebrauchtwagen-Erstkäufer ein typisches Einsteigerfahrzeug bis unter 5.000,00 €.

Käufer mit höheren Einkommen nutzen traditionell mehr Informationsquellen als Käufer mit geringerem Einkommen. Der Finanzierungsanteil bei den Gebrauchten lag 2010 im Schnitt bei ca. 24 %, Ersparnisse wurden zu ca. 55 % eingebracht.

Bezüglich der Markentreue der Gebrauchtwagenkäufer kann man feststellen, dass die Markentreue zu deutschen Fabrikaten höher ist als zu Importfabrikaten. Insgesamt lag sie 2010 mit 40 % auf einem mittleren Niveau.

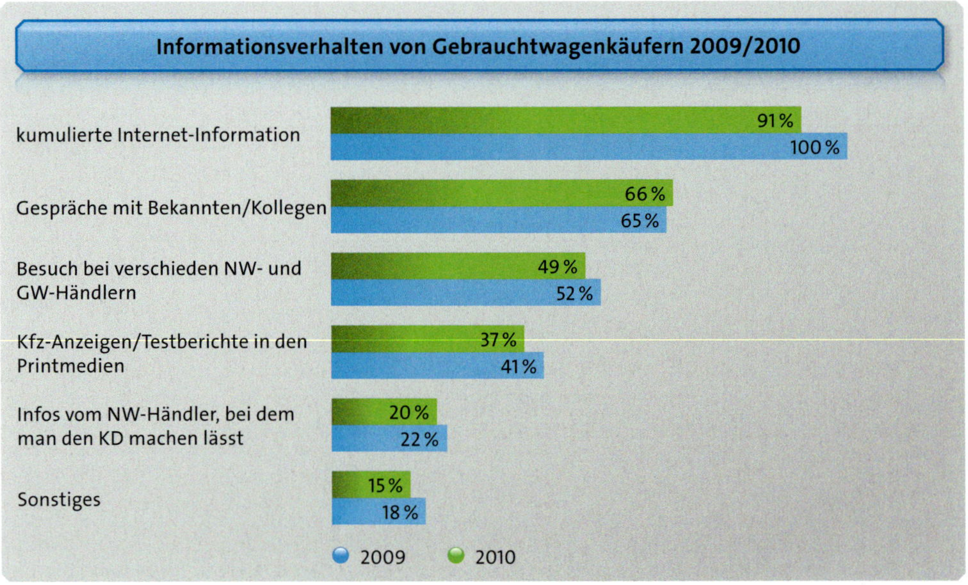

Quelle: DAT-Report 2011 für Kfz-Betriebe, S. 22

4.2 Gebrauchtwagenbeschaffung

Standzeit
LF 10, S. 101 ff.

Eine aktive Beschaffungspolitik und Sortimentsgestaltung sichern einen optimalen Mix der Gebrauchtwagen. Vorteilhaft wirken eine Kooperation mit anderen Händlern (etwa zum Aufkauf von alten Fahrzeugen oder solchen mit extrem hohen Laufleistungen) sowie die konsequente **Standzeitüberwachung** (inkl. der Beobachtung des Marktes und der Anpassung der Preise). Gebrauchtwagen sollten marktgerecht zugekauft werden, während problematische Gebrauchtwagen direkt an Wiederverkäufer abgegeben werden sollten. Eine Konzentration auf die eigene Marke (Anteil von 80 % am Sortiment) ist sinnvoll, da Fremdfabrikate bei einem fabrikatsgebundenen Händler weniger häufig vermutet werden, auch wenn man durch das konsequente Einstellen der Fahrzeugangebote auf der händlereigenen Website oder in den einschlägigen Verkaufsportalen auch die „markenfremden" Interessenten auf das Autohaus aufmerksam macht.

4.3 Gebrauchtwagenpräsentation

Gebrauchte Fahrzeuge sollten innerhalb kürzester Zeit (also weniger Tage) instand gesetzt und aufbereitet werden, denn bereits bei oder gar vor der Hereinnahme könnte das Kraftfahrzeug – zur Verringerung der Standzeiten – wieder angeboten werden (z. B. über das Internet). Für den Ablauf der Hereinnahme empfiehlt es sich, einen Organisationsplan festzulegen. Da zwischen der Bewertung und der Hereinnahme in der Regel

mehrere Tage liegen, unter Umständen aber auch mehrere Wochen, muss der Zustand des hereingenommenen Gebrauchtwagens in jedem Fall mit dem Zustand bei Wertermittlung verglichen werden.

Da der potenzielle Gebrauchtwagenkäufer Fremdfabrikate bei dem fabrikatsgebundenen Händler nicht erwartet, ist es ratsam, dass diese Fahrzeuge in der vordersten Reihe ausgestellt und besonders beworben werden. Alle eigenen Fabrikate sollten zudem übersichtlich präsentiert werden (z. B. Kombis gesondert) und mit auffallenden Hinweisschildern versehen werden (z. B. Cabrio-Allee u. Ä.). Es empfiehlt sich, die Standplätze des Öfteren zu wechseln (Standplatzrotation), um dem Kunden ein attraktives, vielfältiges Angebot zu suggerieren. Sogenannte „Stumme Verkäufer“ (Werbeaufsteller, Präsentationsmappen oder Prospektboxen, aus denen DIN-A4-Blätter entnommen werden können, die alle Angaben der Preisauszeichnung beinhalten) erleichtern dem Kunden die Übersicht. Auch nach der ersten Instandsetzung sollten die Fahrzeuge weiterhin gepflegt – also sauber gehalten sowie von Schnee und Eis befreit – und in ihrer Qualität kontrolliert werden.

„Stummer Verkäufer“

4.4 Preispolitik im Gebrauchtwagengeschäft

An der Seitenscheibe des Fahrzeuges ist eine vollständige Preisauszeichnung mit allen technischen Merkmalen und der Ausstattung anzubringen. Dazu gehört selbstverständlich auch, regelmäßig ein konkretes Leasing- und/oder Finanzierungsangebot zu unterbreiten, wobei hier besonders auf die gesetzlichen Vorschriften, wie etwa die PAngV, zu achten ist. Da der Kunde das Fahrzeug in der Regel zunächst von vorn betrachten wird, sollte hinter der Frontscheibe dagegen nicht der gesamte Verkaufspreis, sondern die (niedrige) monatliche Rate vermerkt werden. Gibt es zudem einen Code für die Verschlüsselung interner Daten (Zugangszeit, Anzahl Vorbesitzer, Hereinnahmepreis usw.), so können auf der Preisauszeichnung auch Informationen für den Verkaufsberater hinterlegt werden, sodass dieser bei einem Verkaufsgespräch mit einem Interessenten die wichtigsten Daten „zur Hand“ hat, ohne dafür erst zurück in sein Büro zu müssen.

Preisangabenverordnung (PAngV)
☞ Band 2, LF 8, S. 310 ff.

Während der ersten ca. 30 Standtage kann man versuchen, das Fahrzeug über dem kalkulierten Verkaufspreis anzubieten (z. B. + 10 %). Erfolgt in diesem Zeitraum kein Abverkauf, so ist das Fahrzeug mit dem Normalpreis auszuzeichnen. Nach 90 Tagen sollte man den Preis erheblich reduzieren (in der Regel auf das Preisniveau, das das Fahrzeug nach weiteren 90 Tagen besitzen würde; in diesem Fall ist der erste Verlust immer noch der beste!).

4.5 Kalkulation des Hereinnahmepreises

Bei der Bestimmung des Hereinnahmepreises bildet meistens die ***DAT***- oder Schwacke-Liste die Grundlage. In den Listen dieser Marktbeobachtungsunternehmen werden monatlich die aktuellen Gebrauchtwagenpreise veröffentlicht, und zwar sowohl die Händlereinkaufs- als

DAT
Deutsche Automobil Treuhand

auch Verkaufspreise. Bei den Preisen handelt es sich nur um die durchschnittlichen Werte, die weder die regionalen Unterschiede noch die verschiedenen Fahrzeugzustände berücksichtigen. Daher beziehen sich die genannten Preise auf unfallfreie Fahrzeuge, deren Zustand und Kilometerleistung dem Alter des Fahrzeuges entspricht, die im Mai zugelassen wurden und die noch mindestens zwölf Monate TÜV und eine Reifenprofiltiefe von 50 % haben. Da natürlich in den seltensten Fällen der zu begutachtende Gebrauchte genau über diese Werte und eine Standardausstattung verfügt, sind der Liste Korrekturtabellen (Erstzulassungskorrektur, Kilometerkorrektur) und Angaben zu Auf- bzw. Abschlägen für Sonderausstattungen beigefügt.

S steht für Superbenzin, 2 für die Erstzulassungskorrektur

***BEISPIEL** Autoland Mutschall GmbH (STARCAR ESTATE)*

Erstzul.	Typ/ Modell	TSN	cm³/kW/ PS	Neupreis		Einkauf	Verkauf	km in Tsd.	Sonder-ausst.
				m. USt	o. USt				
	ESTATE TSI 90	**66 kW / 89 PS / 4 Zyl.**							**S / 2**
XX	KB 5 Basic	386	1685/66/89	23.790	19.990	14.200	15.900	32 t3	b1 b2
	KB 5 Trend	386	1685/66/89	24.620	20.690	14.750	16.400	32 t3	b1 b2 d1
	KB 5 Sport	386	1685/66/89	25.400	21.350	15.600	17.200	32 t3	b1 b4 d1
XW	KB 5 Basic	386	1685/66/89	23.070	19.390	12.000	13.500	50 t3	b1 b2
	KB 5 Trend	386	1685/66/89	23.900	20.090	12.550	14.050	50 t3	b1 b2 d1
	KB 5 Sport	386	1685/66/89	24.690	20.750	13.200	14.900	50 t3	b1 b4 d1
XV	KB 5 Basic	386	1685/66/89	23.750	19.990	9.450	10.725	64 t3	b1 b2
	KB 5 Trend	386	1685/66/89	23.750	19.990	9.900	11.150	64 t3	b1 b2 d1
	KB 5 Sport	386	1685/66/89	23.750	19.990	10.275	11.500	64 t3	b1 b4 d1
	ESTATE TdI 140	**95 kW / 138 PS / 4 Zyl.**							**D / 3**
XX	KB 5 Basic	725	1996/95/138	27.360	22.990	17.200	18.900	36 t5	b1 b2
	KB 5 Trend	725	1996/95/138	28.190	23.690	17.750	19.400	36 t5	b1 b2 d1
	KB 5 Sport	725	1996/95/138	28.980	24.350	18.600	20.150	36 t5	b1 b4 d1
	KB 5 Exklusiv	725	1996/95/138	31.350	26.350	19.950	21.800	36 t5	b1 b3 b4 d1 g1
XW	KB 5 Basic	725	1996/95/138	27.070	22.750	14.800	16.300	55 t5	b1 b2
	KB 5 Trend	725	1996/95/138	27.850	23.400	15.300	15.775	55 t5	b1 b2 d1
	KB 5 Sport	725	1996/95/138	28.560	24.000	16.050	17.400	55 t5	b1 b4 d1
	KB 5 Exklusiv	725	1996/95/138	30.750	25.850	16.800	18.150	55 t5	b1 b3 b4 d1 g1
XV	KB 5 Basic	725	1996/95/138	26.050	21.900	11.475	12.700	72 t5	b1 b2
	KB 5 Trend	725	1996/95/138	26.900	22.600	11.900	13.150	72 t5	b1 b2 d1
	KB 5 Sport	725	1996/95/138	27.500	23.100	12.450	13.800	72 t5	b1 b4 d1
	KB 5 Exklusiv	725	1996/95/138	29.400	24.700	13.725	15.000	72 t5	b1 b3 b4 d1 g1
XU	KB 5 Basic	725	1996/95/138	25.350	21.300	9.950	11.200	90 t5	b1 b2
	KB 5 Trend	725	1996/95/138	26.100	21.950	10.300	11.500	90 t5	b1 b2 d1
	KB 5 Sport	725	1996/95/138	26.775	22.500	10.975	12.125	90 t5	b1 b4 d1
	KB 5 Exklusiv	725	1996/95/138	28.550	23.990	12.000	13.200	90 t5	b1 b3 b4 d1 g1

a1 Klimaanlage + 4 %
a2 ohne Klimaanlage – 4 %
a3 Klimaautomatik + 2 %
a4 inkl. Klimaanlage

b1 inkl. ABS
b2 Alu, Klimaautom. + 5 %
b3 inkl. ABS, Radio, Navig.
b4 Klimaanlage + 2 %

d1 el. Schiebedach + 3 %
d2 Panorama-Glasdach + 6 %
g1 Automatikgetriebe + 4 %
g2 inkl. Klima u. Automatik

Tabelle für Kilometerkorrektur

Korrekturtabelle									Minderkilometer
Aufschläge für Mehrkilometer									
q	r	s	t	1	2	3	4	5	
Abweichung vom Durchschnitt				in %					Index*
500	1000	1500	2000	0,5	0,5	1	1,5	2	
1000	2000	3000	4000	0,5	1	1,5	2	3	
1500	3000	4500	6000	1	1,5	2	2,5	4	0,90
2000	4000	6000	8000	1,5	1,5	2	3	5	
2500	5000	7500	10000	1,5	2	2,5	3,5	6	
3000	6000	9000	12000	2	2,5	3	4	7	
3500	7000	10500	14000	2,5	3	3,5	4,5	8	
4000	8000	12000	16000	3	3,5	4	5	9	0,80
4500	9000	13500	18000	3,5	4	4,5	5,5	10	
5000	10000	15000	20000	4	4,5	5	6	11	
5500	11000	16500	22000	4,5	5	5,5	6,5	12	
6000	12000	18000	24000	5	5,5	6	7	12,5	
6500	13000	19500	26000	5	6	6,5	7,5	13	
7000	14000	21000	28000	5,5	6,5	7	8	13,5	0,70
7500	15000	22500	30000	5,5	6,5	7	8,5	14	
8000	16000	24000	32000	6	7	7,5	9	14,5	
8500	17000	25500	34000	6	7	8	9,5	15	
9000	18000	27000	36000	6,5	7,5	9	10	15,5	
9500	19000	28500	38000	6,5	7,5	10	11	16	

* *Bei Minderkilometern ist der angegebene Prozentsatz mit dem ausgewiesenen Index zu multiplizieren.*

Tabelle für Erstzulassungskorrektur

Zulass.-monat Korr.-stufe	1	2	3	4	5	6	7	8	9	10	11	12
	–	–	–	–	%	+	+	+	+	+	+	+
1	1	1	0,5	0	0	0	0,5	1	1	1,5	2	2
2	1,5	1	0,5	0	0	0	0,5	1	1	1,5	2	2,5
3	2	1,5	1	0,5	0	0,5	1	1	1,5	2	2,5	2,5
4	2,5	2	1,5	1	0	0,5	1	1,5	1,5	2	2,5	3
5	3,5	3	2	1	0	0,5	1	1,5	2	2,5	3	3,5

4.6 Kalkulationsschema des Hereinnahmepreises

Zeitgleich zur Bestimmung des möglichen Verkaufspreises erfolgt bei dem Gebrauchtfahrzeug eine detaillierte Zustandsbewertung. Bei dieser technischen Wertermittlung begutachtet ein geschulter Servicetechniker das Fahrzeug und bestimmt den notwendigen Reparaturaufwand. Darüber hinaus wird er nach Unfallschäden suchen und überprüfen, inwieweit bei früheren Reparaturen auf Originalersatzteile verzichtet wurde. Diese Punkte wirken sich mindernd auf den Hereinnahmepreis aus, wogegen der Einbau von Zubehör sich unter Umständen auch werterhöhend niederschlagen kann. Um dem Kunden gegenüber handfest argumentieren zu können, wird das Ergebnis der Bewertung in einem ausführlichen Gebrauchtwagen-Zustands- und Wertbericht festgehalten.

Ein komplettes Gebrauchtwagen-Bewertungsformular finden Sie im Anhang auf Seite S. 262.

In jedem Autohaus wird es über die Zu- und Abschläge der vorherigen Liste und der Feststellung des Reparaturaufwands hinaus noch weitere Kriterien geben, die in der Kalkulation des Hereinnahmepreises eine Rolle spielen. Diese Kriterien könnten unter anderem sein:

Kriterium/Fahrzeugmerkmal	Höhe des Abzugs
Laufleistung über 30.000 km pro Jahr	4 %
Vorschäden durch Unfall bei Fahrzeugen bis zu einem Alter von vier Jahren (Schadenhöhe über 2.000 €)	10 % der Schadenhöhe
TÜV weniger als sechs Monate	200,00 €
Nutzung des Fahrzeugs als Mietwagen, Taxi etc.	keine Inzahlungnahme
Fahrzeug verfügt nur über Winterreifen	Preis für vier Sommerreifen
Fremdfabrikat	250,00 €
überdurchschnittlich viele Fahrzeughalter	150,00 € pro zusätzlichem Halter

Das Autohaus gelangt nach der Bewertung zu folgendem Kalkulationsschema:

Durchschnittseinkaufspreis gem. DAT/Schwacke-Notierung	netto		€
Mehrausstattungen anrechenbar lt. Liste	+		€
Kilometerkorrektur lt. Tabelle	+/–		€
Erstzulassungskorrektur lt. Tabelle	+/–		€
Mehrausstattungen nachgerüstet, anrechenbar	+		€
Mehrausstattungen nachgerüstet, wertmindernd	–		€
mehr Halter als 1 pro 2,5 Jahren Fahrzeugalter	–		€
Einsatzart/Erhaltungszustand/Abnutzung	+/–		€
Wertminderung durch Unfall/Vorschäden	–		€
werterhöhende Reparaturkosten	+		€
Fremdfabrikat	–		€
Gebrauchtwagennachfrage am Markt (durch Abgleich mit Internet)	+/–		€
Verkaufspreis netto	=		**€**
Instandsetzungskosten	–		€
Aufbereitungskosten	–		€
Gebrauchtwagengarantiekosten	–		€
anteilige Gemeinkosten	–		€
verkaufsabhängige Kosten (Werbung, Provision)	–		€
Gewinn	–		€
Hereinnahmepreis netto	=		**€**
USt	+		€
Hereinnahmepreis	=		**€**

In diesem Kalkulationsschema wird der Hereinnahmepreis ermittelt, indem von dem erzielbaren Verkaufserlös ausgegangen wird (kaufmännische Wertermittlung). Die Grundlage dieser Preiskalkulation stellt jedoch die EDV-gestützte Bewertung und die technische Wertermittlung dar.

Hier darf nicht übersehen werden, dass die EDV-gestützten Wertermittlungen aufgrund umfangreicher Marktbeobachtungen erstellt werden. Ein errechneter Mittelwert ist jedoch umso genauer, desto mehr Fahrzeuge gehandelt werden. Zudem bleibt die Betrachtung regionaler Besonderheiten durch die EDV gänzlich unberücksichtigt. Einfluss findet hingegen der Zustand der Fahrzeuge, da z. B. davon ausgegangen wird, dass die Bereifung mindestens 50 % Profil aufweist, das Fahrzeug sich in einem einwandfreien Zustand befindet, die Haupt- und Abgasuntersuchung erst in etwa zwölf Monaten fällig ist usw. Eine möglichst aussagekräftige Gebrauchtwagenbewertung erfordert daher sowohl ein besonders geschultes Herangehen als auch die umfangreiche Nutzung regionaler Marktdaten. Als Erweiterung könnte zudem ein Abgleich des ermittelten Ankaufspreises mit den Preisen vergleichbarer Fahrzeuge erfolgen, die in Internetportalen wie mobile.de oder autoscout24.de eingestellt sind.

Ist der Marktpreis gefunden, müssen in der Handelsspanne sämtliche Kosten berücksichtigt werden:

- die Kosten der Aufbereitung und der Kontrolle
- die Kosten für die Aufrechterhaltung eines verkaufsfähigen Zustands (Branchendurchschnitt ca. 300,00 Euro im Jahr)
- die Zinskosten für das gebundene Kapital
- die Standkosten
- der Wertverlust (bis zu 2,5 % pro Monat)
- die Kosten für die Bewerbung des Fahrzeugs
- die Verkäuferprovision

4.7 Provisionssysteme für den Verkäufer

Im Automobilhandel ist es sowohl bei Neuwagen als auch bei Gebrauchtwagen üblich, dass das Verkaufspersonal auf Provisionsbasis arbeitet. Durch diese Provision wird der Anreiz geschaffen, möglichst viele Fahrzeuge zu verkaufen – so erzielt der einzelne Verkäufer/die einzelne Verkäuferin ein höheres Einkommen, gleichzeitig aber auch das Autohaus einen höheren Umsatz und wohl auch Gewinn.

Da sich die Anzahl der verkauften Fahrzeuge nicht gleichmäßig über das Jahr verteilt und auch von vielen Faktoren abhängt, auf die der einzelne Verkäufer keinen Einfluss hat, hat sich kein reines Provisionssystem entwickelt. Vielmehr setzt sich das Gehalt eines Verkäufers aus drei Komponenten zusammen:

- Fixum
- Garantieprovision
- Provision

Das Fixum beträgt meist zwischen 600,00 und 800,00 € und entlohnt den Verkäufer im Prinzip dafür, dass er unabhängig von den individuellen Verkäufen im Autohaus anwesend ist und Kunden berät, Probefahrten vereinbart, telefonisch Auskunft gibt und E-Mail-Anfragen beantwortet.

Zusätzlich erhält er eine Garantieprovision von 1.000,00 bis 1.200,00 €, wiederum unabhängig von den tatsächlich erzielten Verkaufsabschlüssen. Dadurch ist dafür gesorgt, dass er in jedem Monat über ein festes Einkommen von ca. 1.800,00 € brutto verfügt, mit dem er seine wiederkehrenden monatlichen Ausgaben bestreiten kann. Insgesamt ist dieser Betrag aber nicht so hoch, dass der Anreiz zu mehr Verkäufen entfallen würde. Verdient der Verkäufer in einem verkaufsschwachen Monat, z. B. dem Januar, tatsächlich weniger an Provision als seine Garantieprovision, so wird der Minderbetrag in dem nächsten Monat, in dem er eine höhere Provision als die Garantieprovision erzielt, verrechnet. Ein Beispiel soll die Vorgehensweise erläutern:

BEISPIEL *Autoland Murschall GmbH*

Verkäuferin Heike Friede, Fixum 750,00 €, Garantieprovision 1.000,00 €

Januar:	*4 Fzg., 800,00 € Provision = Einkommen 1.750,00 € brutto (200,00 € Minderbetrag)*
Februar:	*4 Fzg., 1.050,00 € Provision = Einkommen 1.750,00 € brutto (Minderbetrag = 200,00 € – 50,00 € = 150,00 €)*
März:	*9 Fzg., 1.900,00 € Provision = Einkommen 2.500,00 € brutto (2.650,00 € – 150,00 € Minderbetrag)*
April:	*11 Fzg., 2.500,00 € Provision = Einkommen 3.250,00 € brutto*

Für jeden Verkaufsabschluss erhält der Verkäufer eine Provision. Für die Berechnung des Provisionsbetrags gibt es im Wesentlichen zwei unterschiedliche Ansätze:

- Umsatzprovision
- Bruttoertragsprovision

Bei der Umsatzprovision bekommt der Verkäufer einen festgelegten Prozentsatz des erzielten Umsatzes als Provision, z. B. 1 %. Beim Verkauf von hochpreisigen Fahrzeugen erhält der Verkäufer somit mehr Provision als bei Kleinwagen oder den meisten Gebrauchtwagen.

BEISPIEL

Verkaufspreis eines Fahrzeuges für 25.000,00 € = 250,00 € Provision
Verkaufspreis eines Fahrzeuges für 15.000,00 € = 150,00 € Provision

Häufiger anzutreffen ist die Berechnung der Provision nach dem erzielten Bruttoertrag. Die Bevorzugung des Provisionssystems entsprechend der Höhe des Bruttoertrags liegt in dem stärkeren Anreiz für den Verkäufer, das Fahrzeug ohne allzu hohe Rabatte zu verkaufen. Auch dieses System soll ein Beispiel verdeutlichen:

BEISPIEL

Listenpreis des Fahrzeuges: 25.000,00 €
Provision: 10 % vom Bruttoertrag, der 4.000,00 € beträgt (das heißt, das Autohaus erhält vom Hersteller eine Marge von 18 %)

Fall a) *Verkaufspreis 25.000,00 € (d. h. kein Nachlass) = Provision: 400,00 €*
Fall b) *Verkaufspreis 24.000,00 € (d. h. 4 % Nachlass) = Provision: 300,00 €*
Fall c) *Verkaufspreis 22.500,00 € (d. h. 10 % Nachlass) = Provision: 150,00 €*

Das Nachlassverhalten des Verkäufers führt also zu deutlich unterschiedlichen Provisionen, wohingegen die Regelung mit der Umsatzprovision nur geringen Einfluss auf die Provision hätte (250 €, 240 € oder 225 €), der Ertrag des Autohauses selbst aber stark schwanken würde.

Da es beim Fahrzeugverkauf auch Geschäfte gibt, die keinen oder nur einen geringen Ertrag bringen (z. B. Neuwagen, die mit einem hohen Rabatt verkauft werden, um Folgegeschäfte zu generieren oder der Verkauf von Auslaufmodellen oder Langstehern), erhält der Verkäufer in solchen Fällen eine Mindestprovision von z. B. 150,00 €. Ohne diese Mindestprovision würde es keinen Anreiz geben, das Fahrzeug zu einem niedrigen Preis zu veräußern. Das Autohaus würde auf längere Sicht aber noch mehr Geld verlieren, da jedes Fahrzeug täglich Stand-, Pflege- und Finanzierungskosten verursacht und durch die Standzeit weiter an Wert verliert. In diesen Fällen ist also ein Ende mit Schrecken (nämlich die 150,00 € Provision, obwohl kein Ertrag erzielt wurde) besser als ein Schrecken ohne Ende (das Fahrzeug bleibt noch ein halbes Jahr auf dem Hof stehen und verursacht tägliche Kosten von 2,00 € und erleidet einen Wertverlust von 500,00 €, zusammen also 860,00 € Minderertrag).

4.8 Nachkalkulation eines Gebrauchtwagenverkaufs

Nicht immer wird beim Verkauf der Preis erzielt, der bei der Kalkulation des Hereinnahmepreises errechnet wurde. Somit gehört zu jedem erfolgten Verkauf eine exakte Nachkalkulation, um die Wirtschaftlichkeit jedes einzelnen Verkaufsvorgangs zu bestimmen, gleichzeitig aber auch, um für die Zukunft noch genauere Kalkulationsgrundlagen zu erhalten.

BEISPIEL *Autoland Murschall GmbH*

Ein STARCAR SHINING soll als Inzahlungnahme bei einem NW-Geschäft angekauft werden. Nach Durchsicht des Fahrzeuges und Abgleich mit der Schwacke-Liste werden dem Kunden 8.000,00 € angeboten. Der Verkäufer schätzt den Verkaufspreis brutto auf 9.900,00 €. Für die Instandsetzung wurden 400,00 € angesetzt, für die Aufbereitung sowie die Provision jeweils 150,00 € und als anteilige Gemeinkosten 200,00 €. Dabei wurde von einer voraussichtlichen Standzeit von 100 Tagen ausgegangen. Die Gebrauchtwagengarantie schlägt mit weiteren 180,00 € zu Buche. Leider kann das Fahrzeug aber erst nach 130 Tagen für 9.600,00 € verkauft werden. Zwischenzeitlich war bei einer Probefahrt mit dem Fahrzeug ein defekter Scheibenheber festgestellt worden; die Reparatur kostete 80,00 €.

	Kalkulation GW	Vorkalkulation	Nachkalkulation
	Verkaufspreisbrutto	**9.900,00 €**	**9.600,00 €**
–	Umsatzsteuer	303,36 €	255,46 €
=	**Verkaufspreis netto**	**9.596,64 €**	**9.344,54 €**
–	Instandsetzungskosten	400,00 €	480,00 €
–	Aufbereitungskosten	150,00 €	150,00 €
–	Gebrauchtwagengarantiekosten	180,00 €	180,00 €
–	anteilige Gemeinkosten	200,00 €	260,00 €
–	Provision	150,00 €	150,00 €
=	**Einkaufspreis kalkulatorisch**	**8.516,64 €**	**8.124,54 €**
–	Einkaufspreis tatsächlich	8.000,00 €	8.000,00 €
=	**Differenz**	**516,64 €**	**124,54 €**

Mithilfe der Nachkalkulation lässt sich erkennen, dass trotz des geringeren Verkaufspreises, der längeren Standzeit und der zusätzlich angefallenen Reparatur noch ein positiver Deckungsbeitrag angefallen ist. Aus dem Zahlenmaterial können darüber hinaus Folgerungen für die zukünftige Wertermittlung und Kalkulation gewonnen werden.

5 Ein Gebrauchtwagenkonzept entwickeln

LS 112

***SITUATION** Autoland Murschall GmbH*

Seitdem David Rose in der Abteilung Verkauf eingesetzt ist, muss er in regelmäßigen Abständen die Neuwagen in den Verkaufsräumen sowie die Gebrauchtwagen auf dem Hof umstellen. Heute hat er von Frau Pagel die Aufgabe erhalten, die gebrauchten Cabrios und die Fremdfabrikate nach vorne zu stellen. Dass zu Beginn des Frühjahrs die Cabrios in die erste Reihe gehören, leuchtete ihm sofort ein. Aber warum sollen die Fremdfabrikate immer so weit nach vorne, wo doch die Interessenten am ehesten Fahrzeuge der Marke STARCAR suchen? Ihm würde es eher gefallen, wenn die Kunden die attraktivsten und ansehnlichsten Modelle zuerst sehen würden, damit ihr Interesse geweckt wird.

5.1 Organisation des Gebrauchtwagengeschäfts

Da der Fachhandel eine der wichtigsten Informationsquellen für den Gebrauchtwagenkäufer ist, sollte sich jedes Autohaus sein eigenes, unverwechselbares Gebrauchtwagenhändlerimage zulegen. Stellt der fabrikatsgebundene Gebrauchtwagenhandel die eigenen Vorteile positiv heraus, so kann er seinem Hauptkonkurrenten – dem Privatmarkt – zukünftig verstärkt Marktanteile abnehmen.

Dazu gehört selbstverständlich eine professionelle Organisation. Die Gebrauchtwagenabteilung sollte stets als Profit-Center arbeiten. Kooperationen mit anderen Händlern, z. B. auf GW-Messen, in GW-Tauschringen, ein aktiver Zukauf von Gebrauchtwagen aus anderen Quellen zur Abrundung des eigenen Angebots, der Einstieg in „Gebrauchtwagen-gegen-Gebrauchtwagen"-Geschäfte oder die Schaffung einer Vermarktungskooperation mehrerer Betriebe können positive Effekte zeigen.

Notwendig ist ebenfalls eine Überprüfung der eigenen Ablauforganisation. Anzukaufende Gebrauchte müssen daher unmittelbar unter Berücksichtigung der eigenen Weiterverwertung (eigener Verkauf, Aufrüstung, Bastlerfahrzeug usw.) geschätzt werden. Direkt nach dem Ankauf sind die Fahrzeuge technisch und optisch aufzubereiten; die Pflege der Fahrzeuge muss ständig gewährleistet sein. Der Gebrauchtwagenkäufer tätigt kein minderwertiges Geschäft. Daher sind Gebrauchtwagen ebenso zu präsentieren wie Neuwagen, und die Auslieferung ist ebenso individuell und aufmerksam zu gestalten wie die eines Neuwagens. Durch individuelle Betreuung, dem Herausstellen der Zuverlässigkeit, der Sicherheit und der Qualität, können sich die Gebrauchten als „zweite Marke" des Autohauses etablieren.

Zu den Eckpfeilern des Gebrauchtwagengeschäfts gehören die fachliche und individuelle Beratung, der Service des Fachhandels (inkl. Folgeservice), Garantie und Kulanz, attraktive Finanzierungen, umfassende Versicherungen, umgehender Zulassungsdienst, systematische Aufbereitung und Instandsetzung, Gebrauchtwagenankauf und -tausch, unbedingtes Umtauschrecht, Gestaltung individualisierter Gebrauchtwagen, ein nachvollziehbares Leichtkaufsystem und das Herausstellen des ZDK-Vertrauenssiegels oder ähnlicher Qualitätssiegel.

Die österreichische eurotax lässt sich mit den in Deutschland etablierten Bewertungsexperten DAT und Schwacke vergleichen.

In Österreich etablierte ‚eurotax' das Fair-Play-System mit den folgenden zehn Regeln für die Fair-Play-Partner:

Die zehn Regeln für die Fair-Play-Partner

- *Der Fair-Play-Partner zahlt einen fairen Preis.*
- *Der Fair-Play-Partner verkauft zu einem fairen Preis.*
- *Der Fair-Play-Partner gibt die Vorbesitzer-Garantie.*
- *Der Fair-Play-Partner gibt Zustandsgarantie.*
- *Der Fair-Play-Partner überprüft in der eigenen Werkstatt.*
- *Der Fair-Play-Partner vertuscht Mängel nicht, er repariert sie.*
- *Der Fair-Play-Partner bietet nicht nur Garantie, sondern auch faires Verhalten.*
- *Der Fair-Play-Partner berät, anstatt zu überreden.*
- *Der Fair-Play-Partner bietet einen fairen Service, auch Käufern mit kleiner Geldbörse.*
- *Der Fair-Play-Partner bietet faire Finanzierungsmöglichkeiten.*

Dazu entwickelte die eurotax-AG sechs Appelle an die Händler der Gebrauchten zur Steigerung ihrer Effizienz:

- Erstellen Sie Zusammenarbeitssysteme, z. B. unter Berücksichtigung der Werkstattmitarbeiter als Vermittler.
- Fördern Sie die Pflegelust und das Verschönerungsbedürfnis der potenziellen Gebrauchtwagenkunden, so wie es beim Neuwagenkunden bereits geschieht.
- Stellen Sie die Wettbewerbsvorteile des fabrikatsgebundenen Gebrauchtwagenhandels heraus und nehmen Sie den anderen Kauforten damit Marktpotenziale ab.
- Weiten Sie den Umsatz der Gebrauchtwagenabteilung unabhängig von der Entwicklung des Neuwagengeschäfts aus, schaffen Sie sich ein zweites Standbein.
- Beachten Sie After-Sales-Maßnahmen bei Ihren Gebrauchtwagenkunden, die wichtige potenzielle Auftraggeber Ihrer Werkstatt sind.
- Mobilisieren Sie Ihre Service-Mitarbeiter für Ihre Gebrauchtwagenabteilung, da diese Ihre Kunden ständig beraten und damit unter Umständen indirekt den Weg des potenziellen Gebrauchtwagenkäufers in den Privatmarkt ebnen.

Behalten Sie stets den Erfolg Ihrer Maßnahmen im Auge (= Gebrauchtwagencontrolling)!

5.2 Zukauf von Gebrauchtwagen

Die Reduktion möglicher Beschaffungsquellen für gebrauchte Fahrzeuge auf eine einzige – die Inzahlungnahme beim Neuwagenverkauf – besitzt gravierende Nachteile. Das Fahrzeugangebot der Gebrauchtwagenabteilung entwickelt sich einseitig, die Zeitpunkte des Wareneingangs sind nicht vorbestimmbar, da sie vom Neuwagenkunden abhängen. Auch unpopuläre Modelle werden zwangsweise in das Angebot übernommen, und die Abnahmeverpflichtung im Zuge des Neuwagengeschäfts sorgt unter Umständen für ein überhöhtes Ankaufspreisniveau der gebrauchten Inzahlungnahmen.

Der verschärfte Wettbewerb zwischen allen Händlern sorgt jedoch dafür, dass sämtliche Möglichkeiten genutzt werden müssen, ausreichende Erträge in den einzelnen Geschäftsfeldern zu erwirtschaften.

Die notwendige Ausweitung der Beschaffungsquellen für Gebrauchte kann zum Beispiel in der Wahrnehmung der Gebrauchtwagenangebote der Hersteller und Importeure bestehen. Hier können gute Jahreswagen, Dienstwagen und Mitarbeiterfahrzeuge zur Abrundung des eigenen Sortiments bezogen werden. Dabei handelt es sich um hochwertige Gebrauchte mit geringer Laufleistung, kurzen Zulassungszeiten und bis zu 20 % geringeren Preisen als Neuwagen. Darüber hinaus bieten große Automobilhändler sogenannte „Gebrauchtwagenpakete" an, bei denen besondere (mengenbedingte) Preisvorteile genutzt werden können.

Ein Nachteil darf an diese Stelle jedoch nicht übersehen werden. In die Pakete werden zumeist auch weniger interessante Fahrzeuge eingebaut, deren Preise für den Weiterverkauf stets mit berücksichtigt werden müssen.

Ein weiterer interessanter Anbieter für gebrauchte Fahrzeuge sind die Autovermieter, die in regelmäßigen Abständen ihre Fahrzeugflotten aktualisieren und schnell die alten Fahrzeuge abstoßen wollen. Da die Fahrzeugvermieter beim Kauf ihrer Neuwagen besondere Großabnehmerrabatte realisieren konnten, sind diese Fahrzeuge dort meistens günstiger zu erwerben als auf den übrigen Märkten – diese Tatsache macht die Mietwagenunternehmen jedoch auch zu einem bedeutenden Konkurrenten des Autohauses auf dem Anbietermarkt. Nicht zu vergessen ist der aktive Zukauf gebrauchter Fahrzeuge auf dem privaten Gebrauchtwagenmarkt.

Bei umsichtiger Nutzung der Potenziale des Gebrauchtwagengeschäfts können Zukäufe attraktive Angebote des eigenen Bestands werden und die Gebrauchtwagenabteilung zu einem beachtlichen Zulieferer interner Profite werden lassen.

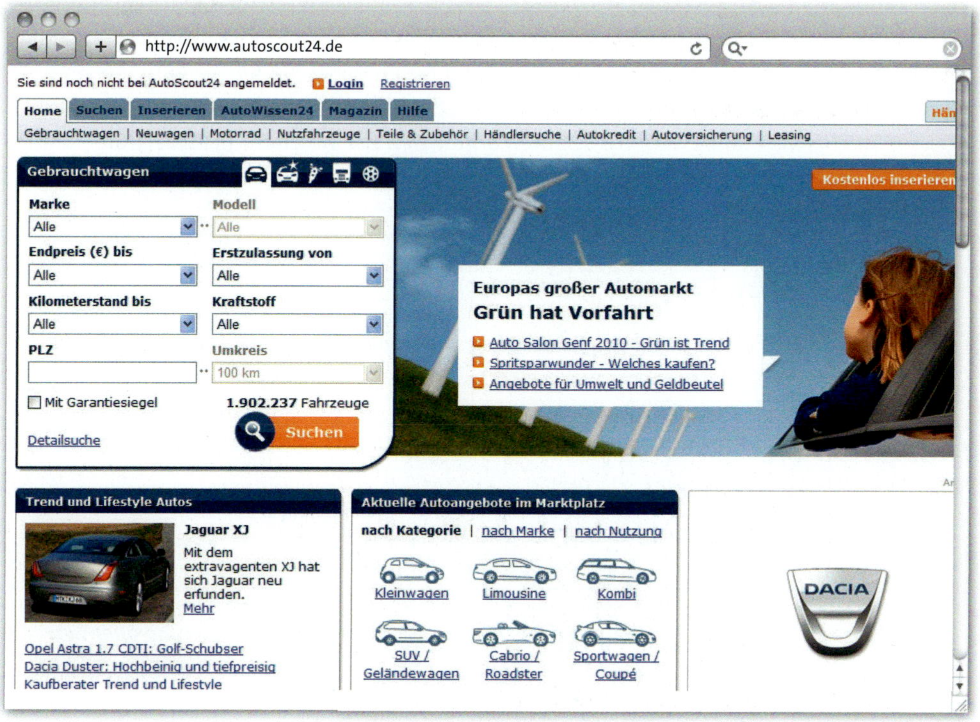

LS 113

6 Neuwagen- und Gebrauchtwagengeschäfte buchen

SITUATION *Autoland Murschall GmbH*

Nachdem David Rose einige Tage im Bereich Verkauf eingesetzt ist, fällt ihm bei der Preisauszeichnung von Gebrauchtwagen mehrfach unter dem Verkaufspreis der folgende Hinweis auf:

STARCAR FAMILY — AUTOLAND GMBH MURSCHALL

Erstzulassung: 11/20XW
35.600 km
...
...

Verkaufspreis: **14.990,00 €**

MwSt. nicht ausweisbar nach § 25a UStG

Er nimmt sich vor, Frau Friede, mit der er sich am besten versteht und die seine Fragen immer sehr umfassend beantwortet, bei Gelegenheit danach zu fragen.

Buchung von Einkäufen und Verkäufen der Neu- und Gebrauchtfahrzeuge
☞ Fachkunde 1, LF 2, S. 175 ff.
☞ Arbeitsbuch 1, LS 22, S. 136 ff.

Schon in Lernfeld 2 hatten wir uns mit der Buchung von Einkäufen und Verkäufen der Neu- und Gebrauchtfahrzeuge beschäftigt. Eine Besonderheit stellte dabei die Differenzbesteuerung dar, die immer dann zum Tragen kommt, wenn ein Gebrauchtwagen von einem Privatverkäufer angekauft oder in Zahlung genommen wird. Die Anwendung dieser besonderen Besteuerungsform ermöglicht es dem Autohaus, nur die Differenz zwischen Verkaufs- und Einkaufswert zu besteuern. Dadurch ergibt sich bei gleichem Bruttoertrag ein günstigerer Verkaufspreis als bei Anwendung der Regelbesteuerung, was zu einer verbesserten Wettbewerbsposition im Vergleich zum Privatverkäufer führt.

BEISPIEL

Ankauf eines gebrauchten Fahrzeuges von einem Privatmann für 5.000,00 €, Verkauf des Fahrzeuges (ohne dass weitere Kosten für Instandsetzung etc. anfallen), sodass ein Bruttoertrag von 1.000,00 € erzielt wird.

Fall a) Regelbesteuerung		**Fall b)** Differenzbesteuerung	
Verkaufspreis netto	6.000,00 €	Verkaufspreis netto	6.000,00 €
USt 19 %	1.140,00 €	USt (19/119 der Differenz zwischen VK und EK)	190,00 €
Verkaufspreis brutto	**7.140,00 €**	**Verkaufspreis brutto**	**6.190,00 €**

Dadurch, dass dem Autohaus die Möglichkeit der Differenzbesteuerung gegeben ist, kann es den Gebrauchtwagen für 1.050,00 € weniger anbieten, ohne dass der Bruttoertrag darunter leidet: Die Wettbewerbsposition gegenüber den privaten Anbietern verbessert sich deutlich.

Und warum wird die Umsatzsteuer nicht ausgewiesen?
Angenommen, die Umsatzsteuer müsste bei Anwendung des Verfahrens der Differenzbesteuerung angegeben werden, dann würde sich für den obigen Fall die folgende Rechnung ergeben:

Differenzbesteuerung	
Verkaufspreis netto	6.000,00 €
USt	190,00 €
Verkaufspreis brutto	**6.190,00 €**

Jeder, der diesen Preisaushang oder diese Rechnung sieht, könnte jetzt auf den Einkaufspreis bzw. auf die Marge des Autohauses schließen.

19/119 der Differenz zwischen VK und EK = 190,00 €,
also: 1/119 = 10,00 € und damit 100/119 = 1.000,00 €.

Damit lässt sich ein Einkaufspreis von 5.000,00 € und eine Marge von 1.000,00 € errechnen. Das sind aber sicherlich Werte, die kein Unternehmer unnötig nach außen geben möchte. Die Marge ist allerdings nicht mit dem Gewinn gleichzusetzen, da für den Gebrauchtwagen noch verschiedenste Aufwendungen anfallen, bis er schließlich wieder weiterverkauft wird.

Zur Abrundung der Vorgänge im Autohaus bei Neu- und Gebrauchtwagengeschäften werden an dieser Stelle die dazugehörigen Buchungen noch einmal aufgegriffen und im Rahmen der Differenzbesteuerung erläutert.

6.1 Buchungen beim Ein- und Verkauf eines Neuwagens

***BEISPIEL** Autoland Murschall GmbH*

1. Einkauf eines Neuwagens
Die Autoland Murschall GmbH kauft bei ihrem Hersteller einen Neuwagen zur UPE von netto 20.890,00 €. Zurzeit erhält sie vom Hersteller einen Marge von 15 %, als Überführungskosten werden ihr 300,00 € in Rechnung gestellt.

Buchung des Einkaufs:

Soll	€	Haben	€
Neuwagen	17.756,50	an Verbindlichkeiten	21.487,24
Überführung	300,00		
Vorsteuer	3.430,74		

2. Verkauf des Neuwagens

Die Autoland Murschall GmbH verkauft dieses Fahrzeug an einen Kunden, den Angestellten Herrn Breuer, und gewährt ihm auf den Bruttolistenpreis von 24.859,10 € einen Nachlass von 8,5 %. Herr Breuer erhält als Stammkunde eine Rechnung, die er nach zwei Wochen überweist.

Buchung beim Verkauf:

Soll	€	Haben	€
Forderungen	22.746,08	an Umsatzerlöse Neuwagen	19.114,35
		an Umsatzsteuer	3.631,73

Entnahmebuchung:

Soll	€	Haben	€
VAK Neuwagen	17.756,50	an Neuwagen	17.756,50

Buchung bei Eingang der Überweisung:

Soll	€	Haben	€
Bank	22.746,08	an Forderungen	22.746,08

Die Überführungs- und Zulassungskosten werden ihm gesondert in Rechnung gestellt: Überführung 690,00 €, Zulassung 100,00 € (die Gebühr für die Zulassung beim Straßenverkehrsamt betrug 78,00 €). Herr Breuer bezahlt diese bei Übergabe des Fahrzeuges mit girocard.

Rechnung über Überführung und Zulassung:

Soll	€	Haben	€
Bank	925,28	an Umsatzerlöse Überführung	690,00
		an Umsatzerlöse Zulassung	100,00
		an Umsatzsteuer*	135,28

**Die Umsatzsteuer bezieht sich auf die 690,00 € für die Überführung und 22,00 € für die Zulassung (Differenz aus 100,00 € und 78,00 €). Die 78,00 €, die die Autoland Murschall GmbH für die Zulassung beim Straßenverkehrsamt bezahlt hat, ist ein umsatzsteuerfreier Betrag, sodass dieser auch bei der Weiterberechnung nicht mit versteuert wird.*

Entnahmebuchungen:

Soll	€	Haben	€
VAK Überführung	300,00	an Überführung	300,00

Soll	€	Haben	€
VAK Zulassung	78,00	an Zulassung	78,00

6.2 Buchungen beim Ein- und Verkauf eines Gebrauchtwagens

Zur Erinnerung:
Bei der Differenzbesteuerung wird nur die Differenz aus Einkaufs- und Verkaufspreis eines Gebrauchtwagens der Umsatzsteuer unterworfen. Die Regelbesteuerung führt dazu, dass der gesamte Verkaufspreis mit der Umsatzsteuer belastet wird.

Voraussetzung zur Differenzbesteuerung

- Der Kfz-Händler muss das Fahrzeug zum Zwecke des gewerbsmäßigen Weiterverkaufs erworben haben.
- Das Fahrzeug muss in Deutschland erworben worden sein.
- Das Fahrzeug unterlag zum Zeitpunkt des Ankaufs nicht der Regelbesteuerung, d. h. ein Vorsteuerabzug in voller Höhe ist nicht möglich.
- Das Fahrzeug entspricht der StVZO.
- Der Kfz-Händler weist beim Verkauf keine Umsatzsteuer aus.

Die Differenzbesteuerung kommt also immer dann zum Einsatz, wenn das Auto von einem nicht Vorsteuerabzugsberechtigten (= Privatperson) erworben wurde und dann weiter verkauft wird:

Ankauf von	Verkauf an	Art der Besteuerung
gewerblichen Kunden	Privatkunden	Regelbesteuerung
gewerblichen Kunden	gewerblichen Kunden	Regelbesteuerung
Privatkunden	Privatkunden	Differenzbesteuerung
Privatkunden	gewerblichen Kunden	Regelbesteuerung oder Differenzbesteuerung

An einigen Beispielen werden diese unterschiedlichen Fälle verdeutlicht.

***BEISPIEL** Autoland Murschall GmbH*

1. Einkauf von Gebrauchtwagen

***Fall 1:** Ankauf von Privat*

Die Autoland Murschall GmbH kauft von einem Beamten ein Gebrauchtfahrzeug für 10.000,00 € gegen Scheck ein.

Buchung:

Soll	€	Haben	€
GW-Bestand	10.000,00	an Bank	10.000,00

***Fall 2:** Ankauf von einem Unternehmer*

Die Autoland Murschall GmbH kauft von einem Elektrounternehmen einen Gebrauchtwagen für 10.000,00 € ein.

Buchung:

Soll	€	Haben	€
GW-Bestand	10.000,00	an Bank	11.900,00
Vorsteuer	1.900,00		

2. Verkauf von Gebrauchtfahrzeugen

Fall 1: Ankauf von Privat – Verkauf an Privat → Differenzbesteuerung

Die Autoland Murschall GmbH verkauft den Gebrauchtwagen für 12.380,00 € bar.

Berechnung der Umsatzsteuer (in €)	
Verkaufspreis	12.380,00
– Einkaufspreis	10.000,00
= Differenz	2.380,00
enthaltene Umsatzsteuer	380,00

Buchung und Entnahmebuchung:

Soll	€	Haben	€
Kasse	12.380,00	an Umsatzerlöse GW umsatzsteuerfrei	10.000,00
		an Umsatzerlöse GW differenzbesteuert	2.000,00
		an Umsatzsteuer	380,00

Soll	€	Haben	€
VAK	10.000,00	an GW-Bestand	10.000,00

Fall 2: Ankauf von Privat – Verkauf an Unternehmer → Differenzbesteuerung (siehe Fall 1) oder Regelbesteuerung

Die Autoland Murschall GmbH verkauft den GW für 12.000,00 € netto gegen Scheck.

Berechnung der Umsatzsteuer (in €)	
GW netto	12.000,00
+ Umsatzsteuer	2.280,00
= Bruttoverkaufspreis	14.280,00

Buchung und Entnahmebuchung:

Soll	€	Haben	€
Bank	14.280,00	an Umsatzerlöse GW mit Umsatzsteuer	12.000,00
		an Umsatzsteuer	2.280,00

Soll	€	Haben	€
VAK	10.000,00	an GW	10.000,00

6.3 Buchungen beim Verkauf eines Neuwagens (inkl. Inzahlungnahme eines Gebrauchtwagens)

Die Buchung eines Neuwagenverkaufs unterscheidet sich nur dann von anderen erfolgswirksamen Buchungen, wenn ein Gebrauchtwagen in Zahlung genommen und dieser Gebrauchtwagen auch noch von dem Autohaus instand gesetzt wird.

***BEISPIEL** Autoland Murschall GmbH*

Die Autoland Murschall GmbH verkauft einen NW für 34.500,00 € brutto an den Bankangestellten Maurer. Der Einstandspreis beträgt 28.290,00 € netto. Im Kaufvertrag wird vereinbart, dass der GW mit 8.500,00 € in Zahlung genommen wird und der Kunde den Restbetrag von 26.000,00 € nach Eingang der Rechnung überweist.

Buchung und Entnahmebuchung:

Soll	€	Haben	€
Forderungen Maurer	34.500,00	an Umsatzerlöse NW an Umsatzsteuer	28.991,60 5.508,40

Soll	€	Haben	€
VAK NW	28.290,00	an NW-Bestand	28.290,00

Buchung der Inzahlungnahme GW:

Soll	€	Haben	€
GW-Bestand ohne VSt	8.500,00	an Forderungen Maurer	8.500,00

Der GW wird für 500,00 € instand gesetzt (300,00 € Lohnanteil und 200,00 € Teile).

Buchung:

Soll	€	Haben	€
Aufwendungen GW	500,00	an Umsatzerlöse intern T&Z an Umsatzerlöse intern Lohn	200,00 300,00

Die Autoland Murschall GmbH verkauft den GW nach zwei Wochen für 10.000,00 € an einen Privatkunden.

Berechnung der Umsatzsteuer (in €)	
Verkaufspreis GW – Einkaufspreis GW*	10.000,00 8.500,00
= Differenz – enthaltene Umsatzsteuer	1.500,00 239,50
= Bemessungsgrundlage für Differenzbesteuerung	1.260,50

**Beim Einkaufspreis bleiben mögliche Reparaturen oder Instandsetzungsarbeiten an dem Fahrzeug unberücksichtigt; sie erhöhen in keinem Fall den Einkaufspreis des Gebrauchtwagens. Der Grund ist darin zu sehen, dass es dem Händler sonst ermöglicht würde, durch selbstgestellte (interne) Rechnungen den Preis so zu gestalten, dass keine Umsatzsteuer fällig wäre.*

Buchung und Entnahmebuchung:

Soll	€	Haben	€
Bank	10.000,00	an Umsatzerlöse GW umsatzsteuerfrei	8.500,00
		an Umsatzerlöse GW differenzbesteuert	1.260,50
		an Umsatzsteuer	239,50

Soll	€	Haben	€
VAK GW	8.500,00	an GW-Bestand ohne VSt	8.500,00

6.4 Der verdeckte Preisnachlass

Was aber passiert, wenn in dem vorhergehenden Fall der Gebrauchte nicht für 10.000,00 €, sondern nur für 8.000,00 € verkauft werden könnte? Es handelt sich dann um einen verdeckten Preisnachlass.

Von einem verdeckten Preisnachlass spricht man, wenn beim Verkauf eines Neuwagens ein Gebrauchtwagen zu einem höheren als dem tatsächlichen Wert in Zahlung genommen wird. Das auf den ersten Blick schlechte Gebrauchtwagengeschäft subventioniert das Neuwagengeschäft. Es wird kein offener, sondern ein verdeckter Preisnachlass für den Neuwagen gewährt.

Folge ist, dass die Rechnung des Neuwagens über den höheren Preis lautet und auch auf diesen Preis die Umsatzsteuer fällig wird. Das Autohaus kann sich aber vom Finanzamt die **erhöhte Umsatzsteuer** wieder zurückholen, indem es dem Neuwagenkäufer eine korrigierte Rechnung zukommen lässt, die für diesen aber de facto keine Schlechterstellung bedeutet: In der Summe bleibt für den Kunden der Zahlungsbetrag gleich.

BEISPIEL *Autoland Murschall GmbH*

Die Autoland Murschall GmbH verkauft einen NW für 34.500,00 € brutto an den Bankangestellten Maurer. Der Einstandspreis beträgt 28.290,00 €. Im Kaufvertrag wird vereinbart, dass der GW mit 8.500,00 € in Zahlung genommen wird und der Kunde den Restbetrag von 26.000,00 € nach Eingang der Rechnung überweist.

Buchung und Entnahmebuchung:

Soll	€	Haben	€
Forderungen Maurer	34.500,00	an Umsatzerlöse NW an Umsatzsteuer	28.991,60 5.508,40

Soll	€	Haben	€
VAK NW	28.290,00	an NW-Bestand	28.290,00

Buchung der Inzahlungnahme GW:

Soll	€	Haben	€
GW-Bestand ohne VSt	8.500,00	an Forderungen Maurer	8.500,00

Die Autoland Murschall GmbH verkauft den GW nach sechs Monaten für 8.000,00 € an einen Privatkunden.

Berechnung der Umsatzsteuer (in €)	
Verkaufspreis GW – Einkaufspreis GW*	8.000,00 8.500,00
= Differenz – enthaltene Umsatzsteuer	–500,00 0,00
= Bemessungsgrundlage für Differenzbesteuerung	---

Buchung und Entnahmebuchung:

Soll	€	Haben	€
Bank	8.000,00	an Umsatzerlöse GW umsatzsteuerfrei	8.000,00

Soll	€	Haben	€
VAK GW	8.500,00	an GW-Bestand ohne VSt	8.500,00

Auf den ersten Blick erscheint es sogar vorteilhaft, dass das Fahrzeug zu einem so geringen Wert verkauft wurde, da das Autohaus nun keine Umsatzsteuer auf den Gebrauchtwagen abführen muss. Aber wie stellen sich die Zahlen dar, wenn schon vorab ein „regulärer", marktgerechter Preis für den Gebrauchten angenommen worden wäre?

***BEISPIEL** Autoland Murschall GmbH*

Die Autoland Murschall GmbH verkauft einen NW für 33.500,00 € brutto an den Bankangestellten Maurer. Der Einstandspreis beträgt 28.290,00 €. Im Kaufvertrag wird vereinbart, dass der GW mit 7.500,00 € in Zahlung genommen wird und der Kunde den Restbetrag von 26.000,00 € nach Eingang der Rechnung überweist.

Buchung und Entnahmebuchung:

Soll	€	Haben	€
Forderungen Maurer	33.500,00	an Umsatzerlöse NW an Umsatzsteuer	28.151,26 5.348,74

Soll	€	Haben	€
VAK NW	28.290,00	an NW-Bestand	28.290,00

Buchung der Inzahlungnahme GW:

Soll	€	Haben	€
GW-Bestand ohne VSt	7.500,00	an Forderungen Maurer	7.500,00

Die Autoland Murschall GmbH verkauft den GW nach sechs Monaten für 8.000,00 € an einen Privatkunden.

Berechnung der Umsatzsteuer (in €)	
Verkaufspreis GW – Einkaufspreis GW	8.000,00 7.500,00
= Differenz – enthaltene Umsatzsteuer	500,00 79,83
= Bemessungsgrundlage für Differenzbesteuerung	420,17

Buchung und Entnahmebuchung:

Soll	€	Haben	€
Bank	8.000,00	an Umsatzerlöse GW umsatzsteuerfrei an Umsatzerlöse GW differenzbesteuert an Umsatzsteuer	7.500,00 420,17 79,83

Soll	€	Haben	€
VAK GW	7.500,00	an GW-Bestand ohne VSt	7.500,00

Was hat sich jetzt überhaupt verändert?
Für den Kunden bleibt alles so wie gehabt: Er muss für seinen Neuwagen 26.000,00 € zuzahlen. Wie sich die Beträge auf NW und GW verteilen, kann ihm rein rechnerisch egal sein.

Für das Autohaus lässt sich der Unterschied gut gegenüberstellen:

	Fall a) NW zu 34.500,00 €, GW für 8.500,00 €	Fall b) NW zu 33.500,00 €, GW für 7.500,00 €
erhaltene Zahlungen	Bank 26.000,00 € GW 8.000,00 € 34.000,00 €	Bank 26.000,00 € GW 8.000,00 € 34.000,00 €
anzurechnende VSt.	NW 5.375,10 € GW 0,00 € 5.375,10 €	NW 5.375,10 € GW 0,00 € 5.375,10 €
abzuführende USt.	NW 5.508,40 € GW 0,00 € 5.508,40 €	NW 5.348,74 € GW 79,83 € 5.438,57 €
Zahllast	133,30 €	63,47 €

Fazit: Durch die nachträgliche Korrektur der Beträge muss die Autoland Murschall GmbH 69,83 € weniger an das Finanzamt abführen.

Bei der Aufdeckung des verdeckten Preisnachlasses muss der Verkäufer die alte Rechnung nicht zurückfordern. Sicherlich ist es aber sinnvoll, dem Kunden die korrigierte Rechnung in einem Anschreiben zu erklären.

***BEISPIEL** Musteranschreiben*

Sehr geehrte(r) Frau .../Herr ...,

beim Kauf des Pkw Typ ... am ... haben wir Ihr gebrauchtes Fahrzeug Typ ... mit ... Euro in Zahlung genommen. In der Rechnung vom ... haben wir den Neuwagenpreis mit ... Euro zuzüglich ... Umsatzsteuer ausgewiesen. Da bei der Veräußerung Ihres gebrauchten Fahrzeuges der Inzahlungnahmepreis nicht erzielt werden konnte, ergibt sich eine Entgeltsminderung von ... . Daraus ergibt sich eine Korrektur (Minderung) der in der Rechnung vom ... ausgewiesenen Umsatzsteuer in Höhe von ..., die von uns gegenüber dem Finanzamt geltend gemacht wird. Mit dieser Mitteilung kommen wir unserer Verpflichtung gem. §14c Abs. 1 Satz 2 UStG nach. Auf die mit uns getroffene Zahlungsvereinbarung hat dieser Vorgang keinen Einfluss.

LS 114

7 Mit Reklamationen von Kunden sachgerecht umgehen

***SITUATION** Autoland Murschall GmbH*

Als David Rose eine seiner Mitschülerinnen aus der Berufsschule in deren Ausbildungsbetrieb besucht, bekommt er eine Auseinandersetzung an der Info-Theke des Autohauses mit. Herr Fischer, ein langjähriger Kunde in dem Autohaus, verlangt, den Chef zu sprechen. „Jetzt habe ich gestern meinen Wagen zum vierten Mal in Ihrer Werkstatt gehabt und Ihre Schrauber sind nicht in der Lage, die Spur richtig einzustellen?! Bei nicht mal 150 km/h vibriert das Lenkrad wie verrückt und die Kiste schaukelt wie ein Wackelpudding. Und dafür hab ich 40.000 meiner schwer verdienten Kröten hingeblättert. Das lass ich mir nicht länger gefallen.“
Wie auf Kommando erscheint der Chef des Autohauses: „Es tut mir sehr leid, dass Sie solche Unannehmlichkeiten mit Ihrem Fahrzeug haben. Aber Sie haben da wohl eines dieser wirklich selten gewordenen „Montagsautos“ erwischt. Kommen Sie doch erst einmal in mein Büro und lassen Sie uns überlegen, wie wir das Problem lösen können.“

7.1 Rechtliche Rahmenbedingungen

7.1.1 Gewährleistung

BGB
Bürgerliches Gesetzbuch

Unter Gewährleistung versteht man die im ***BGB*** geregelte gesetzliche Verpflichtung eines Schuldners, für die Mangelfreiheit einer Sache einzustehen. Eine Sache ist nach § 434 BGB frei von Mängeln, wenn sie zum Zeitpunkt des Gefahrenübergangs die vereinbarte Beschaffenheit hat. Ist keine Beschaffenheit vereinbart, dann ist die Sache mangelfrei,

- wenn sie sich für die nach dem Vertrag vorausgesetzte Verwendung eignet oder
- wenn sie sich für die gewöhnliche Verwendung eignet.

Zu der Beschaffenheit gehört auch die Übereinstimmung einer Sache mit Aussagen des Herstellers in der Werbung. Ein Sachmangel ist also auch dann gegeben, wenn ein Produkt nicht die Werbeaussagen des Herstellers oder Händlers erfüllt. Ebenfalls liegt ein Sachmangel vor, wenn die vereinbarte Montage durch den Verkäufer unsachgemäß durchgeführt worden oder die Montageanleitung mangelhaft ist (häufig als „IKEA-Klausel“ bezeichnet). Sachmängeln gleichgestellt sind die Lieferung einer anderen als der vereinbarten Sache sowie die Lieferung einer zu geringen Menge.

7.1.2 Rechte des Käufers bei Mängeln

Rechte des Käufers bei Mängeln
☞ Band 1, LF 4, S. 324 ff.

Liegt ein Sachmangel vor, kann der Käufer Nacherfüllung verlangen (§ 439 BGB). Dabei kann der Kunde zwischen Mängelbeseitigung und Ersatzlieferung wählen. Fallen für die Nacherfüllung Aufwendungen an (z. B. Transport-, Wege-, Arbeits- und Materialkosten), so trägt diese der Verkäufer (§ 439 [2] BGB). Jedoch kann der Verkäufer die vom Käufer gewählte Art der Nacherfüllung verweigern, wenn sie nur mit unverhältnismäßig hohen Kosten möglich wäre.

Das ist etwa dann der Fall, wenn auf die andere Art der Nacherfüllung ohne erhebliche Nachteile für den Käufer zurückgegriffen werden kann (§ 439 [3] BGB).

Verweigert der Verkäufer die Nacherfüllung oder schlägt diese fehl – eine Nachbesserung gilt dabei im Allgemeinen nach dem erfolglosen zweiten Versuch als fehlgeschlagen, wenn es sich um jeweils den gleichen Fehler handelte –, so kann der Käufer vom Vertrag zurücktreten (§ 440 BGB) oder den Kaufpreis mindern (§ 441 BGB).

Zusätzlich kann der Käufer den Ersatz des durch die Pflichtverletzung entstandenen Schadens verlangen (§ 280 BGB). Schadenersatz statt der Leistung kann der Käufer verlangen, wenn der Schuldner (nach einer angemessenen Fristsetzung) die Leistung nicht erbracht hat. Die Fristsetzung kann entfallen, wenn der Schuldner die Leistung verweigert. Hinzu kommt der Ersatz vergeblicher Aufwendungen.

7.1.3 Verjährung

Seit der Schuldrechtsreform aus dem Jahre 2002 gilt in Deutschland grundsätzlich eine Gewährleistungspflicht von zwei Jahren. Allerdings ist es einem Unternehmer gestattet, diese Frist beim Verkauf seines Produkts an einen anderen Unternehmer auf ein Jahr zu begrenzen; bei gebrauchten Artikeln ist zwischen Unternehmern sogar der Ausschluss der Gewährleistung, beim Verkauf an Privatpersonen (Verbrauchsgüterkauf) ist eine Reduzierung auf ein Jahr möglich. Diese Verkürzung der Fristen kann individuell vereinbart werden, sie gilt aber auch, wenn sie in den AGB des Verkäufers enthalten ist.

Allgemeine Geschäftsbedingungen (ABG) werden genutzt, um immer wiederkehrende Vertragsbestandteile nicht mit jedem Vertragspartner einzeln auszuhandeln. Sie dienen also zur Zeit- und Kostenersparnis beim Abschluss von Verträgen und sind meistens auf der Rückseite des Auftrags, der Bestellung oder des Kaufvertrags abgedruckt. Der Kunde muss die Möglichkeit erhalten, die AGB zur Kenntnis zu nehmen. Diese Kenntnisnahme lässt man sich meist auf der Vorderseite des Formulars bestätigen.

Des Weiteren ist es möglich, mit seinen Kunden Individualvereinbarungen zu treffen. Dabei darf aber nicht auf formularmäßig vorgefertigte Texte zurückgegriffen werden. Jede einzelne Passage eines solchen Vertrages muss tatsächlich zwischen den Parteien ausgehandelt und festgehalten werden. Darauf greifen Autohäuser zurück, wenn sie ein sogenanntes „Bastlerfahrzeug" an einen Privatkunden veräußern. Grundsätzlich würde auch für dieses „Fahrzeug" eine Gewährleistung von mindestens einem Jahr greifen. Um diese Pflicht zu umgehen, muss in dem Kaufvertrag genau aufgelistet sein, in welchem Zustand der Verkaufsgegenstand übergeben wird und welche Mängel er aufweist.

Zeigt sich bei einem Verbrauchsgüterkauf ein Mangel in den ersten sechs Monaten nach Ablieferung der Sache, so wird vermutet, dass dieser Mangel bereits bei dem Übergang der Gefahr existiert hat. Innerhalb dieses Zeitraumes muss der Hersteller oder Händler beweisen, dass der Mangel bei Ablieferung der Sache noch nicht vorlag. Nach den sechs Monaten geht die Beweispflicht auf den Käufer über (hier gilt also die sogenannte „**Beweislastumkehr**").

Beweislastumkehr
☞ § 476 BGB

7.1.4 Hemmung der Verjährung

Der Händler kann die Kosten, die ihm wegen eines berechtigten Sachmangels seines Kunden entstanden sind, vom Hersteller bzw. Lieferanten der Sache zurückverlangen. Dies gilt natürlich nur, solange der Mangel nicht erst beim Händler auftrat. Auch hier gilt die Beweislastumkehr.

Damit der Händler nicht unangemessen benachteiligt wird, gelten nach § 479 BGB für das Rückgriffsrecht besondere Fristen:

- Rückgriffsansprüche verjähren in zwei Jahren ab Ablieferung der Sache (können also auch nicht durch AGB auf ein Jahr begrenzt werden).

Rechte des Käufers bei Mängeln
☞ Band 1, LF 4, S. 324 ff.

- Die Verjährung tritt frühestens zwei Monate nach dem Zeitpunkt der Übergabe der Kaufsache an den Endverbraucher ein. Diese sog. Ablaufhemmung endet aber spätestens fünf Jahre, nachdem der Lieferant oder Hersteller die Sache dem Unternehmer abgeliefert hat.

7.1.5 Garantie

Garantie
☞ Band 2, LF 7, S. 219 ff.

Unter Garantie versteht man die vertraglich geregelte Verpflichtung des Herstellers oder Händlers, für den vereinbarten Zeitraum die Kosten für die Beseitigung der im Vertrag beschriebenen Mängel zu übernehmen. Selbstverständlich kann durch eine solche Garantie die gesetzliche Pflicht zur Gewährleistung nicht eingeschränkt werden (§ 477 BGB). Garantien gibt es beispielsweise als Neuwagengarantie, Neuwagenanschluss-, Gebrauchtwagen- und Mobilitätsgarantie.

7.1.6 Kulanz

Leistet ein Hersteller oder Händler über den gesetzlich geregelten Zeitraum (Gewährleistung) oder vertraglich vereinbarten (Garantie) hinaus freiwillig Ersatz für die Beseitigung von Mängeln, so spricht man von Kulanz. Kulanz dient dem Aufbau eines „guten Rufs" und ist somit ein Instrument zur Kundenbindung. Je nach Alter und Laufleistung des Fahrzeuges wird entschieden, inwieweit Kulanz gewährt werden kann. Entsprechende Listen des Herstellers geben Auskunft über die Höhe der Kulanz, die dort als Prozentsatz angegeben ist. In diesen Fällen holt sich das Autohaus die Kosten für dieses Entgegenkommen komplett oder zu einem großen Teil vom Hersteller zurück.

7.2 Nutzungsentschädigung

Kommt es trotz aller Bemühungen des Autohauses bei der Beseitigung gerechtfertigter Mängel zur Rückgabe des Fahrzeuges, stellt sich immer wieder die Frage, inwieweit der Kunde für den bis dahin erfolgten Gebrauch des Fahrzeuges eine Entschädigung an das Autohaus zu leisten hat.

7.2.1 Berechnung der Nutzungsvergütung

Für die Berechnung der Nutzungsvergütung wird von den Gerichten regelmäßig auf folgende Faustformel zurückgegriffen:

> *Formel zur Berechnung der Nutzungsvergütung*
>
> $$\text{Gebrauchsvorteil} = \frac{\text{Bruttoverkaufspreis} \cdot \text{gefahrene km}}{\text{erwartete Gesamtfahrleistung}}$$

Bei einer erwarteten Gesamtfahrleistung von 150.000 km entstehen somit Gebrauchsvorteile in Höhe von 0,67 % des Kaufpreises pro gefahrenen 1.000 Kilometern.

Das hieß bis zum Jahr 2005, dass jeder Käufer, der einen Neuwagen innerhalb der Gewährleistungszeit an den Händler zurückgegeben hat, für die bis dahin erfolgte Nutzung des Fahrzeuges eine Entschädigung zu zahlen hatte – und zwar 0,67 % des Bruttoverkaufspreises für jeweils angefangene 1.000 km.

BEISPIEL

Für ein Fahrzeug, dessen Bruttopreis bei 24.000,00 € lag und das mit einer Laufleistung von 8.500 km zurückgegeben wurde, musste der Käufer eine Nutzungsentschädigung von 1.360,00 € leisten.

$$\text{Nutzungsentschädigung} = \frac{24.000{,}00\,€ \cdot 8.500\ \text{km}}{150.000\ \text{km}} = 1.360{,}00\,€$$

Mit Urteil vom 23.08.2005 (Az. 3 U 991/05) hat das OLG Nürnberg allerdings entschieden, dass der Käufer einer mangelbehafteten Sache im Falle einer Ersatzlieferung nicht verpflichtet ist, dem verkaufenden Händler die bis dahin gezogenen Nutzungen aus der zurückgegebenen mangelbehafteten Sache zu erstatten. Damit hatte sich das Gericht bewusst gegen die in der Rechtsliteratur vertretene herrschende Meinung und die bis dahin übliche Praxis gewandt.

Dabei ging es in dem Verfahren zwar nicht um einen Neuwagen, sondern um den Kauf eines Backofens bei einem Versandhaus, wegen der grundsätzlichen Bedeutung der aufgeworfenen Rechtsfrage ist das Urteil des OLG Nürnberg aber auch für den Handel mit Neuwagen und neuen Ersatzteilen von großer Bedeutung.

Die bis dahin gängige Praxis wurde mit Gesetzesmaterialien (BT-Drucksache 14/6040, Seite 232 f.) begründet, in denen Folgendes ausgeführt ist:

„Das rechtfertigt sich daraus, dass der Käufer mit der Nachlieferung eine neue Sache erhält und nicht einzusehen ist, dass er die zurückgegebene Sache in dem Zeitraum davor unentgeltlich nutzen können soll und so noch Vorteile aus der Mangelhaftigkeit ziehen können soll."

Der vom Versandhaus vorgebrachte Hinweis, dass ein Anspruch auf Nutzungsentschädigung dem Willen des Gesetzgebers entspreche, wurde vom OLG Nürnberg jedoch nicht beachtet, da nach Ansicht des Gerichts in den Gesetzesmaterialien Interessenlagen verglichen würden, die mit der Frage, in welchem Umfang Rücktrittsvorschriften im Falle einer Ersatzlieferung anzuwenden seien, nichts zu tun hätten.

Der BGH leitete diese Frage an den Europäischen Gerichtshof (EuGH) weiter, um klären zu lassen, inwieweit das deutsche Schuldrecht mit dem Europarecht vereinbar sei. Der EuGH hat am 17.04.2008 die bisherige deutsche Regelung verworfen. Sie stelle einen Verstoß gegen Art. 3 der Richtlinie 1999/44/EG des Europäischen Parlaments und des Rates vom 25.05.1999 zu bestimmten Aspekten des Verbrauchsgüterkaufs und Garantien für Verbrauchsgüter dar. Der Europäische Gerichtshof stellte in der Urteilsbegründung dar, dass die Unentgeltlichkeit der Herstellung des vertragsgemäßen Zustandes des Verbrauchsgutes durch den Verkäufer zu einem wesentlichen Bestandteil des durch die Richtlinie gewährleisteten Verbraucherschutzes gehört. Diese Verpflichtung des Verkäufers, die Herstellung des vertragsgemäßen Zustandes des Verbrauchsguts unentgeltlich zu bewirken, entweder durch Nachbesserung oder durch Austausch, soll den Verbraucher vor drohenden finanziellen Belastungen schützen, die ihn ohne einen solchen Schutz davon abhalten könnten, seine Ansprüche geltend zu machen.

Die Garantie der Unentgeltlichkeit bedeutet, dass jede finanzielle Forderung des Verkäufers im Rahmen der Erfüllung seiner Verpflichtung zur Herstellung des vertragsmäßigen Zustandes des Verbrauchsguts, auf das sich der Vertrag bezieht, ausgeschlossen ist.

Der EuGH führte weiter aus, dass die finanziellen Interessen des Verkäufers zum einen durch die Verjährungsfrist von zwei Jahren nach Art. 5 Abs. 1 der Richtlinie und zum anderen durch die ihm in Art. 3 Abs. 3 Unterabs. 2 der Richtlinie eröffnete Möglichkeit geschützt werde, die Ersatzlieferung zu verweigern, wenn sie ihm unzumutbare Kosten verursachen würde.

Ganz deutlich betonte der Europäische Gerichtshof aber, dass bei Vertragsauflösung (also bei Rückabwicklung des Kaufvertrages) sehr wohl ein Wertersatz für die Benutzung des vertragswidrigen Verbrauchsguts durch den Verbraucher berücksichtigt werden kann.

Für den Automobilhandel bedeutet dies, dass nach wie vor dann vom Kunden eine Nutzungsentschädigung für die gefahrenen Kilometer nach den altbekannten Formeln verlangt werden kann, wenn ein bemängeltes Fahrzeug zurückgenommen und der Kaufpreis zurückgezahlt wird (Rücktritt vom Kaufvertrag; früher: Wandlung). Nur bei einer Ersatzlieferung ist solch eine Entschädigung nicht mehr vom Kunden zu leisten. Wenn man dabei berücksichtigt, dass eine Ersatzlieferung theoretisch noch nach annähernd zwei Jahren (dem letzten Tag der Verjährungsfrist) geltend gemacht werden kann, das Fahrzeug zu diesem Zeitpunkt aber unabhängig von der Laufleistung und dem Zustand des Fahrzeuges schon erheblich an Wert verloren hat, werden solche Fälle das Autohaus sehr viel Geld kosten.

7.2.2 Abweichungen von der 0,67 %-Pauschale

Von der zuvor aufgeführten Faustformel sind die Gerichte lange Jahre regelmäßig ausgegangen und sie wird der Berechnung auch heute noch vielfach zugrunde gelegt. Angesichts der sich wandelnden Technik und der damit verbundenen Verbesserung der Fahrzeugqualität weichen jedoch immer mehr Gerichte von der dabei zugrunde gelegten Gesamtfahrleistung ab und veranschlagen im Einzelfall je nach Fahrzeugtyp eine höhere zu erwartende Gesamtfahrleistung, was sich auf die Höhe der Nutzungsentschädigung aus Sicht des Kfz-Händlers nachteilig auswirkt.

Je nach Fahrzeugmodell wird von den Gerichten eine andere zu erwartende Gesamtfahrleistung angesetzt. So legten schon in den Jahren 1996 und 1998 Gerichte in Hamm und Koblenz Fahrleistungen von 300.000 bzw. 200.000 km zugrunde, was zu Gebrauchsvorteilssätzen von 0,33 % pro gefahrene 1.000 km bzw. 0,5 % pro gefahrene 1.000 km führt:

BEISPIEL

- *OLG Hamm, Urteil vom 17.12.1996 (Az. 27 U 152/96)*
  Fahrzeug: Mercedes 560 SEC, erwartete Gesamtfahrleistung von 300.000 km
- *OLG Koblenz, Urteil vom 04.12.1998 (Az. 10 U 1393/97)*
  Fahrzeug: Audi A 8 Quattro, 4,2 l, erwartete Gesamtfahrleistung von 200.000 km

Von 250.000 km und damit einer Nutzungsvergütung von 0,4 % pro 1.000 km gingen gleich mehrere Gerichte aus:

- *LG Dortmund, Urteil vom 08.12.2000 (Az. 8 O 404/00)*
  Fahrzeug: BMW 530d touring
- *OLG Karlsruhe, Urteil vom 07.03.2003 (Az. 14 U 154/01)*
  Fahrzeug: Audi A 6 Quattro TDI Automatik, 2,5 l
- *OLG Nürnberg, Urteil vom 21.03.2005 (Az. 8 U 2366/04)*
  Fahrzeug: Volvo V 70 2,4 T
- *AG Kamen, Urteil vom 27.04.2005 (Az. 9 C 7/05)*
  Fahrzeug: Audi TT

Zu einer noch drastischeren Nutzungsentschädigung kam das OLG Celle (05.11.2003, Az. 7 U 50/03): Das Gericht sprach dem Händler eine Entschädigung von 0,15 € pro gefahrenen km zu. Begründung: Die üblicherweise praktizierten Abzugsmethoden (s. o.) würden dem besonders hohen Anfangsverlust bei einem Neuwagen nicht gerecht werden. Diesen Anfangsverlust hätte der Käufer auch bei einem mangelfrei gelieferten Fahrzeug gehabt und deshalb könne er bei einer Rückabwicklung des Kaufvertrags nicht zulasten des Verkäufers gehen.

LS 115

8 Kunden nach dem Verkauf betreuen

SITUATION *Autoland Murschall GmbH*

David Rose arbeitet in dieser Woche an der Information. Kurz vor Ladenschluss klingelt das Telefon; der Anrufer möchte wissen, wann er seinen STARCAR FAMILY, Baujahr 1998, zum Verschrotten vorbeibringen könne und ob das tatsächlich kostenlos sei. David hat sich damit noch nicht beschäftigt, aber zum Glück hat der Serviceleiter noch nicht Feierabend gemacht, sodass David den Kunden zu Herrn Schmitz durchstellen kann.

Mit dem Verkauf eines Fahrzeuges hat das Autohaus zwar ein vordergründiges Ziel erreicht, das Hauptziel muss aber sein, den Käufer langfristig an das Autohaus zu binden. Denn bei den heute im Fahrzeugverkauf üblichen Nachlässen ist mit dem Verkauf von Fahrzeugen allein häufig kein ausreichendes Betriebsergebnis zu erzielen. Deshalb kommt es darauf an, dass die gesamten Vorgänge im Autohaus darauf ausgerichtet sind, den Kunden dauerhaft an das Autohaus zu binden: angefangen bei der optischen Gestaltung des Gebäudes und des Eingangsbereichs, über die Freundlichkeit der Mitarbeiter am Empfang und in der Serviceannahme, das Auftreten und Erscheinungsbild des Verkaufspersonals, bis hin zu den angebotenen Serviceleistungen und deren sachgerechte Abwicklung (einschließlich eines angemessenen Preis-Leistungs-Verhältnisses).

Daher ist auch eine gute Betreuung des Kunden nach einem Verkaufsabschluss immens wichtig für den auf Dauer angelegten Erfolg eines Autohauses. Wie zum Teil in den vorhergehenden Kapiteln bereits beschrieben, gehört dazu etwa

- eine sympathische, in Erinnerung bleibende Fahrzeugübergabe,
- das Aufmerksammachen des Kunden auf die möglichen Serviceleistungen des Autohauses, etwa eine Notfallnummer im Falle eines Unfalls, die Möglichkeit der Reifeneinlagerung oder der Verleih von Zubehör (z. B. Schneeketten, Dachträgersysteme, Fahrradträger),
- ein kurzer Telefonanruf einige Wochen nach der Übergabe mit der Frage, ob der Kunde mit dem Fahrzeug zufrieden ist,
- ein kurzer, aber persönlicher Geburtstags- oder Weihnachtsgruß (keine unpersönlichen Serienbriefe oder Serien-E-Mails),
- Einladungen zu fahrzeugspezifischen oder personenbezogenen Neuvorstellungen oder Events im Autohaus,
- konkrete Angebote zu Frühjahrs-, Urlaubs-, Licht- und Winter-Checks,
- Erinnerung des Kunden an die fällige Hauptuntersuchung sowie
- die Ermöglichung der Fahrzeugrückgabe an das Autohaus im Falle der „Verschrottung".

Altautoverordnung

Seit dem 1. April 1998 gilt die Altautoverordnung und bezieht damit auch die Altfahrzeuge in die Kreislaufwirtschaft der Entsorger ein. Die Selbstverpflichtungsregelung der Automobilwirtschaft sieht vor, dass Fahrzeuge, die nach dem 1. April 1998 erstmals zugelassen wurden, bis zu einem Alter von zwölf Jahren unter bestimmten Bedingungen kostenlos zurückgenommen werden müssen. Von der kostenlosen Rücknahme ausgenommen sind Altfahrzeuge, bei denen wesentliche Bauteile oder Komponenten oder elektronische Steuergeräte entnommen wurden und die nicht mindestens einen Monat vor der endgültigen Stilllegung in der Europäischen Union zugelassen waren. Die Rücknahme älterer im Verkehr befindlicher Fahrzeuge kann zu marktüblicher Konditionen erfolgen.

> *Die Stilllegung eines Fahrzeuges nach den Bestimmungen der Straßenverkehrs-Zulassungs-Ordnung (StVZO) kann nun nur noch erfolgen, wenn der Letztbesitzer der Zulassungsstelle einen Verwertungsnachweis bzw. eine Verbleibserklärung vorlegen kann.*

Die Ausstellung eines ***Verwertungsnachweises*** kann nur ein anerkannter Verwertungsbetrieb übernehmen. Dieser kann jedoch eine Altautoannahmestelle mit der Aushändigung des Verwertungsnachweises beauftragen, sodass der Kunde direkt bei Abgabe seines Altfahrzeuges einen Nachweis erhalten kann. Damit ein Autohaus Altautoannahmestelle werden kann, muss zunächst ein Antrag bei der zuständigen Innung gestellt werden. Diese prüft dann, ob dem Antrag entsprochen werden kann (Bedingungen sind z. B. Zuverlässigkeit des Unternehmens, geeignete Gestaltung des Annahme-Bereitstellungsplatzes, ordentliche Dokumentation der Annahme von Altautos, Besuch der entsprechenden Seminare). Das Vorgehen bei der Anerkennung und Überprüfung ist bundeseinheitlich abgestimmt.

Verwertungsnachweis
☞ Band 2, LF 7, S. 193 f.

Bei der Verwertung der ca. 2,5 Mio. Altautos (5 % des Bestandes) wirken ca. 6.000 Verwertungsunternehmen in Deutschland mit. Während sich einige Verwerter auf den Ausbau und die Bereitstellung gebrauchter Ersatzteile spezialisiert haben und auch das Metall (ca. 75 % des Fahrzeuggewichts) generell kostenneutral verwertet werden kann, bereitet die Entsorgung des Kunststoffs (10 – 15 % Anteil) Probleme: 80 bis 85 % wären wiederverwertbar, wenn man die verschiedenen Kunststoffe sortenrein trennen könnte.

Verfahrensschema zur umweltgerechten Entsorgung von Altautos

↓

Annahme des Altautos und Eingangskontrolle

↓

Zwischenlagerung auf einem geeigneten Platz

↓

Trockenlegung (Entnahme von Kraftstoff, Öl, Wasser usw.)

↓

Demontage von Komponenten zur Wiederverwertung (Entnahme von Motor, Getriebe, Lichtmaschine usw.)

↓

Demontage von Komponenten zur Verwertung (Entnahme von Kunststoffteilen, Glas, Kat usw.)

↓

Zerkleinerung der Altkarosse im Schredder (Trennung in Eisenschrott (verwertbar), Nicht-Eisen-Metallschrott (verwertbar) und Sonstiges (nicht verwertbar))

Doch selbst die Wiederverwertung eines reinen Kunststoffs ist nicht sorgenfrei, da das recycelte Material meist nicht mehr den Anforderungen an den in Neuteilen benutzten Stoffen entspricht. Die Hersteller arbeiten jedoch an Konzepten, die Sortierung und die Wiederverwertung oder den Abbau der verbauten Materialien zu optimieren.

Welches Fahrzeugvolumen die jährlichen Außerbetriebsetzungen (Stilllegungen) einnehmen, zeigt die folgende Tabelle. Unter dem Begriff der Außerbetriebsetzung ist dabei nicht nur die Verschrottung zu verstehen, sondern beispielsweise auch die Abmeldung eines Fahrzeuges zum Zweck der Ausfuhr in das Ausland.

Außerbetriebsetzungen von Kraftfahrzeugen im Jahr 2010 nach Bundesländern und Fahrzeugklassen absolut (ohne Anhänger)

Land	Krafträder	Personenkraftwagen	Kraftomnibusse	Lastkraftwagen	Zugmaschinen insgesamt	darunter Sattelzugmaschinen	Sonstige Kfz	Kraftfahrzeuge insgesamt
Baden-Württemberg	67.209	997.594	1.449	51.938	15.646	5.065	3.188	1.137.024
Bayern	94.525	1.262.647	2.676	79.712	30.281	8.848	5.047	1.474.888
Berlin	9.150	163.845	232	13.611	742	606	1.007	188.587
Brandenburg	10.843	185.577	274	18.844	4.032	2.067	1.077	220.647
Bremen	2.266	44.069	67	2.851	471	385	152	49.876
Hamburg	5.604	186.950	209	11.366	824	641	573	205.526
Hessen	32.641	601.469	883	33.279	7.834	2.730	1.962	678.068
Mecklenburg-Vorpommern	6.794	125.675	189	10.687	3.061	1.312	704	147.110
Niedersachsen	45.706	758.410	1.196	41.140	17.228	5.884	3.138	866.818
Nordrhein-Westfalen	91.419	1.464.743	2.601	81.283	19.268	9.420	4.987	1.664.301
Rheinland-Pfalz	26.574	369.887	861	21.666	7.582	2.400	1.341	427.911
Saarland	6.190	99.621	182	5.635	1.115	498	340	113.083
Sachsen	14.828	312.076	471	29.230	5.335	2.858	1.525	363.465
Sachsen-Anhalt	9.545	181.729	259	16.030	4.132	2.177	935	212.630
Schleswig-Holstein	16.944	244.310	379	15.319	5.919	2.397	1.046	283.917
Thüringen	10.051	185.976	354	17.179	3.789	1.497	922	218.271
Sonstige	37	545	17	106	43	4	410	1.158
Insgesamt	450.326	7.185.123	12.299	449.876	127.302	48.789	28.354	8.253.280

Quelle: KBA

LF12

Finanzdienstleistungen und betriebsspezifische Leistungen vermitteln

LS 116

1 Darlehensanträge bearbeiten

Hinweis:
In den Kapiteln 1 und 2 wird auf die Vermittlung von Finanzierungs- bzw. Leasingverträgen durch das Autohaus näher eingegangen. In Kapitel 3 erfolgt eine Betrachtung weiterer betriebsspezifischer Leistungen. Im abschließenden Kapitel 4 geht es um die Frage, wie das Autohaus selbst an die Mittel für betriebliche Investitionen gelangt.

***SITUATION** Autoland Murschall GmbH*

Seit einigen Monaten ist David nun schon im Verkauf eingesetzt. Auch wenn er noch selten aktiv selbstständig verkauft hat, so ist ihm doch eines klar geworden: Mit dem erfolgreichen Verkaufsgespräch ist die Arbeit eines Verkäufers noch längst nicht getan – eher das Gegenteil trifft zu. Da wartet dann so viel Papierkram, dass der Verkäufer dafür eigentlich gut einen Assistenten gebrauchen könnte: Kaufvertrag, u. U. Darlehensantrag, Selbstauskunft, Schufa-Einwilligung, Widerrufsbelehrung und und und. Außerdem kommen ja noch die Tätigkeiten vor und bei der Auslieferung hinzu. Als David sich in der Berufsschule mit Mitschülern darüber unterhält, erfährt er, dass es tatsächlich Autohäuser gibt, bei denen die Verkäuferinnen und Verkäufer durch Verkaufsassistenten unterstützt und vor allen Dingen entlastet werden, sodass ihnen effektiv mehr Zeit für das eigentliche Verkaufen bleibt.

1.1 Fahrzeugfinanzierung im Autohaus

1.1.1 Vorteile der Fahrzeugfinanzierung

Leasing ☞ S. 194 ff.

Etwa 80 % aller Autokäufe werden heutzutage finanziert. Neben dem klassischen Autokredit zählt auch das Leasing dazu. Eine genaue Zahl ist nicht bekannt, da oft auch die sogenannten Barkäufe von Fahrzeugen anderweitig fremdfinanziert werden. Eines macht die Zahl aber deutlich: Das Finanzierungsgeschäft kann im Rahmen des Fahrzeugverkaufs von entscheidender Bedeutung sein.

Fahrzeugfinanzierung
Nicht jeder der rund 9,348 Mio. Pkw-Käufer des Jahres 2010 war in der Lage, das von ihm gekaufte Fahrzeug aus Eigenmitteln zu finanzieren. 25 Prozent der Neuwagen- und zwei Prozent der Gebrauchtwagenkäufer haben sich entschlossen, ihr Fahrzeug zu leasen (2009: 20 % bzw. 1 %, 2008: 31 % bzw. 2 %). Der erhebliche Anstieg beim Leasing ist beachtlich und damit zu erklären, dass 2009 aufgrund der Umweltprämie mehr Privatkäufe stattfanden. In der Mehrzahl der Fälle nahmen die Käufer, die ihr Fahrzeug nicht aus Eigenmitteln bezahlen konnten, einen Kredit in Anspruch.

Quelle: DAT-Report 2011, Autohaus Extra, S. 32

Über ein Drittel des Kaufpreises finanzieren Käufer mittlerweile über einen Kredit. Zudem fließen u. a. eigene Ersparnisse sowie Erlöse aus einem Vorwagenverkauf mit in den Kaufpreis ein.

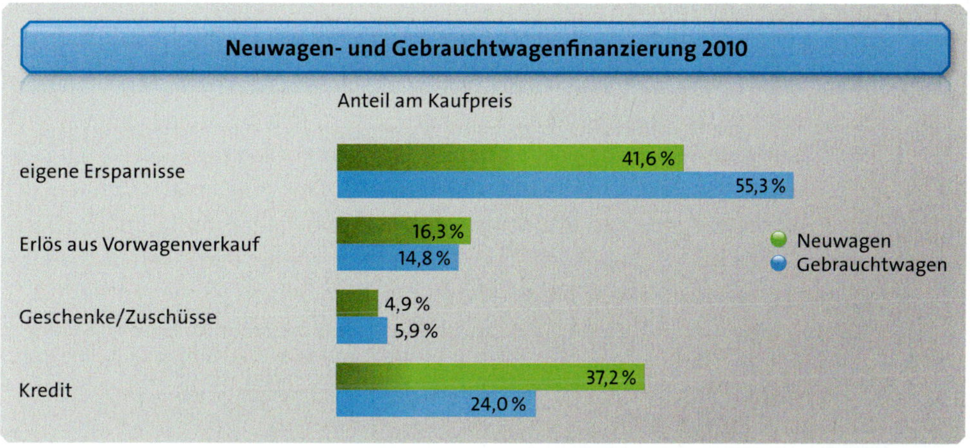

Quelle: DAT-Report 2011, Autohaus Extra, S. 33

Die meisten Fahrzeughersteller bieten über herstellereigene Banken Finanzierungen an. Dieses Finanzierungsgeschäft hat für das Autohaus viele Vorteile. So mancher Autokauf oder auch die Entscheidung für eine höherwertige Sonderausstattung sind für den Kunden überhaupt erst durch eine Fahrzeugfinanzierung möglich. Außerdem haben Befragungen ergeben, dass Finanzierungskunden ihr altes Fahrzeug schneller durch ein neues ersetzen. Bei diesen Kunden liegt somit eine höhere Umschlagshäufigkeit vor.

Beispiele für Autobanken:
- Audi Bank
- Ford Bank
- Toyota Financial Services

Von besonderem Interesse für den Autohändler ist, dass etwa jeder dritte Kunde, der sein Fahrzeug über einen Autohändler fremdfinanziert hat, dies bei seinem nächsten Fahrzeug bei demselben Händler wieder tut. Finanzierung kann somit auch als Instrument des Absatzes und der Kundenbindung verstanden werden. Darüber hinaus erhält der Automobilhändler durch die Vermittlung von Fahrzeugfinanzierungen oder Finanzierungsversicherungen (**Restschuldversicherung**) Provisionen, die in der Regel zwischen 50,00 und 250,00 € liegen. Dieser zusätzliche Gewinn ist in Anbetracht sinkender Händlermargen nicht zu verachten.

Restschuldversicherung ☞ S. 187

Doch nicht nur dem Autohaus, auch dem Kunden bietet die Fahrzeugfinanzierung diverse Vorteile. So wird beispielsweise der Kauf des Traumautos für manchen Kunden erst durch eine Finanzierung möglich. Außerdem ist es für den Kunden nicht erforderlich, seine Hausbank aufzusuchen – alle Formalitäten können im Autohaus unter Mithilfe des Verkäufers erledigt werden.

Selbstverständlich darf nicht vergessen werden, dass eine Finanzierung für den Kunden auch mit Kosten verbunden ist, denn keine Bank vergibt kostenlose Kredite. Bezieht man aber bei der Beurteilung der Fahrzeugfinanzierung die jährliche Teuerungsrate (**Inflationsrate**) mit ein, relativieren sich die Kreditkosten für den Kunden. So kann bei sehr günstigen Angeboten die Möglichkeit einer Finanzierung auch Anlass für den Autokauf sein. Ein weiterer Vorteil – insbesondere gegenüber dem Leasing – ist die Tatsache, dass der Kunde bei der Finanzierung Eigentumsrechte am Fahrzeug erwirbt, die ihm die uneingeschränkte Nutzung ermöglichen, wie z. B. den Einbau von Tuningteilen.

Inflation ☞ LF 9, S. 53

1.1.2 Ablauf der Fahrzeugfinanzierung

Auch eine Finanzierung über ein anderes Kreditinstitut ist möglich. Allerdings bieten die Herstellerbanken einige Vorteile, wie beispielsweise besonders niedrige Zinsen.

Im Verkaufsgespräch wird die Frage geklärt, ob der Kunde sein Fahrzeug finanzieren möchte. Entschließt er sich für eine Finanzierung, so erfolgt diese in der Regel über die Herstellerbank. Sie überprüft zunächst die Bonität des Kunden. Hierzu füllt der Kunde gemeinsam mit dem Automobilhändler eine Selbstauskunft und einen Darlehensantrag aus. Erst wenn der Antrag nach der Kreditwürdigkeitsprüfung von der Herstellerbank genehmigt wurde, erhält der Kunde die Finanzierungszusage. Die Kommunikation zwischen Autohaus und Herstellerbank läuft online ab, sodass die Bearbeitung des Antrags sowie die damit verbundene Darlehenszusage bzw. -absage zügig erfolgen kann.

Die folgenden Inhalte können im Rahmen einer Selbstauskunft abgefragt werden:

Inhalte einer Selbstauskunft	
Angaben zur Person	• Vor- und Zuname • Geburtsdatum • Staatsangehörigkeit • Familienstand • Güterstand • Kinder • im Haushalt lebende Kinder • Personalausweisnummer – ausstellende Behörde – Ausstellungsdatum
Angaben zur Anschrift	• Straße • Ort • Telefonnummer • weitere Anschriften der letzten Jahre
Angaben zur Arbeit	• selbstständig • angestellt • Tätigkeit • beschäftig seit • momentaner Arbeitgeber • Anschrift des Arbeitgebers • Telefonnummer des Arbeitgebers • Branche • vorherige Arbeitgeber • Dauer der vorherigen Beschäftigungsverhältnisse
Angaben zum Einkommen und Vermögen	• Höhe des monatlichen Einkommens • Renten/Pensionen • weitere Einkünfte • Wohnsituation (Miete oder Eigentum) • bei Eigentum: Wohnung oder Haus • Wertauskunft zum Eigentum • weitere Zahlungsverpflichtungen (z. B. Hypotheken, Kredite oder Unterhaltsleistungen) • Insolvenzverfahren
Ist ein Bürge erforderlich, so muss auch er die entsprechenden Fragen der Selbstauskunft beantworten.	

Bei Finanzierungsgeschäften ist besonders darauf zu achten, dass der Kunde ein 14-tägiges Rücktrittsrecht hat (Verbraucherkreditrecht). Die Kenntnisnahme über dieses Rücktrittsrecht muss der Kunde auf dem Darlehensantrag und dem Formular für die Neuwagenbestellung durch eine separate Unterschrift bestätigen. Das Fahrzeug sollte, um ganz sicherzugehen, also erst nach Ablauf der 14-Tage-Frist vom Händler bestellt werden.

Widerrufsrecht des Verbrauchers ☞ S. 191 f.

Bei der Auslieferung des Fahrzeuges erhält der Händler die im Darlehensvertrag vereinbarte Anzahlung, die auch in Form einer Inzahlungnahme des Gebrauchten erfolgen kann. Die Neuwagen-Fahrzeugrechnung wird an die finanzierende Herstellerbank geschickt, die daraufhin das Restkaufgeld für das Fahrzeug an den Autohändler überweist – zzgl. zustehender Provisionen. Bei der Anmeldung wird das Fahrzeug auf den Namen des Käufers zugelassen. Zur Absicherung der Kreditschuld erhält die finanzierende Bank die Zulassungsbescheinigung Teil 2. Dadurch wird sichergestellt, dass der Kreditnehmer das noch nicht restlos bezahlte Auto nicht weiter veräußern kann. Der Kreditnehmer überweist die monatlichen Finanzierungsraten schließlich an die finanzierende Herstellerbank.

Zulassungsbescheinigung Teil 2 ☞ LF 11, S. 141

1.1.3 Darlehensantrag

Zu jedem Darlehensantrag gehört eine Vertragsnummer, die von der finanzierenden Bank vergeben und in das Formular eingetragen wird. Ist der Darlehensnehmer verheiratet, dann wird häufig zur besseren Absicherung des Kredites der Ehepartner als Mitdarlehensnehmer eingetragen, der mit seiner Unterschrift die **selbstschuldnerische Bürgschaft** für die fälligen Raten übernimmt. Bei wackeligen Finanzierungen werden auch dritte Personen als Bürge eingetragen. Weiterhin sind die persönlichen Daten des Darlehensnehmers und des Bürgen einzutragen sowie die Daten des zu finanzierenden Fahrzeuges einschließlich der Angaben zur Versicherung. Im Raten- oder Finanzierungsplan wird dann festgelegt, wie viele Monatsraten in welcher Höhe zu entrichten sind.

selbstschuldnerische Bürgschaft ☞ S. 251

***BEISPIEL** Darlehensantrag*

Verk.-daten

Kunden-Nr. ______	Vertrags-Nr. ______
Region ______	
Betriebs-Nr. ______	
Verkäufer-Nr. ______	

Darlehensnehmer

Name ______	
Vorname ______	
Straße, Nr. ______	
PLZ ______	Wohnort ______
Telefon ______	
Familienstand ______	
Geburtsdatum ______	
Staatsangehörigkeit ______	
Beruf ______	

Finanzierungsplan

Kaufpreis/ Reparaturkosten	€ ______
Restschuldversicherungsbeitrag	€ ______
Versicherungsprämie	€ ______
insgesamt	€ ______
– nicht zu finanzierender Beitrag	€ ______
Restkaufgeld/ Nettokreditbetrag	€ ______
+ Kreditgebühr	€ ______
+ 1% Bearbeitungsgebühr	€ ______
Darlehenssumme	€ ______
Zinssatz	______ %
effektiver Jahreszins	______ %

Bürge

Name ______
Vorname ______
Straße, Nr. ______
PLZ ______ Wohnort ______
Telefon ______
Familienstand ______
Geburtsdatum ______
Staatsangehörigkeit ______
Beruf ______

Rückzahlung

1. Rate am ______
über € ______
______ Folgeraten, fällig am Tag jedes folgenden Monats
über € ______
Ratenzahl insgesamt: ______
Restrate am ______
über € ______

Kfz.-Versich.

Vollkasko mit € ______ Selbstbeteiligung
bei ______
Name der Versicherungsgesellschaft
Versicherungs-/Antrags-Nr. ______

Zahlungsart

EINZUGSERMÄCHTIGUNG
Kontonummer ______
BLZ ______
bei der ______
Name und Sitz des Geldinstituts

Fahrzeug

Modell-Bestell-Schlüssel ______
Fabrikat/Typ ______
Neuwagen ☐ Gebrauchtwagen ☐
Erstzulassung ______
amtl. Kennzeichen ______
Fahrgestell-Nr. ______

Sicherheiten

Sicherheiten gemäß umseitiger Bedingungen:
1. Übereignung des oben näher bezeichneten Fahrzeugs
2. evtl. Versicherungs- und Schadenersatzansprüche
3. Lohn- und Gehaltsansprüche
4. evtl. Ansprüche aus einer Restschuldversicherung

Hinweis:
Für den Vertrag gelten weiter die umseitig aufgeführten Sicherheiten und Darlehensbedingungen.

Die Verkäufer-/Vermittler-/Reparaturfirma bestätigt: Die Angaben zum Kaufpreis/zu den Reparaturkosten treffen zu. Der Darlehensnehmer und der Bürge haben ihre Erklärungen eigenhändig unterschrieben, ihre persönlichen Angaben wurden von uns überprüft. Das Eigentum an dem Fahrzeug geht bei Auszahlung des Darlehens lastenfrei auf die Bank über.

Autoland Murschall GmbH
Plittersdorfer Str. 48
53173 Bonn

______
Stempel und Unterschrift der Verkäufer-/Vermittler-/Reparaturfirma

Widerrufsbelehrung:

Der Darlehensnehmer kann innerhalb von 2 Wochen seine auf den Abschluss des Darlehensvertrags gerichtete Willenserklärung schriftlich widerrufen. Die fristgerechte Erklärung des Widerrufs hat die Unwirksamkeit des Darlehens-, des Kauf-/Reparatur- und evtl. des Restschuldversicherungsvertrags zur Folge. Die Widerrufsfrist beginnt mit der Aushändigung dieser Belehrung an den Darlehensnehmer. Zur Wahrung der Frist genügt die rechtzeitige Absendung des Widerrufs.

______
Datum und Unterschrift des Darlehensnehmers

Bürgschaft

Für die Erfüllung aller Ansprüche aus dem Darlehensvertrag übernehme ich die selbstschuldnerische Bürgschaft.

Unterschrift des Bürgen
______

Unterschrift des Darlehensnehmers
______

1.1.4 Restschuldversicherung

Die Restschuldversicherung bietet dem Kreditnehmer Schutz gegen unverschuldete Zahlungsunfähigkeit, die durch Arbeitsunfähigkeit, Krankheit oder Tod entsteht. Sie wird dem Kreditnehmer empfohlen, wenn dieser keine Lebensversicherung hat.

Hat der Kreditnehmer eine private Unfallversicherung mit Unfallrente und eine Berufsunfähigkeitsversicherung bereits abgeschlossen, ist eine Restschuldversicherung unnötig und verursacht Kosten, die eingespart werden können. Besitzt er diese Versicherungen noch nicht und ist sein gesundheitlicher Zustand einwandfrei, könnten sie als Zusatzbausteine der günstigen Risikolebensversicherung nicht nur den Autokredit, sondern die finanzielle Absicherung der Familie für das gesamte Berufsleben bedeuten. Lediglich, wenn aus gesundheitlichen Gründen Lebens- oder Berufsunfähigkeitsversicherungen abgelehnt würden, kann eine Restschuldversicherung sinnvoll sein.

Liegt eine Zahlungsunfähigkeit aus einem der zuvor genannten Gründen vor, so hat der Kunde ab dem 43. Tag einen Anspruch auf Übernahme der monatlichen Rate durch die Restschuldversicherung. Eine Leistungseinschränkung erfolgt, wenn die Zahlungsunfähigkeit mit einer Vorerkrankung der letzten zwölf Monate im Zusammenhang steht. Das Höchstalter für den Abschluss der Restschuldversicherung liegt meist bei 60 Jahren, bei Finanzierungsablauf darf der Versicherungsnehmer höchstens 65 Jahre alt sein. Die Höchstversicherungssumme darf nicht höher als die Darlehenssumme sein.

1.1.5 Finanzierungsformen

Herstellerbanken bieten meist zwei Grundformen der Fahrzeugfinanzierung an, die je nach Hersteller anders bezeichnet werden.

Am bekanntesten ist die klassische Standard-Raten-Finanzierung. Hierbei handelt es sich um ein Abzahlungsdarlehen, bei dem über die monatlichen Raten der gesamte Kaufpreis plus Zinsen getilgt wird. Außerdem bieten die Herstellerbanken den sogenannten Ballonkredit an. Bei dieser Finanzierungsform zahlt der Kreditnehmer bei der Fahrzeugübergabe eine Anzahlung und überweist anschließend monatlich die (eher niedrigen) Raten an die Herstellerbank. Nach Ablauf der Finanzierungsdauer verbleibt eine Schlussrate (Ballonrate).

> i *Über die monatlichen Raten wird die Differenz zwischen Kaufpreis und der Summe aus Anzahlung und kalkuliertem Restwert getilgt. Die Schlussrate und die monatliche Rate sind voneinander abhängig. Wählt der Kreditnehmer eine höhere Schlussrate, dann fällt die monatliche Rate entsprechend niedriger aus.*

Für die Finanzierung der Schlussrate bieten die Herstellerbanken drei Möglichkeiten an:

1. Der Kunde erwirbt durch Zahlung der Schlussrate das vollständige Eigentumsrecht am Fahrzeug.
2. Die Herstellerbank bietet dem Kreditnehmer die Möglichkeit einer Anschlussfinanzierung für die Schlussrate an. Diese erfolgt zu den (meist schlechteren) Konditionen einer Gebrauchtwagenfinanzierung.
3. Es besteht die Möglichkeit des Rückkaufs durch den Händler. In diesem Fall gibt der Kreditnehmer am Tag der Fälligkeit der Schlussrate das Auto zurück, welches der Händler zu einem garantierten Mindestwert (= Schlussrate) kauft. Durch die Rückgabe des Autos begleicht der Kunde seine Schlussrate.

Bei einem Vergleich von Raten- und Ballonfinanzierung schließt die Ballonfinanzierung im Allgemeinen schlechter ab. Ursache hierfür ist, dass bei der Ballonfinanzierung nur ein geringer Teil des Kaufpreises getilgt wird und die Schlussrate über die gesamte Laufzeit des Vertrages verzinst werden muss.

Berechnung des Finanzierungsbedarfs

	Kaufpreis
+	Sonderausstattung
–	Kaufpreisanzahlung
+	sonstige Leistungen (z. B. Restschuldversicherung)
=	**Finanzierungssumme**
+	Zinsen (bezogen auf die Finanzierungssumme)
+	Bearbeitungsgebühr (bezogen auf die Finanzierungssumme)
=	**Gesamt-Finanzierungsbedarf**

Berechnung der Finanzierungsrate

$$\text{monatliche Finanzierungsrate} = \frac{\text{Gesamt-Finanzierungsbedarf}}{\text{Gesamtlaufzeit (in Monaten)}}$$

Sollte der Kreditnehmer die erste Rate laut Vertrag erst einen Monat nach Übernahme zu entrichten haben, so lautet die Formel:

$$\text{monatliche Finanzierungsrate} = \frac{\text{Gesamt-Finanzierungsbedarf}}{\text{Gesamtlaufzeit (in Monaten)} - 1}$$

1.1.6 Kreditwürdigkeitsprüfung

Kreditfähigkeit bezeichnet die Fähigkeit, rechtswirksame Kreditverträge abzuschließen. Kreditfähig sind

- natürliche Personen, die voll geschäftsfähig sind,
- juristische Personen des privaten und öffentlichen Rechts und
- Personenhandelsgesellschaften.

Ist ein Kunde dem Kreditinstitut aus bisherigen Kontoverbindungen bekannt, ist eine besondere Prüfung der Kreditfähigkeit (Legitimationsprüfung) nicht notwendig. Anderenfalls muss der Kunde seine Kreditfähigkeit durch Vorlage eines amtlichen Lichtbildausweises oder bei Firmen durch Beibringung eines beglaubigten Auszuges aus einem öffentlichen Register nachweisen.

> i *Als kreditwürdig werden Personen und Unternehmen eingestuft, wenn von ihnen eine vertragsgemäße Erfüllung der Kreditverpflichtungen erwartet werden kann. Die Kreditwürdigkeit ist von persönlichen und sachlichen Voraussetzungen abhängig.*

Zur persönlichen Kreditwürdigkeitsprüfung zählen:

- charakterliche Eigenschaften (z. B. Fleiß, Tüchtigkeit, Zuverlässigkeit)
- fachliche Qualifikationen
- persönliche Haftung (Rechtsform)
- unternehmerische Fähigkeiten

Zur Beurteilung der sachlichen Kreditwürdigkeitsprüfung bei Privatpersonen dienen:

- die gegenwärtige sowie zukünftig erwartete Einkommens- und Vermögenssituation
- weitere Kontoverbindungen und Verpflichtungen

Die sachliche Kreditwürdigkeit kann anhand von Einkommensnachweisen, Vermögensübersichten, Auskünften über Kontoverbindungen und externe Auskünfte (etwa über die **SCHUFA**) überprüft werden.

SCHUFA
☞ S. 190 f.

Bei Unternehmen erfolgt die sachliche Prüfung anhand der

- gegenwärtigen und zukünftig erwarteten Ertragslage,
- Liquiditätslage sowie
- Vermögens- und Kapitalstruktur.

Hierfür können im Einzelnen folgende Unterlagen herangezogen werden: Handelsregister, Steuerunterlagen, Bilanz, GuV-Rechnung, Geschäftsbücher sowie externe Auskünfte.

> i *Die Kreditwürdigkeitsprüfung ist nicht nur betriebswirtschaftlich sinnvoll, um den Kreditgeber vor vorhersehbaren Verlusten zu schützen, sondern sie ist für Kredite ab 750.000,00 € gem. § 18 **KWG** auch zwingend vorgeschrieben.*

KWG
Gesetz über das Kreditwesen (Kreditwesengesetz)

Im Privatkundengeschäft erfolgt die Kreditwürdigkeitsentscheidung nach einem persönlichen Gespräch aufgrund einer subjektiven Beurteilung des Kreditsachbearbeiters. Langjährige Beziehungen zwischen Kunden und Kreditinstitut (Hausbank) können sich dabei positiv auswirken. Zusätzlich zum persönlichen Gespräch werden häufig seitens des Kreditinstituts Bonitäts-Checklisten verwendet, die die Datenbasis für ***Scoring-Verfahren*** liefern, mit denen standardisierte Kreditvergabeentscheidungen getroffen werden können.

Scoring-Verfahren Auf der Basis von Kreditnehmer-Merkmalen, denen Punkte zugeordnet sind, wird ein Zahlenwert errechnet, aus dem sich die Kreditwürdigkeit einer Person ableitet.

Die Datenbasis im Firmenkundengeschäft ist aufgrund der Rechnungslegungsvorschriften üblicherweise wesentlich besser als im Privatkundengeschäft. Aus den Jahresabschlussdaten sowie Planungsrechnungen lassen sich die notwendigen Daten für standardisierte Scoring-Verfahren ermitteln. Aufgrund des üblicherweise hohen Kreditvolumens im Firmenkundengeschäft werden neben diesen Daten häufig noch Gutachten von Innungen oder Kammern über die Erfolgsaussichten des zu finanzierenden Projektes verlangt. Darüber hinaus kann man sich bei größeren Firmenkunden auch externer Ratingagenturen bedienen, die ein Rating erstellen, aus dem die Bonität des Unternehmens im Rahmen der Kreditwürdigkeitsprüfung abgeleitet werden kann.

Als Hausbank wird das Kreditinstitut bezeichnet, über das der überwiegende Teil der eigenen Bankgeschäfte abgewickelt wird.

1.1.7 SCHUFA

Die Schutzgemeinschaft für allgemeine Kreditsicherung, kurz SCHUFA genannt, ist eine Gemeinschaftseinrichtung von Wirtschaftsunternehmen, die ihren Kunden Geld- oder Warenkredite einräumen. Ziel der SCHUFA ist es, ihre Vertragspartner vor Kreditausfällen zu schützen. Vertragspartner der SCHUFA können Banken, Kreditkarten- sowie Leasinggesellschaften, Einzelhandels-, Versandhandels- und Telekommunikationsunternehmen sein. Dabei erhebt die Schufa selbst aktiv keine Daten, sie ist eine reine Datensammelstelle und verlässt sich dabei auf die Richtigkeit der Angaben ihrer Vertragspartner.

Die SCHUFA-Zentrale in Wiesbaden-Schierstein

Die Vertragspartner übermitteln Informationen, die im Rahmen von eigenen Geschäften mit ihren Kunden anfallen. Dabei handelt es sich um:

- Personendaten (Name, Geburtsdatum, Geburtsort, Anschrift, frühere Anschriften)
- Informationen über andere laufende Geschäfte (Kredit- und Leasingvertrag mit Laufzeit und Betrag, Girokonten, Kreditkarten, Telekommunikationskonten)
- Daten über die nicht vertragsgemäße Abwicklung von Geschäften (rückständige Forderungen)
- Missbrauch eines Kontos oder einer Kreditkarte nach Nutzungsverbot (Merkmal kann auch nach Ausgleich des Schuldbetrages nicht durch einen Erledigungsvermerk ergänzt werden)
- Daten aus öffentlichen Verzeichnissen und amtlichen Bekanntmachungen (eidesstattliche Versicherung, Haftbefehl zur Erzwingung der eidesstattlichen Versicherung, Eröffnung eines Insolvenzverfahrens)

Die Übermittlung der Informationen bedarf der Einwilligung des Kunden.

Von der SCHUFA werden keine Daten erfasst über

- das Einkommen oder Vermögen,
- den Arbeitgeber sowie
- Informationen über den Familienstand.

Die Informationen über Personen werden von der SCHUFA nur für eine bestimmte Zeit gespeichert. So werden z. B. Daten über Giro- und Kreditkartenkonten sofort nach Auflösung des Kontos gelöscht, die meisten Informationen aber nach Ablauf von drei Jahren.

Seit dem 1. April 2010 ist es jedem Privatkunden gestattet, einmal jährlich kostenfrei seine SCHUFA-Auskunft anzufordern.

1.2 Verbraucherkreditrecht

1.2.1 Form und Inhalt

Ziel des Verbraucherkreditrechtes ist der Schutz des Verbrauchers. Es beinhaltet Vorschriften zum Verbraucherdarlehensvertrag, der zwischen einem Unternehmer als Darlehensgeber und einem Verbraucher als Darlehensnehmer abgeschlossen wird (vorausgesetzt, das auszuzahlende Darlehen übersteigt den Betrag von 200,00 € netto). Verbraucherdarlehensverträge müssen schriftlich abgeschlossen werden. Ein Vertragsabschluss in elektronischer Form ist ausgeschlossen. Die Vertragserklärung muss folgende Mindestangaben enthalten:

- den Nettodarlehensbetrag
- den Gesamtbetrag aller Teilzahlungen einschließlich Kosten und Zinsen
- die Art und Weise der Rückzahlung des Darlehens
- den Zinssatz sowie alle sonstigen Kosten des Darlehens
- den effektiven Jahreszins
- die Kosten einer Restschuld- oder sonstigen Versicherung, die im Zusammenhang mit dem Verbraucherkreditvertrag abgeschlossen wird
- die zu bestellenden Sicherheiten

Sollte die Schriftform nicht eingehalten werden oder einer der zuvor genannten Vertragsinhalte fehlen, so ist der gesamte Darlehensvertrag nichtig. Ungeachtet eines solchen Mangels wird der Verbraucherdarlehensvertrag aber gültig, wenn der Darlehensnehmer das Darlehen empfängt. Sollte dann die Angabe des zugrunde gelegten Zinssatzes, des effektiven Zinssatzes oder die Angabe des Gesamtbetrages fehlen, ermäßigt sich der dem Verbraucherdarlehensvertrag zugrunde gelegte Zinssatz auf den gesetzlichen Zinssatz und der Gesamtbetrag sinkt somit. Nicht angegebene Kosten werden vom Darlehensnehmer nicht geschuldet, und vereinbarte Teilzahlungen sind unter Berücksichtigung der verminderten Zinsen oder Kosten neu zu berechnen.

1.2.2 Das Widerrufsrecht des Verbrauchers

Dem Verbraucher steht bei Abschluss eines Darlehensvertrages ein 14-tägiges Widerrufsrecht zu, welches er schriftlich ausüben muss. Diese gesetzliche Regelung soll den Verbraucher vor übereilten wirtschaftlichen Entscheidungen schützen und ihm die Möglichkeit einräumen, seine Entscheidung noch einmal zu überdenken.

Entscheidend für die Wahrung der Frist ist das Absendedatum des Widerrufs. Der Vertrag wird erst nach Ablauf der Frist wirksam. Diese beginnt aber erst zu laufen, wenn der Verbraucher über sein Recht auf Rücktritt mittels einer schriftlichen Belehrung, die von ihm gesondert unterschrieben werden muss, informiert worden ist. Das Widerrufsrecht erlischt spätestens sechs Monate nach Vertragsschluss. Hat der Verbraucher das Darlehen empfangen, gilt der Widerruf als nicht erfolgt, wenn er das Darlehen nicht binnen zwei Wochen entweder nach Erklärung des Widerrufs oder nach Auszahlung des Darlehens zurückzahlt. Auch bei Ratenlieferungsverträgen steht dem Verbraucher ein Widerrufsrecht zu.

1.2.3 Verbundene Geschäfte

Dient das Darlehen der Finanzierung eines Kaufpreises, sind beide Verträge als wirtschaftliche Einheit anzusehen; der Kaufvertrag und der Darlehensvertrag bilden ein verbundenes Geschäft. Insbesondere wenn sich der Darlehensgeber bei der Vorbereitung oder dem Abschluss des Darlehensvertrages eines Verkäufers bedient, so wie es bei der Zusammenarbeit von Autohaus und Herstellerbank üblicherweise geschieht, ist von einem verbundenen Geschäft auszugehen. Verbundene Geschäfte haben für den Verbraucher den Vorteil, dass er die Rückzahlung des Darlehens verweigern kann, sofern seine Ansprüche aus dem verbundenen Kaufvertrag nicht erfüllt werden und er somit gegenüber dem Verkäufer zur Verweigerung seiner Leistungen berechtigt ist. Nutzt der Verbraucher sein Recht auf Nacherfüllung, so kann er die Rückzahlung erst verweigern, wenn die Nacherfüllung fehlgeschlagen ist.

1.2.4 Die Kündigung durch den Darlehensgeber

Der Darlehensgeber hat das Recht, dem Verbraucher das Darlehen zu kündigen, wenn dieser mit mindestens zwei aufeinanderfolgenden Raten ganz oder teilweise in Verzug ist und bei einer Laufzeit von weniger als drei Jahren mindestens 10 % oder bei einer Laufzeit von mehr als drei Jahren 5 % des Nennbetrages schuldet. Der Darlehensgeber hat dem Verbraucher dann eine zweiwöchige Zahlungsfrist zu setzen und ihm ein Gesprächsangebot hinsichtlich einer einvernehmlichen Lösung zu unterbreiten.

Zinsrechnung
☞ Band 1, LF 2, S. 189 f.

1.2.5 Exkurs: Zinsrechnung

Zins-Formelsammlung

$$\text{Jahreszinsen} = \frac{\text{Kapital} \cdot \text{Zinssatz} \cdot \text{Jahre}}{100}$$

$$\text{Monatszinsen} = \frac{\text{Kapital} \cdot \text{Zinssatz (p. a.)} \cdot \text{Monate}}{100 \cdot 12}$$

$$\text{Tageszinsen} = \frac{\text{Kapital} \cdot \text{Zinssatz (p. a.)} \cdot \text{Tage}}{100 \cdot 360}$$

$$\text{Zinssatz} = \frac{\text{Zinsen} \cdot 100 \cdot 360}{\text{Kapital} \cdot \text{Tage}}$$

$$\text{Kapital} = \frac{\text{Zinsen} \cdot 100 \cdot 360}{\text{Tage} \cdot \text{Zinssatz}}$$

$$\text{Tage} = \frac{\text{Zinsen} \cdot 100 \cdot 360}{\text{Kapital} \cdot \text{Zinssatz}}$$

Berechnung des Effektivzinses

$$\text{Effektivzins} = \frac{\text{Kreditkosten} \cdot 100}{\text{Finanzierungssumme} \cdot \text{durchschnittliche Laufzeit in Jahren}}$$

$$\text{durchschnittliche Laufzeit} = \frac{\text{kürzeste Laufzeit} + \text{längste Laufzeit}}{2}$$

	Kaufpreis
+	Sonderausstattung
–	Kaufpreisanzahlung
+	sonstige Leistungen (z. B. Restschuldversicherung)
=	**Finanzierungssumme**

	Zinsen
+	Bearbeitungsgebühr
=	**Kreditkosten**

LS 117
LS 118

2 Leasingverträge abschließen

SITUATION *Autoland Murschall GmbH*

„Aber wieso spricht man dann dauernd von Leasingrückläufern?“ David Rose ist verwirrt. Gerade hat ihm Frau Friede erklärt, dass beim Leasing der Kunde im Grunde gar keinen Vertrag mit dem Autohaus abschließt, sondern das Fahrzeug von der Leasinggesellschaft gekauft wird, die es dann an den „Kunden“ der Autoland Murschall GmbH sozusagen „vermietet“. „Dann gehören die Fahrzeuge nach der Laufzeit doch der Leasinggesellschaft. Klar, dass der Kunde das Fahrzeug bei uns abgibt, macht Sinn. Aber wieso bleiben die dann einfach bei uns?“

Aristoteles (geb. 384 v. Chr., gest. 322 v. Chr.) einer der bekanntesten griechischen Philosophen

Die Möglichkeit, Gegenstände zu mieten oder zu leasen, existiert bereits sehr viel länger, als man glaubt. Schon der berühmte griechische Philosoph ***Aristoteles*** hat vor mehr als 2.300 Jahren gesagt:

„Der Reichtum liegt nicht im Eigentum, sondern im Gebrauch der Dinge.“

Etwa 3.000 vor Chr. begannen die Sumerer, Gebiete zwischen Euphrat und Tigris gegen einen entsprechenden Anteil der Ernte an Landarbeiter zu verpachten. 1.700 vor Chr. gab es in Babylonien ein Gesetz, welches das Mieten von Ochsen regelte. Darin heißt es u. a.:
- Sollte ein vermieteter Ochse durch einen Löwen getötet werden, so trägt der Eigentümer das Risiko.
- Sollte ein Ochse durch Unachtsamkeit oder Grausamkeit des Mieters sterben, so hat dieser dem Eigentümer den Schaden zu ersetzen.

Ein weiteres Beispiel findet sich im 6. Jahrhundert in Italien. Dort vermieteten Eisenschmiede Anker an Schiffseigner für die Dauer der Schiffspassage. Nach der Rückkehr des Schiffes nahmen die Schmiede die Anker zurück und vermieteten sie an andere Schiffe.

Als Geburtsstunde dessen, was wir heute unter Leasing verstehen, wird das Jahr 1877 angesehen. Die von Graham Bell und anderen gegründete Telefongesellschaft „Bell Telephone Company“ vermietete in den USA Telefone an Interessenten, statt sie zu verkaufen. Zu Beginn des 20. Jahrhunderts waren es dann neben Maschinen für Schuhfabriken und -werkstätten vor allem Büro- und Datenverarbeitungsmaschinen, die geleast wurden.

Die Gründe für diese Geschäftsmodelle waren damals die gleichen wie heute:
- Der Mieter konnte die hohen Investitionskosten in Maschinen umgehen.
- Das Risiko trug der Leasingnehmer nicht mehr alleine.
- Der Hersteller konnte seine Kunden mit Wartungsverträgen langfristig an sich binden.

Mitte der 1930er Jahre des letzten Jahrhunderts fiel in den USA der Startschuss für das Leasing von Kraftfahrzeugen. Nach dem Ende des Zweiten Weltkriegs nahm der Anteil des Leasings kontinuierlich zu. Der hohe Ersatzbedarf in allen Wirtschaftszweigen und der zunehmende Wohlstand in den Industriestaaten erforderte geradezu eine Investitionsmöglichkeit, bei der ein Gut angeschafft werden konnte, ohne dass das für einen Kauf notwendige Kapital vorhanden war. Bedingt durch diese Entwicklung, wurde 1952 in den USA die erste Leasinggesellschaft gegründet, die nicht mehr ihre eigenen Produkte vermietete; der Schritt vom Herstellerleasing zum heute bekannten Leasing war getan. Das erste Leasingobjekt der Gesellschaft war übrigens ein Gabelstapler. In Deutschland wurde das erste Leasingunternehmen 1962 in Düsseldorf gegründet, die „Deutsche Leasing GmbH". Ihr erstes Leasingobjekt war eine Registrierkasse.

Wurden in Deutschland Leasinggesellschaften sowie Unternehmen, die ihre Anlagegüter leasten, in der Anfangszeit eher kritisch beäugt, da diese Unternehmen als finanzschwach und infolgedessen nicht solvent galten, so änderte sich dies nach den Leasing-Erlassen des Finanzministeriums in den Jahren 1971 und 1975, in denen die Regeln für die Bilanzierung und die Fragen der steuerlichen Zurechnung der Leasingobjekte geregelt wurden:

- Mobilien-Leasing-Erlass von 1971
- Teilamortisations-Erlass von 1975

Nach diesen Steuererlassen können zwei grundsätzliche Formen unterschieden werden:

- Vollamortisationsvertrag
- Teilamortisationsvertrag

Merkmale des Vollamortisationsvertrags

- Die Anschaffungskosten des Leasingobjektes werden während der Vertragslaufzeit vollständig über die Leasingraten und eine eventuelle Sonderzahlung abgegolten.
- Die unkündbare Leasingdauer (Vertragslaufzeit) beträgt zwischen 40 % und 90 % der betriebsgewöhnlichen Nutzungsdauer (AfA-Zeit).
- Am Ende der unkündbaren Leasingdauer hat der Leasingnehmer eine Kauf- oder Verlängerungsoption.
- Der Kaufpreis des Leasingobjektes am Ende der Leasingdauer darf nicht geringer sein als der linear abgeschriebene und somit der amtlichen Abschreibungstabelle entsprechende Restbuchwert oder der niedrigere gemeine Wert (Marktwert) zum Zeitpunkt der Veräußerung.

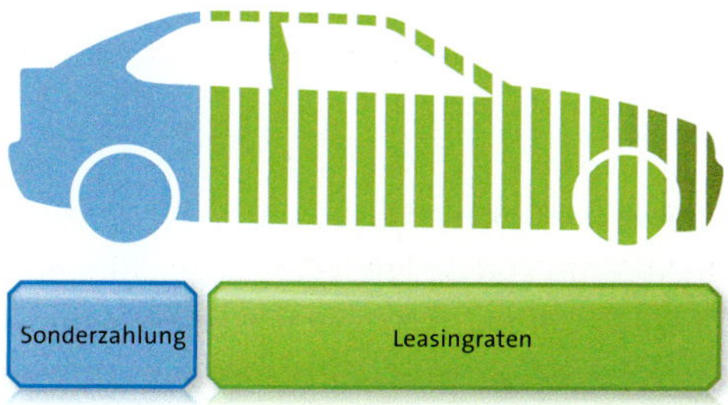

Im Einzelnen unterscheidet man im Rahmen der Vollamortisation die folgenden Vertragsarten:

- **Vollamortisationsvertrag mit Kaufoption**
  Der Kunde (Leasingnehmer) hat nach Ablauf der Grundmietzeit die Möglichkeit, das Fahrzeug zum Restbuchwert oder dem geringeren gemeinen Wert (Zeitwert) zu kaufen. Wäh-

rend der Kunde somit ein Wahlrecht hat (Fahrzeug kaufen bzw. es zurückgeben), muss der Leasinggeber (Bank) auf Verlangen des Kunden das Fahrzeug an ihn verkaufen.

- **Vollamortisationsvertrag mit Mietverlängerungsoption**
  Hier hat der Kunde (Leasingnehmer) nach Ablauf der Grundmietzeit die Möglichkeit, den Leasingvertrag zu verlängern. Dabei muss sich die neue Leasingrate am Restbuchwert und an der voraussichtlich verbleibenden Nutzungsdauer orientieren.
- **Vollamortisationsvertrag ohne Option**
  Nach Ablauf der Grundmietzeit gibt der Kunde sein Fahrzeug zurück und hat keinen Einfluss mehr auf die weitere Verwendung desselben.

LG = Leasinggeber
LN = Leasingnehmer

Vertragstyp	Zurechnungskriterien	Zurechnung LG	Zurechnung LN
mit Kaufoption	• Grundmietzeit liegt zwischen 40 % und 90 % der AfA-Zeit • Kaufpreis beträgt mindestens den Restbuchwert oder den niedrigeren gemeinen Wert	x	
	• Grundmietzeit liegt unter 40 % oder über 90 % der AfA-Zeit		x
	• Kaufpreis beträgt weniger als der Restbuchwert oder der niedrigere gemeine Wert		x
mit Mietverlängerungsoption	• Grundmietzeit liegt zwischen 40 % und 90 % der AfA-Zeit • Anschlussmiete deckt mindestens den Wertverzehr des Leasingobjektes auf der Grundlage der linearen Abschreibung oder des niedrigeren gemeinen Wertes	x	
	• Grundmietzeit liegt unter 40 % oder über 90 % der AfA-Zeit		x
	• Anschlussmiete deckt nicht den Wertverzehr des Leasingobjektes auf der Grundlage der linearen Abschreibung oder des niedrigeren gemeinen Wertes		x
ohne Option	• Grundmietzeit liegt zwischen 40 % und 90 % der AfA-Zeit	x	
	• Grundmietzeit liegt unter 40 % oder über 90 % der AfA-Zeit		x

Merkmale des Teilamortisationsvertrags

- Der Teilamortisationsvertrag ist dadurch gekennzeichnet, dass die Zahlungen des Leasingnehmers während der Grundmietzeit die Investitionen des Leasinggebers nicht voll decken. Es verbleibt ein Restwert, der durch die anschließende Verwertung ausgeglichen werden muss.
- Der Leasingnehmer tilgt über die Leasingraten die Investitionskosten in Höhe der Differenz zwischen Anschaffungs- und Herstellungskosten und dem kalkulatorischen Restwert.
- Die unkündbare Leasingdauer (Vertragslaufzeit) beträgt zwischen 40 % und 90 % der betriebsgewöhnlichen Nutzungsdauer (AfA-Zeit).

- Bei einem Teilamortisationsvertrag wird die vollständige Amortisation erst durch die Ausübung des Andienungsrechts des Leasinggebers gegenüber dem Leasingnehmer durch eine entsprechende Verlängerung oder durch Verkauf des Leasingobjektes durch den Leasinggeber an einen Dritten erreicht.

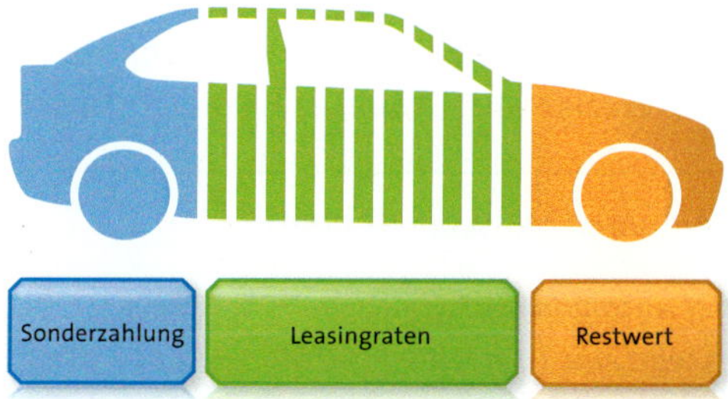

Im Einzelnen unterscheidet man im Rahmen der Teilamortisation die folgenden Vertragsarten:

- **Leasingvertrag mit Andienungsrecht des Leasinggebers**
  Der Leasinggeber behält es sich bei dieser Option vor, den Leasingnehmer zu verpflichten, das Leasingobjekt zum kalkulierten Restwert zu kaufen. Der Leasingnehmer muss bei Andienung kaufen, hat aber kein eigenes Erwerbsrecht.
- **Vertrag mit Mehr- oder Mindererlösbeteiligung**
  Nach Ablauf der Grundmietzeit wird das Leasingobjekt vom Leasinggeber veräußert. Ein Mindererlös aus der Differenz zwischen den Gesamtkosten des Leasinggebers einerseits und den Leasingraten sowie dem Verkaufserlös andererseits hat der Leasingnehmer auszugleichen. Übersteigt der Verkauf diese Gesamtkosten, so erhält der Leasingnehmer 75 % dieses Erlöses, der Leasinggeber 25 %.
- **Kündbarer Vertrag mit Abschlusszahlungen**
  Der Leasingnehmer kann den Vertrag frühestens nach Ablauf einer Grundmietzeit, die 40 % der betriebsgewöhnlichen Nutzungsdauer beträgt, und unter Einhaltung einer sechsmonatigen Kündigungsfrist kündigen. Allerdings wird damit eine Abschlusszahlung in Höhe der durch die Raten nicht abgedeckten Gesamtkosten des Leasinggebers fällig.

Vertragstyp	Zurechnungskriterien	Zurechnung LG	Zurechnung LN
mit Andienungsrecht des Leasinggebers	• Grundmietzeit liegt zwischen 40 % und 90 % der AfA-Zeit	x	
	• Grundmietzeit liegt unter 40 % oder über 90 % der AfA-Zeit		x
mit Mehr- oder Mindererlösbeteiligung	• Die Mehrerlösbeteiligung des LN beträgt maximal 75 %	x	
	• Die Mehrerlösbeteiligung des LN beträgt mehr als 75 %		x
kündbarer Vertrag mit Abschlusszahlung	• Kündigungsrecht nach Ablauf von 40 % der AfA-Zeit	x	
	• Kündigungsrecht vor Ablauf von 40 % der AfA-Zeit		x

Besonderheiten beim Kilometer-Leasing

Der Kilometervertrag ist eine speziell für den Abschluss von Pkw-Leasingverträgen entwickelte Vertragsform. Die Höhe der Leasingzahlungen ergibt sich aus der vereinbarten Kilometerlaufleistung, der Vertragslaufzeit und des erwarteten Marktwerts am Vertragsende. Der Leasingnehmer leistet nur für die vereinbarte Nutzung des Pkw die Leasingzahlungen und gibt das Fahrzeug zum vorgesehenen Vertragsende zurück. Das Investitionsrisiko trägt der Leasinggeber; es erfolgt somit keine vollständige Amortisation der Investition.

> ***BEISPIEL** Autoland Murschall GmbH*
>
> *Ein Kunde der Autoland Murschall GmbH hat sich entschlossen, einen STARCAR COMFORT zu leasen. Es wird eine Laufzeit von 36 Monaten und eine Laufleistung von 45.000 Kilometern vereinbart.*

Zum Zeitpunkt der Fahrzeugrückgabe müssen der Zustand und die Kilometerlaufleistung den vertraglichen Vereinbarungen entsprechen:

- Mehrkilometer müssen durch den Leasingnehmer ausgeglichen werden, Minderkilometer werden durch den Leasinggeber erstattet (wobei es üblicherweise eine Toleranz von 2.500 km gibt).
- Bei allen Leasing-Verträgen, die den Regeln der steuerlichen Leasing-Erlasse entsprechen, ist der Leasinggeber wirtschaftlicher Eigentümer.
- Bei den Leasing-Verträgen, die den Regeln der steuerlichen Leasing-Erlasse nicht entsprechen, ist der Leasingnehmer wirtschaftlicher Eigentümer.

> ***BEISPIEL***
>
> *Bei einem Teilamortisationsvertrag wird mit dem Leasingnehmer der Verkauf des Objektes zum Restwert vereinbart, obwohl der Marktwert deutlich höher ist.*
> ***Steuerliche Bewertung:** Der Leasinggeber handelt hier nicht wie der wirtschaftliche Eigentümer, der den Verkauf an den „Höchstbietenden" vornehmen würde. Somit ist der Leasingnehmer als wirtschaftlicher Eigentümer anzusehen, der damit das geleaste Gut auch bilanzieren müsste.*

Die im Rahmen der steuerlichen Leasing-Erlasse abgeschlossenen Leasingverträge werden als **Finance Leasing** bezeichnet.

Im Gegensatz dazu wird als **Operate Leasing** eine Form des Leasings bezeichnet, die der Miete weitgehend ähnlich ist.

Wesentliche Merkmale des Operate Leasings sind:

- Es gibt keine feste Grundmietzeit. Der Leasingnehmer hat somit jederzeit das Recht zu kündigen.
- Der Leasinggeber trägt das Investitionsrisiko, d. h. es erfolgt eine Rückgabe des Objektes bei Vertragsbeendigung.
- Die Verträge haben eine kurze Laufzeit.

Nach den deutschen Leasing-Erlassen gibt es kein Operate Leasing.

Was unterscheidet den Leasingvertrag vom Mietvertrag?

- Leasingnehmer trägt die Gefahr für Instandhaltung oder Sachmängel
- Freistellung des Leasinggebers von der mietrechtlichen Gewährleistungspflicht (§§ 537 ff. BGB)
- Abtretung der kaufrechtlichen Gewährleistungsansprüche des Leasinggebers gegen den Verkäufer (§§ 459 ff. BGB)

Mietvertrag	Leasingvertrag
2 Vertragspartner: Mieter und Vermieter	3 Parteien: LG, LN und Lieferant
Der Mieter hat keinen Anspruch auf Erwerb des Mietobjektes.	Der LN kann eine Kaufoption haben.
Der Vermieter trägt die Investitionsentscheidung.	Der LN trägt die Investitionsentscheidung.
Der Vermieter trägt die Risiken wie Sachgefahr und Instandhaltung.	Der LN trägt die Risiken wie Sachgefahr und Instandhaltung.
Der Vermieter ist wirtschaftlicher und zivilrechtlicher Eigentümer.	Der LG ist wirtschaftlicher und zivilrechtlicher Eigentümer.
Es muss ein Bilanzausweis beim Kreditnehmer erfolgen.	Es muss ein Bilanzausweis beim LG erfolgen. Beim LN liegt eine Bilanzneutralität vor.

2.1 Leasing

2.1.1 Die Bedeutung des Leasings als Finanzierungsinstrument

Das Leasing stellt mittlerweile nicht mehr nur eine von vielen Finanzierungsalternativen dar, sondern nimmt als Finanzierungsinstrument die führende Rolle ein. Steht beispielsweise eine Investition in der Höhe von 25.000,00 € bis 30.000,00 € an, so wird von den Unternehmen in Deutschland zuerst Leasing in Betracht gezogen. Erst danach folgt der Investitionskredit.

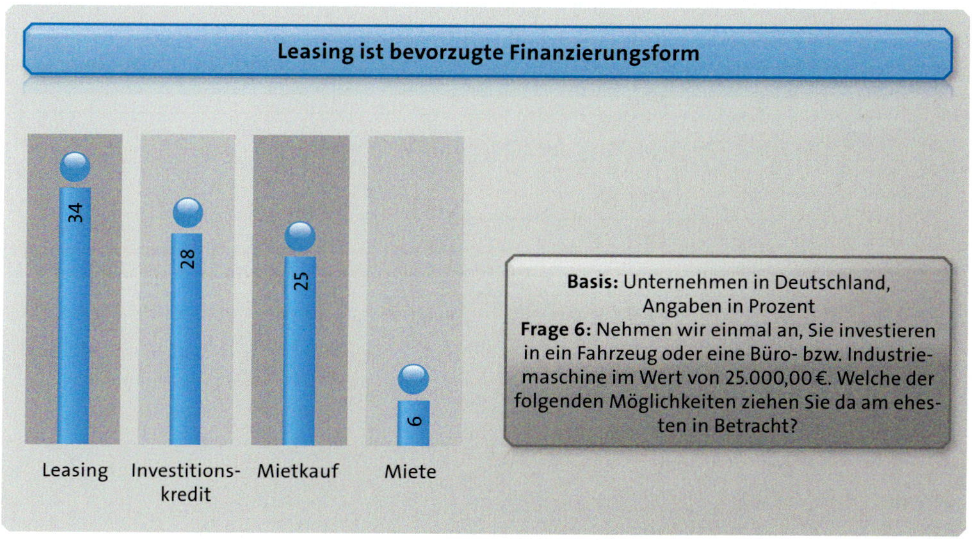

Quelle: Auszug aus der Marktstudie „Leasing in Deutschland 2011" des Marktforschungsinstituts TNS Infratest Finanzforschung

Quelle: Auszug aus der Marktstudie „Leasing in Deutschland 2011“ des Marktforschungsinstituts TNS Infratest Finanzforschung

Die wichtigsten Ergebnisse der Marktstudie „Leasing in Deutschland 2011“ im Überblick:

- Bei einer Investition wird das Leasing 2011 von 78 % der Unternehmen in Betracht gezogen (2007: 71 %).
- Mit der Größe eines Unternehmens steigt auch die Bereitschaft, ein Investitionsgut zu leasen (bei Unternehmen mit einer Beschäftigtenzahl von 50 und mehr liegt die Bereitschaft bei 87 %).
- Pkws nehmen den Spitzenplatz beim Leasing von Anlagegütern ein (36 % leasen einen Pkw inkl. Service, 22 % einen Pkw ohne Service).

Die folgenden Gründe sprechen für die Bedeutung des Leasings:

- **Passgenauigkeit:** Leasingnehmer können entsprechend ihren spezifischen Bedürfnissen festlegen, welches Investitionsgut angeschafft werden soll, zu welchem Zeitpunkt und – zumindest bei einem herstellerunabhängigen Leasinganbieter – bei welchem Lieferanten.
- **Planungssicherheit:** Die Höhe der Leasingrate und die Laufzeit des Leasingvertrages stehen von Anfang an fest.
- **Flexibilität:** Ob der Leasingnehmer oder die Leasinggesellschaft die Kaufverhandlungen für das Investitionsgut führt, ist in einem Leasing-Vertrag ebenso weitgehend frei vereinbar wie die Frage, wer später für die Wartung und Instandhaltung verantwortlich ist, wie die jeweilige Höhe des Nutzungsentgeltes während der Leasingzeit gestaltet wird, wie lange das Leasingobjekt zur Verfügung steht und wie es nach Ende der Vertragszeit weiterverwertet wird.
- **Liquiditätseffekte:** Da die Leasinggesellschaft die Finanzierung des Investitionsobjektes übernimmt, kommt es zum Investitionszeitpunkt nicht zu einem Liquiditätsentzug oder/ und einer Ausweitung der Fremdfinanzierung. Über die Leasingraten werden die Kosten der Investition nach dem Pay-as-you-earn-Prinzip vielmehr über die Zeitspanne verteilt, in der mit dem Leasingobjekt Erträge erwirtschaftet werden. Die Höhe der Leasingraten kann durch eine veränderte Sonderzahlung, durch Anpassung der Laufzeit und der Laufleistung den jeweiligen Bedürfnissen des Leasingnehmers angepasst werden.
- **Bilanzeffekte:** Wenn der Leasinggeber juristischer und wirtschaftlicher Eigentümer des Leasingobjektes ist und es in seiner Bilanz ausweist, kommt es beim Leasingnehmer nicht zu einer Bilanzverlängerung. Das hat positive Auswirkungen auf die Eigenkapitalquote des Leasingnehmers, was nicht zuletzt unter ***Basel-II***-Gesichtspunkten sehr wesentlich ist.

Basel II
Eigenkapitalvereinbarungen, die auf den Empfehlungen des Baseler Ausschusses für Bankenaufsicht beruhen

***BEISPIEL** Verbesserung der Eigenkapital-Quote:*

Jahr XX

AV	5	EK	10
UV	20	FK	15
	25		**25**

→ EK-Quote = 40 %
Im Jahr XY erfolgt eine Investition in Höhe von 2 Mio. €.

Veränderung der EK-Quote beim Kauf:

Jahr XY

AV	7	EK	10
UV	20	FK	17
	27		**27**

→ *EK-Quote = 37 %*

Veränderung der EK-Quote beim Leasing:

Jahr XY

AV	5	EK	10
UV	20	FK	15
	25		**25**

→ *EK-Quote = 40 %*

- **Steuereffekte:** Leasingraten sind als Betriebsausgaben steuerlich sofort voll abzugsfähig. Bei einer Finanzierung durch Eigenkapital wirken dagegen nur die Abschreibungen steuermindernd.
- **Gewerbeertragsteuerersparnisse:** Leasingverträge gelten im steuerlichen Sinne nicht als Dauerschulden und müssen, anders als bei der Finanzierung durch Kredite, nicht dem Gewerbeertrag hinzugerechnet werden.
- **Effizienzeffekte:** Leasinggesellschaften bieten rund um die reine Finanzierungsfunktion herum längst viele ergänzende Dienstleistungen an, die von der laufenden Wartung geleaster Maschinen oder medizinischer Geräte bis zur Übernahme des kompletten Fuhrpark- oder IT-Managements reichen. Leasingnehmern bietet sich damit die Chance, durch gezieltes Outsourcing Effizienzgewinne zu erzielen.
- **Innovationseffekte:** Die hohe Flexibilität bei der Laufzeit von Leasingverträgen erleichtert es Unternehmen, ihren Maschinen- oder Fahrzeugpark ständig an den schnellen technologischen Wandel anzupassen. Denn das Verwertungsrisiko für Anlagen, die nicht mehr dem neuesten Stand der Technik entsprechen, aber durchaus noch voll produktionstauglich sind, übernimmt zu einem erheblichen Teil der Leasinganbieter.
- **Auslastungseffekte:** Konjunkturelle Auslastungsschwankungen lassen sich durch den Einsatz von geleasten Investitionsgütern flexibler auffangen, als dies bei gekauften möglich ist.
- **Vertriebseffekte:** Neben dem unternehmensinternen Einsatz gewinnt Leasing zunehmend als Absatzförderungsinstrument an Bedeutung. So fragen beispielsweise internationale Kunden mittlerweile nicht mehr nur nach qualitativ hochwertigen Waren und Dienstleistungen, sondern immer häufiger auch nach optimalen Finanzierungen durch einen kompetenten Partner.
- **Außenwirkung:** Die zuvor beschriebenen Bilanzrelationen können eine Wirkung auf das Image eines Unternehmens haben. Das ist zum Beispiel dann der Fall, wenn der Jahresabschluss veröffentlicht wird. Darüber hinaus kann eine Verkürzung der Bilanz (also eine niedrigere Bilanzsumme) dazu führen, dass ein Unternehmen im Rahmen der handelsrechtlichen Vorschriften in eine andere Größenklasse eingestuft wird. Dadurch entfällt unter Umständen die Publizitätspflicht der Bilanz.
- **Zusatzleistungen:** Leasinggesellschaften bieten ihren Kunden häufig zusätzliche Dienstleistungen an, etwa die Wartung und die Pflege des Leasingobjekts.

2.1.2 Steuerliche Zurechnung der Leasingobjekte

Voraussetzung für die steuerliche Zurechnung der Leasingobjekte beim Leasinggeber ist, dass dieser juristischer und wirtschaftlicher Eigentümer ist. Somit müssen die Leasing-Erlasse der Finanzverwaltung – ausgehend von der Abgabenordnung (AO) – hinreichend berücksichtigt werden. Die von den meisten in den Leasingverbänden organisierten Leasingunternehmen angebotenen Standard-Leasing-Verträge stellen sicher, dass das wirtschaftliche Eigentum an den Objekten nach den gegenwärtigen Erkenntnissen beim Leasinggeber liegt. Daraus ergeben sich für den Leasingnehmer häufig steuerliche und bilanzielle Vorteile und die Möglichkeit, die Leasingraten sofort als abzugsfähige Betriebsausgaben zu verbuchen.

2.1.3 Weitere Formen des Leasings

- **Operating-Leasing**
  Dieser Begriff steht für Leasingverträge, die oftmals Wartung bzw. Service mit einschließen und bei denen Vollamortisation erst in einer nachfolgenden Leasing(miet)zeit – ggf. mit einem zweiten oder dritten Leasingnehmer – erzielt wird. Operating-Leasing wird von institutionellen Leasinggesellschaften selten angeboten; nur wenige Unternehmen – auf bestimmte werthaltige Produkte spezialisiert – bieten aufgrund der hier zutreffenden Risikolage Operating-Leasing umfassend an.
- **Finanzierungsleasing**
  Leasing-Erlasse ☞ S. 198
  Begriff und Abgrenzung des Finanzierungsleasings bei beweglichen und unbeweglichen Wirtschaftsgütern sind in den „Leasing-Erlassen" für Mobilien und Immobilien geregelt. Diese Erlasse gelten neben dem § 39 AO als richtungsweisend bei der Einordnung des Leasings im Steuer- und Wirtschaftsrecht. Das erlasskonforme Leasing wird häufig als klassisches Leasing bzw. Finanzierungsleasing im engeren Sinne bezeichnet (Aktivierung beim Leasinggeber).
- **Leasing mit Kilometer- und Fahrzeugabrechnung**

Vertragsarten beim Kraftfahrzeugleasing	
Leasing mit Kilometerabrechnung	**Leasing mit Fahrzeugabrechnung (Restwertleasing)**
Merkmale: • Laufzeit zwischen einem und 54 Monaten • LN zahlt ausschließlich die Nutzung • LN trägt kein Vermarktungsrisiko • Restwertrisiko liegt beim LG • Keine Gebrauchtwagenabrechnung (= Leasing mit fixem Restwert = Closed-End-leasing) Abrechnung am Ende der Laufzeit: • Schäden, die über den vertragsgemäßen Gebrauch nach Alter und Fahrleistung hinausgehen • Mehrkilometer über der Freigrenze von 2.500 km mit i. d. R. 0,03 % des Fahrzeugwertes • Minderkilometer unter der Freigrenze von 2.500 km mit i. d. R. 0,02 % des Fahrzeugwertes **Fazit:** In der Praxis die vorherrschende Vertragsart, da Kostentransparenz, Kostensicherheit, Flexibilität und unproblematischer Umstieg auf neues Fahrzeug gegeben ist.	Merkmale: • Laufzeit zwischen 40 % und 90 % der betriebsgewöhnlichen Nutzungsdauer (die zurzeit für Pkw sechs Jahre beträgt; d. h. die Laufzeit muss zwischen 29 und 63 Monaten betragen) • Restwert am Ende der Laufzeit wird kalkuliert und ist fester Vertragsbestandteil • LN trägt volles Vermarktungsrisiko • tatsächlicher Fahrzeugwert muss am Ende der Grundmietzeit ermittelt werden (Open-End-Leasing) Abrechnung am Ende der Laufzeit: • Mindererlös aus Differenz zwischen kalkuliertem Restwert und tatsächlichem Verkaufserlös (Wert kann auch durch Gutachter festgelegt werden); trägt zu 100 % der LN (= Schlusszahlung) • Mehrerlös aus der Abrechnung erhält zu 75 % der LN und zu 25 % der LG

2.1.4 Aktivierung des Leasingobjektes

Nach den Standardverträgen der Leasinggesellschaften wird das Leasingobjekt wirtschaftlich, rechtlich und steuerlich dem Leasinggeber zugerechnet, der es aktiviert und nach den steuerlichen Richtlinien abschreibt. Eine Aktivierung beim Leasingnehmer (Mieter) erfolgt somit nicht. Wird jedoch das Leasingobjekt dem Leasingnehmer zugerechnet, z. B. wenn die Kriterien des entsprechenden Leasing-Erlasses im Leasing-Vertrag nicht gegeben sind, erfolgt die Aktivierung des Objektes beim Leasingnehmer. Der Leasinggeber hat in diesem Fall eine Kaufpreisforderung in seinen Büchern auszuweisen.

2.1.5 Mietkauf

Ein Mietkauf liegt vor, wenn die Aktivierung des Leasingobjektes sowie die Passivierung einer Darlehensverbindlichkeit beim Leasingnehmer (Mietkäufer) erfolgt, z. B. weil die für das klassische Leasing gemäß den Leasing-Erlassen erforderlichen Kriterien nicht gegeben sind. Der Leasinggeber aktiviert eine Darlehensforderung gegenüber dem Mietkäufer und teilt die bei ihm eingehenden Leasing- bzw. Mietkaufraten gemäß einem dem Mietkäufer zur Verfügung zu stellenden Tilgungsplan in Zins- und Tilgungsanteile auf.

Neben der „Vermietung" des Fahrzeuges kann der Leasinggeber noch weitere Leistungen übernehmen. Dabei können die entstehenden Kosten in den Leasingvertrag und somit in die Leasingrate eingeschlossen sein.

BEISPIEL *Kosten, die Bestandteil des Leasingvertrags und somit der Leasingrate sein können*

- *Zulassungs- und Abmeldegebühren*
- *Kfz-Steuer*
- *Haftpflichtversicherung*
- *Kaskoversicherung*
- *Insassenunfallversicherung*
- *TÜV-Gebühr*
- *GEZ-Gebühr*

Sind darüber hinaus auch die nachfolgenden Punkte eingerechnet, spricht man vom **Full-Service-Leasing**:

- Tankkarten-Management
- Wartungskosten
- Reparaturkosten
- Ersatzwagen
- Reifenersatz

2.1.6 Ablauf des Leasings

Insgesamt sind drei Parteien an einem Leasinggeschäft beteiligt:

- Der Leasingnehmer (Neuwagen-Kunde) als Benutzer des Leasingobjektes,
- der Leasinggeber als Käufer und Eigentümer des Leasingobjektes und
- das Autohaus.

Der Kunde entscheidet sich zunächst beim Autohaus für einen Neuwagen. Dieses Fahrzeug wird anschließend von dem Kfz-Händler an eine Leasingfirma oder Bank (Leasinggeber) verkauft. An diesen Leasinggeber zahlt der Kunde (Leasingnehmer) während der Leasingdauer die Leasingraten. Der Kunde und das Autohaus stehen vertraglich nicht in Verbindung. Eigentümer des Fahrzeuges ist der Leasinggeber, Besitzer der Leasingnehmer. Häufig besteht für das Autohaus am Ende der Vertragslaufzeit die Verpflichtung, das Fahrzeug von der Leasinggesellschaft zu kaufen.

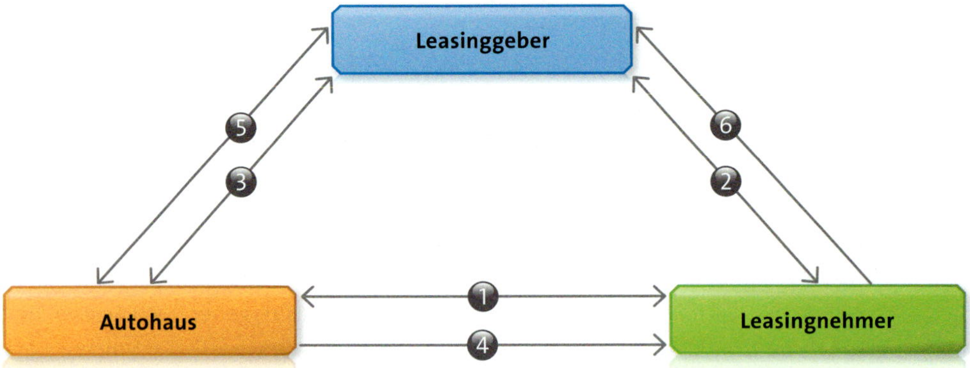

1. Der Kunde (Leasingnehmer) informiert sich im Autohaus. Entscheidet er sich für ein Leasingangebot, so erfolgt die Bestellung des Fahrzeuges über das Autohaus.
2. Nach Klärung aller Formalitäten wird zwischen dem Leasinggeber und dem Leasingnehmer ein Leasingvertrag abgeschlossen.
3. Der Leasinggeber tritt in die Fahrzeugbestellung ein und kauft das vom Leasingnehmer bestellte Fahrzeug (Kaufvertrag zwischen dem Autohaus und dem Leasinggeber).
4. Das Autohaus liefert das Fahrzeug an den Leasingnehmer aus.
   Wichtig: Das Fahrzeug bleibt Eigentum des Leasinggebers.
5. Das Autohaus stellt dem Leasinggeber eine Rechnung, die dieser bezahlt.
6. Der Leasingnehmer zahlt die monatlichen Leasingraten direkt an den Leasinggeber.

Hinweis zu Garantie- und Gewährleistungsansprüchen:
In der Regel tritt der Leasinggeber seine Garantie- und Gewährleistungsansprüche aus dem Kaufvertrag während der Laufzeit des Leasingvertrages an den Leasingnehmer ab. Entstehen beim Leasingnehmer Garantie- oder Gewährleistungsansprüche, so kann er diese gegenüber dem Autohaus bzw. dem Hersteller geltend machen. Nach Ablauf des Leasingvertrages erfolgt eine Rückübertragung der Garantie- und Gewährleistungsansprüche an den Leasinggeber.

2.2 Geschäfts- und Privatleasing

2.2.1 Geschäftsleasing

Der Eigentümer des Fahrzeuges ist beim Leasing immer der Leasinggeber. Dieser Aspekt ist besonders wichtig, da das Fahrzeug dadurch nur beim Leasinggeber in der Bilanz ausgewiesen wird. Der Leasingnehmer kann hingegen die Leasingraten als Betriebsausgabe steuermindernd in seiner Steuererklärung ansetzen. Diese Raten können aber nur dann als Betriebsausgabe vom Finanzamt berücksichtigt werden, wenn dem Leasinggeber das wirtschaftliche Eigentum am Leasingobjekt (z. B. einem Neuwagen) zugestanden wird. Hierzu muss der Leasingvertrag folgenden Kriterien des Finanzamtes genügen:

- Die Laufzeit des Leasingvertrages (Grundmietzeit) muss zwischen 40 % und 90 % der betriebsgewöhnlichen Nutzungsdauer des Fahrzeuges liegen. Die Nutzungsdauer ergibt sich aus den AfA-Tabellen und liegt zurzeit für einen Pkw bei sechs Jahren. Daraus ergibt sich eine Grundmietzeit von mindestens 29 und höchstens 63 Monaten.
- Es muss eine Unkündbarkeit des Vertrages während der Grundmietzeit vorliegen.
- Der Leasinggeber muss das Fahrzeug aus einem Finanzierungsinteresse und nicht aus einem Absatzinteresse heraus finanzieren. Diese Form des Leasings wird als **Financial Leasing** bezeichnet.

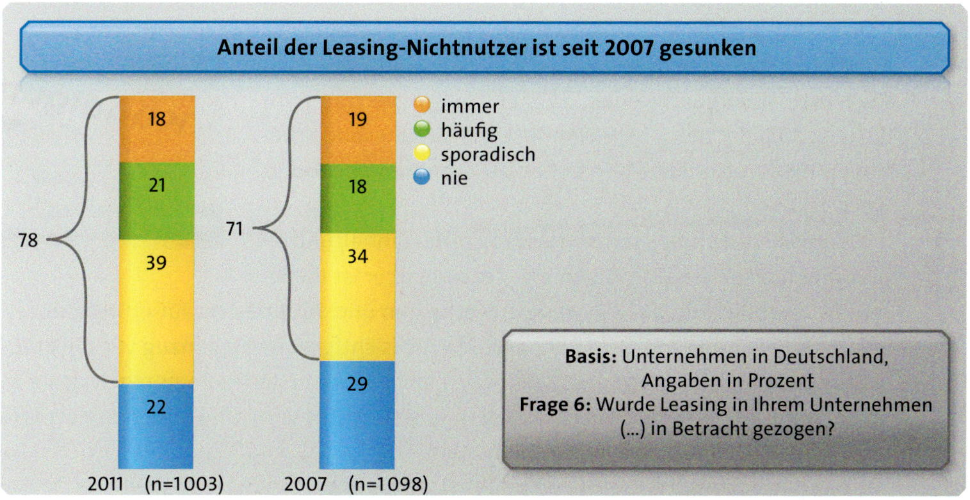

Quelle: Auszug aus der Marktstudie „Leasing in Deutschland 2011" des Marktforschungsinstituts TNS Infratest Finanzforschung

Erfüllt der Leasingvertrag all diese Kriterien, so liegt ein erlasskonformes Leasing vor. Das Unternehmen (der Leasingnehmer) kann in diesem Fall die Leasingraten als Betriebsausgabe steuermindernd in der Steuererklärung ansetzen.

Erlasskonforme Vertragsarten

Wie bereits erwähnt, müssen die folgenden Voraussetzungen erfüllt werden, damit die Finanzbehörden einen Leasingvertrag als erlasskonform anerkennen:

- Der Leasinggeber ist nicht nur der rechtliche, sondern auch der **wirtschaftliche** Eigentümer.
- Dies ist immer dann gegeben, wenn neben der **unkündbaren Grundmietzeit,** die zwischen **40 % und 90 % der gewöhnlichen Nutzungsdauer** beträgt, auch die in der folgenden Übersicht aufgeführten Eckdaten eingehalten werden.

Erlasskonforme Vertragsarten

Vollamortisation
mit Kaufoption (1)
mit Mietverlängerungsoption (2)

Teilamortisation
mit Andienungsrecht (3)
mit Mehrerlösaufteilung (4)

(1) Der vorgesehene Kaufpreis darf nicht niedriger sein als der sich aufgrund der linearen Abschreibung ergebende Buchwert.
Beispiel:
Pkw 42.000 €, 36 Monate Leasing-Laufzeit
Buchwert nach drei Jahren: 21.000 €; d. h. der Restwert darf nicht niedriger als 50 % der Anschaffungskosten angesetzt werden

(2) Die Anschlussmiete muss so bemessen sein, dass sie den linearen Abschreibungsbeträgen entspricht.

(3) Der Leasinggeber bestimmt am Ende der Grundmietzeit, an wen er verkauft.
Er entscheidet dies aufgrund von wirtschaftlichen Überlegungen.

(4) Der Leasinggeber erhält vom Mehrerlös mindestens 25 %.
Er wird also noch in einem wirtschaftlich ins Gewicht fallenden Umfang an dem Erlös beteiligt.

Kündbarer Leasingvertrag

Auch hier ist vorgeschrieben, dass der Leasingvertrag mindestens 40 % der betriebsgewöhnlichen Nutzungsdauer betragen muss, also frühestens nach 29 Monaten gekündigt werden kann.

Der Leasingnehmer kann den Vertrag unter Einhaltung einer vereinbarten Frist kündigen. Der Leasinggeber ist in diesem Fall verpflichtet, das Fahrzeug zu verkaufen und 90 % des Veräußerungserlöses bei der Schlussabrechnung mit dem Kunden zu berücksichtigen. Im Gegenzug verpflichtet sich der Leasingnehmer, eine Abschlusszahlung zu leisten, wenn die zu Beginn geleistete Mietsonderzahlung, die Summe der Leasingraten und 90 % des Verkaufspreises beim Leasinggeber keine Vollamortisation ergeben.

Vor- und Nachteile des Geschäfts-Leasings

Vorteile des Geschäfts-Leasings:

- Bankkreditlinie wird nicht beansprucht.
- Eigenkapital bleibt für nicht kreditwürdige Vorhaben erhalten.
- Leasingobjekt taucht in der Bilanz nicht auf (bilanzneutral).
- Goldene Finanzierungsregel wird beachtet: Nutzungsdauer = Finanzierungsdauer.
- Nur die Nutzung, nicht der Substanzwert wird bezahlt.
- Leasing ist kostengünstiger als eine Bankfinanzierung, sofern Eigenkapital mit hoher Rendite angelegt werden kann.
- Das Autohaus erzielt im gewerblichen Bereich durchschnittlich höhere Bruttoerträge.
- Anschlussaufträge erfolgen eher und für das Autohaus meist problemloser, da der GW-Preis bereits feststeht.

Nachteile des Geschäfts-Leasings:
- Bei Vollamortisationsverträgen um den Restbuchwert teurer, da der Leasingnehmer bei Ausübung seiner Kaufoption mindestens den Restbuchwert bezahlen muss; das Leasingobjekt (Neuwagen) muss sich aber bei diesen Verträgen bereits während der abgelaufenen Vertragszeit voll amortisiert haben.
- Bei Teilamortisationsverträgen mit offenem Restwert um die Mehrerlösbeteiligung des Leasinggebers teurer.
- Im Einzelfall ist es wesentlich teurer als eine Bankfinanzierung.
- Leasingkonditionen sind weniger transparent als eine Bankfinanzierung.
- Es sind unerwartete Nachzahlung möglich.
- Verfügbarkeit über das Leasingobjekt ist eingeschränkt.
- Es entsteht ein höherer Verwaltungsaufwand für das Autohaus.

2.2.2 Privatleasing

Das Privatleasing muss nicht den strengen Kriterien des erlasskonformen Leasings entsprechen und wird häufig von den Herstellern bzw. Autohäusern als Null-Leasing angeboten. Hierbei fallen für den Kunden weder Zinsen noch sonstige Kosten an. Die Mietsonderzahlung, die Summe der Raten sowie der kalkulierte Restwert ergeben den Neupreis des Fahrzeuges. Hersteller und Händler teilen sich bei diesem Modell die Zins- und Verwaltungskosten. Da das Autohaus in einem gewissen Rahmen beeinflussen kann, wie viel es zuschießen muss, gilt die folgende Überlegung: die Mietsonderzahlung muss möglichst hoch, die Laufzeit möglichst kurz und der Restwert möglich gering sein. Auf diese Weise wird erreicht, dass der Leasinggeber sein Geld relativ schnell zurückerhält, sodass nur geringe Zinskosten anfallen und das Autohaus weniger zuzahlen muss. Ein sehr niedriger Restwert kommt auch dem Kunden zugute, wenn er das Auto am Ende der Laufzeit übernehmen will. In der Regel übersteigt dann nämlich der Marktwert den kalkulierten Restwert beträchtlich, sodass der Kunde aus dieser Differenz die nächste Mietsonderzahlung für einen neuen Leasingvertrag leisten kann.

Leasingvertrag mit offenem Restwert

Bei dieser auch als Open-end-Leasing bezeichneten Vertragsgestaltung rechnet der Leasinggeber am Ende der Vertragslaufzeit mit dem Kunden ab. Der kalkulierte Restwert wird dem tatsächlichen Restwert gegenübergestellt. Ist das Fahrzeug mehr wert, als im Voraus angenommen, bekommt der Kunde 75 % des Mehrerlöses. Ist das nicht der Fall, so muss er nachzahlen. Da sich ein recht genau zu ermittelnder Gebrauchtwagenpreis bildet, muss der Leasinggeber nicht mit der Abrechnung warten, bis das Fahrzeug veräußert ist. Es genügt und ist anerkannt, wenn der Abrechnung ein Gutachten eines unabhängigen Sachverständigen zugrunde gelegt wird.

Leasingvertrag mit fixem Restwert

Bei dieser Vertragsform erfolgt keine Gebrauchtwagenabrechnung. Der Kunde hat dabei weder die Chance, am Mehrerlös teilzuhaben, noch hat er das Risiko, nachzahlen zu müssen. Bei diesem Leasingvertrag wird zwar auch ein Restwert festgelegt, doch entscheidend ist die veranschlagte Gesamtfahrleistung des Kunden. Fährt der Leasingnehmer während der Vertragslaufzeit mehr, muss er nachzahlen, fährt er weniger, bekommt er bei manchen Leasinggesellschaften Geld zurück. Der Kunde gibt das Fahrzeug am Ende der Laufzeit in jedem Fall zurück, ohne dass ein Gutachten erstellt wird. Chance und Risiko der Gebrauchtwagenverwertung liegen beim Leasinggeber.

Wie wichtig eine realistische Festlegung der Restwerte bei Leasingverträgen ist, zeigt eine Untersuchung von Eurotax-Schwacke aus dem Jahr 2009.

Schwacke-Liste entsetzt Autohandel – Wertverlust bei Gebrauchten

MÜNCHEN/HAMBURG. Laut Deutschlands führendem Marktschätzer Eurotax-Schwacke drohen den Autohändlern bis Ende 2010 bei Gebrauchtwagen Wertverluste bis zu 20 Prozent. Die Branche streitet jetzt über die Aufteilung milliardenschwerer Belastungen.

Der Autohandel schlägt seit Wochen Alarm. „Leasingrückläufer sind ein großes Problem, das sich in erster Linie auf Fahrzeuge der Mittel- und Oberklasse bezieht. Betroffen sind Audi, BMW, Mercedes, Porsche und auch VW, etwa beim Touareg“, sagte Robert Rademacher, Präsident des Deutschen Kraftfahrzeuggewerbes, dem Handelsblatt. Fast jeder Partner, der stark im Leasinggeschäft war, sehe sich ohne eine Lösung in seiner Existenz gefährdet. „Die Hersteller müssen sich in irgendeiner Form zu einer Einigung durchringen, sonst käme es zu einer unkontrollierten Erosion“, warnt der Verbandschef.

Seit Jahren steigt der Anteil der über Kredit und Leasing finanzierten Autos in Deutschland kontinuierlich. Mittlerweile fahren auf deutschen Straßen Leasingautos im Wert von rund 25 Mrd. Euro. Besonders hoch ist der Anteil der Premiumhersteller in der oberen Mittel- und Oberklasse: So sind fast die Hälfte der in Deutschland verkauften BMW 5er oder Audi A6 über Leasing finanziert, die Masse dieser Fahrzeuge fährt in Firmenflotten. Das Geschäft wird in der Regel über die Hausbanken der Hersteller abgewickelt. Für den Kunden gilt in der Regel: null Risiko, solange er die festgesetzte Kilometerobergrenze nicht überschreitet. Aber selbst dann sind in der Regel nur moderate Zusatzzahlungen fällig.

Die Geschäfte liefen gut, solange die kalkulatorischen Restwerte der in der Regel nach drei Jahren zurückkehrenden Autos stabil blieben. Dieser Restwert muss mit dem Marktwert der zurückgegebenen Leasingautos übereinstimmen, sonst drohen dem Handel, dem Leasinggeber oder dem Autohersteller hohe Abschreibungen und damit Verluste. Zu hoch angesetzte Restwerte können schnell Sprengkraft entwickeln: So musste BMW 2008 fast zwei Mrd. Euro auf nicht gedeckte Restwerte in den USA abschreiben, dem größten Einzelmarkt der Münchener.

Auf dem deutschen Markt trifft es jedoch nicht die Hersteller, sondern die Autohändler: Sie tragen vertragsgemäß das Restwertrisiko. „Die Not der Händler ist groß“, sagt Gerhard Fischer, Vorstandschef der Münchener Lease Trend AG, einem der größten unabhängigen Leasinganbieter in Deutschland. Lease Trend konkurriert als Leasinggeber mit den Hausbanken der Autobauer. „Diese haben in den vergangenen Jahren die Überproduktion der Autohersteller subventioniert“, wettert Fischer. „Jetzt werden die Hersteller ihren Händ-

lern helfen müssen, die Verluste bei den Restwerten zu egalisieren", sagt Fischer.
Er schätzt, dass mehrere Hunderttausend Autos mit zu hohen Restwerten angesetzt wurden. Ein zu hoch angesetzter Mittelklassewagen schlägt schnell mit 5.000 € zu Buche, wenn der Restwert um zehn oder fünfzehn Prozent über dem Marktwert liegt. „Der Schaden geht in die Milliarden", sagt Fischer.
Die größten Probleme kommen erst noch. „Die Masse der schlecht kalkulierten Fahrzeuge kommt 2010 und 2011 in den Handel", sagt Unternehmensberater Johann Cürten. Der ehemalige Geschäftsführer der mittlerweile insolventen Handelsgruppe Kroymans ist sich sicher, dass am Ende die Autohersteller in die Pflicht genommen werden. „Die Autohersteller werden tief in die Tasche greifen müssen, wenn sie ein funktionierendes Händlernetz erhalten wollen", sagt Cürten.
Als Erster hat sich Daimler auf seine Händler zubewegt. „Mercedes und die Vertriebspartner haben sich auf eine vorbildliche Abwicklungsfunktion geeinigt", lobt Rademacher. Der Hersteller nimmt das Risiko von den Schultern. Mit den anderen Herstellern laufen Gespräche über Händlerverbände. „Das Beispiel Mercedes ist ein Vorbild", sagt der Verbandschef. Wie teuer die Stuttgarter die Händlerhilfe kommt, ist offen. Bislang wurde nur eine grundsätzliche Einigung erzielt.
Auch Volkswagen reagiert und bietet bei Neuabschluss von Leasingverträgen den Händlern an, das Vermarktungsrisiko zu übernehmen. Die Händler verzichten im Gegenzug auf Rendite. Was jedoch mit den Altverträgen passiert, ist weiter offen. „Entlastende Regelungen müssen noch in diesem Jahr kommen, damit sie sich bilanziell bei den Händlern auswirken können", warnt Rademacher.

VW spürt das Problem direkt, seit der Autobauer Mahag übernommen hat
Spätestens seit der Übernahme der Münchener Mahag-Gruppe wissen die Wolfsburger um die Brisanz. Anfang November kaufte VW das Traditionsunternehmen, das mit 1.800 Beschäftigten einer der größten Handelspartner in Deutschland ist. Grund für die bedrohliche Schieflage: Restwerte und Leasingverträge. „Wir haben keine Probleme, die andere nicht auch hätten", sagte Mahag-Geschäftsführer Thomas Werthmann.
Wie lange die Aufräumarbeiten im deutschen Autohandel weitergehen, bleibt offen. Lease-Trend-Chef Fischer geht davon aus, dass bundesweit noch 20 bis 30 weitere größere Autohandelsgruppen in Schieflage geraten, auch weil die Banken mit der Zwischenfinanzierung von Hofbeständen immer zögerlicher werden. Auch die Autokunden werden den Umbruch spüren. „Die Leasingraten werden wieder steigen", sagt Fischer.
Auch Berater Cürten ist sich sicher, dass die Zeit des sorgenfreien Autoleasings in Deutschland vorüber ist. „Das Restwertrisiko wird in Zukunft nicht mehr der Handel tragen, es wird auf die Kunden verlagert werden müssen", sagt Cürten.

Quelle: Handelsblatt Online, erschienen am 24.11.2009 (www.handelsblatt.com/unternehmen/industrie/schwacke-liste-entsetzt-autohandel/3310912.html)

2.3 Kalkulation der Leasingrate

Die Kalkulation von Leasingraten ist grundsätzlich Sache des Leasinggebers. Da dieser in der Regel als Großabnehmer auftritt, gewährt ihm das Autohaus häufig einen Rabatt, der sich in der Größenordnung von rund 15 % bewegt. Die meisten Automobilhersteller und -importeure arbeiten mit einer Bank aus derselben Organisation zusammen, wie z. B. VW mit der VW Bank oder Lexus mit Lexus Financial Services. Diesen Banken vermittelt der jeweilige Kfz-Händler ihre Leasinginteressenten. Da den meisten Autohäusern üblicherweise die Leasingratentabellen der Bank vorliegen, können sie ihren Kunden ohne Umwege ein Leasingangebot unterbreiten. Die Bank hat grundsätzlich die Möglichkeit, dieses Angebot zu korrigieren oder abzulehnen, was in der Praxis aber recht selten passiert.

Durch die Leasingrate muss der Leasinggeber seine Kosten wieder einspielen: die (anteiligen) Objektkosten, die Kreditnebenkosten, die von ihm aufzuwendenden Fremdkapitalzinsen, die durch den Kauf des Leasingobjektes erhöhte Gewerbeertragsteuer und eine Eigenkapitalrendite.

Heute werden alle Leasingangebote mit entsprechender Software ermittelt. Dennoch ist es hilfreich, wenn man das Prinzip der Berechnung der Leasingraten „per Hand" verstanden hat, um den Kunden auch eventuelle Fragen zu den Daten des Leasingangebotes zu beantworten bzw. weitere Erläuterungen zu geben.

BEISPIEL *Autoland Murschall GmbH*

Ein Kunde der Autoland Murschall GmbH hat sich zum Kauf des Modells STARCAR ESTATE entschlossen. Als werksseitige Sonderausstattung hätte er gerne eine Klimaanlage. Über den Händler erwirbt er noch ein Autoradio mit CD-Wechsler, was er auch gerne eingebaut hätte. Die jährliche Fahrleistung soll 20.000 km betragen und der Vertrag 36 Monate laufen. Daraus ergeben sich folgende Daten:

	Fahrzeugpreis netto	*33.000,00 €*
+	*Klimaanlage*	*800,00 €*
=	Neupreis	33.800,00, €
–	*5 % Rabatt*	*1.690,00 €*
=	*Netto-Neupreis*	*32.110,00 €*
+	*Radio mit Einbau*	*500,00 €*
+	*Überführung*	*390,00 €*
=	*Auslieferungspreis*	*33.000,00 €*
+	*19 % USt*	*6.270,00 €*
=	*Bruttopreis*	*39.270,00 €*

Vom Auslieferungspreis wird die Mietsonderzahlung ohne Umsatzsteuer abgezogen. Sie kann in Form einer Inzahlungnahme eines Gebrauchtwagens oder in bar erfolgen. In unserem Beispiel beträgt sie 8.000,00 €. Daraus ergibt sich folgender Preis als Mietberechnungsgrundlage:

	Auslieferungspreis	*33.000,00 €*
–	*Mietsonderzahlung*	*8.000,00 €*
=	Mietberechnungsgrundlage	25.000,00 €

Mithilfe der Leasing-Faktoren-Tabelle kann nun die monatliche Leasingrate berechnet werden:

	Laufzeit in Monaten				
	24	30	36	42	48
km pro Jahr	**Restwerte in %**				
15.000	54	51	50	46	43
20.000	52	48	47	43	40
25.000	50	46	44	40	36
30.000	48	43	41	37	33
35.000	46	41	38	34	29
40.000	44	38	35	31	26
45.000	41	35	32	28	22
	Faktoren für Anschaffungskosten in %				
	5,12	4,21	3,59	3,16	2,83
	Faktoren für Gebrauchtwagenwert in %				
	3,94	3,09	2,52	2,11	1,81

Berechnung der Neuwagenrate
Mietberechnungsgrundlage · Faktor Anschaffungskosten = Neuwagenrate
25.000,00 € · 3,59 % = 897,50 €

Berechnung der Abzugsrate
Auslieferungspreis · Restwert in Prozent = Restwert
33.000,00 € · 47 % = 15.510,00 €

Restwert · Faktor Gebrauchtwagenwert = Abzugsrate
15.510,00 € · 2,52 % = 390,85 €

Berechnung der Leasingrate (netto)
Neuwagenrate – Abzugsrate = Leasingrate
897,50 € – 390,85 € = 506,65 €
Leasingrate + 19 % USt = Leasingrate brutto
506,65 € + 96,26 € = 602,91 €

Der Kunde müsste für das von ihm gewünschte Fahrzeug eine Leasingrate in Höhe von 602,91 € monatlich bezahlen.

2.4 Leasingbuchung

Die Buchung des Neuwagen-Leasings kann von Hersteller zu Hersteller unterschiedlich geregelt sein, je nachdem wie der Verkauf des Neuwagens an die Leasinggesellschaft abgewickelt wird. Exemplarisch nun folgendes Beispiel, wie es unter anderem bei der Volkswagen AG gehandhabt wird.

BEISPIEL *Autoland Murschall GmbH*

Ein Kunde der Autoland Murschall GmbH entschließt sich zum Leasing eines Neuwagens über die Leasinggesellschaft des Herstellers. Der Neuwagen hat das Autohaus im Einkauf 34.800,00 € brutto gekostet.

Buchung des NW-Verkaufs an die Leasinggesellschaft:

Soll	€	Haben	€
Forderung Leasinggesellschaft	34.800,00	an USt	4.800,00
		an NW-Erlöse	30.000,00

Buchung der NW-Entnahme:

Soll	€	Haben	€
VAK-NW	30.000,00	an NW-Bestand	30.000,00

Das Autohaus hat für die Überführung netto 300,00 € und die Zulassung netto 60,00 € zu zahlen. Es übergibt das zugelassene Fahrzeug an den Kunden und berechnet ihm für die Überführung 350,00 € und die Zulassung 80,00 € (jeweils netto).

Buchung der Banküberweisung von Überführungs- und Zulassungskosten:

Soll	€	Haben	€
Überführung Bestand	300,00	an Bank	417,00
Zulassung Bestand	60,00		
VSt	57,00*		

** Für die Zulassung als staatliche Gebühr fällt keine Umsatzsteuer an, also wird auch dafür von der Autoland GmbH keine Umsatzsteuer berechnet.*

Buchung der Weiterberechnung von Überführungs- und Zulassungskosten an den Kunden:

Soll	€	Haben	€
Forderung Kunde	500,30	an Erlöse Überführung	350,00
		an Erlöse Zulassung	80,00
		an USt	70,30*

** Entsprechend wird hier bei der Zulassung nur der „Mehrwert" besteuert, also nur die 20,00 €, die die Autoland für die Zulassung zusätzlich in Rechnung stellt.*

Buchung der Verrechnung von Überführungs- und Zulassungskosten:

Soll	€	Haben	€
VAK-Überführung	300,00	an Überführung Bestand	300,00

Soll	€	Haben	€
VAK Zulassung	7.000,00	an Bestand Zulassung	7.000,00

Der Kunde leistet eine Mietsonderzahlung in Höhe von 7.000,00 € einschließlich Umsatzsteuer. Das Autohaus kassiert diese Sonderzahlung im Namen und auf Rechnung der Leasinggesellschaft per Banküberweisung.

Buchung der Mietsonderzahlung:

Soll	€	Haben	€
Bank	7.000,00	an Forderung Leasinggesellschaft	7.000,00

Zum Abschluss des Geschäftes stellt das Autohaus der Leasinggesellschaft die folgende Rechnung aus und erhält den Betrag auf ihrem Konto gutgeschrieben.

	Rechnung an die Leasinggesellschaft in €	
	Verkaufspreis Neuwagen	*34.800,00*
+	*Provision*	*3.500,00*
+	*Umsatzsteuer*	*665,00*
–	*Sonderzahlung*	*7.000,00*
=	***Rechnungsbetrag***	***31.965,00***

Buchung der Banküberweisung durch die Leasinggesellschaft:

Soll	€	Haben	€
Bank	31.965,00	an Erlöse Provision	3.500,00
		an USt	665,00
		an Forderung Leasinggesellschaft	27.800,00

LS 119

3 Betriebsspezifische Leistungen anbieten

***SITUATION** Autoland Murschall GmbH*

David Rose begegnet auf einem Klassentreffen seinem ehemaligen Klassenlehrer Herrn Orzol und erzählt ihm, dass er gegenwärtig eine Ausbildung zum Automobilkaufmann bei der Autoland Murschall GmbH absolviert. Herr Orzol hört David interessiert zu und freut sich, dass David ganz offensichtlich einen Ausbildungsberuf gewählt hat, der seine Wünsche und Erwartungen erfüllt.

David gibt Herrn Orzol einen kleinen Einblick in seine tägliche Arbeit und die Tätigkeitsfelder, die seine Ausbildung umfassen. Als David anfängt, über betriebsspezifische Leistungen zu sprechen, spitzt Herr Orzol die Ohren und sagt zum ihm: „Ich überlege gegenwärtig auch, mir ein neues Auto zu kaufen. Ob es ein Gebrauchter oder ein Neuwagen wird, weiß ich noch nicht. Aber auf die Garantiemöglichkeiten sollte man wohl einen ganz genauen Blick werfen." Daraufhin erwidert David: „Ja, das stimmt absolut. Der Unterschied zwischen einer Neuwagen- und Gebrauchtwagengarantie ist bedeutend. Aber auch die Garantieleistungen der einzelnen Hersteller sind sehr verschieden. Wenn Sie Interesse haben, dann kommen Sie doch in der nächsten Woche einfach mal vorbei. Ich berate Sie gern. Hier ist meine Karte."

Neben dem Verkauf und der Reparatur von Autos kann ein Autohaus diverse weitere Dienstleistungen anbieten, die die Mobilität des Kunden erhalten bzw. mit der Mobilität des Kunden im Zusammenhag stehen. Diese betriebsspezifischen Leistungen stellen eine weitere Chance dar, Erträge für das Autohaus zu erwirtschaften. Überblicksartig wurden diese betriebsspezifischen Leistungen bereits in den vorherigen Lernfeldern vorgestellt. Nun werden sie noch einmal im Detail dargestellt, voneinander abgegrenzt und um die Aspekte „Mietwagengeschäft" und „Mobilitätsangebote der Zukunft" erweitert.

3.1 Kostenlose Garantieversprechen: Neuwagengarantie der Hersteller

Die Begriffe „Gewährleistung" und „Garantie" werden umgangssprachlich häufig miteinander gleichgesetzt. Leider können selbst die Mitarbeiter in einem Autohaus diese Sachgebiete nicht immer klar voneinander trennen. Deshalb sollen an dieser Stelle noch einmal die Unterschiede verdeutlicht werden, denn Garantie und Gewährleistung kennzeichnen unterschiedliche Ansprüche. Zwar ist beiden Regelungen gemein, dass sie gewährt werden, ohne weitere Kosten beim Käufer zu verursachen, der Unterschied besteht jedoch in der juristischen Grundlage dieser beiden Ansprüche.

Die Ansprüche auf Gewährleistung sind gesetzlich im ***BGB*** geregelt und müssen vom Verkäufer gewährt werden. Garantieansprüche sind dagegen gesetzlich nicht vorgeschrieben und müssen einem Käufer demnach auch nicht eingeräumt werden. Wenn ein Hersteller eine Garantie gibt, so handelt es sich um eine freiwillige Leistung, die rechtlich auf einem Vertrag beruht und die aufgrund des Vertrages einzuhalten ist.

BGB
Bürgerliches Gesetzbuch

3.1.1 Gewährleistung nach BGB

Ein Händler ist laut BGB dazu verpflichtet, an den Käufer eine mangelfreie Ware zu übergeben. Allerdings sind versteckte Mängel bei Übergabe der Ware nicht immer sofort erkennbar, sondern werden erst durch den Gebrauch der Ware sichtbar. Die Gewährleistung laut BGB schützt den Käufer insbesondere vor diesen versteckten Mängeln, denn Verbraucher haben das Recht, innerhalb von zwei Jahren die Mängel, die bei Übergabe der Ware bereits vorhanden waren, beim Verkäufer zu reklamieren. Streitpunkt bei einer Reklamation ist dabei häufig die Frage, ob der Mangel bereits bei Übergabe der Ware vorhanden war.

Bei einem zweiseitigen Handelskauf muss der Käufer dem Verkäufer beweisen, dass der Mangel bereits bei der Übergabe vorhanden war. Das heißt, der Käufer hat die Last, den Beweis dafür zu erbringen. Bei einem Verbrauchsgüterkauf ist die Sachlage innerhalb der ersten sechs Monate nach dem Kauf anders. Hier hat der Verkäufer die Pflicht, den Nachweis zu erbringen, dass der **Mangel nicht bei Übergabe** vorlag. Die Beweislast wurde also beim Verbrauchsgüterkauf umgekehrt, da der Verbraucher in der wirtschaftlich und juristisch schwächeren Position ist als der Gewerbetreibende. Der Gesetzgeber unterstützt hier den Verbraucher im Sinne des Verbraucherschutzes bei der Durchsetzung seiner Interessen. Deshalb spricht man im Falle eines Verbrauchsgüterkaufs innerhalb der ersten sechs Monate der Gewährleistungszeit auch von der **Beweislastumkehr**. Ab dem siebten Monat innerhalb der zweijährigen Gewährleistungszeit muss dann aber auch der Verbraucher als Käufer beweisen, dass der Mangel bereits bei Übergabe vorlag.

Im Rahmen der Gewährleistung hat der Käufer zunächst das vorrangige Recht der Nacherfüllung, die entweder in Form der Nachbesserung oder der Neulieferung erfolgen kann. Sollte die Nacherfüllung nach zwei erfolglosen Versuchen gescheitert, nicht möglich oder nicht zumutbar sein, kann der Käufer seinen Anspruch auf die Durchsetzung der nachrangigen Rechte in Form einer Preisminderung oder – bei erheblichen Mängeln – auf den Rücktritt vom Kaufvertrag (Rückgabe der gegenseitig geleisteten Leistungen) geltend machen.

> i *Den Anspruch auf Gewährleistung hat der Käufer stets gegenüber seinem Verkäufer, sprich: gegenüber dem Automobilhaus als Verkäufer.*

3.1.2 Neuwagengarantie des Herstellers

Neben der Verpflichtung zur gesetzlichen Gewährleistung bieten Autohersteller den Käufern von Neuwagen fast immer zusätzliche Garantien an – unabhängig von der Sachmängelhaftung und freiwillig. Die Neuwagengarantie läuft z. B. über bestimmte Zeiträume, gilt für bestimmte Kilometerlaufleistungen oder bestimmte Fahrzeugteile. Sie sichert dem Neuwagenkunden zu, dass der Hersteller für auftretende Mängel innerhalb der Garantiezeit die Kosten der Reparatur (Lohn- und Materialkosten) übernimmt.

> *Welche Leistungen gewährt werden, ist nicht einheitlich geregelt, sondern jeder Autohersteller legt dies für seine Marken und Modelle selbst fest.*

Anders als bei der gesetzlich vorgeschriebenen Gewährleistung muss der Mangel im Garantiefall nicht bereits bei Übergabe bestanden haben. Zudem gibt es keine Beweislastumkehr, d. h. der Kunde muss auch nach Ablauf von sechs Monaten nicht beweisen, dass der Mangel schon bei der Übergabe vorlag. Die Art der Mängelbeseitigung bleibt ganz dem Hersteller überlassen, sodass der Käufer in den meisten Fällen keinen Anspruch auf Neulieferung oder Minderung des Kaufpreises hat. Selbstverständlich erfolgt die Mängelbeseitigung in einer Vertragswerkstatt des Herstellers.

BEISPIEL *Audi Garantie/Neuwagengarantie der AUDI AG*

1. *Audi gewährt bei Kauf eines Neufahrzeugs zwei Jahre Garantie. Audi garantiert, dass dieses Fahrzeug frei von Mängeln in Werkstoff und Werkarbeit ist. Maßstab dafür ist der in der Automobilindustrie übliche Stand der Technik vergleichbarer Fahrzeugtypen bei Übergabe bzw. Erstzulassung.*
2. *Die zweijährige Laufzeit der Garantie beginnt ab Übergabe des Fahrzeugs durch die AUDI AG bzw. durch einen von der AUDI AG autorisierten Partner an den Erstkäufer bzw. ab dem Datum der Erstzulassung, je nachdem, welches Ereignis zuerst eintritt. Unabhängig davon beginnt die Laufzeit, wenn das Fahrzeug durch einen autorisierten Audi Partner in dem Gebiet des EWR (die Länder der Europäischen Union, Norwegen, Island und Liechtenstein) und der Schweiz ausgeliefert, genutzt oder zugelassen wird. Der Beginn der Laufzeit wird durch die AUDI AG oder durch den von der AUDI AG autorisierten Partner im Serviceplan dokumentiert.*
3. *Voraussetzung für eine Leistung aus dieser Garantie ist, dass alle Serviceintervalle nach den Vorgaben der AUDI AG durchgeführt werden.*
4. *Bei Vorliegen eines Mangels, der unter diese Garantie fällt, kann Audi nach eigener Wahl den Mangel durch einen autorisierten Partner beseitigen Lassen (Nachbesserung) oder ein neues Fahrzeug liefern. Im Fall der Nachbesserung kann Audi nach eigenem Ermessen das mangelhafte Teil entweder instand setzen oder austauschen.*
5. *Für die Abwicklung der unter Ziffer 4 genannten Rechte gilt Folgendes:*
   a) *Ansprüche aus der Garantie können ausschließlich bei autorisierten Audi Service Partnern in den EWR sowie in der Schweiz geLtend gemacht werden. Wird das Fahrzeug in einem anderen Gebiet als dem Gebiet des EWR und der Schweiz ausgeliefert oder zugelassen, kann die Garantie nicht in Anspruch genommen werden.*
   b) *Der vollständig ausgefüllte Serviceplan ist vorzulegen.*
   c) *Ersetzte Teile werden Eigentum der AUDI AG.*
   d) *Für die im Rahmen der Nachbesserung eingebauten, Lackierten oder reparierten Teile wird bis zum Ablauf der Garantiefrist des Fahrzeugs entsprechend Garantie geleistet. Das gilt auch für das Fahrzeug, welches nachgeliefert wurde.*
   e) *Wird das Fahrzeug wegen eines Mangels, der unter die Garantie fällt, betriebsunfähig, ist der Garantienehmer verpflichtet, mit dem nächstgelegenen, von Audi autorisierten, dienstbereiten Betrieb Kontakt aufzunehmen. Dieser Betrieb entscheidet,*

ob die erforderlichen Arbeiten an Ort und Stelle oder in seiner Werkstatt durchgeführt werden.
Mögliche Ansprüche des Garantienehmers aus der Mobilitätsgarantie bleiben hiervon unberührt.

f) Liefert die AUDI AG aufgrund eines Garantieanspruches ein neues Fahrzeug, so kann die AUDI AG vom Garantienehmer Rückgabe des mangelhaften Fahrzeugs und Zahlung einer angemessenen Entschädigung für die Nutzung des zurückgegebenen Fahrzeugs nach Maßgabe der Vorschriften des Bürgerlichen Gesetzbuches über den Rücktritt gemäß §§ 346-348 BGB verlangen.
Die Rücknahme des mangelhaften Fahrzeugs sowie die Lieferung eines neuen Fahrzeugs erfolgen ausschließlich in dem Händlerbetrieb desjenigen autorisierten Audi Partners, der das zurückgegebene Neufahrzeug verkauft bzw. erstmalig zugelassen hat.

6. *Schlägt die – unter Beachtung vorstehender Ziffer 4 geltend gemachte – Nachbesserung fehl, insbesondere wenn der Fehler nicht beseitigt werden kann oder für den Garantienehmer weitere Nachbesserungsversuche unzumutbar sind, kann der Garantienehmer von Audi ausschließlich Lieferung eines mangelfreien Fahrzeugs verlangen. Ziffer 5 f gilt entsprechend.*
7. *Garantieverpflichtungen bestehen nicht, wenn der Mangel dadurch entstanden ist, dass:*
   - *das Fahrzeug unsachgemäß behandelt oder überbeansprucht worden ist, z. B. bei motorsportlichen Wettbewerben oder*
   - *das Fahrzeug zuvor durch den Garantienehmer selbst oder einen Dritten, der kein Audi Servicepartner ist, unsachgemäß instand gesetzt, unsachgemäß gewartet oder unsachgemäß gepflegt worden ist oder*
   - *in das Fahrzeug Teile eingebaut worden sind, deren Verwendung der Hersteller nicht genehmigt hat oder das Fahrzeug in einer von Audi nicht genehmigten Weise verändert worden ist oder*
   - *der Garantienehmer die Vorschriften über den Betrieb, die Behandlung und Pflege des Fahrzeugs (z. B. Betriebsanleitung) nicht befolgt hat.*
8. *Natürlicher Verschleiß ist von der Garantie ausgeschlossen.*
9. *Weitergehende Ansprüche bestehen aus dieser Garantie nicht. Insbesondere sind von der Garantie weder Ersatzansprüche, wie zum Beispiel die Stellung eines Ersatzwagens für die Dauer der Nachbesserung, noch Schadensersatzansprüche erfasst.*
10. *Durch die vorliegende Garantie werden die gesetzlichen Rechte, insbesondere Gewährleistungsansprüche gegenüber dem Verkäufer des Fahrzeugs und mögliche Ansprüche aus dem Produkthaftungsgesetz gegen die AUDI AG als Hersteller nicht beschränkt.*

Audi Lack- und Karosseriegarantie
Lack- und Karosseriegarantie der AUDI AG

Ergänzend zur Audi Neuwagengarantie übernimmt die AUDI AG für Neufahrzeuge hinsichtlich der Karosserie
- *eine 3-jährige Garantie gegen Lackmängel sowie*
- *eine 12-jährige Garantie gegen Karosserieperforationen durch Korrosion.*

Stand: 01/2005

Quelle: AUDI AG

ADAC-Tabelle: Übersicht der Hersteller-Garantien

Hersteller	Neuwagen	Durchrostungs- oder Lackgarantie	Anschlussgarantie
Alfa Romeo	2 Jahre	Durchrostung: 8 Jahre Lack: 3 Jahre	12 oder 24 Monate
Audi	2 Jahre	Durchrostung: 12 Jahre Lack: 3 Jahre	unbegrenzt möglich
BMW	keine Garantie, aber 2 Jahre erweiterte Sachmängelhaftung	Durchrostung: 12 Jahre erweiterte Sachmängelhaftung Lack: 3 Jahre erweiterte Sachmängelhaftung	12 Monate
Chevrolet	3 Jahre bzw. 100.000 km	Durchrostung: 6 Jahre Lack: 3 Jahre	bis 24 Monate
Chrysler	2 Jahre (Bremsen und Kupplungsscheiben begrenzt auf ein Jahr bzw. 20.000 km)	Durchrostung: 2 oder 7 Jahre je nach Karosserieteil	12–24 Monate, weitere Verlängerungen bis zu 10 Jahren möglich
Citroen	2 Jahre	Durchrostung: 12 Jahre bei Pkw, 5 Jahre bei Nutzfahrzeugen Lackgarantie: 3 Jahre bei Pkw, 2 Jahre bei Nutzfahrzeugen	12–36 Monate
Daihatsu	3 Jahre bzw. 100.000 km	Durchrostung: 8 Jahre Lack: 3 Jahre	12–24 Monate
Fiat	2 Jahre	Durchrostung: 8 Jahre Lack: 3 Jahre	12 oder 24 Monate
Ford	2 Jahre	Durchrostung: 6–12 Jahre, je nach Modell	12–36 Monate
Hyundai	3 Jahre	Durchrostung: 6 oder 10 Jahre, je nach Modell Lack: 2 Jahre	24 Monate
Jaguar	3 Jahre	Durchrostung: 6 Jahre Lack: 3 Jahre	12 oder 24 Monate
KIA	3 bis 7 Jahre	Durchrostung: 6–10 Jahre je nach Modell Lackgarantie: 3–5 Jahre, je nach Modell	
Lancia	2 bzw. 3 Jahre je nach Modell	Durchrostung: 8–12 Jahre Lack: 3 Jahre	12 oder 24 Monate
Landrover	3 Jahre bzw. 100.000 km	Durchrostung: 6 Jahre Lack: 3 Jahre	12 oder 24 Monate
Mazda	3 Jahre bzw. 100.000 km	Durchrostung: 12 Jahre Lack: 3 Jahre	12 oder 24 Monate, weitere Verlängerungen bis zu 10 Jahren möglich
Mercedes	2 Jahre	Durchrostung: bis 30 Jahre bei Pkw, bis 12 Jahre bei Van	12 oder 24 Monate, weitere Verlängerungen bis zu 10 Jahren

Mitsubishi	3 Jahre bzw. 100.000 km	Durchrostung: 12 Jahre bei aktuellen Modellen Lack: 3 Jahre bzw. 100.000 km	24 oder 36 Monate
Nissan	3 Jahre bzw. 100.000 km	Durchrostung: 6–12 Jahre Lack: 3 Jahre	12–24 Monate
Opel	2 Jahre	Durchrostung: bis zu 12 Jahren (modellabhängig)	12–24 Monate, weitere Verlängerungen bis zu 10 Jahren möglich
Peugeot	2 Jahre	Durchrostung: 12 Jahre bei Pkw, 5 Jahre bei Nutzfahrzeugen Lack: 3 Jahre bei Pkw, 2 Jahre bei Nutzfahrzeugen	12–36 Monate
Porsche	2 Jahre	Durchrostung: 10 Jahre Lack: 3 Jahre	
Renault	2 Jahre, bei einigen Oberklassemodellen 3 Jahre bzw. 150.000 km	Durchrostung: 12 bei Pkw (Master 6 Jahre) Lack: 3 Jahre	bis zum 5. Jahr ab Erstzulassung
Saab	2 Jahre	Durchrostung: 6–10 Jahre, je nach Modell	12 Monate, weitere Verlängerungen bis zu 10 Jahren möglich
Seat	2 Jahre	Durchrostung: 6–12 Jahre, je nach Modell Lack: bis 3 Jahre, je nach Modell	
Škoda	2 Jahre	Durchrostung: 10–12 Jahre, je nach Modell Lack: 3 Jahre (bei einigen Modellen)	24 oder 36 Monate
Smart	2 Jahre	Durchrostung: 6–12 Jahre, je nach Modell Lack: 2 Jahre	12–36 Monate, weitere Verlängerungen bis zu 10 Jahren möglich
Subaru	3 Jahre bzw. 100.000 km (Batterie begrenzt auf 2 Jahre)	Durchrostung: 8–12 Jahre, je nach Modell	12 oder 24 Monate
Suzuki	3 Jahre bzw. 100.000 km	Durchrostung: 6–12 Jahre, je nach Modell	bis zum 5. Jahr ab Erstzulassung
Toyota	3 Jahre bzw. 100.000 km	Durchrostung: 12 Jahre Lack: 3 Jahre	12 oder 24 Monate, weitere Verlängerungen bis zu 10 Jahren möglich
VW	2 Jahre	Durchrostung: 12 Jahre bei den meisten Modellen Lack: 3 Jahre	24 oder 36 Monate, weitere Verlängerungen möglich
Volvo	2 Jahre	Durchrostung: 8–12 Jahre, je nach Modell Lack: 2 Jahre	12–36 Monate, weitere Verlängerungen bis zu 10 Jahren möglich

Quelle: ADAC, Juristische Zentrale München
Stand: 27.02.2009
(http://www.adac.de/_mm/pdf/ADAC-Tabelle-Herstellergarantien_38082.pdf)

Fast alle namhaften Autohersteller bieten mittlerweile eine Neuwagengarantie an und nutzen diese als ein Instrument der Kommunikationspolitik und der Kundenbindung. Denn welcher Hersteller würde das Risiko auf sich nehmen, für auftretende Mängel in der Garantiezeit die Kosten der Reparatur zu übernehmen, wenn er nicht von seinen Produkten überzeugt wäre und davon ausgeht, dass Mängel die Ausnahme sind? Zumal die anfallenden Reparaturkosten nicht kalkulierbar wären. Eine Garantie ist daher nicht nur eine Absicherung für den Kunden, sondern auch ein Hinweis des Herstellers auf die hohe Qualität seiner Fahrzeuge.

BMW geht hingegen einen etwas anderen Weg. Kunden erhalten hier grundsätzlich den BMW Qualitätsbrief, der auf der zweijährigen Gewährleistung basiert sowie eine erweiterte Sachmängelhaftung bietet und bei dem die Beweislastumkehr für die kompletten zwei Jahre gilt. Durch ein Abkommen zwischen den BMW-Vertragshändlern und den BMW-Niederlassungen kann der Kunde seine Ansprüche aus der Gewährleistung auch bei anderen BMW-Vertragshändlern geltend machen und nicht nur bei dem Händler, bei dem er das Fahrzeug gekauft hat.

Rein rechtlich gesehen kann ein Anspruch auf Garantieleistungen nur gegenüber dem Hersteller geltend gemacht werden. Aus Gründen des Service übernimmt allerdings das Autohaus für seine Kunden die Abwicklung. Der Anspruch gegenüber dem Hersteller kann meist europaweit bei jedem Vertragshändler des Herstellers geltend gemacht werden.

Verschleißteile und Einstellarbeiten werden nur dann durch die Garantie abgedeckt, wenn ein Material- oder Herstellungsfehler vorliegt. Derartige Defekte treten in der Regel schon nach einer kurzen Laufzeit des Fahrzeuges auf. Bei später auftretenden Defekten wird meist angenommen, dass diese durch Verschleiß hervorgerufen werden. Sie sind somit nicht durch die Garantie abgedeckt.

***BEISPIEL** Verschleißteile und Einstellarbeiten*

- *Wischerblätter*
- *Glühlampen*
- *Achseinstellung, Wuchten der Räder*
- *Batterien von Fernbedienungen*
- *Bremsbeläge, Bremsbacken, Bremsscheiben (wenn kein Herstellungsfehler vorliegt)*

Wenn ein Hersteller eine Garantie gewährt, ist diese an bestimmte Bedingungen geknüpft. Dazu zählen stets das Einhalten regelmäßiger Inspektionen und Wartungsarbeiten, die ausführlich im Fahrzeug-Serviceheft dokumentiert werden müssen, sowie eine entsprechende Pflege des Fahrzeugs durch den Halter. Wer also beispielsweise Vogelkot nicht schnell entfernt, kann für den beschädigten Lack keine Garantie in Anspruch nehmen.

Gruppenfreistellungsverordnung (GVO)
☞ Band 1, LF 1, S. 18

Wo diese Inspektionen und Wartungsarbeiten durchzuführen sind, kann der Hersteller nicht mehr vorschreiben. Im Zuge der **Gruppenfreistellungsverordnung (GVO)** und der europäischen Rechtsprechung zum Wettbewerbsrecht darf ein Hersteller durch sein Garantieversprechen nicht die Steuerung der Kunden in sein Vertragswerkstättennetz vornehmen. Dieses Vorgehen entspräche einer marktbeherrschenden Stellung und ist somit unzulässig.

Folglich darf jeder Neuwagenkunde die Inspektionen und Wartungsarbeiten in einer beliebigen Werkstatt seiner Wahl durchführen lassen. Allerdings ist darauf zu achten, dass die Werkstatt verschiedene Vorgaben berücksichtigt, damit der Garantieanspruch erhalten bleibt. Der Neuwagenkunde verliert seinen Anspruch auf die Neuwagengarantie nicht, wenn

- die fabrikatsfremde Werkstatt sich bei den Inspektionen und Wartungsarbeiten nach den Herstellervorgaben richtet,
- die Inspektionen und Wartungsarbeiten sach- und fachgerecht durchgeführt werden,
- bei Inspektionen und Wartungsarbeiten nur Originalteile und -flüssigkeiten verwendet werden oder solche Teile und Flüssigkeiten, die den Originalen gleichwertig sind und
- die durchgeführten Inspektionen und Wartungsarbeiten nicht ursächlich für einen später auftretenden Schaden sind, der unter die Garantie des Herstellers fällt.

BEISPIEL *Lexus-Wartungsplan*

Vollcheck: *Alle 30.000 km oder alle 2 Jahre.**

Zwischencheck: *Alle 15.000 km oder jedes Jahr. Dieser Kundendienst umfasst den Öl- und Filterwechsel und zusätzliche Inspektionen der Lenkung, Bremsen, Beleuchtung und Reifen.*

Voll- und Zwischencheck sind dann fällig, wenn entweder das genannte KM-Intervall oder das Zeitintervall zuerst erreicht ist. Die Intervalle gelten für normale Fahrbedingungen. Die Tabelle unten zeigt genau, was bei jeder Wartung ausgeführt wird. Wir haben die verschiedenen Wartungsaufgaben in jene aufgeteilt, die sich auf die notwendige Fitness Ihres LEXUS beziehen und solche, die einen unmittelbaren Einfluss auf die Sicherheit haben.

**je nachdem, was zuerst eintritt*

Für normale Einsatzbedingungen:

Ersetzen – Inspektion – Festziehen – Reinigung		
FITNESS	**Zwischencheck**	**Vollcheck**
Motoröl und -filter*	E	E
Motorkühlmittel		I
Umwandler-Kühlmittel des GS450h, LS600h und RX 400h		I
Luftfilter	I	I
Getriebeöl des RX350		E
Vorderachs-Differenzialöl des LS600h		E
Hinterachsdifferenzialöl (außer RX400h)		E
Antriebswellenmanschetten		I
Schrauben der Antriebswelle beim RX400h	F	F
Auspuffanlage und Befestigungen		I
Kühl- und Heizsystem		I

Klimaanlagenfilter	R*1/E*2	E*3
Tankverschluss, Kraftstoffleitungen, Anschlüsse und Tankdunstventil		I
Karosserieinspektion (Korrosion)		I

* : IS220d: entsprechend der Ölwechsel-Hinweisleuchte (mindestens alle 2 Jahre/30.000 km)
*1 : IS250, IS220d, GS300, GS430 und GS 450h
*2 : RX350, RX400H und SC430
*3 : außer LS460 und LS600h

Ersetzen – Inspektion – Festziehen

SICHERHEIT	Zwischencheck	Vollcheck
Bremspedal und Handbremshebel/Feststellbremspedal		I
Bremsbeläge und -scheiben	I	I
Bremsbeläge der Feststellbremse		I
Kupplungsflüssigkeit des IS250 und IS220d		I
Bremsflüssigkeit		E
Bremsleitungen und -schläuche		I
Servolenkungsflüssigkeit des RX350 und SC430		I
Vordere und hintere Aufhängung		I
Lenkrad, Lenkgestänge und Lenkgetriebe		I
Reifen, Leuchten, Wischerblätter, Waschflüssigkeit, Horn	I	I
Kugelgelenke der Aufhängung und Staubabdeckungen	I*3	I

*3 : GS300, GS430, GS450h, LS460, LS600h und SC430

ZUSÄTZLICH ERSETZEN**	
Steuerriemen des GS430, RX400h und SC430	Alle 150.000 km
Kraftstofffilter des IS220d	Alle 7 Jahre/75.000 km
Kraftstoffpumpe (im Kraftstofftank) des IS220D	Alle 300.000 km
Luftfilter	Alle 4 Jehre/60.000 km
Unterdruckpumpe für den Bremskraftverstärker des IS220d	Alle 10 Jahre/195.000 km
Klimaanlagenfilter des LS460 und LS600h	Gem. der Wartungsanzeige
Zündkerzen (Iridiumtyp)	Alle 90.000 km
Motorkühlmittel	Bei 150.000 km Danach alle 90.000 km
Umwandler-Kühlmittel des GS450h, LS600h und RX400h	Bei 150.000 km Danach alle 90.000 km

ZUSÄTZLICHE INSPEKTIONEN	
Zusatz-Antriebsriemen (Lichtmaschine, Klimaanlage, Servolenkung)	6. Jahr/105.000 km Danach jährlich/15.000 km
Ventilspiel des GS430, RX350, RX400h und SC430	Alle 6 Jahre/90.000 km
Dieselrauch	Alle 4 Jahre/60.000 km
Schaltgetriebe des IS250 und IS220d	Alle 4 Jahre/60.000 km
Automatikgetriebeöl	Alle 4 Jahre/60.000 km
Verteilergetriebeöl des LS 600h	Alle 4 Jahre/45.000 km
Hinterachs-Differenzialöl des RX400h	Alle 3 Jahre/45.000 km
Vorderachs-Differenzialöl des RX350 und RX400h	Alle 4 Jahre/60.000 km
Aktivkohlebehälter	Alle 2 Jahre/45.000 km

*** gegen gesonderte Berechnung*

Quelle: Toyota Deutschland GmbH Lexus Deutschland

Neuwagengarantien dürfen nicht von der Verpflichtung des Kunden abhängig gemacht werden, die geforderten Inspektionen und Wartungsarbeiten in einer Vertragswerkstatt des Herstellers durchführen zu lassen.
Wichtig: Wurden die Inspektionen und Wartungsarbeiten stets in einer markenfremden Werkstatt ausgeführt, so erbringt kaum ein Hersteller Kulanzleistungen, wenn die Garantie abgelaufen ist.

Verkauft der Neuwagenkunde sein Fahrzeug, so geht die verbleibende Neuwagengarantie in der Regel auf den neuen Halter über.

BEISPIEL

Ein Kunde kauft einen Jahreswagen. Die Erstzulassung liegt genau zwölf Monate zurück. Es wird eine Hersteller-Garantie von zwei Jahren gewährt. Der Kunde kann somit noch weitere zwölf Monate von der Hersteller-Garantie profitieren.

3.2 Erwerbbare Garantieleistungen: Gebrauchtwagengarantie

Auch beim Gebrauchtwagengeschäft besteht für den Automobilhändler die gesetzliche Gewährleistungspflicht. Diese kann aber für gebrauchte Autos per AGB auf ein Jahr verkürzt werden. Ein **Ausschluss der Sachmängelhaftung** beim sogenannten Verbrauchsgüterkauf ist **nicht zulässig**. Entsprechende Klauseln im Vertrag eines Gebrauchtwagenhändlers, wie z. B. „Gekauft wie gesehen“ oder „Fahrzeug wird unter Ausschluss der Gewährleistung/Sachmängelhaftung verkauft“, haben daher keine Wirksamkeit. Der Verkäufer haftet hierbei für alle Mängel, die der Wagen zum Übergabezeitpunkt hat – für mindestens ein Jahr. Nachbesserungsarbeiten im Rahmen der Sachmängelhaftung sind für den Käufer kostenlos. Die Beweislastumkehr gilt wie beim Neuwagengeschäft für sechs Monate.

Möchte sich ein Gebrauchtwagenkunde über die Sachmängelhaftung hinaus absichern, so kann er in der Regel auf erwerbbare Garantien zurückgreifen, die durch den Automobilhandel angeboten werden. Diese Garantien decken die Reparaturkosten von Mängeln ab, die während der Garantielaufzeit auftreten, also auch nach der Zeit der Beweislastumkehr. Für diese Garantien zahlt der Kunde bei Garantieabschluss ein Entgelt und erhält im Reparaturfall die Erstattung der Lohn- und Materialkosten – evtl. unter Einbehalt einer Selbstbeteiligung. Gebrauchtwagengarantien gibt es in verschiedenen Varianten. Sie können z. B. anhand der Kriterien „Alter“ und „Garantiegeber“ unterschieden werden:

a) Alter des Gebrauchtwagens

- **Neuwagenanschlussgarantie**

Eine Gebrauchtwagengarantie wird als Neuwagenanschlussgarantie bezeichnet, wenn innerhalb einer bestimmten Zeit nach der Erstzulassung (häufig bis kurz vor Ablauf der Herstellergarantie und innerhalb einer festgelegten Kilometerbegrenzung) eine Garantieverlängerung abgeschlossen wird. Die Neuwagenanschlussgarantie kann häufig auch mit einem

„Frühbucherrabatt" bereits beim Kauf des Neuwagens abgeschlossen werden. Ihr Umfang entspricht den Leistungen der Herstellergarantie, d. h. volle Kostenübernahme bei Reparaturleistungen ohne Selbstbeteiligung. Die Laufzeiten der von den Herstellern angebotenen Neuwagenanschlussgarantien variieren stark. So bietet z. B. BMW eine Anschlussgarantie von zwölf Monaten an, bei Mercedes kann sie durch Verlängerungen bis zu zehn Jahre laufen. Zudem berücksichtigen einige Neuwagenanschlussgarantien auch Kilometerlaufleistungen und legen hier Obergrenzen fest.

BEISPIEL *Toyota CarGarantie*

Gehen Sie auf Nummer Sicher – mit der Toyota CarGarantie und Garantien bis zu 10 Jahren oder 200.000 km – jetzt ab 191,00 € für das vierte und fünfte Jahr!

Mit der Anschlussgarantie des Toyota CarGarantie Programms lässt sich das Risiko ungeplanter teurer Reparaturen auch für die Zeit nach der Werksgarantie minimieren. Das geht so: Sie wählen die 1- oder 2-jährige Anschlussgarantie Ihres Toyota Vertragspartners. Danach können Sie diese um jeweils 12 weitere Monate verlängern – und zwar bis zu einem Fahrzeugalter von 10 Jahren bzw. einer Laufleistung von 200.000 km!

Was leistet die Toyota CarGarantie?
Der Vorteil der Anschlussgarantie liegt auf der Hand, denn sie kommt bei eventuellen Reparaturen an allen wichtigen Baugruppen für die vollen Lohn- und Materialkosten auf – inklusive spezielle Baugruppen des Toyota Hybridsystems. Erst ab einer Gesamtlaufleistung von mehr als 50.000 km leisten Sie einen geringen, nach den tatsächlich gefahrenen Kilometern gestaffelten Eigenanteil – und zwar nur bei den Materialkosten. Jede Toyota CarGarantie ist auf den Folgebesitzer übertragbar, was Ihnen spätestens beim Verkauf des Fahrzeugs zugute kommt.

Ebenfalls gut zu wissen: „Pannenhilfe aufpreisfrei an Bord"! Mit jeder Toyota CarGarantie erhalten Sie auch sämtliche Leistungen von Toyota Eurocare, die für Mobilität europaweit garantiert und Ihnen und allen Insassen bei Panne und Unfall rund um die Uhr weiterhilft.

Was kostet die Toyota CarGarantie?
Die herausragende Produktqualität von Toyota Fahrzeugen erlaubt außerordentlich niedrige Prämien für die zweijährige Anschlussgarantie:

Toyota Fahrzeuge	Bei Erwerb bis einschließlich 3. Monat nach Erstzulassung (mit MwSt./ohne MwSt.)	Bei Erwerb ab dem 4. Monat nach Erstzulassung (mit MwSt./ohne MwSt.)
bis einschl. 110 PS	191,00 €/160,50 €	278,00 €/233,61 €
111 PS bis 160 PS	322,00 €/270,59 €	457,00 €/384,03 €
ab 161 PS	464,00 €/389,92 €	635,00 €/533,61 €

Die Anschlussgarantie kann also jederzeit innerhalb der Herstellergarantie von Toyota abgeschlossen werden; nur die Konditionen unterscheiden sich.

Unser Tipp: Erwerben Sie die Anschlussgarantie gleich beim Kauf des Neuwagens und sichern Sie sich damit einen besonderen „Frühbuchertarif"!

Wo erhalten Sie Toyota CarGarantie?
Die Anschlussgarantie wird über Toyota Vertragspartner vergeben. Als Käufer erhalten Sie vom Verkäufer, d.h. einem Toyota Vertragspartner, eine Garantie, deren Konditionen sich aus Garantiebedingungen inklusive Garantievereinbarung ergeben. Diese Garantie ist durch die CG Car-Garantie Versicherungs-AG versichert.

Die Garantiebedingungen sowie die umschlossenen Baugruppen sind beim Toyota Vertragspartner einsehbar.

Quelle: Toyota (http://www.toyota.de/kundenservice/car_garantie.aspx)

- **Gebrauchtwagengarantie**
  Für Fahrzeuge ab einem festgelegten Alter oder bei Erreichen einer herstellerbestimmten Kilometergrenze kann eine Gebrauchtwagengarantie abgeschlossen werden. Der Umfang der Garantieleistung ist eingeschränkt, man spricht in diesem Zusammenhang von einer „wertmäßigen Kostenerstattung". Das heißt, die Lohnkosten einer Reparatur werden weiterhin zu 100 % bezahlt, die Materialkosten werden in Abhängigkeit der gelaufenen Kilometerleistung nur anteilig vom Garantiegeber übernommen. Auch kann es sein, dass die Garantie nur vorab bestimmte Bauteile umfasst.

  Die Gebrauchtwagengarantien der Hersteller laufen unter verschiedenen Namen. Hier eine kleine Auswahl:

Marke	Name der Gebrauchtwagengarantie
Audi	Car-Life-Plus
BMW	Euro-Plus-Garantie
Lexus	LexusSelect
Opel	Opel-Kompakt-Garantie
VW	Life-Time-Garantie

b) Gebrauchtwagen-Garantiegeber

Auch wenn der Herstellername in der Gebrauchtwagen-Garantiebezeichnung auftaucht, so ist in der Regel nicht der Hersteller der Garantiegeber, sondern meist eine Versicherung, wie z. B. bei VW die Volkswagenversicherungsdienst GmbH oder bei Lexus auch der Autohändler selbst. Für die Kostenübernahme spielt es allerdings keine Rolle, wer der Garantiegeber ist.

Die Frage nach dem Garantiegeber wird erst relevant, wenn geklärt werden muss, ob eine in den Garantiebedingungen vorgeschriebene Werkstattbindung an Vertragswerkstätten des Herstellers zulässig ist.

Allgemein gilt: Nur wenn der Garantiegeber ein schutzbedürftiges Interesse hat, die Kunden an eine bestimmte Werkstatt zu binden, ist eine entsprechende Klausel nach deutscher Rechtsprechung zulässig.

- **Gebrauchtwagen-Garantiegeber ist eine Versicherung**
  Wird die Garantie von einer Versicherung gegeben, so ist ihr das schutzbedürftige Interesse abzusprechen, Garantienehmer an bestimmte Werkstätten zu binden. Die Versicherung als Gebrauchtwagen-Garantiegeber darf dem Kunden also nicht vorschreiben, die anfallenden Inspektionen und Wartungsarbeiten in einer herstellergebundenen Vertragswerkstatt durchzuführen. Wie bei der Neuwagengarantie, so kann der Kunde für die anfallenden Inspektionen an seinem Gebrauchtwagen die Werkstatt frei wählen. Allerdings gilt auch hier, dass die Reparaturvorgaben des Herstellers von der gewählten Werkstatt beachtet werden.
- **Gebrauchtwagen-Garantiegeber ist der Automobilhändler**
  Anders ist die Sachlage, wenn der Automobilhändler als Garantiegeber auftritt, so wie es z. B. bei Lexus der Fall ist. Hier ist der Lexushändler der offizielle Gebrauchtwagengarantiegeber. Die Rechtsprechung gesteht dem Händler ein schutzbedürftiges Interesse bezüglich der Kundenbindung an seine Werkstatt zu. Eine vorgeschriebene Werkstattbindung für Inspektionen und Wartungsarbeiten in den Garantiebedingungen ist somit zulässig, sofern der Garantienehmer in Fällen der Unzumutbarkeit eine andere Werkstatt aufsuchen darf.

***BEISPIEL** Wahl einer anderen Werkstatt bei Unzumutbarkeit*

Der Garantienehmer ist umgezogen und wohnt mittlerweile in Hamburg. Die alte Werkstatt befindet sich hingegen in München.

3.3 Mobilitätsgarantie

Die Mobilitätsgarantie ist ein sehr effektives Instrument der Kundenbindung. Der Hersteller darf hier die Inanspruchnahme der Leistungen von den regelmäßigen Inspektionen und Wartungsarbeiten in einer Vertragswerkstatt abhängig machen.

Eine Mobilitätsgarantie ist für den Kunden quasi ein „Rundum-Sorglos-Paket" im Falle einer Panne. Hat der Kunde eine Panne, so kann er auf verschiedene, herstellerabhängige und kostenlose Leistungen zurückgreifen, die wie folgt aussehen können:

Ort der Panne	Mögliche Leistungen einer Mobilitätsgarantie
Am Wohnort	Soforthilfe vor Ort, Abschleppen, Ersatzwagen, Hilfe bei Unfällen
+ 50 km	Soforthilfe vor Ort, Abschleppen, Ersatzwagen, Hilfe bei Unfällen, Hotelunterkunft, Weiterreise, Erstattung zusätzlicher Auslagen, Abholung des reparierten Fahrzeuges
Auslandsreisen	Soforthilfe vor Ort, Abschleppen, Ersatzwagen, Hilfe bei Unfällen, Hotelunterkunft, Weiterreise, Erstattung zusätzlicher Auslagen, Abholung des reparierten Fahrzeuges, Ersatzfahrer, Fahrzeugrückführung

Anspruch auf eine Mobilitätsgarantie hat meist jeder Neuwagenkunde. Diese ist in der Regel zeitlich oder im Hinblick auf die Laufleistung begrenzt. Hält sich der Kunde aber an die vom Hersteller empfohlenen Wartungsintervalle und lässt er die Inspektionen in einer Vertragswerkstatt durchführen, dann hat der Kunde auch weiterhin Anspruch auf die Mobilitätsgarantie des Herstellers.

Jeder Automobilverkäufer sollte auf die Mobilitätsgarantie – insbesondere bei der Fahrzeugübergabe – noch einmal speziell hinweisen und sie mit dem Neuwagenkäufer intensiv besprechen, denn sie ist ein gutes Verkaufsargument, damit der Neuwagenkunde die anstehenden Inspektionen auch in der Werkstatt des Autohauses durchführen lässt. Die Mobilitätsgarantien umfassen – je nach Hersteller – unterschiedliche Leistungen und haben verschiedene Namen.

Marke	Name der Mobilitätsgarantie
Ford	FordAssistance
Mazda	Mazda Europe Service
Mercedes-Benz	Mobilo
Mini	Mini Mobile Care
Mitsubishi	MAP-Service
Renault	Renault Assistance
VW	Longlife-Mobilitätsgarantie

Die kostenlose Mobilitätsgarantie der Hersteller ist eine echte Alternative zu den kostenpflichtigen Schutzbriefen der Versicherer oder Autoclubs. Auch auf diesen Aspekt sollte der Verkäufer aufmerksam machen, da der Kunde im Fall einer Panne Geld sparen kann.

3.4 Wartungs- und Inspektionspaket

Das Angebot eines Wartungs- und Inspektionspaketes ist ebenfalls eine Möglichkeit, Kunden an die Werkstatt des Autohauses zu binden. Hierbei wird vertraglich ein Sonderpreis für eine bestimmte Anzahl von Wartungen und Inspektionen vereinbart, sodass der Kunde einen „Mengenrabatt" bekommt. Der Paketpreis umfasst meist die Lohnkosten, die der Kunde im Voraus zahlt. Lässt der Kunde dann die fällige Inspektion durchführen, so zahlt er nur noch die Materialkosten und gegebenenfalls die Lohnkosten für die Zusatzarbeiten.

Die Vorteile für das Autohaus liegen auf der Hand: Der Kunde wird nach Abschluss des Wartungs- und Inspektionspaketes auf jeden Fall die nächsten, bereits bezahlten Arbeiten in der Werkstatt durchführen lassen. Zusätzlich erhält das Autohaus eine Vorauszahlung auf Leistungen, die erst später erbracht werden. Dieses Geld steht dem Autohaus zinslos zur Verfügung.

3.5 Versicherungen rund um das Auto

Wer Autos verkauft, der sollte sich überlegen, ob er nicht auch die passenden Fahrzeugversicherungen anbietet. „Rundum-Sorglos-Pakete“ liegen im Trend und werden als Serviceangebot verstanden. Der Kunde spart viel Zeit, wenn er sich im Autohaus informieren und gegebenenfalls die Versicherungen vor Ort abschließen kann. Neben der Kundenbindung bringt das Versicherungsgeschäft für das Autohaus auch noch einen weiteren positiven Effekt mit sich: attraktive Zusatzerträge durch die Provisionen der Versicherer.

3.5.1 Voraussetzungen für die Vermittlung von Versicherungen

Plant ein Autohaus, zukünftig auch Versicherungen anzubieten, so sind bestimmte Voraussetzungen zu berücksichtigen. Seit dem 22.05.2007 muss bei der gewerbsmäßigen Vermittlung von Versicherungen die Neuregelung des Versicherungsvermittlerrechts beachtet werden, die der Umsetzung von EU-Recht dient. Bei der Vermittlung von Versicherungen handelt es sich nunmehr um ein erlaubnis- und registrierungspflichtiges Gewerbe.

> i *Durch die Neuregelung des Versicherungsrechts dürfen Versicherungsvermittler EU-weit tätig sein. Allerdings müssen sie nun bestimmte fachliche Anforderungen erfüllen und ein sogenanntes* ***Erlaubnisverfahren*** *durchlaufen.*

Bei einem Autohaus, das autospezifische Versicherungen vermitteln will, kommen Erleichterungen im Erlaubnisverfahren zum Tragen, da das Vermitteln von Versicherungen als Ergänzung zu der Haupttätigkeit angesehen wird. Damit gilt das Autohaus als „**produktakzessorischer Versicherungsvermittler**“.

Produktakzessorische Versicherungsvermittler müssen lediglich folgende Bedingungen erfüllen, um die Erlaubnis für die Versicherungsvermittlung zu erhalten:

- Besitz einer Berufshaftpflichtversicherung
- Nachweis, dass die Tätigkeit als Vermittler unmittelbar im Auftrag eines/mehrerer Versicherungsvermittler/Versicherungsunternehmen, die Inhaber einer Erlaubnis sind, erfolgt
- Zuverlässigkeit, geordnete Vermögensverhältnisse und angemessene Qualifikation

Sind diese Bedingungen erfüllt, wird das Autohaus als produktakzessorischer Vermittler von der IHK in das bundesweite Register der Versicherungsvermittler eingetragen und erhält eine Registriernummer.

Nachfolgend werden einige autospezifische Versicherungen kurz dargestellt:

- Kfz-Haftpflichtversicherung
- Kfz-Teilkaskoversicherung
- Kfz-Vollkaskoversicherung
- Insassenunfallversicherung
- Verkehrsrechtsschutzversicherung
- Autoschutzbrief
- Leasingratenversicherung
- GAP-Versicherung bei Leasingverträgen

3.5.2 Die klassischen Kfz-Versicherungen: Kfz-Haftpflicht-, Kfz-Teil- und Kfz-Vollkaskoversicherung

Kfz-Versicherung	Versicherungsleistung	Pflichtversicherung?
Kfz-Haftpflicht-versicherung	Abdeckung aller Schadensersatzansprüche, die einem Dritten durch den Betrieb eines Kraftfahrzeuges im Straßenverkehr entstehen: • Personenschäden (Heilungskosten bei Personenschäden/Renten bei Invalidität) • Sachschäden (Reparaturen an anderen Fahrzeugen/Objekten, wie z. B. Leitplanken) • Vermögensschäden • immaterielle Schäden, wie z. B. Schmerzensgeld • Personenschäden aller Insassen, außer des Fahrers Im Rahmen der Deckungssumme ist die Versicherung gegenüber dem Geschädigten zur Leistung verpflichtet. Der Versicherer kann sich auch nicht bei grober Fahrlässigkeit von seiner Leistungspflicht befreien. Bei Vorsatz ist der Versicherer allerdings leistungsfrei.	• Jeder Kfz-Halter ist gesetzlich verpflichtet, für seinen Pkw eine Haftpflichtversicherung abzuschließen. Bei verschuldeten Unfällen können dann Verkehrsopfer finanziell entschädigt werden, selbst wenn der Verursacher praktisch mittellos ist. Es soll zudem verhindert werden, dass der Schadenersatzpflichtige an den Rand seiner finanziellen Möglichkeiten getrieben wird, da sich Unfallschäden mit Personenschaden kaum aus eigener Tasche bezahlen lassen. Wer ohne Kfz-Haftpflichtversicherung ein Auto fährt, macht sich strafbar. • gesetzliche Deckungssumme: – für Personenschäden 7,5 Mio. € – für Sachschäden 1 Mio. € • von den Versicherungen werden i. d. R. folgende Versicherungssummen angeboten: – gesetzliche Deckungssumme – 50 Mio. € – 100 Mio. € • Für Schäden, die über der Versicherungssumme liegen, haftet der Fahrer persönlich. • Die amtliche Kfz-Anmeldung erfolgt nur bei Vorlage der eVB-Nummer (elektronische Versicherungs-Bestätigungsnummer), die jeder Versicherte bei Abschluss der Kfz-Haftpflicht vom Versicherer erhält.
Kfz-Teilkasko-versicherung	Abdeckung aller Schäden am eigenen Fahrzeug, die durch folgende Ereignisse entstehen: • Brand, Explosion • direkte Einwirkung durch Sturm, Hagel, Blitzeinschlag, Überschwemmung • Wildschäden (Haarwild bzw. erweiterte Einschlüsse je Vertrag) • Verlust des Pkws durch Diebstahl oder Raub • Bruchschäden der Verglasung • Kurzschluss-Schäden der Verkabelung Die genannten Leistungen werden jedoch schon von vielen Versicherern erweitert. Die Kosten der Teilkaskoversicherung können durch eine Selbstbeteiligung gesenkt werden, z. B. in Höhe von 150,00 €.	• gesetzlich nicht vorgeschrieben

Kfz-Vollkaskoversicherung	Abdeckung der folgenden Schäden: • alle Leistungen einer Teilkaskoversicherung • Schäden durch mut- bzw. böswillige Beschädigungen des Fahrzeuges (Vandalismus) • Schäden durch selbstverschuldete Unfälle • Schäden bei Unfällen, in denen der Unfallverursacher nicht zu ermitteln ist Die Kosten der Vollkaskoversicherung können wie bei der Teilkaskoversicherung durch eine Selbstbeteiligung gesenkt werden.	• gesetzlich nicht vorgeschrieben • bei Leasingverträgen i. d. R. vertraglich vorgeschrieben

Tarifmerkmale von Kfz-Haftpflicht-, Kfz-Teil- und Kfz-Vollkaskoversicherung

Die Berechnung der Versicherungsprämie für die Kfz-Haftpflicht, Kfz-Teil- und Kfz-Vollkaskoversicherung erfolgt u. a. anhand verschiedener Faktoren, die sich in subjektive (persönlich beeinflussbare) und objektive (fahrzeug- und standortbezogene) Tarifmerkmale unterteilen lassen.

Subjektive und objektive Tarifmerkmale	
Subjektive Tarifmerkmale	• Treue zur Versicherung • Deckungsumfang • Selbstbeteiligung bei Teil- und Vollkaskoversicherung • Mitglied bestimmter Tarifgruppen (z. B. Beschäftigte des öffentlichen Dienstes, Landwirte, Selbstständige) • Beruf • jährliche Fahrleistung • Fahrerkreis • Familienstand • Haus-/Wohnungseigentum, Garage • Schadenfreiheitsklasse • Regionalklasse
Objektive Tarifmerkmale	• Hersteller • Typ • Erstzulassung • Fahrzeugaufbauten • Verwendungszweck • Motorleistung • Hubraum • Anzahl der Plätze • Gesamtmasse

Die objektiven Merkmale können meist eindeutig aus der Zulassungsbescheinigung (Teil 1) entnommen werden.

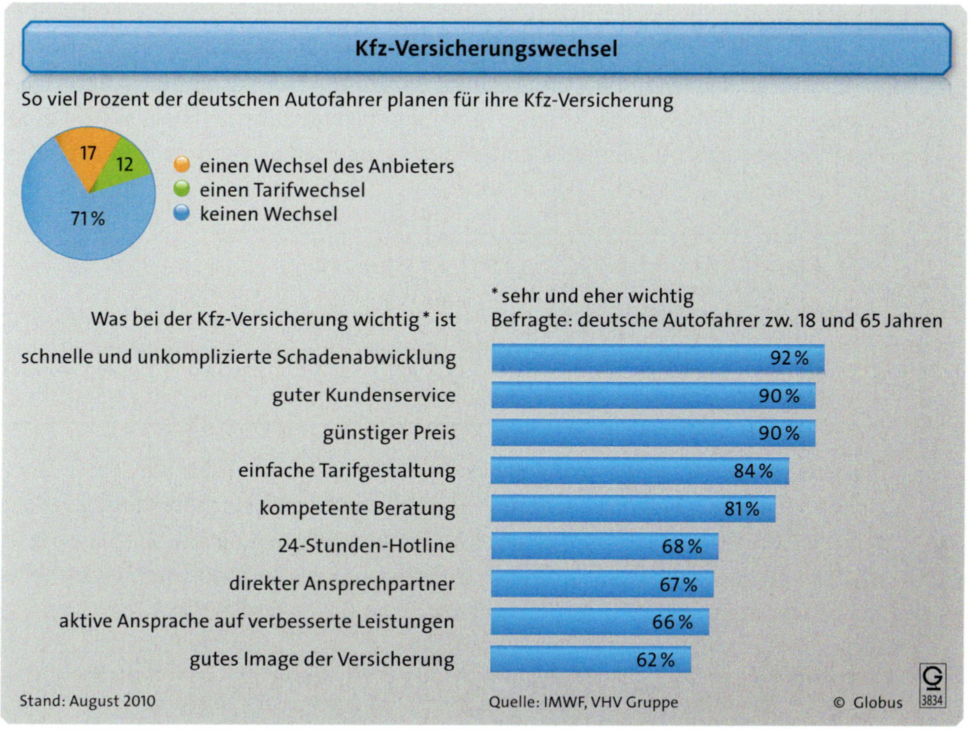

Die entscheidenden Tarifmerkmale für die Berechnung der Versicherungsprämie sind die **Typklassen**, **Schadenfreiheitsklassen** und **Regionalklassen**. Die drei Tarifmerkmale werden im Folgenden noch einmal näher erläutert.

Schadenfreiheitsklasse

Je länger ein Versicherungsnehmer unfallfrei fährt bzw. einen Unfall nicht über die Versicherung abrechnet, umso höher ist seine SF-Klasse und desto günstiger fällt die zu zahlende Versicherungsprämie aus. Die Fahrer, die über mehrere Jahre hinweg schadenfrei bleiben, werden also mit einer günstigeren Versicherungseinstufung belohnt. Bei der erstmaligen Versicherung eines Fahrzeuges wird man in der Haftpflicht normalerweise in die SF 1/2 eingestuft (Beitragssatz = 140 %), nach 22 schadenfreien Jahren kann man seine Prämie auf 30 % (bezogen auf die SF 1 = 100 %) verringert haben. Jedes Mal, wenn ein Versicherungsnehmer einen selbst verschuldeten Unfall meldet, wird er aus seiner SF-Klasse um bis zu 13 Schadenfreiheitsklassen zurückgestuft.

BEISPIEL

Ein Versicherungsnehmer verursacht einen schweren Unfall. Seine Versicherung stuft ihn daraufhin von SF 24 (30 %) nach SF 11 (45 %) zurück.

Besonders teuer wird eine Rückstufung in den ersten Jahren. Erfolgt beispielsweise im zweiten Jahr eine Einstufung in die SF 1 und kommt es dann zu einem selbst verschuldeten Unfall, würde eine Rückstufung in die Schadenklasse S erfolgen (155 %), bei zwei Unfällen in dem Jahr sogar in die Schadenklasse M (245 %).

Familien können die hohe Einstufung eines Zweit- und/oder Drittwagens vermeiden, wenn das zweite oder dritte Fahrzeug auf den Versicherungsnehmer des ersten Fahrzeugs zugelassen wird. In diesem Fall erfolgt die Einstufung mindestens in die SF 2 statt SF 1/2. Auch ist es möglich, die Versicherungsverträge von Angehörigen zu übernehmen; allerdings kann man nur so hoch eingestuft werden, wie man es aufgrund seines Alters auch selbst hätte „erfahren" können.

BEISPIEL

Möchte eine 24-jährige Enkelin die Versicherung ihres Großvaters übernehmen, der die SF 25 hat, wird sie in die SF 6 eingestuft, da sie erst sechs schadenfreie Jahre hätte erreichen können.

Die Schadenfreiheitsklassen sind bei jeder Autoversicherung identisch. Einen Unterschied gibt es allerdings bei den sogenannten „Prozenten". Wie viel Prozent Beitrag welcher Schadenfreiheitsklasse entspricht, legt die jeweilige Kfz-Versicherung fest. Die folgende Übersicht zeigt die Schadenfreiheitsklassen und das Spektrum der Prozentzuordnungen bei verschiedenen Versicherungen auf.

SF-Klasse	Haftpflicht in %
SF 30	25–30
SF 29	25–30
SF 28	25–30
SF 27	25–30
SF 26	25–30
SF 25	25–30
SF 24	25–32
SF 23	25–32
SF 22	25–35
SF 21	25–35
SF 20	25–35
SF 19	29–35
SF 18	29–36
SF 17	30–36
SF 16	35–37
SF 15	35–40
SF 14	35–40
SF 13	35–40
SF 12	40

SF-Klasse	Haftpflicht in %
SF 11	40–45
SF 10	40–45
SF 9	45–46
SF 8	45–50
SF 7	50–52
SF 6	54–55
SF 5	55–61
SF 4	60–66
SF 3	70–75
SF 2	83–85
SF 1	100
SF 1/2	100–140
S	150–175
0	200–260
M	240–280

Regionalklasse

Mit der Einteilung in Regionalklassen trägt die Versicherung der Tatsache Rechnung, dass die Unfallhäufigkeit und -schwere in verschiedenen Regionen unterschiedlich ausgeprägt sein kann. So sind etwa Wildunfälle, Schäden durch Hagel und Sturm, aber auch die Häufigkeit von Diebstählen regional sehr unterschiedlich. Die Regionalklasse einer Region wird darüber hinaus auch vom Fahrverhalten der Autofahrer, von der Zahl der zugelassenen Fahrzeuge und von den örtlichen Straßenverhältnissen beeinflusst. Für die Haftpflicht gibt es zwölf, die Teilkasko 16 und die Vollkasko neun Klassen. Die Regionalstatistik wird einmal im Jahr vom GDV herausgegeben. Sie ist für die Versicherungsunternehmen unverbindlich. Häufig ist es so, dass die Regionalklasse einer bestimmten Stadt höher – und damit die Versicherungsprämie teurer – ist, als in dem an die Stadt angrenzenden Landkreis.

Regionalklassen 2011: Index der Kfz-Haftpflichtversicherung

Die 10 günstigsten Regionen 2011

Zulassungsbezirk	Bundesland	Index (Bundesdurchschnitt = 100)	Regionalklasse
Elbe-Elster	Brandenburg	68,28	1
Mecklenburg-Strelitz	Mecklenburg-Vorp.	70,04	1
Oberspreewald-Lausitz	Brandenburg	72,10	1
Uecker-Randow	Mecklenburg-Vorp.	75,52	1
Ostprignitz-Ruppin	Brandenburg	75,70	1
Hansestadt Greifswald	Mecklenburg-Vorp.	76,07	1
Oder-Spree	Brandenburg	77,68	1
Prignitz	Brandenburg	77,82	1
Uckermark	Brandenburg	78,97	1
Plön	Schleswig-Holstein	79,02	1

Quelle: GDV,
Stand: August 2011

Die 10 teuersten Regionen 2011

Zulassungsbezirk	Bundesland	Index (Bundesdurchschnitt = 100)	Regionalklasse
Kaufbeuren	Bayern	139,80	12
Passau	Bayern	125,27	12
Berlin	Berlin	123,54	12
Offenbach	Hessen	122,82	12
Nürnberg	Bayern	122,33	12
Völklingen	Saarland	121,89	12
Schwabach	Bayern	120,28	12
Augsburg	Bayern	120,03	12
Muehldorf	Bayern	119,93	12
Rosenheim	Bayern	119,46	12

Quelle: GDV,
Stand: August 2011

Typklasse

Jedes Fahrzeugmodell wird aufgrund seines Schadenverlaufs in der Vergangenheit durch einen Treuhänder einer Typklasse zugeteilt. Diese Einteilung ist für alle Versicherungsgesellschaften bindend. Fahrzeuge, die häufig in Unfälle verwickelt sind, oder Fahrzeuge, bei denen eine Reparatur sehr kostenintensiv ist oder die an anderen Fahrzeugen große Schäden verursachen, werden in einer hohen Typklasse eingestuft. So erklärt sich, dass neuwertige Kleinwagen meist eine niedrige Typklasse haben, ältere Fahrzeuge, die wegen der günstigen Gebrauchtwagenpreise gerade von Fahranfängern häufig gefahren werden, oder schwere SUV eine hohe. Die Skala reicht in der Haftpflicht von 10 bis 25, in der Teilkasko von 10 bis 33 und in der Vollkasko von 10 bis 34.

3.5.3 Weitere Versicherungen rund um das Auto

Neben den drei klassischen Kfz-Versicherungen (Kfz-Haftpflicht, Kfz-Teil- und Vollkasko) kann der Besitzer eines Autos auch noch weitere zusätzliche Versicherungen abschließen. Inwiefern diese erforderlich sind, sollte von Fall zu Fall entschieden werden.

Kfz-Versicherung	Versicherungsleistung	Pflichtversicherung?
Insassenunfallversicherung	Sie versichert die Fahrzeuginsassen gegen Unfälle – unabhängig von der Schuldfrage – und zahlt bei Tod, Invalidität sowie ggf. auch Krankenhaustagegeld. Allerdings sind bei einem unverschuldeten Unfall alle Insassen – einschließlich des Fahrers – über die gegnerische Haftpflicht bereits versichert; bei einem selbst verschuldeten Unfall alle Beifahrer durch die Haftpflichtversicherung des Fahrers. Lediglich der Fahrer ist nicht durch seine eigene Kraftfahrzeughaftpflichtversicherung abgesichert. In dem Fall würde nur eine private Unfallversicherung oder eben die Insassenunfallversicherung eintreten.	nein
Verkehrsrechtsschutzversicherung	Sie dient der Durchsetzung von Schadenersatz- und Schmerzensgeldforderungen nach einem Verkehrsunfall, der Verteidigung in Bußgeld- und Strafverfahren aufgrund von Verletzungen der Verkehrsvorschriften sowie dem Vertrags- und Sachenrecht rund um das Auto (z. B. bei Gewährleistungsansprüchen oder Unstimmigkeiten bei der Rückgabe von Leasingfahrzeugen).	nein
Autoschutzbrief	Über einen Autoschutzbrief ist die Pannen- und Unfallhilfe am Schadensort, das Bergen bzw. Abschleppen des Fahrzeuges nach einer Panne oder einem Unfall, die Weiter- oder Rückfahrt, die Übernachtung bzw. ein Ersatzwagen nach Fahrzeugausfall oder Diebstahl, der Ersatzteilversand, der Fahrzeugrücktransport sowie der Krankenrücktransport abgedeckt.	nein

3.5.4 Leasingratenversicherung

Restschuldversicherung ☞ S. 187

Die Leasingratenversicherung ist im Prinzip eine Form der Restschuldversicherung, die speziell auf das Leasing von Fahrzeugen zugeschnitten ist. Sie sichert die Zahlung der Leasingraten bei einer Arbeitsunfähigkeit, die durch Erkrankung, Unfall oder Tod entstanden ist. Je nach Versicherungsvertrag kann auch die unerwartete Insolvenz bei Selbstständigen mit abgesichert sein und gegebenenfalls die unverschuldete Arbeitslosigkeit. Hier variieren die Versicherungsbedingungen je nach Versicherer.

3.5.5 GAP-Versicherung

Die GAP-Versicherung hat ihren Namen aus dem Englischen: „gap" bedeutet so viel wie „Lücke". Im Bereich der Kfz-Versicherungen steht die englische Abkürzung für „Guaranteed Asset Protection", was sich mit „Garantierter Anlageschutz" übersetzen lässt und einer Restwertversicherung entspricht. Diese Restwertversicherung wird u. a. dann notwendig, wenn ein relativ neues Leasingfahrzeug bei einem selbst verschuldeten Unfall einen Totalschaden erleidet. In diesem Fall zahlt die Vollkaskoversicherung den aktuellen Wiederbeschaffungswert des Fahrzeuges, der aber geringer ist als die restliche Zahlung, die der Leasingnehmer an die Leasinggesellschaft zahlen muss. Ursächlich hierfür ist das Wesen des Leasingvertrages:

> *Der Leasingvertrag umfasst eine unkündbare Grundmietzeit. Dadurch sind Leasinggeber und Leasingnehmer grundsätzlich an die vereinbarte Laufzeit gebunden. Der Leasingvertrag kann nur außerordentlich fristlos gekündigt werden bei besonders schwerwiegenden Vertragsstörungen, z. B. der Leasingnehmer zahlt zweimal nacheinander die fälligen Raten nicht, das Fahrzeug wird gestohlen oder verunfallt mit Totalschaden. Die Amortisation des Gewinns und der gesamten Kosten, die der Leasinggesellschaft durch die Anschaffung des Fahrzeuges, durch die Finanzierung und Verwaltung entstanden sind, muss während der gesamten Laufzeit des Leasingvertrages durch das Gesamtleasingentgelt erfolgen.*

Durch einen Unfall mit Totalschaden kommt es zu einer vorzeitigen Beendigung des Leasingvertrages, und der Leasingnehmer muss das **ursprünglich vereinbarte Gesamtleasingentgelt an den Leasinggeber bezahlen,** da dieser das Fahrzeug für den Leasingnehmer erworben und es ihm zur Nutzung zur Verfügung gestellt hat.

Bei einer Kaskoversicherung wird im Schadenfall nach dem Wiederbeschaffungswert abgerechnet. Bei Leasingfahrzeugen ist das allerdings problematisch, da zum Zeitpunkt des Leasings der Wiederbeschaffungswert des Fahrzeuges meist geringer ist als der Ablösewert, den der Leasingnehmer an die Leasinggesellschaft zahlen muss, damit diese das vorab berechnete Gesamtleasingentgelt verwirklichen kann.

Neuwagen unterliegen in den ersten Monaten einem höheren Wertverlust als in späteren Monaten. Bei einem Leasingvertrag wird der Wertverlust jedoch kontinuierlich auf die Laufzeit verteilt. Damit liegen erst zum Leasingende der Wiederbeschaffungs- und Ablösewert auf einer Höhe. Bei einem Totalschaden oder Diebstahl muss der Leasingnehmer gegenüber dem Leasinggeber den Ablösewert (restliches Gesamtleasingentgelt) ersetzen. Die Differenz zwischen Wiederbeschaffungs- und Ablösewert bezeichnet genau die Lücke, die die GAP-Deckung ausgleicht.

Die GAP-Versicherung für Leasingfahrzeuge schließt also praktisch die Finanzierungslücke, die entsteht, wenn ein Fahrzeug privat oder geschäftlich geleast wurde und bei einem Unfall einen Totalschaden erlitten hat oder beschädigt wurde. Dabei erstreckt sich die Versicherungsleistung auf die Begleichung der Differenz zwischen dem Betrag, welchen die Vollkaskoversicherung zahlt, und dem tatsächlich noch offenen Ablösewert. Insofern versteht sich eine GAP-Versicherung als zusätzliches Angebot zur Vollkaskoversicherung, die jedoch auch separat abgeschlossen werden kann.

3.6 Das Mietwagengeschäft

Das Mietwagengeschäft kann, wenn es professionell betrieben wird, einen wichtigen Beitrag zur Rentabilität des Autohauses leisten. Zum einen kann durch das Mietwagengeschäft selbst ein positiver Deckungsbeitrag erwirtschaftet werden, wie z. B. durch die Vermietung der Fahrzeuge im Rahmen des Unfallgeschäftes, der Mobilitätsgarantie oder des normalen Reparaturgeschäftes. Darüber hinaus kann das Mietwagengeschäft aber auch positive Impulse für das Neu- und Gebrauchtwagengeschäft bewirken. In Abhängigkeit der Haltedauer der Mietwagen lässt sich der Neuwagenabsatz deutlich erhöhen (lt. Studie des Instituts für Automobilwirtschaft (IFA) um 7 Prozent). Durch die Vermarktung der Mietwagenflotte kann wiederum der GW-Bereich positiv beeinflusst werden, da bei der Zusammenstellung der Mietwagenflotte bereits die Nachfragewünsche kommender GW-Käufer berücksichtigt werden können.

Die Haltedauer der Mietwagenflotte wird individuell vom Autohaus festgelegt. Viele Autohäuser halten die Mietwagen ca. 180 Tage und max. bis 6.000 km, da ansonsten der Gebrauchtwagenwert des Mietautos zu stark sinkt.

3.7 Mobilitätsangebote der Zukunft

Das Autohaus der Gegenwart verkauft Autos und Dienstleistungen, die in einem engen Verhältnis zueinander stehen. Wie aber sieht die Zukunft des Autos und damit auch die des Automobilhandels aus? Angesichts der Endlichkeit der fossilen Brennstoffe und der steigenden Klimaerwärmung muss sich auch das Autohaus zukünftig neu orientieren, indem es nicht mehr ausschließlich Autos, sondern Mobilität verkauft.

> *Auch die großen Automobilhersteller haben die Zeichen der Zeit erkannt. Der Vorstandsvorsitzende von BMW, Norbert Reithofer, sagte auf der Hauptversammlung der BMW AG im Mai 2011: „Es geht um nichts Geringeres als: Die individuelle Mobilität in eine neue Ära zu führen. Der Übergang zur postfossilen Gesellschaft wird kommen.“ Für Reithofer zählt dazu neben dem Ausbau der Elektromobilität, dem Einsatz neuer Werkstoffe und Angeboten wie Car-Sharing auch die Entwicklung von Konzepten für Dienstleistungen rund ums Auto.*
>
> *Quelle: Bericht Dr. Norbert Reithofer, Vorsitzender des Vorstands der BMW AG, 91. ordentliche Hauptversammlung der BMW AG, 12. Mai 2011 (https://www.press.bmwgroup.com/pressclub/p/de/pressDetail.html?outputChannelId=7&id=T0108473DE&left_menu_item=node__2203)*

Die folgenden Aspekte können als Ansatzpunkte dienen, damit die Autohäuser von heute auch morgen noch den Marktanforderungen entsprechen können:

- Die meisten großen Hersteller werden in absehbarer Zeit ein Elektroauto auf den Markt bringen. Ein Problem ist bis heute aber immer noch die Speicherung von Elektrizität. Die heutigen Batterien für Elektromotoren weisen eine Speicherkapazität auf, die für den Stadtverkehr ausreichend ist, für weitere Strecken reicht die gespeicherte Energie aber meist nicht aus. Ein Geschäftsmodell, das eine Lösung für das Problem der begrenzten Reichweite verspricht, soll im Jahr 2013 in Israel starten. Die Idee: Der Fahrer eines Elektroautos fährt an einer Batterie-Tankstelle vor und lässt sich den leeren Akku vollautomatisch gegen ein geladenes Exemplar tauschen. Dieser Vorgang soll weniger als eine Minute in Anspruch nehmen, während das Laden an der Steckdose bei heute gängigen Akkus rund acht Stunden dauert.

- Schon heute haben viele Hersteller und Händler ihr Angebot um Fahrräder und E-Bikes erweitert. Es ist auch zukünftig damit zu rechnen, dass dieser Bereich weiter ausgebaut wird.
- Die Entwicklung und das Angebot von Car-Sharing-Konzepten hat in den letzten Jahren stark zugenommen. Car-Sharing ist die organisierte und gemeinschaftliche Nutzung von Kraftfahrzeugen. Kunden schließen einen Rahmenvertrag mit dem Car-Sharing-Anbieter oder werden Mitglied in einem Car-Sharing-Verein. Danach erhalten die Kunden ein Zugangsmedium für alle Fahrzeuge und können nach vorheriger Buchung jederzeit ein freies Fahrzeug eigenständig nutzen. Die Fahrzeuge stehen auf reservierten Parkplätzen oder in einem deklarierten Stadtbereich zur Verfügung. Im Unterschied zum Mietwagengeschäft ist das Car-Sharing dezentral organisiert, d. h. die Fahrzeuge sind im Stadtgebiet verteilt. Die Anbieter bemühen sich, ihren Kunden den Zugang zu den Fahrzeugen so leicht wie möglich zu gestalten. Die jeweilige Nutzung eines Autos erfolgt ohne große Formalitäten und eine Kurzzeitnutzung ist möglich. Die Zahlung erfolgt jeweils nur für die erfolgte Nutzung, der Kraftstoff ist meist im Preis inbegriffen.

> **i** *Die großen Automobilhersteller bauen derzeit eigene Car-Sharing-Flotten auf: Pionierarbeit hat dabei Daimler geleistet. 2008 startete mit Smart das Car2go-Projekt in Ulm, inzwischen gibt es Flotten in Hamburg, Neu-Ulm und sogar in Austin (Texas/USA) und Vancouver (Kanada). In München und Berlin hat sich BMW mit dem Vermieter Sixt zusammengetan und startete dort im April 2011 das Car-Sharing-Projekt „Drive now“. Demnächst wird VW mit einem eigenen Projekt in Hannover nachziehen.*

LS 120

4 Finanzierung betrieblicher Investitionen

***SITUATION** Autoland Murschall GmbH*

David Rose hat über seine Ausbildungsleiterin erfahren, dass die Autoland Murschall GmbH die Erweiterung der Neuwagen-Ausstellungshalle plant. David fragt Frau Gentsch, wie teuer so ein Umbau wohl sein wird. „Da wird ganz schnell mal ein sechsstelliger Betrag fällig. Solch eine Investition muss nicht nur gut überlegt sein, sondern auch die Frage der Finanzierung muss geklärt sein, denn so ein hoher Finanzbedarf kann in der Regel nicht nur über die Umsatzerlöse gedeckt werden."

Das Autohaus erzielt durch den Verkauf von Neu- und Gebrauchtwagen, Teilen und Zubehör sowie durch die vielfältigen Werkstattleistungen Umsatzerlöse. Durch betriebswirtschaftliche Entscheidungen, die in der Kosten- und Leistungsrechnung berücksichtigt werden, kann das Autohaus nicht nur all seine Kosten decken, sondern auch Gewinne erzielen.

Diese Gewinne stehen dem Autohaus grundsätzlich zur Finanzierung betrieblicher Investitionen zur Verfügung. Werden jedoch größere Investitionen geplant, so müssen in der Regel noch andere Finanzierungsquellen herangezogen werden.

Unter **Finanzierung** versteht man hierbei alle Maßnahmen der kurz-, mittel- und langfristigen **Kapitalbeschaffung** eines Autohauses.

Dem Begriff der Kapitalbeschaffung ist der Begriff der **Kapitalverwendung** gegenüberzustellen. Er bezieht sich auf die Investitionen eines Autohauses. Unter **Investition** versteht man alle Maßnahmen, die der Verwendung finanzieller Mittel zur Beschaffung von Sachvermögen, immateriellem Vermögen oder Finanzvermögen dienen.

Bilanz
☞ Band 1, LF 2, S. 115 ff.

In der Bilanz zeigt sich die Kapitalbeschaffung auf der Passivseite, die Kapitalverwendung dagegen in den Positionen des Anlage- und Umlaufvermögens auf der Aktivseite. Während die Passivseite darüber Auskunft gibt, welche Kapitalbeträge dem Autohaus überlassen worden sind und in welcher Form (Eigen- oder Fremdkapital) dies geschehen ist, gibt die Aktivseite Auskunft darüber, wie das Kapital im Autohaus gebunden ist.

Mittelherkunft und Mittelverwendung in der Bilanz

Aktiva (= Vermögen) Bilanz	Passiva (= Kapital)
Investitionsbereich: Anlagevermögen Umlaufvermögen	**Finanzierungsbereich:** Eigenkapital Fremdkapital
Mittelverwendung (In welcher Form sind die Mittel im Unternehmen gebunden?)	**Mittelherkunft** (Woher stammen die Mittel?)

Die Begriffe Finanzierung und Investition stehen in engem Zusammenhang, denn eine Kapitalverwendung setzt immer eine Kapitalbeschaffung voraus. Ein Investitionsvorhaben ist ohne Bedeutung, wenn es nicht finanziert werden kann. Andererseits ist die Beschaffung finanzieller Mittel für einen Betrieb ohne praktischen Wert, wenn er keine ertragreiche Verwendung für sie findet. Kapitalverwendung setzt also grundsätzlich Kapitalbeschaffung voraus; Kapitalbeschaffung muss grundsätzlich Mittelverwendung zur Folge haben.

4.1 Finanzierungsarten

Finanzierungsarten lassen sich nach verschiedenen Kriterien unterscheiden:
- nach der Herkunft des Kapitals
- nach der Rechtsstellung des Kapitalgebers
- nach der Dauer der Kapitalüberlassung (Fristigkeit)

In den meisten Fällen stehen die Gliederungskriterien „Herkunft des Kapitals“ und „Rechtsstellung des Kapitalgebers“ im Vordergrund. Teilt man die Finanzierungsarten nach der **Herkunft des Kapitals** ein, so kann man zwischen Innen- und Außenfinanzierung unterscheiden. Werden die Mittel im Unternehmen selbst im Rahmen des betrieblichen Umsatzprozesses erwirtschaftet bzw. freigesetzt, handelt es sich um eine **Innenfinanzierung**; stammen die finanziellen Mittel vom Kapitalmarkt, liegt eine **Außenfinanzierung** vor.

Nach der **Rechtsstellung des Kapitalgebers** unterscheidet man Eigen- und Fremdfinanzierung (Kreditfinanzierung). Werden die finanziellen Mittel von den bisherigen oder neu hinzukommenden Eigentümern des Unternehmens aufgebracht, liegt eine Eigenfinanzierung in Form von Beteiligungs- oder **Einlagenfinanzierung** vor. Werden die finanziellen Mittel von Kapitalgebern aufgebracht, die eine Gläubigerposition gegenüber dem Unternehmen einnehmen, liegt eine **Fremdfinanzierung** vor.

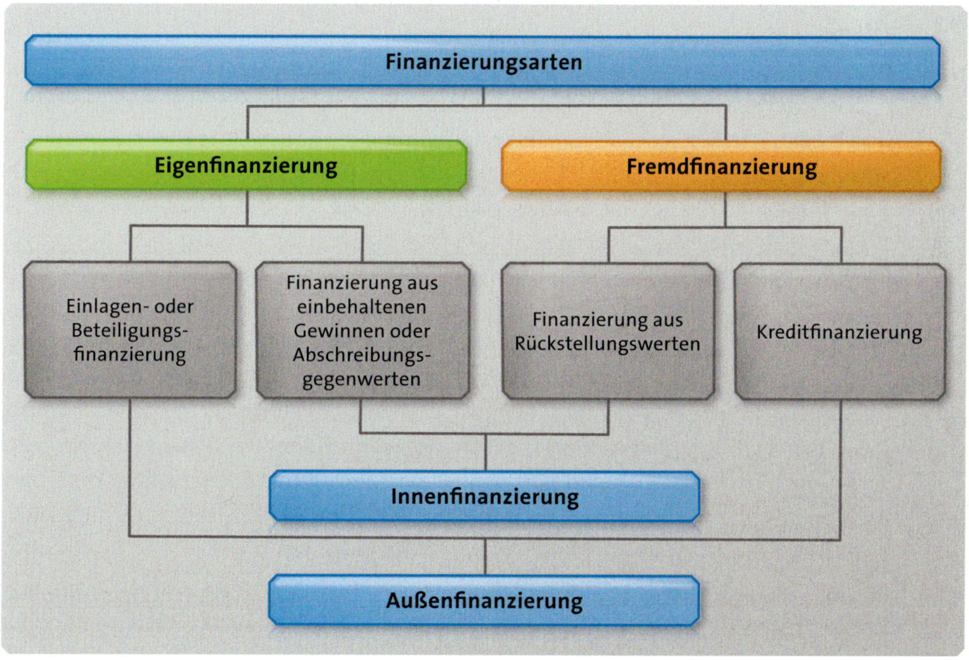

Wie die Abbildung zeigt, sind die Kriterien nicht alternativ, sondern additiv anzuwenden.

4.1.1 Innenfinanzierung

Bei der Innenfinanzierung erfolgt die Kapitalbeschaffung aus innerbetrieblichen Finanzierungsquellen. Sie umfasst die Finanzierung aus einbehaltenen Gewinnen (die sogenannte Selbstfinanzierung), die Finanzierung aus Abschreibungsgegenwerten und die Finanzierung aus Rückstellungsgegenwerten.

Finanzierung aus einbehaltenen Gewinnen

Bei der Finanzierung aus einbehaltenen Gewinnen unterscheidet man zwischen der offenen und der verdeckten (stillen) Selbstfinanzierung. Die **offene Selbstfinanzierung** ist die Einbehaltung ausgewiesener Gewinne. Ausgewiesene und versteuerte Gewinne werden nicht an die Eigentümer ausgeschüttet, sondern verbleiben im Unternehmen. Bei Personengesellschaften erfolgt dies durch Gutschrift auf den Kapitalkonten der Gesellschafter und den Verzicht auf eine Gewinnentnahme, bei Kapitalgesellschaften durch die Überführung in die Gewinnrücklage. Die **offene Rücklage** kann freiwillig oder aufgrund gesetzlicher Bestimmungen erfolgen. So ist z. B. eine Aktiengesellschaft nach dem Aktiengesetz verpflichtet, eine gesetzliche (offene) Rücklage zu bilden.

Gewinnrücklage
☞ Band 2, LF 6, S. 130

Die **verdeckte (stille) Selbstfinanzierung** erfolgt durch den Einbehalt nicht ausgewiesener Gewinne. Die zur Finanzierung des Kapitalbedarfs dienenden Gewinne sind in verdeckter Form in Vermögens- und Schuldenpositionen als sogenannte **stille Reserven** enthalten. Stille Reserven entstehen, wenn aufgrund der Bilanzierungs- und Bewertungsvorschriften bestimmte Vermögenswerte (Aktiva) nicht erfasst bzw. zu niedrig bewertet werden oder wenn bestimmte Verbindlichkeiten (Passiva) über dem tatsächlichen Wert ausgewiesen werden.

Die **Unterbewertung von Aktiva** der Bilanz kann z. B. erfolgen durch die Abschreibung und durch niedrigstmögliche Wertansätze des Umlaufvermögens. Die **Überbewertung von Passiva** der Bilanz kann z. B. durch hohe Rückstellungen und hohe Rechnungsabgrenzungsposten erfolgen.

Bewertung des Umlaufvermögens
☞ Band 2, LF 6, S. 114 ff.

Rückstellungen
☞ Band 2, LF 6, S. 82 ff.

Rechnungsabgrenzungsposten
☞ Band 2, LF 6, S. 77 ff.

BEISPIEL

Ein alteingesessenes Autohaus hat in Köln in zentraler Lage kurz nach dem Krieg ein Grundstück zu einem relativ geringen Wert erworben. Solange sich das Grundstück im Eigentum des Unternehmens befindet, darf es nur mit diesen geringen Anschaffungskosten bewertet werden, obwohl es inzwischen einen sehr viel höheren Verkehrswert hat. Wird das Grundstück dann zum Verkehrswert verkauft, übersteigt der Rückfluss von liquidem Kapital den Buchwert des Grundstückes. Damit ist die stille Reserve aufgelöst.

Bei der stillen Selbstfinanzierung erreicht das Unternehmen eine Steuerstundung, da die stillen Reserven erst bei ihrer Auflösung zu versteuern sind. Dadurch entsteht in jedem Fall ein Liquiditätseffekt, da die Steuerzahlungen hinausgeschoben werden und die Liquiditätsbelastung erst zum Zeitpunkt der Nachversteuerung erfolgt.

Für die Nichtausschüttung von Gewinnen kann es in Abhängigkeit von der Rechtsform des Unternehmens drei Gründe geben:

Rechtsform
☞ Band 1, LF 1, S. 30 ff.

- freiwillige Selbstfinanzierung
- satzungsgemäße Selbstfinanzierung
- gesetzliche Einbehaltung

Finanzierung aus Abschreibungsgegenwerten

Abschreibungen verteilen die Anschaffungs- oder Herstellungskosten von Wirtschaftsgütern mit mehrjähriger Nutzungsdauer auf die einzelnen Nutzungsjahre. Sie berichtigen gleichzeitig den Anschaffungswert um den jeweiligen Werteverzehr, d. h. der Werteverlust des Anlagevermögens wird über Abschreibungen erfasst. Daneben haben Abschreibungen eine kalkulatorische Funktion. Sie werden zusammen mit anderen Kosten in die Verkaufspreise der Leistungen eines Autohauses eingerechnet.

Abschreibungen
- bilanziell
☞ Band 2, LF 6, S. 141
- kalkulatorisch
☞ Band 2, LF 6, S. 141

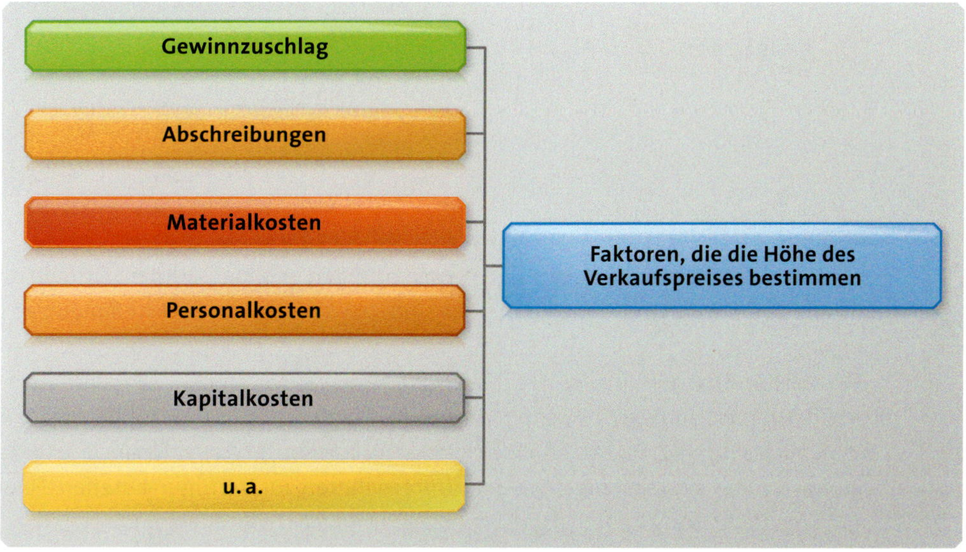

Abschreibungen als Bestandteil der Verkaufspreiskalkulation

Beim Verkauf fließen dem Autohaus liquide Mittel in Höhe des Verkaufspreises zu. Der Teil der Erlöse, der die Abschreibungen deckt, wird als **Abschreibungsgegenwert** bezeichnet. Das ursprünglich im Anlagevermögen gebundene Kapital wird also über den Umsatzprozess zu Liquidität (Desinvestition), sodass die Anlagen am Ende der Nutzungsdauer aus diesen Mitteln wieder ersetzt werden können (Ersatzinvestitionen) und die betriebliche Substanz erhalten bleibt. Die Abschreibung fließt auf diese Weise in einem ständigen Kreislauf aus dem Anlage- in das Umlaufvermögen und von dort aus über die Umsatzerlöse in das Anlagevermögen zurück, wo der Kreislauf von Neuem beginnt.

Liquidität
☞ Band 1, LF 4, S. 282

Da die Wirtschaftsgüter in der Regel zu unterschiedlichen Zeiten erneuert werden müssen, fließen die Abschreibungsgegenwerte dem Unternehmen zu einem Zeitpunkt zu, zu welchem sie noch nicht für Ersatzinvestitionen benötigt werden (**Kapitalfreisetzungseffekt**), wodurch liquide Mittel entstehen. Für die Wahrung des finanziellen Gleichgewichts eines Unternehmens ist es jedoch nicht erforderlich, diese Abschreibungsgegenwerte bis zur Ersatzbeschaffung anzusparen.

Es genügt vielmehr, dass die erforderliche Reinvestition am Ende der Nutzungsdauer erfolgen kann. Hieraus ergibt sich die **finanzwirtschaftliche Funktion** von Abschreibungen. Die gewonnene Liquidität kann bis zur Wiederbeschaffung der Anlage zu Finanzierungszwecken genutzt werden. Dies nennt man Finanzierung aus Abschreibungsgegenwerten.

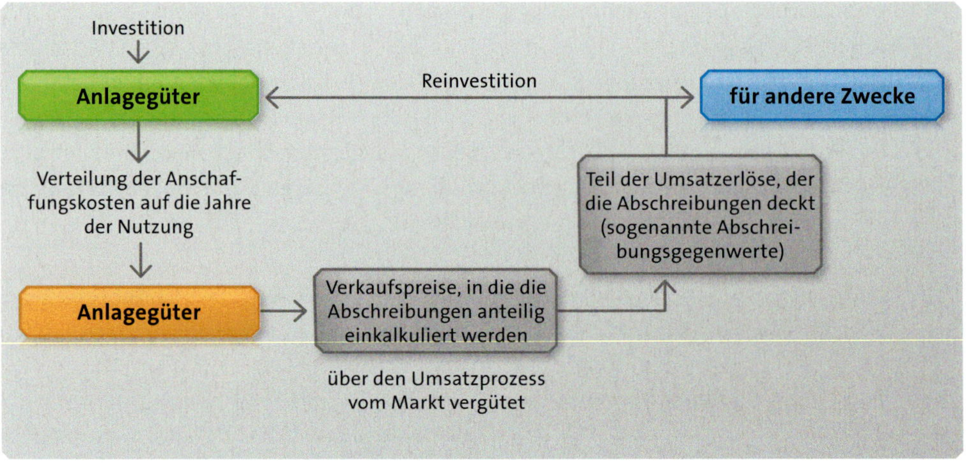

Finanzierung aus Abschreibungswerten (Kreislaufdarstellung)

Finanzierung aus Rückstellungsgegenwerten

Rückstellungen (§ 249 HGB)
☞ Band 2, LF 6, S. 82 ff.

Rückstellungen werden für zukünftige Verpflichtungen gebildet, die dem Grunde und/oder der Höhe und der Fälligkeit nach ungewiss sind. Die Bildung von Rückstellungen ist im HGB festgelegt.

Wie bei der Finanzierung aus Abschreibungsgegenwerten stehen die finanziellen Gegenwerte der Rückstellungen zwischen ihrer Bildung und ihrer Auflösung für Finanzierungszwecke zur Verfügung. Daraus ergibt sich, dass Rückstellungen unter Finanzierungsaspekten umso wertvoller sind, je länger sie dem Unternehmen zur Verfügung stehen. Finanzwirtschaftliche Bedeutung haben insbesondere die Pensionsrückstellungen.

4.1.2 Außenfinanzierung

Eine Außenfinanzierung liegt vor, wenn dem Autohaus Finanzierungsmittel von Eigen- oder Fremdkapitalgebern von außen zugeführt werden.

Einlagen-/Beteiligungsfinanzierung

Eine Einlagen- bzw. Beteiligungsfinanzierung liegt vor, wenn dem Unternehmen **Eigenkapital von außen** zugeführt wird. Dies geschieht beispielsweise bei der Gründung des Unternehmens, der Aufnahme neuer Gesellschafter oder anlässlich einer Kapitalerhöhung. Der Mittelzufluss kann in Form von Geldeinlagen, Sachwerten (Maschinen, Waren, Grundstücke) oder Rechten (Patente, Lizenzen) geschehen. Kapitalgeber sind bisherige oder neue Eigentümer.

Rechtsform
☞ Band 1, LF 1, S. 30 ff.

Die Eigenkapitalbeschaffung wird von der Rechtsform des Unternehmens und den Zugangsmöglichkeiten zu den Wertpapierbörsen geprägt. Bei Einzelunternehmen oder Personengesellschaften kann das Eigenkapital durch Einlagenfinanzierung, bei Kapitalgesellschaften durch Beteiligungsfinanzierung erhöht werden.

Bei der **Einzelunternehmung** wird die Eigenkapitalbeschaffung durch das Vermögen des Inhabers begrenzt. Innerhalb dieser Grenzen sind Kapitalerhöhungen nur durch Konsumverzicht und die Nichtentnahme von Gewinnen (Selbstfinanzierung) möglich.

Für die **OHG** kommen Einlagen der bisherigen vollhaftenden Gesellschafter infrage; ggf. bietet sich die Aufnahme neuer Gesellschafter an.

Bei der **KG** erfolgen Eigenkapitalerhöhungen durch Komplementäreinlagen der vollhaftenden Gesellschafter (Komplementäre) oder Kommanditeinlagen der nur mit ihrem Geschäftsanteil haftenden Kommanditisten. Auch hier kann die Eigenkapitalbasis durch Aufnahme neuer Gesellschafter gestärkt werden.

Kapitalgesellschaften – Beteiligungsfinanzierung

Personengesellschaften – Einlagenfinanzierung

Der **GmbH** wird neues Eigenkapital durch Erhöhung der Beteiligungen (Stammeinlagen) bereits vorhandener Gesellschafter oder durch die Aufnahme weiterer Gesellschafter zugeführt. Der Gesellschaftsvertrag muss entsprechend geändert und die Änderung im Handelsregister eingetragen werden.

Aktiengesellschaften versorgen sich über die Emission (Ausgabe) von Aktien mit Eigenkapital. Börsennotierten Aktiengesellschaften stehen gegenüber nicht börsennotierten Aktiengesellschaften bedeutend erleichterte Möglichkeiten zur Eigenkapitalbeschaffung offen. Die Vorteile dieser Finanzierungsart bestehen darin, dass das Kapital langfristig zur Verfügung steht und – insbesondere bei Verlusten – keine Zinszahlungspflicht besteht.

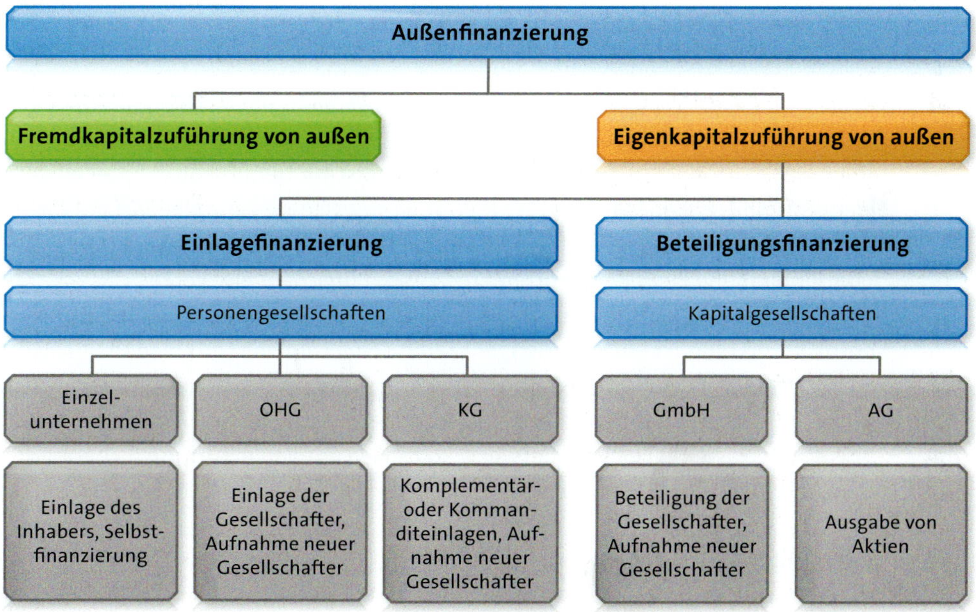

4.1.3 Fremdfinanzierung

LS 121
LS 122

Die Fremdfinanzierung führt dem Unternehmen **Fremdkapital von außen** zu.

Eine **Kreditfinanzierung** liegt vor, wenn dem Autohaus von externen Kapitalgebern (vor allem Kreditinstituten) oder von Miteigentümern Finanzierungsmittel auf Kreditbasis für einen vertraglich begrenzten Zeitraum zur Verfügung gestellt werden. Der Kreditgeber erhält dafür ein fest vereinbartes Entgelt – den Zins.

Das Risiko des Kapitalgebers besteht vor allem darin, dass der Kreditnehmer seinen (aus Tilgung und Zinsen) bestehenden Zahlungsverpflichtungen nicht mehr nachkommt. Kreditgeber verlangen deshalb in der Regel Kreditsicherheiten. Hierzu zählen vor allem: Bürgschaften, Pfandrechte an beweglichen und unbeweglichen Sachen, Sicherungsübereignungen sowie Eigentumsvorbehalte.

Kreditsicherheiten
☞ S. 248 ff.

Kredite können dem Unternehmen mit einer verschieden langen Dauer zur Verfügung gestellt werden. Grundsätzlich wird dabei unterschieden in eine kurz-, mittel- und langfristige Fremdfinanzierung.

Finanzierungsregeln
☞ S. 254 f.

Kurzfristige Fremdfinanzierung

Betriebliche Investitionen sollten in der Regel nie kurzfristig fremd finanziert werden. Die kurzfristige Fremdfinanzierung (Dauer bis zu einem Jahr) wird von dem Autohaus meist in der Form des Kontokorrentkredites und des Lieferantenkredites zur Finanzierung des täglichen Geschäftes genutzt.

***BEISPIEL** Autoland Murschall GmbH*

Die Autoland Murschall GmbH befindet sich in einem finanziellen Engpass. Der Geschäftsführer nimmt deshalb mit der Hausbank Gespräche auf, um die aufgetretenen Zahlungsschwierigkeiten zu bewältigen. Die Bank erklärt sich bereit, die Kreditlinie um 15.000,00 € zu erhöhen.

Der **Kontokorrentkredit** dient dazu, kurzzeitige Schwankungen im Kapitalbedarf eines Unternehmens abzudecken. Dazu räumt ein Kreditinstitut dem Kreditnehmer einen Kredit in einer bestimmten Höhe ein, den der Kreditnehmer seinem Kapitalbedarf entsprechend bis zum vereinbarten Maximalbetrag (Kreditlinie) in Anspruch nehmen kann.

Die Einräumung eines Kontokorrentkredits setzt üblicherweise voraus, dass der Kreditnehmer seinen Zahlungsverkehr zu einem erheblichen Teil über das Kreditinstitut abwickelt. Der Kontokorrentkredit ist ein kurzfristiger Kredit, seine Laufzeit wird meist auf sechs Monate vereinbart. Sofern der Kreditnehmer keinen Anlass zur Auflösung des Vertragsverhältnisses gibt, wird der Kontokorrentkredit verlängert, sodass er meist langfristig zur Verfügung steht.

Als Kapitalkosten fallen üblicherweise Sollzinsen auf den in Anspruch genommenen Kredit an und zusätzlich Überziehungszinsen, wenn das vereinbarte Limit überschritten wird.

***BEISPIEL** Autoland Murschall GmbH*

Die Autoland Murschall GmbH erhält von der ASI Autoteile GmbH & Co. KG eine Rechnung über 1.000,00 € mit folgender Zahlungsvereinbarung: „Bei Zahlung innerhalb von 30 Tagen netto Kasse, bei Zahlung innerhalb von zehn Tagen 3 % Skonto."

Der **Lieferantenkredit** ist ein kurzfristiger Handelskredit, bei dem zwischen Käufer und Verkäufer eine Kreditbeziehung entsteht. Der Käufer erhält Waren oder Dienstleistungen, ohne diese umgehend zu bezahlen, unter Stundung des Kaufpreises („auf Ziel").

Zwar wird für den Lieferantenkredit kein Zins gezahlt, das heißt jedoch nicht, dass er „umsonst" gewährt wird. Dem Zins entspricht vielmehr der Skonto, denn dieser wird in der Regel bei der Preisfestsetzung für einen Artikel einkalkuliert. Somit ist der Skonto das Entgelt für den Lieferantenkredit.

BEISPIEL *Autoland Murschall GmbH*

Zahlt die Autoland Murschall GmbH innerhalb von zehn Tagen, dann darf sie 3 % vom Rechnungsbetrag einbehalten, sie würde folglich nur 970,00 € überweisen. Zahlt sie erst zwischen dem 10. und dem 30. Tag, so muss sie den kompletten Rechnungsbetrag in Höhe von 1.000,00 € bezahlen. Für diesen Zeitraum muss sie 30,00 € Skonto entrichten.

Zur Berechnung der Jahresverzinsung des Lieferantenkredits wird in der Praxis folgende Faustformel herangezogen:

$$\text{Jahreszinssatz} \quad \frac{\text{Skontosatz} \cdot 360}{\text{Zahlungsziel} - \text{Skontofrist}} = \frac{0{,}03}{30-10} \cdot 360 = 0{,}54 = 54\,\%$$

Genauer lässt sich der Zinssatz mithilfe der kaufmännischen Zinsformel berechnen.
☞ Band 1, LF 2, S. 190
☞ S. 192 f.

Für die im obigen Beispiel angegebenen Zahlungsbedingungen ergibt sich eine Jahresverzinsung von 54 %. Der Lieferantenkredit ist also ein sehr teurer Kredit, sodass es unter Rentabilitätsgesichtspunkten immer sinnvoller ist, den Skonto auszunutzen, selbst wenn dazu ein Bankkredit in Anspruch genommen werden muss.

Langfristige Fremdfinanzierung

Darlehen
☞ § 488 BGB

Sollen mittel- oder langfristige Investitionen getätigt werden, muss auch mittel- bzw. langfristig finanziert werden. Die wichtigste Form der langfristigen Fremdfinanzierung ist das Darlehen, die Laufzeit beträgt in der Regel mehr als vier Jahre.

Ein Darlehen ist die Hingabe eines Geldbetrages mit der Verpflichtung, dass der Darlehensnehmer diesen mit einem geschuldeten Zins bei Fälligkeit dem Darlehensgeber zurückerstattet.

BEISPIEL *Autoland Murschall GmbH*

Die in der Autoland Murschall GmbH geplante Einführung eines neuen EDV-Systems wird Kosten in Höhe von 80.000,00 € verursachen. Davon sollen 60.000,00 € über einen langfristigen Bankkredit finanziert werden. Die Hausbank der Autoland Murschall GmbH bietet die Finanzierung zu 8 % an. Andere Kosten fallen nicht an.
Es stehen verschiedene Tilgungsmöglichkeiten zur Auswahl:
1. *eine einmalige Gesamttilgung am Ende der Laufzeit*
2. *eine Tilgung des Kredits in sechs gleichen Annuitäten*
3. *eine gleichbleibende Tilgung mit abnehmender Zinsbelastung*

Nach der Form der Darlehenstilgung lassen sich drei Arten von Darlehen unterscheiden: Fälligkeitsdarlehen, Annuitätendarlehen und Abzahlungsdarlehen.

Fälligkeitsdarlehen

Beim Fälligkeitsdarlehen wird das Darlehen am Ende der Laufzeit in einem Betrag getilgt. Während der Laufzeit werden ausschließlich Zinszahlungen geleistet.

BEISPIEL *Rückzahlungsplan beim Fälligkeitsdarlehen*

Darlehen: 60.000,00 €, Zinssatz: 8 % p. a., Laufzeit: 6 Jahre

Tilgungsplan (in €)

	Darlehensschuld am Jahresanfang	Rate	Zinsen	Tilgung	Darlehensschuld am Jahresende
1. Jahr	60.000,00	–	4.800,00	–	60.000,00
2. Jahr	60.000,00	–	4.800,00	–	60.000,00
3. Jahr	60.000,00	–	4.800,00	–	60.000,00
4. Jahr	60.000,00	–	4.800,00	–	60.000,00
5. Jahr	60.000,00	–	4.800,00	–	60.000,00
6. Jahr	60.000,00	–	4.800,00	60.000,00	0,00
Summe			28.800,00	60.000,00	

Wählt die Autoland Murschall GmbH ein Fälligkeitsdarlehen, müsste sie 6 Jahre lang 8 % Zinsen auf die Gesamtsumme von 60.000,00 € zahlen, pro Jahr also 4.800,00 €. Am Ende der Laufzeit muss sie 60.000,00 € aufbringen. Insgesamt kostet der Kredit 28.800,00 €.

Annuität
jährlich gleichbleibender Betrag

Annuitätendarlehen

Das Annuitätendarlehen ist durch die während der gesamten Laufzeit konstante ***Annuität*** (Zins- und Tilgungszahlung) gekennzeichnet. Dabei ist zunächst die Höhe der Annuität zu ermitteln und dann die Aufteilung der gleichbleibenden Annuität in Zins- und Tilgungsanteil vorzunehmen. Der dazu notwendige Kapitalwiedergewinnungsfaktor kann für jeden Zinssatz rechnerisch ermittelt werden. Die Annuität wird durch Multiplikation des Darlehensbetrages mit dem folgenden Faktor ermittelt:

$$\text{Faktor: } \frac{(1+i)^n \cdot [1-(1+i)]}{1-(1+i)^n} \qquad \begin{array}{l} i = \text{Zinssatz} \\ n = \text{Laufzeit} \end{array}$$

BEISPIEL *Autoland Murschall GmbH*

Berechnung des Faktors:

Zinssatz: 8 % p. a.

Laufzeit: 6 Jahre

$$\frac{(1+0{,}08)^6 \cdot [1-(1+0{,}08)]}{1-(1+0{,}08)^6} = 0{,}216315$$

Berechnung der Annuität:

Darlehen: 60.000,00 €

Der Faktor für das Darlehen beträgt 0,216315. Es ergibt sich eine Annuität von 60.000,00 € · 0,216315 = 12.978,90 €.

***BEISPIEL** Rückzahlungsplan beim Annuitätendarlehen*

Tilgungsplan (in €)					
	Darlehens-schuld am Jahresanfang	Annuität	Zinsen	Tilgung	Darlehens-schuld am Jahresende
1. Jahr	60.000,00	12.978,90	4.800,00	8.178,90	51.821,10
2. Jahr	51.821,10	12.978,90	4.145,69	8.833,21	42.987,89
3. Jahr	42.987,89	12.978,90	3.439,03	9.539,87	33.448,02
4. Jahr	33.448,02	12.978,90	2.675,84	10.303,06	23.144,96
5. Jahr	23.144,96	12.978,90	1.851,60	11.127,30	12.017,66
6. Jahr	12.017,66	12.978,90	961,41	12.017,66	0,00
Summe			17.873,57	60.000,00	

Wählt die Autoland Murschall GmbH ein Annuitätendarlehen, müsste sie 6 Jahre lang 12.978,90 € pro Jahr zahlen. Insgesamt kostet der Kredit 17.873,57 €.

Abzahlungsdarlehen

Beim Abzahlungsdarlehen sind die jährlichen Tilgungsbeiträge gleich hoch. Die Zinszahlungen nehmen aufgrund der geringer werdenden Restschuld ab. Somit sinkt auch die jährliche Gesamtbelastung, die sich aus Zins- und Tilgungszahlungen zusammensetzt.

***BEISPIEL** Rückzahlungsplan beim Abzahlungsdarlehen*

Tilgungsplan (in €)					
	Darlehens-schuld am Jahresanfang	Rate	Zinsen	Tilgung	Darlehens-schuld am Jahresende
1. Jahr	60.000,00	14.800,00	4.800,00	10.000,00	50.000,00
2. Jahr	50.000,00	14.000,00	4.000,00	10.000,00	40.000,00
3. Jahr	40.000,00	13.200,00	3.200,00	10.000,00	30.000,00
4. Jahr	30.000,00	12.400,00	2.400,00	10.000,00	20.000,00
5. Jahr	20.000,00	11.600,00	1.600,00	10.000,00	10.000,00
6. Jahr	10.000,00	10.800,00	800,00	10.000,00	0,00
Summe			16.800,00	60.000,00	

Ein Abzahlungsdarlehen kostet die Autoland Murschall GmbH 16.800,00 €.

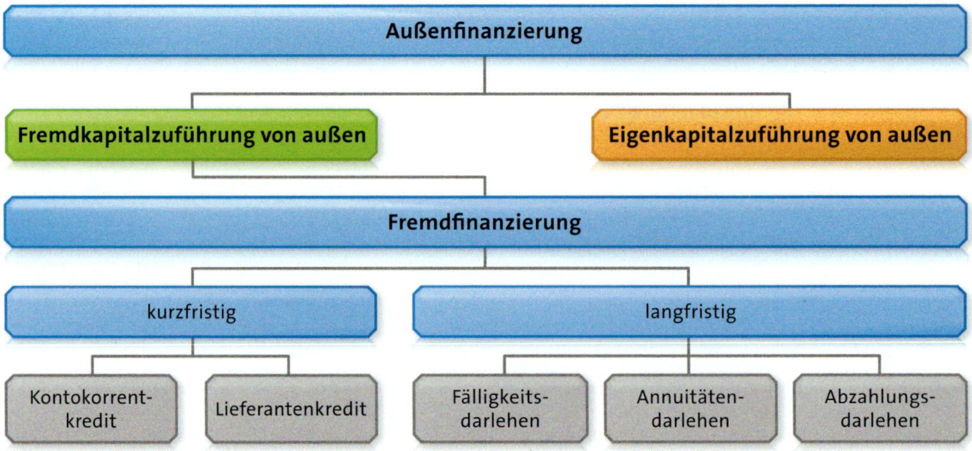

4.1.4 Kreditwürdigkeit

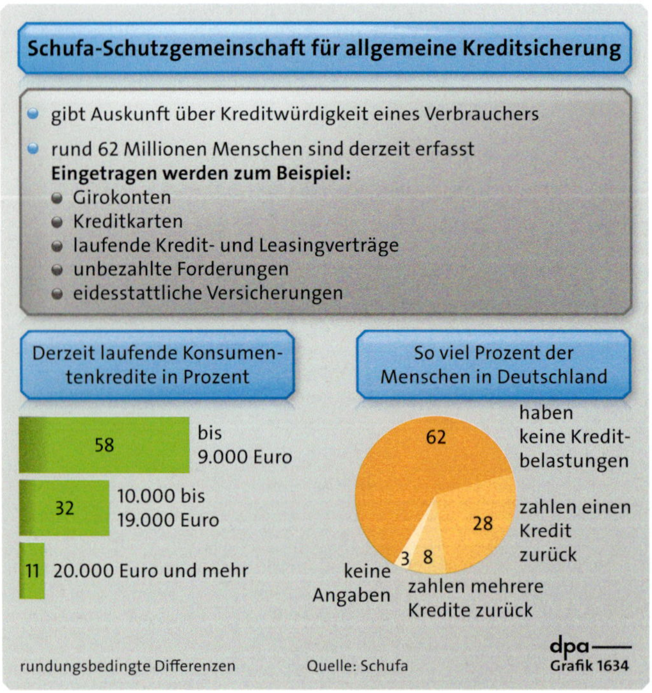

www.schufa.de

☞ S. 190 f.

Ob ein Autohaus sein Kreditvorhaben verwirklichen kann, hängt entscheidend von seiner Kreditwürdigkeit, der Bonität, ab. Zur Feststellung der **Bonität** überprüfen Kreditinstitute, ob der Kreditnehmer den aufgenommenen Kredit vereinbarungsgemäß zurückzahlen kann. Dazu müssen die Kreditnehmer ihre wirtschaftlichen Verhältnisse offenlegen. Die werden mithilfe quantitativer und qualitativer Beurteilungskriterien geprüft. Quantitative Kriterien (**Hard Facts**) sind aus dem Zahlenmaterial eines Unternehmens ersichtlich, z. B. aus Geschäftsbüchern, Bilanzen, Gewinn- und Verlustrechnungen sowie den Rentabilitätskennziffern.

Bei der qualitativen Prüfung werden die Zukunftschancen eines Unternehmens beurteilt. Das Unternehmen wird als Ganzes durchleuchtet bis hin zur Organisationsstruktur, zum Führungsstil oder auch zur gesicherten Betriebsnachfolge (**Soft Facts**).

Banken können sich auch professioneller Wirtschaftsauskunfteien bedienen, z. B. der Schutzgemeinschaft für allgemeine Kreditsicherung (**Schufa**), um Informationen über bereits bestehende Kreditverpflichtungen des Kreditkunden zu erhalten. Dabei muss der Kreditkunde sich schriftlich damit einverstanden erklären, dass die Bank über die Schufa Auskünfte über seine Person oder sein Unternehmen einholt.

Am Ende der Risikobewertung stufen die Banken den Kreditkunden nach einem schulnotenähnlichen System (**Rating**) in eine Risikoklasse ein. Das Rating ist die Grundlage für die Vergabe neuer Kredite und die Festlegung der Höhe der Kreditzinsen. Auch bereits bestehende langfristige Kreditverträge werden der Kreditprüfung unterzogen. Schneidet der Unternehmer dabei schlechter als geplant ab, wird sich das bei der nächsten Zinsfestschreibung in höheren Zinsen niederschlagen oder der Kreditvertrag wird sogar gekündigt. Umgekehrt können Unternehmen mit überdurchschnittlicher Bonität günstigere Zinskonditionen erhalten.

4.1.5 Kreditrisiko und Kreditsicherung

Kreditinstitute werden nur dann Geld verleihen, wenn sie sicher sein können, dass sie den geliehenen Geldbetrag vom Kreditnehmer auch zurückerhalten. Deshalb verlangen sie, dass der Kreditnehmer zur Absicherung des aufgenommenen Kredits sogenannte Kreditsicherungen stellt.

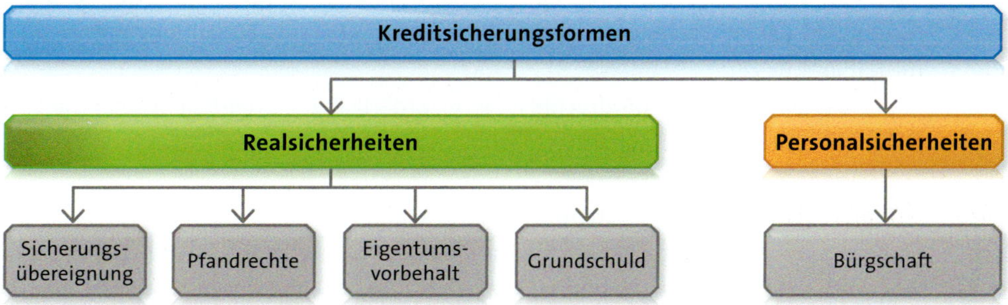

Sicherungsübereignung

Obwohl die Sicherungsübereignung gesetzlich nicht geregelt ist, wird sie in der Praxis eingesetzt, um eine Geldforderung abzusichern. Bei der Sicherungsübereignung übereignet der Eigentümer (Sicherungsgeber) eine bewegliche Sache an den Gläubiger (Sicherungsnehmer). Die Verwertung der übereigneten Sache erfolgt nur bei Nichterfüllung der gesicherten Forderung.

Der **Sicherungsübereignungsvertrag** bestimmt außerdem, dass im Falle der Rückzahlung der Forderung für den Gläubiger die Verpflichtung besteht, die Sache zurückzuübereignen. Die Übereignung des Eigentums erfolgt durch Einigung und Besitzkonstitut.

Inhalt des Sicherungsübereignungsvertrages:

- genaue Kennzeichnung der Sache, die übereignet werden soll
- Einigung, dass die Bank Eigentümer der Sache werden soll
- Übergabeersatz durch die Vereinbarung, dass der Kreditnehmer (Sicherungsgeber) z. B. als Entleiher Besitzer der Sache bleibt
- Vereinbarung, dass der Kreditnehmer nach Rückzahlung des Kredits wieder Eigentümer wird

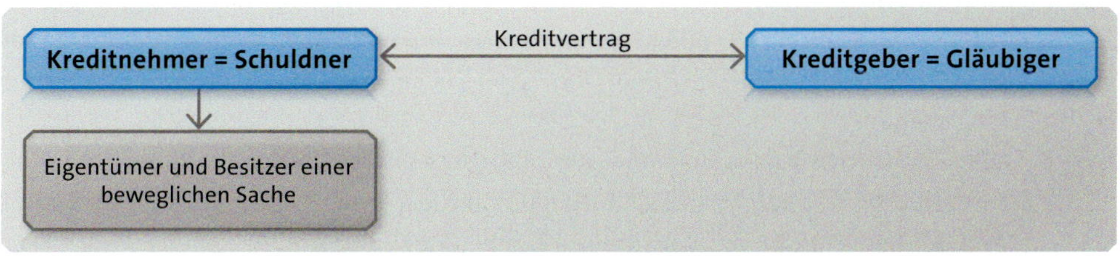

Situation vor Abschluss des Sicherungsübereignungsvertrages

Situation nach Abschluss des Sicherungsübereignungsvertrages

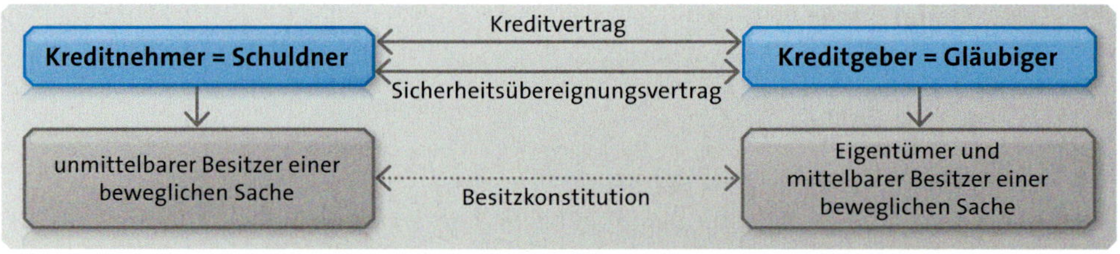

Lombardkredit/Faustpfandkredit

Im Gegensatz zur Sicherungsübereignung wird beim Pfandrecht nicht das Eigentum, sondern der Besitz an einer Sache vom Kreditnehmer auf den Kreditgeber übertragen. Beim Pfandrecht bleibt der Kreditnehmer Eigentümer und mittelbarer Besitzer, der Kreditgeber wird unmittelbarer Besitzer.

§§ 1204 ff. BGB

Zur **Bestellung eines Pfandrechts** ist es erforderlich, dass der Eigentümer die Sache dem Gläubiger übergibt und sich beide darüber einig sind, dass dem Gläubiger das Pfandrecht zustehen soll.

Pfandobjekte zur Kreditsicherung können sein:

- Forderungen (z. B. Sparguthaben, Sparbriefe und Ansprüche aus Lebensversicherungen)
- Wertpapiere (z. B. Inhaberschuldverschreibungen, Aktien, Investmentzertifikate und Wechsel)

Im **Pfandvertrag** wird ein Pfandrecht in der Weise vereinbart, dass der Gläubiger im Falle der Nichtzahlung durch den Schuldner das Pfand verkaufen darf. Die Verwertung des Pfandes ist jedoch an bestimmte Voraussetzungen geknüpft:

- die Forderung muss fällig sein (Pfandreife),
- der Verkauf muss angedroht sein,
- der Verkauf ist frühestens einen Monat nach Androhung (Wartefrist) möglich.

Grundschuld

Selbstverständlich können auch Immobilien zur Sicherung eines Kredites genutzt werden. Beide beteiligten Vertragspartner einigen sich, dass ein Grundstück als Kreditsicherheit dienen soll. Diese Grundschuld wird dann ins Grundbuch eingetragen. Sie erlischt nicht automatisch, wenn der Kredit abgezahlt wurde, sondern erst, wenn die Grundschuld aus dem Grundbuch getilgt wird.

Eigentumsvorbehalt

Der Verkäufer einer Ware verliert in der Regel mit der Übereignung der Ware an den Käufer, das heißt also durch die Einigung sowie die Übergabe, das Eigentum an der Ware. Sollte der Käufer seiner Zahlungsverpflichtung allerdings nicht nachkommen, so hat der Verkäufer das Eigentum an der Ware verloren und kann diese auch nicht mehr ohne Weiteres zurückverlangen.

Eigentum ☞ Band 1, LF 4, S. 249 f.

Eigentumsvorbehalt ☞ Band 1, LF 4, S. 274

Der Eigentumsvorbehalt ist eine Vereinbarung zwischen Verkäufer und Käufer, wonach der Käufer durch die Übergabe des Kaufgegenstandes zunächst nur Besitzer und erst bei vollständiger Begleichung des Kaufpreises Eigentümer werden soll.

Lieferantenkredit ☞ Band 1, LF 4, S. 317

Der Lieferantenkredit wird aufseiten des „Kreditgebers“ meistens durch einen Eigentumsvorbehalt abgesichert. Ein Eigentumsvorbehalt liegt vor, wenn die Einigung über den Eigentumsübergang aufschiebend bedingt ist (§ 158 BGB). Das bedeutet, dass das Eigentum erst auf den Käufer übergeht, wenn er den vollständigen Kaufpreis gezahlt hat. Dies müssen die Parteien aber ausdrücklich vereinbart haben (meist aufgrund der AGB des Verkäufers).

AGB
☞ Band 1, LF 4, S. 283 f.

Bürgschaft

Im Gegensatz zum Kaufvertrag (gegenseitiger Vertrag) ist der Bürgschaftsvertrag ein einseitig verpflichtender Vertrag, d. h. der Gläubiger wird nur berechtigt, der Bürge nur verpflichtet. Die Bürgschaft ist ein Vertrag zwischen Gläubiger und Bürgen (Dritten), in dem sich der Bürge verpflichtet, für die Verbindlichkeiten des Schuldners einzustehen.

Durch den Bürgschaftsvertrag verpflichtet sich der Bürge zur Zahlung von Zinsen und Schulden, wenn der Kreditnehmer seine Verpflichtungen aus dem Kreditvertrag nicht erfüllen kann. Das Bestehen der Bürgschaft (Nebenforderung) ist immer abhängig vom Bestehen der Hauptforderung. Sie erlischt, wenn die Hauptschuld nicht mehr besteht (Akzessorität).

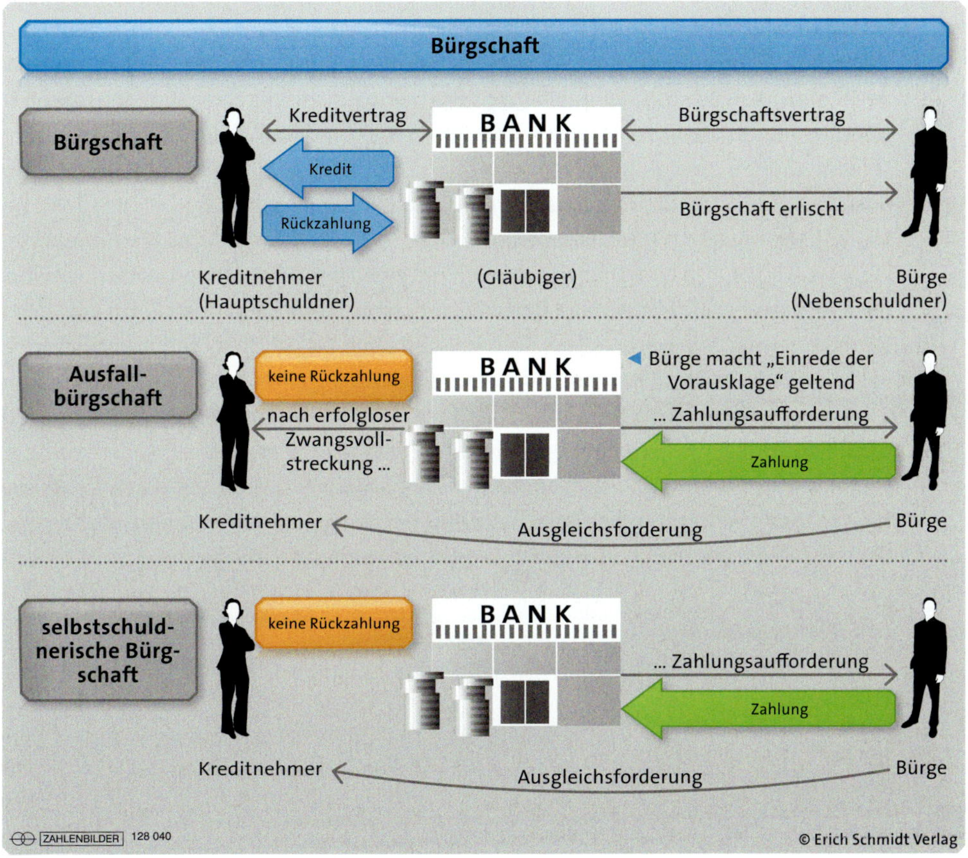

Banken verlangen in der Regel eine **selbstschuldnerische Bürgschaft**. Dabei ist der Bürge sofort zur Zahlung verpflichtet, wenn der Hauptschuldner bei Fälligkeit der Verbindlichkeit nicht zahlt. Eine andere Form der Bürgschaft ist die **Ausfallbürgschaft**. Hierbei hat der Bürge das „Recht der Einrede der Vorausklage“, d. h. der Gläubiger kann erst nach dem Nachweis der Zahlungsunfähigkeit des Schuldners von dem Bürgen die Zahlung fordern.

Zession

Bei der Zession werden fällige Forderungen an eine Bank abgetreten. Diese wird dadurch Gläubiger der Forderungen. Dabei lassen sich die stille Zession (der Schuldner weiß nicht, dass die Forderung an die Bank abgetreten wurde) und die offene Zession unterscheiden. Die Zession ähnelt dem Factoring, jedoch werden dort die Forderungen nicht abgetreten, sondern verkauft. Die Abtretung von Forderungen dient der Kreditsicherung, der Verkauf der Beschaffung flüssiger Mittel.

4.2 Sonderformen der Finanzierung

LS 123

4.2.1 Factoring

Beim Factoring lagert der Gläubiger das Risiko von Zahlungsausfällen bei kurzfristigen Forderungen aus, indem er die Forderungen vor Fälligkeit an einen sogenannten Factor verkauft. **Factor** kann entweder eine Factoring-Gesellschaft oder eine Bank sein. Die Vorteile für den Gläubiger liegen auf der Hand: Zum einen kann er durch den Verkauf sichergehen, dass seine Forderungen bezahlt werden. Er muss sich auch nicht mit dem Mahnverfahren beschäftigen, da dies im Bedarfsfall vom Factor übernommen wird. Da der Gläugiger, auch wenn er seinem Kunden ein Zahlungsziel eingeräumt hat, sein Geld vom Factor in der Regel sofort nach Verkauf der Forderung erhält, ergibt sich zum anderen ein Liquiditätseffekt. Beim Factoring handelt es sich also um eine besondere Form der kurzfristigen Fremdfinanzierung.

Da der Factor also eine Dienstleistung (Eintreiben der Forderungen, sofern notwendig), eine Finanzierungshilfe (sofortige Überweisung noch nicht fälliger Forderungen) und eine Risikoübernahme bei zweifelhaften Forderungen anbietet, kauft er die Forderungen nicht zum vollen Preis, sondern überweist den Betrag nach Abzug einer angemessenen Gebühr.

Es lassen sich verschiedene Arten des Factorings unterscheiden. Zum einen existiert das **offene Factoring**, wo dem Kunden transparent gemacht wird, dass seine Forderung an einen Factor verkauft wurde. Da manche Kunden möglicherweise verärgert darauf reagieren könnten, gibt es als Alternative das **stille Factoring**, bei dem das Unternehmen dem Kunden gegenüber der Gläubiger bleibt, dessen Zahlung entgegennimmt und an den Factor weiterleitet.

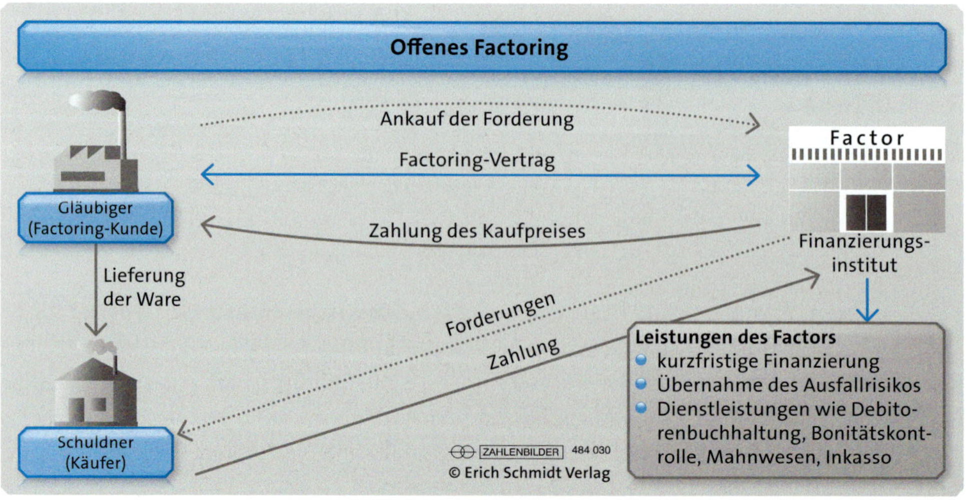

In Deutschland ist das „Full-Service-Factoring“ üblich. Der Factor übernimmt neben der Vorfinanzierung der Rechnungsbeträge auch die (laufende) Bonitätsprüfung der Kunden einschließlich des Debitorenmanagements und das Mahnwesen, ggf. einschließlich Inkasso (offenes Factoring).

Funktionen des Factors beim Full-Service-Factoring		
Finanzierungsfunktion	**Delkrederefunktion**	**Servicefunktion**
Auszahlung von 80 % bis 90 % des Rechnungsbetrages abzüglich der Factoring-Gebühr vor Fälligkeit, in der Regel zwei Werktage nach Übermittlung der Rechnung an den Factor	Übernahme des Verzugs- und Forderungsausfallrisikos	Übernahme des Debitorenmanagements einschließlich Mahnwesen und ggf. Inkasso

Zuerst erfolgt der Abschluss eines Factoring-Vertrages zwischen dem Forderungsverkäufer (Factoring-Kunde) und dem Factor. Neben allgemeinen Angaben zum Unternehmen müssen dem Factor auch Bonitätsunterlagen (Jahresabschlüsse, betriebswirtschaftliche Analysen usw.) sowie Lieferanten- und Kundendaten überlassen werden. Ist ein Factoring-Vertrag abgeschlossen, kann der Factoring-Kunde seine Ausgangsrechnungen an vom Factor zugelassene Kunden im Rahmen vereinbarter Limits an den Factor „weiterreichen“.

Je nach Vertrag und dem aktuellen Zinsniveau überweist der Factor dann sofort (in der Regel innerhalb von zwei Werktagen) eine Teilauszahlung von etwa 80 % bis 90 % des Kaufpreises – abzüglich der Factoring-Gebühr – an den Factoring-Kunden. Der Einbehalt in Höhe von 10 % bis zu 20 % des Rechnungsbetrages soll ggf. in Anspruch genommene Skonti sowie nachträgliche Rabatte oder Preisnachlässe aufgrund von Qualitätsmängeln decken. Der Restbetrag abzüglich der Zinsen für die Vorfälligkeitsauszahlung und eventuell einer zusätzlichen Prüfgebühr wird an den Factoring-Kunden überwiesen, nachdem der Käufer (Schuldner) die Forderung beglichen hat und die Zahlung beim Factor eingegangen ist.

Die **Kosten des Factorings** bestehen üblicherweise aus drei Bestandteilen:

Kostenbestandteile des Factorings		
Zinsen	**Factoring-Gebühr**	**Kunden- oder jährliche Limitprüfgebühr**
zahlbar für die Zeit der Vorfinanzierung (Forderungsverkauf bis zum Ende des Zahlungsziels bzw. bis zum Zahlungseingang)	Die Factoring-Gebühr deckt das Bonitätsrisiko des Factoring-Kunden und seiner Abnehmer sowie den Arbeitsaufwand des Factors für z. B. das Debitorenmanagement.	Oft nicht in der normalen Factoring-Gebühr enthalten sind die Bonitätsprüfung von Neukunden und die laufende (mindestens jährliche) Überprüfung der Ankauflimits von Forderungen gegenüber „Altkunden“.

Vorteile	Nachteile
Liquiditätsverbesserung	Verschlechterung der Kundenkontakte
Schutz vor Verzugsschäden und Zahlungsausfällen	nicht alle Forderungen sind factoringfähig
Einsparung von Verwaltungskosten	Kosten durch Factoring-Gebühren

Vor- und Nachteile des Full-Service-Factorings für den Factoring-Kunden

4.2.2 Leasingmöglichkeiten für das Autohaus

Leasingverträge ☞ S. 194 ff.

Eigenkapitalquote ☞ LF 10, S. 88 f.

Ein Autohaus mit einer eigenen Neuwagenabteilung wird seinen Kunden immer auch ein Leasingangebot im Rahmen der Verkaufsverhandlung anbieten können. Darüber hinaus kann das Autohaus aber auch selbst Leasingangebote nutzen, um betriebliche Investitionen durchzuführen. Das Leasing „schont" das Eigenkapital des Autohauses, weil ein alternativer Kreditkauf den Anteil des Fremdkapitals in der Bilanz steigern würde, was zu einer fallenden Eigenkapitalquote führt.

Leasing ist die Überlassung von Investitions- oder Konsumgütern gegen Zahlung eines Mietzinses, der **Leasingrate**. Der Leasingvertrag ist eine Sonderform des Miet- bzw. Pachtvertrages. Durch einen Leasingvertrag erwirbt der Leasingnehmer gegen Entgelt Nutzungsrechte am jeweiligen Leasingobjekt. Der Leasingnehmer verzichtet dabei auf den Eigentumserwerb. Gesetzlich gibt es in Deutschland noch keine Regelung für den Leasingvertrag, der sich nach amerikanischem Vorbild entwickelt hat.

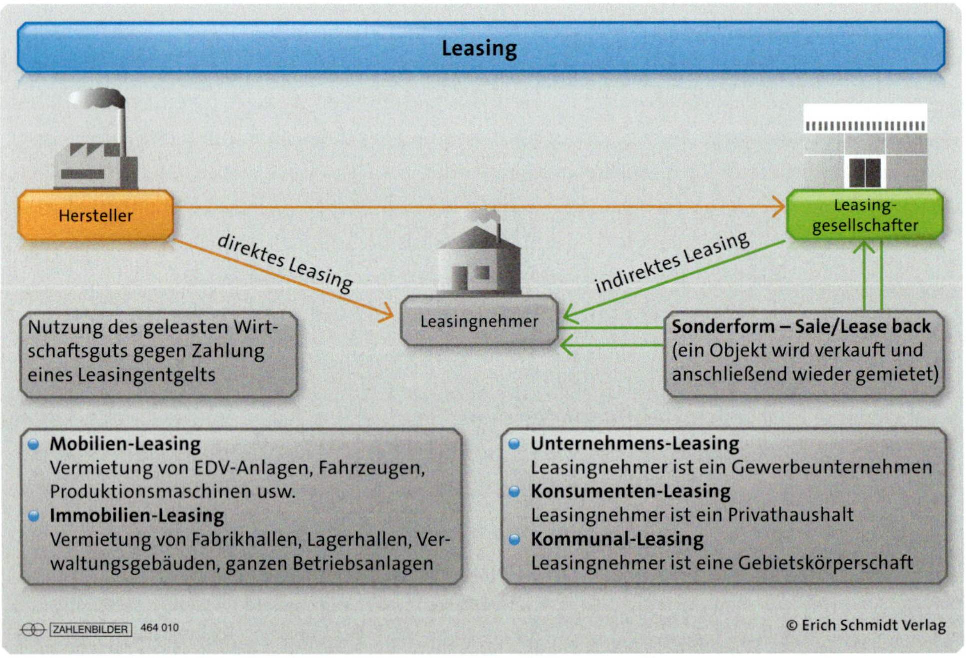

Beim Leasing wird zwischen dem indirekten und direkten Leasing unterschieden. Beim **direkten Leasing** tritt der Hersteller als Leasinggeber auf, beim **indirekten Leasing** ist es eine herstellerunabhängige Bank bzw. Leasinggesellschaft.

Operate Leasing ☞ S. 198

Financial Leasing ☞ S. 198

Weiterhin lassen sich das Operate Leasing und das Financial Leasing unterscheiden. Beim **Operate Leasing** wird ein Gut kurzfristig verleast und nach Rückgabe vom Leasinggeber an weitere Leasingnehmer weiterverleast. Beim **Financial Leasing** entspricht die Leasingdauer bis zu 90 % der Nutzungsdauer des Leasinggutes. Demnach wird das Gut während seiner Nutzungsdauer in der Regel auch nur an einen einzigen Leasingnehmer verleast. Die Wahl der Leasingart und damit die Laufzeit hängt von der Art des geleasten Gutes ab. Langlebige Wirtschaftsgüter und Spezialanfertigungen werden in der Regel per Financial Leasing verleast, Güter, die über eine kurze Zeitdauer benötigt werden, per Operate Leasing.

Abhängig vom gewählten Leasingverfahren entscheidet sich, was nach Ablauf der Leasingzeit passiert. Während beim Operate Leasing der Leasinggegenstand zurückgegeben wird, hat der Leasingnehmer beim Financial Leasing in der Regel die Wahl. Er kann den Leasinggegenstand zurückgeben, ein Anschlussleasing abschließen oder den Leasinggegenstand unter eng festgelegten steuerlichen Voraussetzungen zum Restkaufwert kaufen und damit dann auch das Eigentum am geleasten Gegenstand erwerben.

Für die Vergleichskalkulation zwischen einem Kreditkauf und dem Leasing ist die letztgenannte Variante zu berücksichtigen. Um die Kosten vergleichbar zu machen, muss nicht nur die Summe der gezahlten Leasingraten einkalkuliert werden, sondern auch der Restwert, zu dem der Leasinggegenstand am Ende der Laufzeit gekauft werden kann.

Kreditfinanzierung	Leasing
Anschaffungskosten + Gebühren + Kreditzinsen = Kreditkosten	Leasingraten + Restkaufwert = Leasingkosten

Vergleich Kredit und Leasing

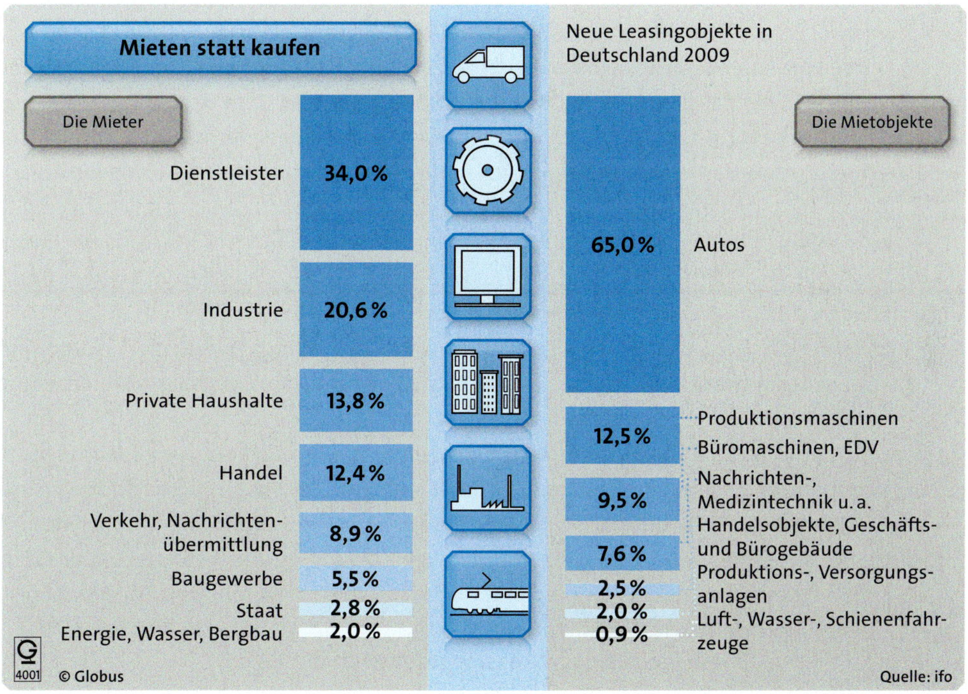

4.3 Finanzierungsregeln

Eine der wichtigsten Voraussetzungen für den Bestand eines Autohauses ist, dass es der Unternehmensleitung gelingt, das Unternehmen im finanziellen Gleichgewicht zu halten. Insbesondere durch das Sicherheitsstreben der Fremdkapitalgeber haben sich in der betrieblichen Praxis einige Grundregeln für die Gestaltung der Kapitalstruktur herausgebildet, deren Beachtung Ungleichgewichtszustände verhindern soll.

Bilanzrelation
Verhältnis verschiedener Bilanzposten zueinander

Ausgehend von einem gegebenen Kapitalbedarf stellen **Finanzierungsregeln** Grundsätze auf, welche Finanzmittel zur Deckung des Kapitalbedarfs heranzuziehen sind. Je nach der Art der gebildeten ***Bilanzrelation*** werden horizontale und vertikale Finanzierungsregeln unterschieden.

Die **horizontalen Kapitalstrukturregeln** setzen Kapitalbeschaffung (Passivposten) und Kapitalverwendung (Aktivposten) in Beziehung. Die wichtigste horizontale Regel ist die **„goldene Finanzierungsregel"**. Sie verlangt eine Fristenentsprechung von Mittelherkunft und Mittelverwendung. So sollte z. B. das Anlagevermögen, das die langfristige Arbeitsfähigkeit des Unternehmens sicherstellt, durch Eigenkapital bzw. langfristiges Fremdkapital abgedeckt sein, während das Umlaufvermögen auch durch kurzfristiges Fremdkapital finanziert sein darf.

Die **„goldene Bilanzregel"** formuliert die Forderung der goldenen Finanzierungsregel strenger. In ihrer engen Fassung verlangt sie, dass das Anlagevermögen ausschließlich durch Eigenkapital zu finanzieren ist. Nach ihrer weiteren Fassung ist das Anlagevermögen durch Eigenkapital und langfristiges Fremdkapital zu finanzieren. Die goldene Bilanzregel findet ihren Niederschlag in Kennzahlen, die als ***Deckungsgrade*** (Anlagendeckung) bestimmte Vermögenspositionen zu bestimmten Kapitalpositionen in Beziehung bringen. Sie überprüfen, wie viel Prozent des Anlagevermögens langfristig finanziert sind.

Deckungsgrad I:
$$\frac{\text{Eigenkapital}}{\text{Anlagevermögen}}$$

Deckungsgrad II:
$$\frac{\text{Eigenkapital} + \text{langfr. FK}}{\text{Anlagevermögen}}$$

Die **vertikalen Kapitalstrukturregeln** setzen Eigen- und Fremdkapital zueinander in Beziehung. Wie bei der goldenen Bilanzregel gibt es auch hier unterschiedliche Fassungen. Die strengste Fassung verlangt, dass der Eigenkapitalanteil den Fremdkapitalanteil nicht unterschreiten soll, das Verhältnis von Eigen- und Fremdkapital also 1:1 betragen müsse. Andere Formulierungen der Regel fordern Verhältnisse von 1:2. Vertikale Finanzierungsregeln beruhen auf der Überlegung, dass als Haftungsbasis für das Fremdkapital eine bestimmte Mindesthöhe des Eigenkapitals notwendig ist. Die vertikalen Finanzierungsregeln finden ihren Niederschlag im ***Verschuldungskoeffizienten***.

Verschuldungskoeffizienten:
$$\frac{\text{Fremdkapital}}{\text{Eigenkapital}}$$

Neben der goldenen Bilanzregel und den Anlagedeckungsgraden als Ausdruck langfristiger Deckungsgrade gibt es noch **Liquiditätsregeln** und Liquiditätskennzahlen als Ausdruck kurzfristiger Deckungsgrade.

Ein Autohaus ist liquide, wenn er in der Lage ist, allen Zahlungsverpflichtungen nachzukommen, die zu dem betreffenden Zeitpunkt oder in einer bestimmten Periode fällig werden. Die **Wahrung der Liquidität** ist ein Kernproblem der finanzwirtschaftlichen Planung. Nach geltendem Recht droht Insolvenz, wenn fällige Zahlungsverpflichtungen dauerhaft nicht erfüllt werden können. Dies gilt auch für ein mit Gewinn arbeitendes Unternehmen.

Liquidität
☞ LF 10, S. 91 ff.

Anhang

Formulare

Vereinbarung über eine Probefahrt

(Unverbindliche Empfehlung des Zentralverbandes Deutsches Kraftfahrzeuggewerbe e.V. (ZDK))

Hinweise für den Verwender dieses Formulares:

Das vorliegende Formular umfasst ausschließlich den Fall einer Probefahrt eines Kaufinteressenten und nicht den Fall einer Probefahrt des Käufers mit dem von ihm bestellten Neufahrzeug, um die vertragsgemäße und fehlerfreie Beschaffenheit des Fahrzeugs zu überprüfen.

Stellen Sie sicher, dass der Kunde voll geschäftsfähig, d.h. **18 Jahre alt** ist und prüfen Sie den Führerschein des Kunden. Tragen Sie die erforderlichen Daten des Kunden, wie z.B. vollständige Anschrift und Namen, in das Formular ein und prüfen Sie die Übereinstimmung der Daten mit den Eintragungen im Personalausweis oder Pass des Kunden.

Es wird ferner empfohlen, **klare Absprachen** über Dauer, Fahrtstrecke und ggf. Kosten der Probefahrt zu treffen.

Sofern das Fahrzeug mit einem **roten Kennzeichen** ausgestattet ist, wird empfohlen, den Kunden darauf hinzuweisen, dass das rote Kennzeichen nicht missbräuchlich verwendet wird. Erkundigt sich der Kunde danach, ob Vollkaskoversicherungsschutz besteht, muss ihn der Händler, wenn er ein Fahrzeug mit rotem Kennzeichen übergibt, darüber belehren, dass der Versicherungsschutz nicht für andere als in § 16 FZV (Probefahrten; siehe Verwendungszweck) geregelte Fahrten besteht.

Bei der Vereinbarung einer Probefahrt mit einem Kraftfahrzeug wird regelmäßig ein jedenfalls stillschweigender Haftungsausschluss des Inhalts anzunehmen sein, dass der Fahrer für **Beschädigungen des Fahrzeugs** nur bei Vorsatz und grober Fahrlässigkeit aufzukommen hat, wenn die Schäden mit den einer Probefahrt eigentümlichen Gefahren zusammenhängen. Grund dafür ist, dass der Händler das Risiko kennt und sich durch den Abschluss einer Vollkaskoversicherung absichern kann. Der Fahrer haftet daher grundsätzlich **nicht** für **leicht fahrlässig** verursachte Schäden. Dieser von der Rechtsprechung entwickelte Haftungsausschluss greift (möglicherweise) dann nicht ein, wenn der Händler den Kunden vor Fahrtantritt auf das volle Haftungsrisiko ausdrücklich, insbesondere auch mündlich (vgl. Formular, Abschnitt Versicherung), hingewiesen hat. Eine entsprechende Regelung in den Allgemeinen Geschäftsbedingungen reicht für diesen ausdrücklichen Hinweis allerdings nicht aus. Bitte beachten Sie, dass hierzu noch keine höchstrichterliche Rechtsprechung vorliegt. Es wird daher eine entsprechende **Absicherung durch eine Vollkaskoversicherung** empfohlen.

Vereinbarung über eine Probefahrt

(Unverbindliche Empfehlung des Zentralverbandes Deutsches Kraftfahrzeuggewerbe e.V. (ZDK))

Zwischen der Firma **(als Verleiher)**

und Herrn / Frau / Firma **(als Benutzer)**

Name, Vorname ______ Geburtsdatum ______

Straße, Nr. ______ Tel.-Nr. ______

PLZ, Ort ______ E-Mail ______

☐ Personalausweis Ausstellungsbehörde: ______

☐ Reisepass Ausstellungsdatum: ______ Nr.: ______

Führerscheindaten

☐ Kopie

☐ Daten:

Fahrerlaubnisklasse: ______ Erteilungsdatum: ______

Führerscheinnummer: ______

Ausstellungsdatum: ______ Ablaufdatum: ______

Ausstellungsbehörde: ______

wird unter den nachfolgenden und anliegenden Geschäftsbedingungen folgende Probefahrt-Vereinbarung geschlossen:

Fahrzeug

Dem Benutzer wird folgendes Fahrzeug überlassen:

Fabrikat: ______ Fahrzeugart: ______

Typ: ______ Fahrzeug-Ident-Nr. / Fahrgestell-Nr.: ______

Amtliches Kennzeichen: ______ km-Stand: ______

Verwendungszweck

Die Probefahrt soll dem Kaufinteressenten die Möglichkeit geben, das Fahrzeug im Hinblick auf Funktion, Fahreigenschaften, Bedienungskomfort, Verwendungsmöglichkeiten etc. – d.h. Gebrauchsfähigkeit – kennen zu lernen und sich damit über den Kauf dieses oder eines anderen Fahrzeugs schlüssig zu werden.

Das Fahrzeug darf nur vom Benutzer persönlich im Rahmen der vereinbarten Probefahrt gefahren werden, soweit nicht nachfolgend eine abweichende Regelung getroffen wird.

______

______

______

Der Benutzer darf das Fahrzeug nur zu dem obigen Verwendungszweck gebrauchen, insbesondere ist ihm untersagt, das Fahrzeug zu verwenden:

- zur Teilnahme an motorsportlichen Veranstaltungen und Fahrzeugtests,
- zur Beförderung von leicht entzündlichen, giftigen oder sonst gefährlichen Stoffen,
- zum Transport von Gütern,
- zur Weitervermietung,

Die Benutzung des Fahrzeugs ist grundsätzlich nur im Inland gestattet.

Nutzungsdauer & Kosten der Probefahrt

Dem Benutzer wird das Fahrzeug

☐ vom ____________________ (Datum, Uhrzeit)
bis ____________________ (Datum, Uhrzeit)
überlassen.

☐ Die Probefahrt ist bis zu einer km-Leistung von ________________ unentgeltlich.
Mehrkilometer werden mit ______ Euro pro gefahrenen Kilometer berechnet.

☐ Der Benutzer trägt eine Kostenbeteiligung in Höhe von EURO __________________.

☐ Die Kosten für Mehrkilometer bzw. die Kostenbeteiligung werden bei Kauf eines Fahrzeugs auf den Kaufpreis angerechnet.

☐ Der Benutzer leistet eine Kaution in Höhe von EURO ________, die bei Rückgabe des Fahrzeugs erstattet wird, soweit der Verleiher keine Ansprüche gegen den Benutzer hat.

Versicherung

Wird das Fahrzeug mit rotem Kennzeichen übergeben, wird ausdrücklich darauf hingewiesen, dass der Versicherungsschutz nur für Fahrten zur Feststellung und zum Nachweis der Gebrauchsfähigkeit des Fahrzeugs gilt!

Für das Fahrzeug besteht eine Haftpflichtversicherung mit einer Deckungssumme von ______________.

☐ Das Fahrzeug hat Vollkaskoversicherungsschutz
☐ mit __________ EURO Selbstbeteiligung.

☐ **Der Kunde trägt das volle Haftungsrisiko für Beschädigungen am Fahrzeug, d.h. er haftet insbesondere auch für leicht fahrlässig verursachte Schäden.**

Der Benutzer hat die anliegenden Geschäftsbedingungen zur Kenntnis genommen und erkennt diese als verbindlich für die Probefahrtvereinbarung an.

Ort, Datum	Unterschrift des Benutzers	Unterschrift des Verleihers

Übernahme des Fahrzeuges

An den Benutzer wurden übergeben: ☐ Fahrzeugschlüssel ☐ Kraftfahrzeugpapiere

Der Kilometerstand bei Übernahme des Fahrzeuges beträgt: ______________ km

Mängel am Fahrzeug bei Übernahme:

Der Benutzer bestätigt, dass er das Fahrzeug
am __________, um _________ Uhr in einem verkehrssicheren, fahrbereiten und sauberen Zustand übernommen hat.

Ort, Datum	Unterschrift des Benutzers	Unterschrift des Verleihers

Rückgabe des Fahrzeuges

Datum, Uhrzeit: ______________________

km-Stand: ______________________

Festgestellte Mängel: ______________________

Ort, Datum	Unterschrift des Benutzers	Unterschrift des Verleihers

Allgemeine Geschäftsbedingungen für eine Probefahrt

(Unverbindliche Empfehlung des Zentralverbandes Deutsches Kraftfahrzeuggewerbe e.V. (ZDK))

I. Nutzung des Fahrzeugs

1. Der Benutzer verpflichtet sich, dass Fahrzeug pfleglich und sachgemäß zu behandeln, die straßenverkehrsrechtlichen Bestimmungen zu beachten und das Fahrzeug gegen Diebstahl zu sichern.
2. Im Falle eines Schadenseintritts oder eines Unfalls, an dem das dem Benutzer zur Verfügung gestellte Fahrzeug beteiligt ist, verpflichtet sich der Benutzer, den Verleiher unverzüglich, soweit möglich auch noch unmittelbar von der Unfallstelle, zu informieren und falls möglich, eine polizeiliche Unfallaufnahme herbeizuführen. Ist eine polizeiliche Unfallaufnahme nicht möglich, hat der Benutzer am Unfallort einen detaillierten Unfallbericht zu erstellen. Die unverzügliche Informationsverpflichtung gilt auch bei einer Entwendung, bei sonstigem Untergang (z.B. Beschlagnahme) sowie bei einem technischen oder sonstigen Defekt (z.B. Panne) des Fahrzeugs. Reparaturen darf der Benutzer nur nach ausdrücklicher Zustimmung des Verleihers in einer Fremdwerkstatt durchführen lassen.

II. Rückgabe des Fahrzeugs

Das Fahrzeug ist vom Benutzer am Ende der vereinbarten Nutzungszeit am Ort der Übergabe in sauberem Zustand zurückzugeben. Wird die vereinbarte Rückgabezeit überschritten, haftet der Kunde für sämtliche Schäden, die dem Verleiher aus der Vorenthaltung des Besitzes entsteht. Darüber hinaus ist der Verleiher berechtigt, für den Zeitraum der Vorenthaltung des Fahrzeugs über den Rückgabezeitpunkt hinaus eine angemessene Nutzungsentschädigung vom Kunden zu fordern. Weitergehende Schadensersatzansprüche bleiben unberührt.

III. Haftung des Benutzers

1. Der Benutzer haftet vorbehaltlich Ziffer 2 gegenüber dem Verleiher für sämtliche schuldhaft verursachten Schäden (einschließlich Untergang, Abhandenkommen und Beschlagnahme), die vom Zeitpunkt der Übernahme bis zur Rückgabe entstehen.
2. Abweichend von Ziffer 1 haftet der Benutzer für leicht fahrlässig verursachte Schäden nur, sofern dies vereinbart ist.
3. Keine Haftung besteht für Schäden aufgrund normaler Abnutzung. Im Übrigen beschränkt sich die Haftung auf die Schäden, die nicht durch eine vereinbarte Fahrzeugversicherung abgedeckt sind.
4. Der Benutzer stellt den Verleiher von sämtlichen Ansprüchen aus der Verletzung von Gesetzen, Verordnungen oder sonstigen Vorschriften im Zusammenhang mit dem Gebrauch des Fahrzeugs frei. Gleiches gilt für Ansprüche Dritter aufgrund von Unfällen, soweit und solange nicht die Haftpflichtversicherung des Verleihers für den Schaden eintritt.

IV. Haftung des Verleihers

1. Jegliche Haftung des Verleihers wegen der Verletzung seiner vertraglich geregelten Pflichten ist auf Vorsatz und grobe Fahrlässigkeit beschränkt. Hat der Verleiher aufgrund von gesetzlichen Bestimmungen für einen Schaden aufzukommen, der leicht fahrlässig verursacht wurde, so haftet der Verleiher beschränkt: Die Haftung besteht nur bei Verletzung vertragswesentlicher Pflichten, etwa solcher, die die Probefahrtvereinbarung dem Verleiher nach seinem Inhalt und Zweck gerade auferlegen will oder deren Erfüllung die ordnungsgemäße Durchführung der Probefahrtvereinbarung überhaupt erst ermöglicht und auf deren Einhaltung der Benutzer regelmäßig vertraut und vertrauen darf. Diese Haftung ist auf den bei Vertragsabschluss vorhersehbaren typischen Schaden begrenzt.
2. Soweit die Haftung des Verleihers ausgeschlossen oder beschränkt ist, gilt dies auch für die persönliche Haftung der gesetzlichen Vertreter, Erfüllungsgehilfen und Betriebsangehörigen des Verleihers.
3. Die Haftungsbeschränkungen und –ausschlüsse in den Ziffern 1 und 2 gelten nicht für Ansprüche, die wegen arglistigen Verhaltens des Verleihers entstanden sind, sowie bei einer Haftung für garantierte Beschaffenheitsmerkmale, für Ansprüche nach dem Produkthaftungsgesetz sowie für Schäden aus der Verletzung des Lebens, des Körpers oder der Gesundheit.

V. Sonstiges

1. Sollten sich einzelne Bestimmungen dieses Vertrages als ungültig erweisen, so berührt dies die Gültigkeit der übrigen Bestimmungen nicht. Die Vertragsparteien werden die ungültigen Bestimmungen durch solche ersetzen, die dem verfolgten Zweck in rechtlich zulässiger Weise so nah wie möglich kommen.
2. Diese Vereinbarung unterliegt ausschließlich dem Recht der Bundesrepublik Deutschland.
3. Für sämtliche gegenwärtigen und zukünftigen Ansprüche aus dieser Vereinbarung mit Kaufleuten ist ausschließlicher Gerichtsstand der Sitz des Verleihers. Der gleiche Gerichtsstand gilt, wenn der Kunde keinen allgemeinen Gerichtsstand im Inland hat, nach Vertragsschluss seinen Wohnsitz oder gewöhnlichen Aufenthaltsort aus dem Inland verlegt oder sein Wohnsitz oder gewöhnlicher Aufenthaltsort zum Zeitpunkt der Klageerhebung nicht bekannt ist.

Quelle: ZDK

SELBSTDURCHSCHREIBEND

Blatt 1: Kunde; Blatt 2: Werkstatt; Blatt 3: Verkäufer/Ablage

Gebrauchtwagen-Bewertung Pkw

Firma

Kunde

Fahrzeug-eigentümer | Telefon

Straße | (PLZ) Wohnort

Inzahlungnahme ☐ | Gw auf Gw ☐ | Agentur ☐ | Zukauf ☐

Preisvorstellung des Kunden | Verkaufs-berater | Bewertungs-datum

Fahrzeugdaten

Fabrikat | Modell/Typ | Türen | amtl. Kennzeichen

Benzin/Diesel | kW/PS | Erstzul. | Fahrzeugident.-Nr.

Typschlüsselnr. | Hubraum (ccm) | HU/AU | unfallfrei ja/nein | unfallfrei Vorbesitzer ja/nein

km Tacho | km gesamt | Halterzahl | Farbe | Miet-/Taxi-/Fahrschulw. ☐

Mehrausstattung

ABS ☐ AHK ☐ Airbag ☐ ASR ☐ Auß. Spiegel el. ☐ Automatic ☐ Colorglas ☐ Dachträger ☐ Diebst.Warnanlage ☐ ESP ☐ Fensterheb. el. vo./hi. ☐

Fernentriegel. ☐ __-Gang-Getriebe ☐ Glasdach ☐ Hardtop ☐ Katalysator/Umrüstung ☐ KD-Scheckheft lückenlos ☐ Klima-Anl./-Autom. ☐ LM-Felgen ☐

Metallic ☐ Navigation ☐ Radio-CR + CD-Wechsler ☐ Servolenk. ☐ Sitzheizung ☐ Sperrdiff. ☐ SSD ☐ Telematic-Syst. ☐ Wegfahrsperre ☐ ZV ☐

Sonstiges/Sondermodell

Vereinbarung

Bei Abweichung des Fahrzeugzustandes von diesem Prüfbericht wird eine Nachkalkulation erforderlich.
Die Richtigkeit obiger Angaben wird hiermit bestätigt.

Das Angebot ist bis zum ____________ mit max. ____________ km Laufleistung gültig.

Unterschrift d. Kunden: | Preisangebot: | Verkaufsberater:

Technische/Optische Instandsetzungen

Wertungsschlüssel: 1 = sehr gut; 2 = normal; 3 = instand setzen	1	2	3	Kosten o. MwSt.
Motorraum/Kühlsystem				
Motor/-dichtungen				
Inspektion fällig ☐ Ölwechsel fällig ☐				
Anlasser/Lichtmaschine				
Elektr. Anlage/Batterie (Typ)				
Beleuchtung/Verglasung				
Lenkung/Kupplung				
Getriebe/Schaltung				
Innenraum Heizung/Gebläse				
Brems-anlage				
Brems-werte: VL VR HL HR Fest-stellbr.				
Kofferraum/Laderaum				
Reserve-rad mm/% Wagen-heber ☐ Werk-zeug ☐ Verb.-kasten ☐ Warn-dreieck ☐				
Reifenprofil in mm/% VL VR HL HR Rund-erneuert ☐				
Reifenmarke/-größe Sommer-reifen ☐ Winter-reifen ☐				
Auspuffanlage/Unterbodensch./Hohlraumvers.				
Antriebswellen/Hinterachse				
Stoßdämpfer/Federn/Radlager				
Instandsetzung durch den Kunden (Wertungsschlüssel 1) Gutschrift				
Zwischensumme				

Karosserie-/Lack-Instandsetzungen

Lack- und Karosserieinstands.	
Unfallart/Wertminderung	
Optische Aufbereitung	
Summe geschätzter Instandsetzungskosten	EUR

Karosserie-/Lackzustand

X = Lackschaden; ◯ = Karosserieschaden
Ⓧ = Unfallschaden

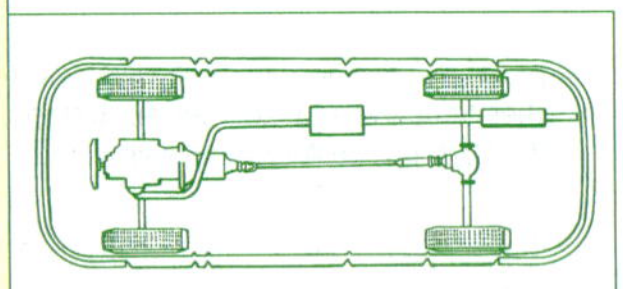

Nachbewertung

Veränderungen

Auf-/Abschläge

Quelle: Springer Fachmedien München GmbH, Autohaus Buch & Formular, Aschauerstr. 30, 81549 München

Gebrauchtwagen-Verkaufsbedingungen

Kraftfahrzeug Gewerbe
Meisterbetrieb der Kfz-Innung

(Kraftfahrzeuge und Anhänger)
Unverbindliche Empfehlung des Zentralverbandes Deutsches Kraftfahrzeuggewerbe e. V. (ZDK)
Stand: März 2008

I. Vertragsabschluss/Übertragung von Rechten und Pflichten des Käufers

1. Der Käufer ist an die Bestellung höchstens bis 10 Tage, bei Nutzfahrzeugen bis 2 Wochen gebunden. Der Kaufvertrag ist abgeschlossen, wenn der Verkäufer die Annahme der Bestellung des näher bezeichneten Kaufgegenstandes innerhalb der jeweils genannten Fristen schriftlich bestätigt oder die Lieferung ausführt. Der Verkäufer ist jedoch verpflichtet, den Besteller unverzüglich zu unterrichten, wenn er die Bestellung nicht annimmt.
2. Übertragungen von Rechten und Pflichten des Käufers aus dem Kaufvertrag bedürfen der schriftlichen Zustimmung des Verkäufers.

II. Zahlung

1. Der Kaufpreis und Preise für Nebenleistungen sind bei Übergabe des Kaufgegenstandes und Aushändigung oder Übersendung der Rechnung zur Zahlung fällig.
2. Gegen Ansprüche des Verkäufers kann der Käufer nur dann aufrechnen, wenn die Gegenforderung des Käufers unbestritten ist oder ein rechtskräftiger Titel vorliegt; ein Zurückbehaltungsrecht kann er nur geltend machen, soweit es auf Ansprüchen aus dem Kaufvertrag beruht.

III. Lieferung und Lieferverzug

1. Liefertermine und Lieferfristen, die verbindlich oder unverbindlich vereinbart werden können, sind schriftlich anzugeben. Lieferfristen beginnen mit Vertragsabschluss.
2. Der Käufer kann zehn Tage, bei Nutzfahrzeugen zwei Wochen, nach Überschreiten eines unverbindlichen Liefertermins oder einer unverbindlichen Lieferfrist den Verkäufer auffordern zu liefern. Mit dem Zugang der Aufforderung kommt der Verkäufer in Verzug. Hat der Käufer Anspruch auf Ersatz eines Verzugsschadens, beschränkt sich dieser bei leichter Fahrlässigkeit des Verkäufers auf höchstens 5% des vereinbarten Kaufpreises.
3. Will der Käufer darüber hinaus vom Vertrag zurücktreten und/oder Schadensersatz statt der Leistung verlangen, muss er dem Verkäufer nach Ablauf der betreffenden Frist gemäß Ziffer 2, Satz 1 dieses Abschnitts eine angemessene Frist zur Lieferung setzen.

   Hat der Käufer Anspruch auf Schadensersatz statt der Leistung, beschränkt sich der Anspruch bei leichter Fahrlässigkeit auf höchstens 10% des vereinbarten Kaufpreises. Ist der Käufer eine juristische Person des öffentlichen Rechts, ein öffentlich-rechtliches Sondervermögen oder ein Unternehmer, der bei Abschluss des Vertrages in Ausübung seiner gewerblichen oder selbständigen beruflichen Tätigkeit handelt, sind Schadensersatzansprüche bei leichter Fahrlässigkeit ausgeschlossen.

   Wird dem Verkäufer, während er in Verzug ist, die Lieferung durch Zufall unmöglich, so haftet er mit den vorstehend vereinbarten Haftungsbegrenzungen. Der Verkäufer haftet nicht, wenn der Schaden auch bei rechtzeitiger Lieferung eingetreten wäre.
4. Wird ein verbindlicher Liefertermin oder eine verbindliche Lieferfrist überschritten, kommt der Verkäufer bereits mit Überschreiten des Liefertermins oder der Lieferfrist in Verzug. Die Rechte des Käufers bestimmen sich dann nach Ziffer 2, Satz 3 und Ziffer 3 dieses Abschnitts.
5. Höhere Gewalt oder beim Verkäufer oder dessen Lieferanten eintretende Betriebsstörungen, die den Verkäufer ohne eigenes Verschulden vorübergehend daran hindern, den Kaufgegenstand zum vereinbarten Termin oder innerhalb der vereinbarten Frist zu liefern, verändern die in Ziffern 1 bis 4 dieses Abschnitts genannten Termine und Fristen um die Dauer der durch diese Umstände bedingten Leistungsstörungen. Führen entsprechende Störungen zu einem Leistungsaufschub von mehr als vier Monaten, kann der Käufer vom Vertrag zurücktreten. Andere Rücktrittsrechte bleiben davon unberührt.

IV. Abnahme

1. Der Käufer ist verpflichtet, den Kaufgegenstand innerhalb von acht Tagen ab Zugang der Bereitstellungsanzeige abzunehmen. Im Falle der Nichtabnahme kann der Verkäufer von seinen gesetzlichen Rechten Gebrauch machen.
2. Verlangt der Verkäufer Schadensersatz, so beträgt dieser 10% des Kaufpreises. Der Schadensersatz ist höher oder niedriger anzusetzen, wenn der Verkäufer einen höheren Schaden nachweist oder der Käufer nachweist, dass ein geringerer oder überhaupt kein Schaden entstanden ist.

V. Eigentumsvorbehalt

1. Der Kaufgegenstand bleibt bis zum Ausgleich der dem Verkäufer aufgrund des Kaufvertrages zustehenden Forderungen Eigentum des Verkäufers.

   Ist der Käufer eine juristische Person des öffentlichen Rechts, ein öffentlich-rechtliches Sondervermögen oder ein Unternehmer, der bei Abschluss des Vertrages in Ausübung seiner gewerblichen oder selbständigen beruflichen Tätigkeit handelt, bleibt der Eigentumsvorbehalt auch bestehen für Forderungen des Verkäufers gegen den Käufer aus der laufenden Geschäftsbeziehung bis zum Ausgleich von im Zusammenhang mit dem Kauf zustehenden Forderungen.

   Auf Verlangen des Käufers ist der Verkäufer zum Verzicht auf den Eigentumsvorbehalt verpflichtet, wenn der Käufer sämtliche mit dem Kaufgegenstand im Zusammenhang stehende Forderungen unanfechtbar erfüllt hat und für die übrigen Forderungen aus den laufenden Geschäftsbeziehungen eine angemessene Sicherung besteht.

   Während der Dauer des Eigentumsvorbehalts steht das Recht zum Besitz der Zulassungsbescheinigung Teil II (Fahrzeugbrief) dem Verkaufer zu.
2. Bei Zahlungsverzug des Käufers kann der Verkäufer vom Kaufvertrag zurücktreten.
3. Solange der Eigentumsvorbehalt besteht, darf der Käufer über den Kaufgegenstand weder verfügen noch Dritten vertraglich eine Nutzung einräumen.

Quelle: ZDK

VI. Sachmangel

1. Ansprüche des Käufers wegen Sachmängeln verjähren in einem Jahr ab Ablieferung des Kaufgegenstandes an den Kunden.

   Ist der Käufer eine juristische Person des öffentlichen Rechts, ein öffentlich-rechtliches Sondervermögen oder ein Unternehmer, der bei Abschluss des Vertrages in Ausübung seiner gewerblichen oder selbständigen beruflichen Tätigkeit handelt, erfolgt der Verkauf unter Ausschluss jeglicher Sachmängelansprüche.

   Weitergehende Ansprüche bleiben unberührt, soweit der Verkäufer aufgrund Gesetz zwingend haftet oder etwas anderes vereinbart wird, insbesondere im Falle der Übernahme einer Garantie.
2. Ansprüche wegen Sachmängeln hat der Käufer beim Verkäufer geltend zu machen. Bei mündlichen Anzeigen von Ansprüchen ist dem Käufer eine schriftliche Bestätigung über den Eingang der Anzeige auszuhändigen.
3. Wird der Kaufgegenstand wegen eines Sachmangels betriebsunfähig, kann sich der Käufer mit vorheriger Zustimmung des Verkäufers an einen anderen Kfz-Meisterbetrieb wenden.
4. Für die im Rahmen einer Mängelbeseitigung eingebauten Teile kann der Käufer bis zum Ablauf der Verjährungsfrist des Kaufgegenstandes Sachmängelansprüche auf Grund des Kaufvertrages geltend machen.
   Ersetzte Teile werden Eigentum des Verkäufers.
5. Abschnitt VI Sachmangel gilt nicht für Ansprüche auf Schadensersatz; für diese Ansprüche gilt Abschnitt VII Haftung.

VII. Haftung

1. Hat der Verkäufer aufgrund der gesetzlichen Bestimmungen für einen Schaden aufzukommen, der leicht fahrlässig verursacht wurde, so haftet der Verkäufer beschränkt:

   Die Haftung besteht nur bei Verletzung vertragswesentlicher Pflichten, etwa solcher, die der Kaufvertrag dem Verkäufer nach seinem Inhalt und Zweck gerade auferlegen will oder deren Erfüllung die ordnungsgemäße Durchführung des Kaufvertrages überhaupt erst ermöglicht und auf deren Einhaltung der Käufer regelmäßig vertraut und vertrauen darf. Diese Haftung ist auf den bei Vertragsabschluss vorhersehbaren typischen Schaden begrenzt. Soweit der Schaden durch eine vom Käufer für den betreffenden Schadenfall abgeschlossene Versicherung (ausgenommen Summenversicherung) gedeckt ist, haftet der Verkäufer nur für etwaige damit verbundene Nachteile des Käufers, z.B. höhere Versicherungsprämien oder Zinsnachteile bis zur Schadenregulierung durch die Versicherung.
2. Unabhängig von einem Verschulden des Verkäufers bleibt eine etwaige Haftung des Verkäufers bei arglistigem Verschweigen eines Mangels, aus der Übernahme einer Garantie oder eines Beschaffungsrisikos und nach dem Produkthaftungsgesetz unberührt.
3. Die Haftung wegen Lieferverzuges ist in Abschnitt III abschließend geregelt.
4. Ausgeschlossen ist die persönliche Haftung der gesetzlichen Vertreter, Erfüllungsgehilfen und Betriegsangehörigen des Verkäufers für von ihnen durch leichte Fahrlässigkeit verursachte Schäden.
5. Die Haftungsbegrenzungen dieses Abschnitts gelten nicht bei Verletzung von Leben, Körper oder Gesundheit.

VIII. Schiedsstelle (Schiedsverfahren)

(Gilt nur für gebrauchte Fahrzeuge mit einem zulässigen Gesamtgewicht von nicht mehr als 3,5 t)

1. Führt der Kfz-Betrieb das Meisterschild „Meisterbetrieb der Kfz-Innung" oder das Basisschild „Mitgliedsbetrieb der Kfz-Innung" oder „Autohandel mit Qualität und Sicherheit", können die Parteien bei Streitigkeiten aus dem Kaufvertrag – mit Ausnahme über den Kaufpreis – die für den Sitz des Verkäufers zuständige Schiedsstelle des Kfz-Gewerbes anrufen. Die Anrufung muss schriftlich und unverzüglich nach Kenntnis des Streitpunktes, spätestens vor Ablauf von 13 Monaten seit Ablieferung des Kaufgegenstandes, erfolgen.
2. Durch die Entscheidung der Schiedsstelle wird der Rechtsweg nicht ausgeschlossen.
3. Durch die Anrufung der Schiedsstelle ist die Verjährung für die Dauer des Verfahrens gehemmt.
4. Das Verfahren vor der Schiedsstelle richtet sich nach deren Geschäfts- und Verfahrensordnung, die den Parteien auf Verlangen von der Schiedsstelle ausgehändigt wird.
5. Die Anrufung der Schiedsstelle ist ausgeschlossen, wenn bereits der Rechtsweg beschritten ist. Wird der Rechtsweg während eines Schiedsstellenverfahrens beschritten, stellt die Schiedsstelle ihre Tätigkeit ein.
6. Für die Inanspruchnahme der Schiedsstelle werden Kosten nicht erhoben.

IX. Gerichtsstand

1. Für sämtliche gegenwärtigen und zukünftigen Ansprüche aus der Geschäftsverbindung mit Kaufleuten einschließlich Wechsel- und Scheckforderungen ist ausschließlicher Gerichtsstand der Sitz des Verkäufers.
2. Der gleiche Gerichtsstand gilt, wenn der Käufer keinen allgemeinen Gerichtsstand im Inland hat, nach Vertragsabschluss seinen Wohnsitz oder gewöhnlichen Aufenthaltsort aus dem Inland verlegt oder sein Wohnsitz oder gewöhnlicher Aufenthaltsort zum Zeitpunkt der Klageerhebung nicht bekannt ist. Im Übrigen gilt bei Ansprüchen des Verkäufers gegenüber dem Käufer dessen Wohnsitz als Gerichtsstand.

Stichwortverzeichnis

Bildquellenverzeichnis

Adpic S. 86/H. Rettschlag, S. 109/F. Matte, S. 110/A. Buß, S. 111/K. Brümmer, S. 123/E. Wodicka, S. 124/H. Kater, S. 187/R. Haid, S. 206/E. Wodicka, S. 207/E. Wodicka

Autoscout24.de S. 161

Burkhard Mohr, Königswinter S. 47

Erich Rauschenbach, Berlin S. 63

Fotolia S. 83/Andreas Haertle, S. 158/Gina Sanders, S. 214/Kautz15

Hella Wolter, Lohmar S. 41

iStockphoto S. 13/Squaredpixels, S. 14/1/Niko Guido, S. 14/2/Mutlu Kurtbas, S. 23/pixelprof, S. 64/ollo, S. 77/ikirudor, S. 84/DamirK, S. 89/vpopovic, S. 92/imagestock, S. 94/vpopovic, S. 113/kimeveruss, S. 115/adaszku, S. 126/tomeng, S. 131/amphotora, S. 138/kupicoo, S. 139/gilaxia, S. 150/acilo, S. 179/fotolinchen, S. 183/Pavel Mitrifanov, S. 221/svetikd, S. 257/tiridifilm

Jupp Wolter, Haus der Geschichte, Bonn S. 42

Kia Motors Deutschland GmbH, Frankfurt am Main S. 220

Picture-alliance S. 29/dpa, S. 73/1/dpa, S. 73/2/dpa, S. 234/dpa-Themendienst, S. 237/dpa

Presse und Informationsamt der Bundesregierung, Bundesbildstelle, Bonn S.21

Renault Deutschland AG S. 122/1-122/2, S. 181

Rohr Autohaus-Optimierung, www.rohr.biz S. 151

Schufa Holding AG, Pressebild S. 190

Shutterstock S.11/PixAchi, S. 14/3, S. 112/Scott Leman

Volkswagen AG S. 120/1-120/4